Wirtschaft
Technik
Haushalt/Soziales

7–9

Herausgegeben von

Bernd Meier und Margarete Schmid

Erarbeitet von

Michael Lenk, Bernd Meier, Dieter Mette,
Heike Nissen, Sylvia Peschk, Ulrike Priebe,
Margarete Schmid, Arndt Schubert

Beratung: Birgit Scholtz

Oldenbourg

Erarbeitet von

Michael Lenk, Bernd Meier, Dieter Mette, Heike Nissen, Sylvia Peschk, Ulrike Priebe, Margarete Schmid, Arndt Schubert

unter Einbeziehung der Ausgabe von

Maria Haas, Ulf Holzendorf, Matthias Künzel, Michael Lenk, Bernd Meier, Martina Ordnung, Ulrike Priebe, Margarete Schmid, Beate Scholz, Arndt Schubert, Heidi Traue

Bedeutung der Symbole:

 Wahlpflichtbereich   Methode

Als Begleitmaterial sind erhältlich:

Arbeitsheft 7, 978-3-637-00949-3
Arbeitsheft 8, 978-3-637-00947-9
Arbeitsheft 9, 978-3-637-00948-6
Lehrermaterialien 7–9, 978-3-637-00950-9

Umschlagkonzept: Mendell & Oberer, München
Umschlag: 2005 Werbung, München
Lektorat: Elisabeth Dorner und Dr. Birgit Scholz, Berlin
Bildbeschaffung: fotowork/Oliver Pauli, Eching a. Ammersee
Herstellung: Doris Haßiepen
Illustrationen: Cleo-Petra Kurze, Berlin; Klaus Puth, Mühlheim; Detlef Seidensticker, München; Axel Weiß, Obernbreit
Satz: design.83, Lauingen
Reproduktion: Repro Ludwig, Zell am See

Die Webseiten Dritter, deren Internetadressen in diesem Lehrwerk angegeben sind, wurden vor Drucklegung sorgfältig geprüft. Der Verlag übernimmt keine Gewähr für die Aktualität und den Inhalt dieser Seiten oder solcher, die mit ihnen verlinkt sind.

www.cornelsen.de

1. Auflage, 16. Druck 2022

Alle Drucke dieser Auflage sind inhaltlich unverändert und können im Unterricht nebeneinander verwendet werden.

Druck: Mohn Media Mohndruck, Gütersloh

ISBN 978-3-637-00946-2

Inhalt

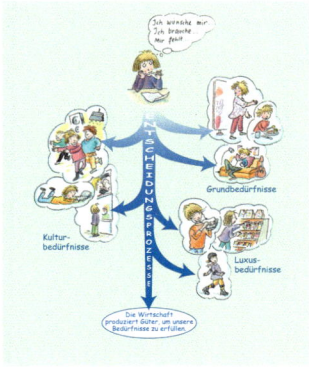

7. Klasse: Vom Bedürfnis zum Gebrauchsgut

8. Klasse: Der Markt aus dem Blickwinkel von Produzenten und Konsumenten

9. Klasse: Vielfältige Aspekte der privaten Haushaltsführung

7 Vom Bedürfnis zum Gebrauchsgut

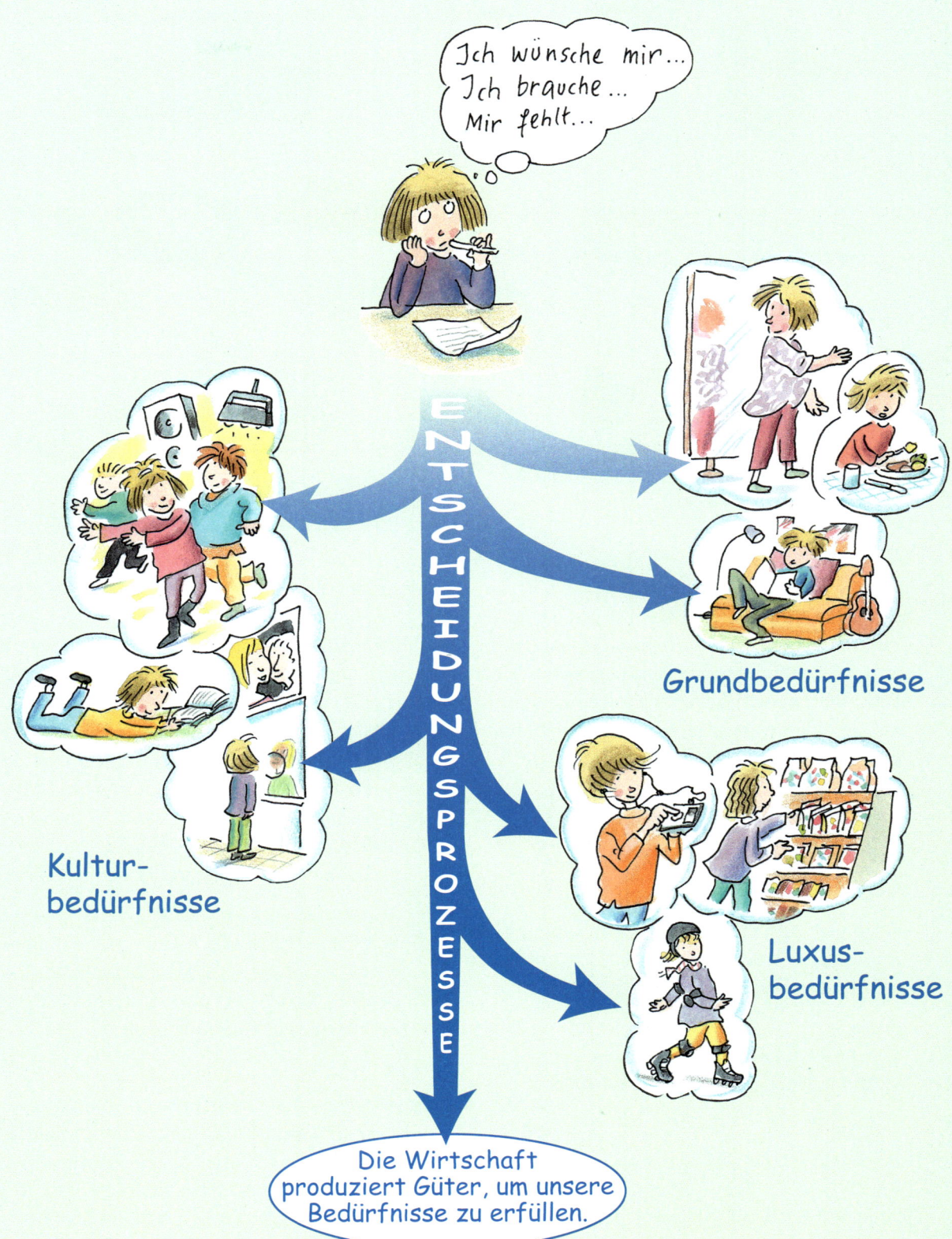

1 Bedürfnisse, Güter und Geld

Viele verschiedene Bedürfnisse

Vielfalt der Bedürfnisse

Sascha hat Hunger, Daniela möchte einen Tee, Franzi benötigt neue Turnschuhe, Caroline wünscht sich ein eigenes Zimmer, Ronny sucht nach einer neuen Jacke. Allen gemeinsam ist, dass sie einen Mangel empfinden, den sie gern beseitigen möchten: Sie haben Bedürfnisse.

> Bedürfnisse sind ein Gefühl des Mangels. Wir möchten diesen Mangel beseitigen.

Diejenigen Bedürfnisse, deren Befriedigung für uns lebensnotwendig ist, heißen Grund- oder auch Existenzbedürfnisse.

> Grundbedürfnisse aller Menschen sind Ernähren, Kleiden, Wohnen und Schlafen.

Im Gegensatz zu anderen Lebewesen hat der Mensch nicht allein diese Grundbedürfnisse. Jedem von euch fällt bestimmt sofort etwas ein, was er darüber hinaus gern haben möchte. Die Wünsche nach einem neuen Fahrrad, einem MP3-Player, einem Konzertbesuch oder einem Besuch auf dem Reiterhof, also alles, was das Leben angenehmer macht, nennen wir Wahlbedürfnisse.

Wahlbedürfnisse unterteilen wir in Kulturbedürfnisse und Luxusbedürfnisse. Zu den Kulturbedürfnissen zählen Sprachenlernen, Musik, Kino- und Theaterbesuche oder Fotografieren. Luxusbedürfnisse sind z. B. echten Schmuck zu tragen, eine Yacht oder ein teures Handy zu besitzen.

> Wahlbedürfnisse gehen über die Grundbedürfnisse hinaus. Ihre Erfüllung macht das Leben angenehmer. Man unterteilt sie in Kultur- und Luxusbedürfnisse.

Es gibt aber auch Bedürfnisse, die man nicht mit Geld kaufen kann. Man nennt sie immaterielle Bedürfnisse. Das können z. B. Bedürfnisse nach Glück, Gesundheit, Liebe, Freundschaft, Anerkennung, Erfolg, Sicherheit und Freiheit sein.

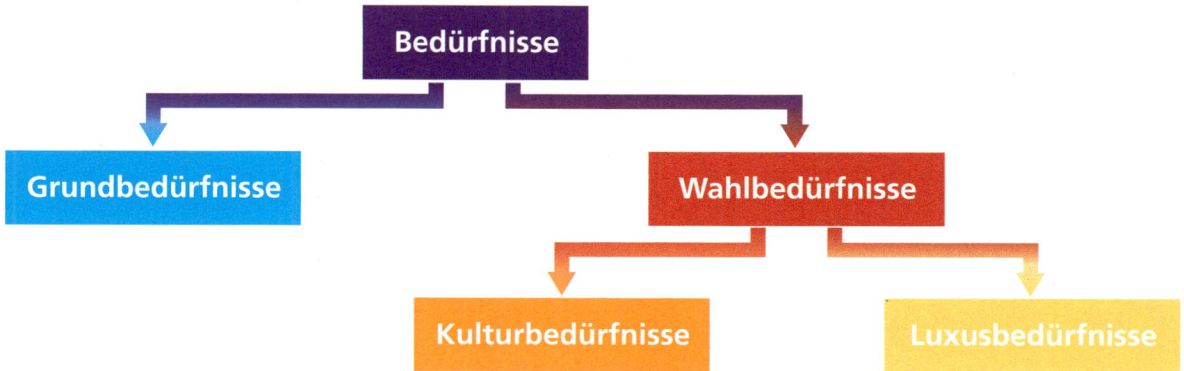

Verschiedene Arten von Bedürfnissen

Bedürfnisse verändern sich

Unsere Bedürfnisse verändern sich ständig. Sie werden durch den technischen Fortschritt und den Wandel des gesellschaftlichen und kulturellen Lebens beeinflusst. Hier sind einige Beispiele dafür.

Solange die Existenz von Menschen nicht gesichert ist, steht die Befriedigung der Grundbedürfnisse (Ernähren, Kleiden, Wohnen) an erster Stelle. Dies ist in armen Ländern, aber auch in wirtschaftlich harten Zeiten so, z. B. im Krieg.

Durch den wachsenden Wohlstand der Bevölkerung nehmen ehemalige Luxusbedürfnisse, wie der Wunsch nach einem Fernseher, einem Auto oder einer Urlaubsreise, an Bedeutung zu. Die meisten Familien besitzen heute mindestens ein Auto. Es wird benötigt, um zur Arbeit zu fahren, Einkäufe zu erledigen, jemanden zu besuchen oder um in den Urlaub zu fahren.

Ebenso ist es mit dem Computer. In fast jedem Haushalt ist heute ein Computer zu finden. Vor mehr als 20 Jahren waren diese Geräte sehr teuer und somit ein Luxusbedürfnis. Heute werden Computerkenntnisse für viele Berufe benötigt, der Computer wird für Hausaufgaben verwendet, im Freizeitbereich und auch zur Unterhaltung. Somit ist der Computer zum Kulturbedürfnis geworden.

Auch das Handy – zum Telefonieren, Fotografieren oder Musikhören – spielt bei vielen Jugendlichen eine große Rolle. Es ist ein Wahlbedürfnis, welches man sich gern erfüllen möchte.

Bedarf entsteht

Nehmen wir an, dein Handy geht kaputt und du benötigst es dringend für deine Verabredungen. Dann hast du das Bedürfnis, dir ein neues Handy zu kaufen. Wenn du nun auch das nötige Geld dazu hast, dann entsteht ein Bedarf. Bedarf nennt man den Teil der Bedürfnisse, welcher am Markt erfüllt wird, wenn du die notwendigen Mittel, also das Geld, dazu hast. Du fragst also am Markt, in einem Fachgeschäft, nach. Es entsteht eine Nachfrage nach diesem Produkt. Bietet das Geschäft ein Handy an, das deinen Vorstellungen entspricht, so kannst du dein Bedürfnis befriedigen.

> Wenn sich das Gefühl des Mangels auf Güter bezieht, die wir kaufen können, und wenn wir das Geld dazu haben und zum Kauf entschlossen sind, nennen wir das Bedarf.

Menschen haben unendlich viele Bedürfnisse. Nicht alle Bedürfnisse können erfüllt werden. Es können nur so viele Bedürfnisse befriedigt werden, wie Güter vorhanden sind.

1 Ordne die Abbildungen S. 8 den verschiedenen Arten von Bedürfnissen zu.

2 Erkläre die Begriffe Bedürfnis und Bedarf mithilfe selbst gewählter Beispiele.

3 Sammle Werbung, in der immaterielle Bedürfnisse angesprochen werden.

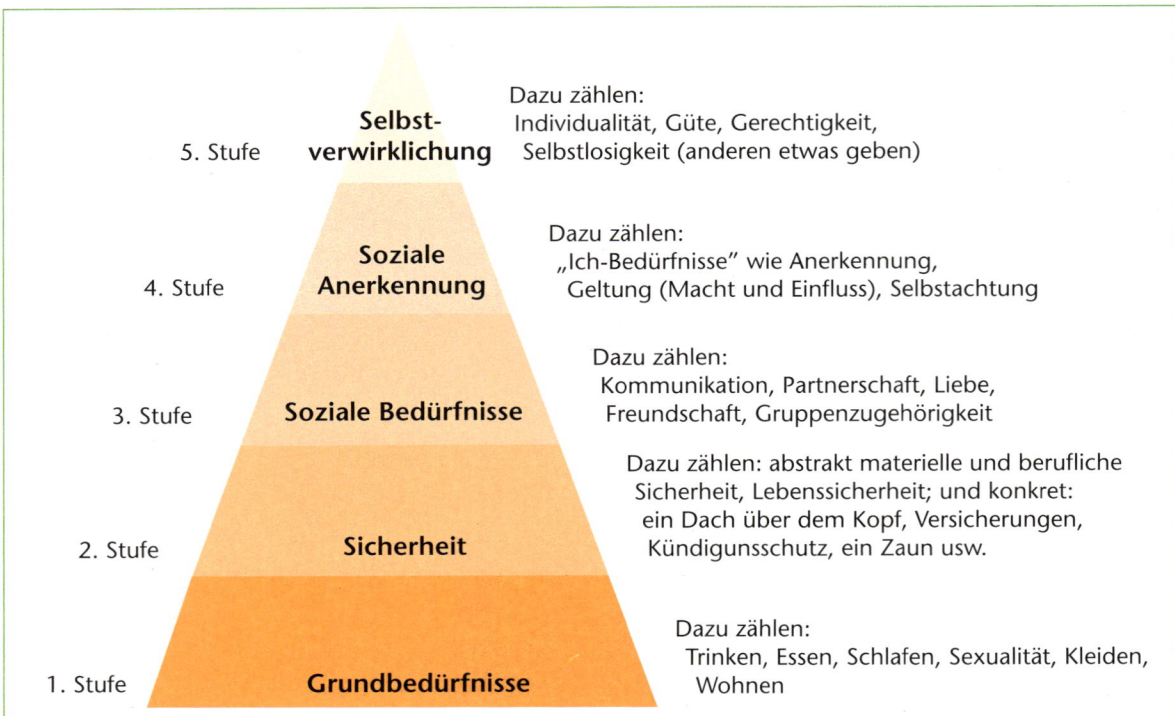

Bedürfnispyramide nach A. Maslow

Hierarchie der Bedürfnisse

Der Wissenschaftler Abraham Maslow fand für die menschlichen Bedürfnisse eine Rangordnung. Bedürfnisse, die auf jeden Fall befriedigt werden müssen, die Grundbedürfnisse, stehen ganz unten auf Stufe 1. Erst wenn ein Mensch seine Grundbedürfnisse befriedigt hat, so meint Maslow, strebt er danach, auch seine Bedürfnisse auf Stufe 2 zu befriedigen, dann die Bedürfnisse auf Stufe 3 usw. So ergibt sich das Bild einer Pyramide.

Wer Hunger oder Durst hat, versucht zunächst dieses Bedürfnis zu befriedigen, bevor er beispielsweise an einen Zaun denkt, um sein Haus zu schützen. Die höher liegende Bedürfnisstufe wird ausgeblendet, solange die Grundbedürfnisse nicht erfüllt sind. Erst danach verfolgt der Mensch ein neues Ziel, Sicherheit.

Es hängt sehr vom einzelnen Menschen ab, wann er ein Bedürfnis als erfüllt betrachtet. Dem einen genügt eine kleine Mietwohnung, der andere hingegen ist erst zufrieden, wenn er ein Haus besitzt.

> Die Bedürfnispyramide zeigt, dass die verschiedenen Bedürfnisse des Menschen in eine Rangfolge gebracht werden können.

Bedürfnisse werden beeinflusst

Anne hat neue Inlineskates bekommen und prahlt damit. Susann möchte nun auch unbedingt solche Inlineskates haben. Nur leider sind sie sehr teuer, sodass ihr Taschengeld dazu nicht ausreicht. Susann versucht nun, ihre Eltern zu bewegen, diese Skates zu kaufen. Sie hat jedoch vor kurzem erst ein neues Fahrrad bekommen und ihre Eltern wollen nicht auch noch neue Skates bezahlen.

Bedürfnisse werden beeinflusst. Ohne das Vorbild ihrer Freundin Anne wäre Susann nicht auf die Idee gekommen, sich neue Skates zu wünschen. Es gibt außer dem Freundeskreis noch andere Faktoren, die unsere Bedürfnisse beeinflussen, wie die Lebensumstände, das Einkommen, die Mode usw. (siehe Abbildung S. 11).

Alle materiellen Gegenstände zu bekommen, die man sich wünscht oder die man glaubt haben zu

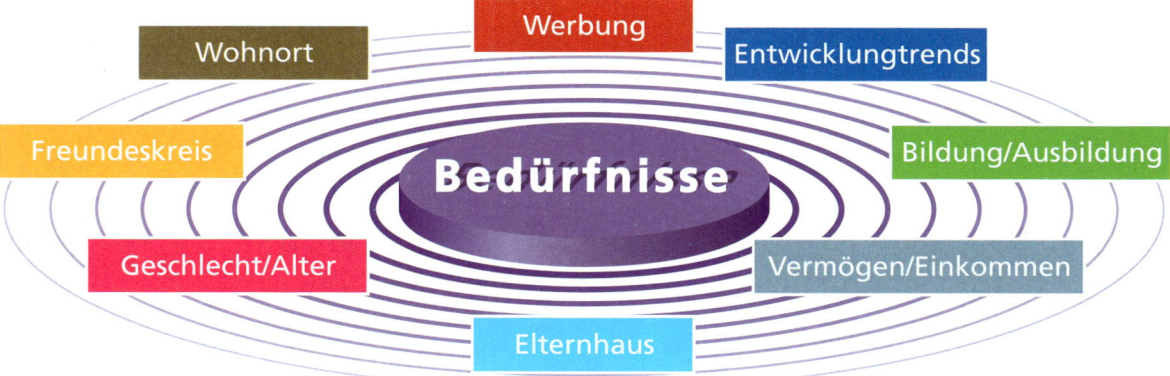

Bedürfnisse werden beeinflusst

müssen, weil andere sie haben – das macht nicht unbedingt glücklich. Zuneigung, Liebe, Rückhalt von Familie und Freunden sind Bedürfnisse, deren Erfüllung man nicht kaufen kann. Und doch hängt von ihrer Erfüllung zu einem ganz großen Teil unser Wohlbefinden ab.

> Bedürfnisse verändern sich und werden von verschiedenen Faktoren beeinflusst.

1 Schreibe Beispiele für deine Bedürfnisse auf und ordne sie den Pyramidenstufen zu. Schätze ein, inwieweit sie erfüllbar sind.

2 In den Lebensabschnitten Kindheit, Elternzeit und Großelternzeit treten unterschiedliche Bedürfnisse auf. Erarbeitet in Gruppen typische Bedürfnisse und auftretende Probleme.

3 Erarbeite mithilfe der Aufgabe 2 Regeln für das Zusammenleben in der Familie und präsentiere diese in der Klasse.

4 Diskutiert in kleinen Gruppen über die wichtigsten Einflussfaktoren auf Bedürfnisse und schreibt eure Ergebnisse auf.

5 Erstelle ein Plakat, auf dem ersichtlich wird, welche Bedürfnisse du hast und was du dir kaufst. Unterteile nach Grund-, Kultur- und Luxusbedürfnissen.

M Plakat/Wandzeitung erstellen

Plakate oder Wandzeitungen werden zur Veranschaulichung von Inhalten verwendet. Folgendes sollte bei der Gestaltung beachtet werden:

Übersicht
- Wichtiges durch Farben hervorheben.
- Farben sparsam verwenden.
- Texte durch Bilder/Diagramme ergänzen.

Schrift
- Überschriften größer schreiben.
- Stichwortartig schreiben.
- Sauber und gut lesbar schreiben.
- Die Schrift soll auch mit etwas Abstand lesbar sein.

Inhalt
- Sind die Informationen richtig und vollständig?
- Ist der Inhalt klar verständlich?
- Kann der Inhalt schnell erfasst werden?
- Werden Fachbegriffe verwendet?

Originalität
- Erregt das Plakat die Aufmerksamkeit des Betrachters?
- Regt das Plakat zum Nachdenken an?
- Ist die Gestaltung einfallsreich und individuell?

Tipp: Schreibe die Texte auf Karten und klebe diese auf. So lassen sich Fehler leichter korrigieren. Bevor die Texte und Bilder aufgeklebt werden, sollte die Gesamtgestaltung klar sein. M

Produktionsgut

Konsumgut

Dienstleistung

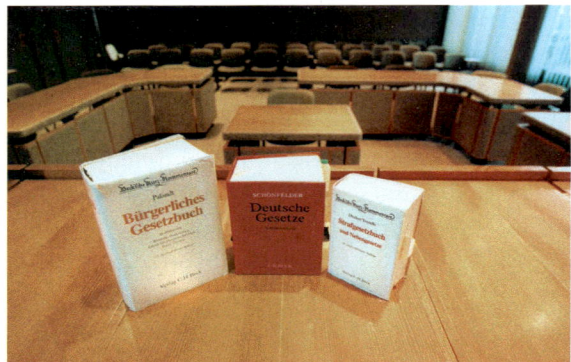

Recht als Gut

Vielfalt der Güter

Damit unsere Bedürfnisse befriedigt werden, benötigen wir Produkte und Dienstleistungen. Die Unternehmen unserer Wirtschaft stellen täglich viele Produkte her, sie erbringen aber auch Dienstleistungen, die wir kaufen können.

> Produkte und Dienstleistungen werden auch als Güter bezeichnet. Güter sind die Mittel, die den Menschen zur Befriedigung ihrer Bedürfnisse dienen.

Es gibt auch Güter, die nicht in Unternehmen hergestellt werden. Sie stehen den Menschen kostenlos und unbegrenzt von Natur aus zur Verfügung. Diese Güter, zu denen beispielsweise Sonnenlicht, Wind und Regen gehören, nennen wir freie Güter. Das Angebot an diesen Gütern ist so groß, dass sie frei zur Verfügung stehen. Früher hat man auch das Trinkwasser dazu ge-

rechnet. Das tun wir heute nicht mehr, da für die Bereitstellung von sauberem Trinkwasser oft ein erheblicher Aufwand nötig ist, den wir auch bezahlen müssen. Wie das Wasser sind auch andere ehemals freie Güter inzwischen knapp geworden. Alle Güter, die nicht unbegrenzt zur Verfügung stehen, sind wirtschaftliche Güter.

> Wirtschaftliche Güter sind nur begrenzt vorhanden und deshalb knapp. Sie haben einen Preis, da ihre Bereitstellung Kosten verursacht.

Einteilung der wirtschaftlichen Güter

Es gibt viele Möglichkeiten, wirtschaftliche Güter einzuteilen. In der Abbildung auf S. 13 siehst du eine Variante.

Werden Produkte und Dienstleistungen in einem Betrieb zur Herstellung anderer Güter eingesetzt, heißen sie *Produktionsgüter*. Nutzen wir sie da-

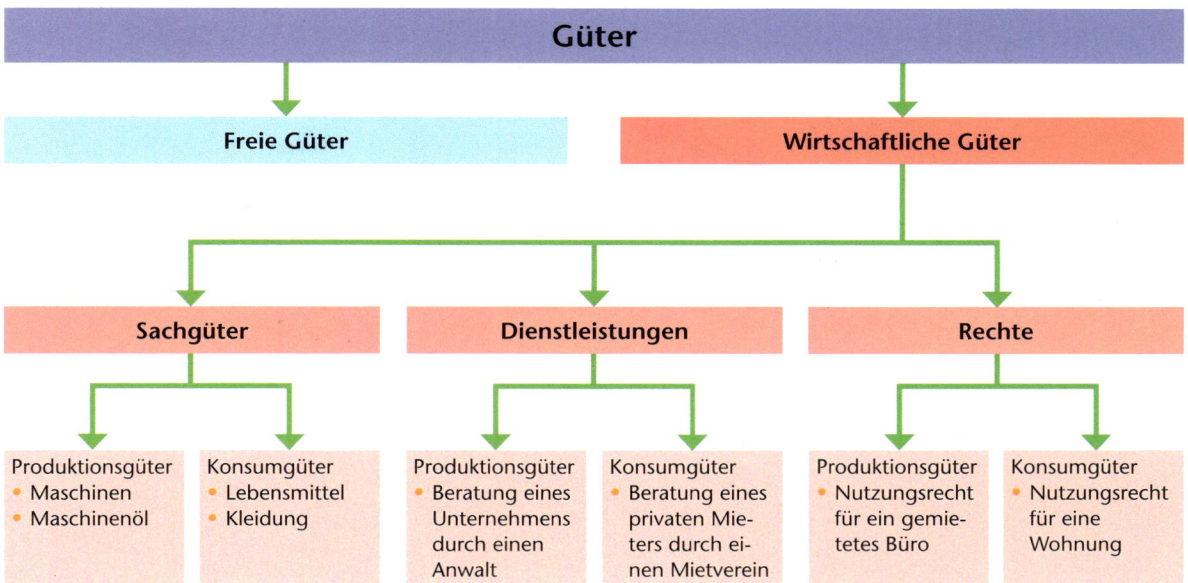

Einteilung der Güter

gegen im privaten Haushalt, wie beispielsweise den Staubsauger, so bezeichnen wir sie als *Konsumgüter*. Dinge, die wir mehrfach und längerfristig benutzen, nennen wir *Gebrauchsgüter*. Ein Beispiel hierfür ist die Kleidung. *Verbrauchsgüter* hingegen dienen der einmaligen Nutzung und sind anschließend verbraucht, wie die Nahrung, die wir zu uns nehmen.

Nicht alle Güter sind Gegenstände und damit materiell. Die Bezeichnung *immaterielle Güter* steht für Dienstleistungen, wie beispielsweise eine Typenberatung im Kosmetikstudio, aber auch für die Nutzung von Bildungseinrichtungen wie Schule und Museum.

Zu den immateriellen Gütern gehören außerdem Rechte. Wenn Unternehmen oder Haushalte ein Gut erwerben, haben sie das Eigentumsrecht an diesem Gut. Gibt es in einem Einkaufszentrum ein Parkhaus, habe ich das Nutzungsrecht für einen Stellplatz. Privatrecht, Verkehrsrecht und Baurecht sind weitere Beispiele. Rechte sind in verschiedenen Gesetzen festgelegt.

> Zu den wirtschaftlichen Gütern gehören auch Rechte.

Zum *privaten Gut* wird ein Gegenstand, wenn nur eine Person ihn nutzen kann. Die Hose, die du trägst, kann nicht gleichzeitig eine andere Person tragen. Private Güter sind überwiegend Konsumgüter. *Öffentliche Güter* stehen im Gegensatz dazu allen zur gemeinsamen Nutzung zur Verfügung. Die Polizei beispielsweise sorgt für die Sicherheit aller, Schulbildung steht allen Kindern offen. Öffentliche Güter stellt zum großen Teil der Staat bereit.

1 Welche der folgenden Waren sind Verbrauchsgüter? Schnittblumen, Tapeten, Butter, Pkw, Computer, Klebstoff, Pinsel, Backgewürz, Benzin, Frisörschere, Socken, Bücher, Leitungswasser, Fernseher, Tomaten, Kopierpapier.

2 Recherchiere im Internet nach Betrieben in der Nähe deiner Schule. Welche Güter stellen sie bereit?

3 Erkläre, warum es umstritten ist, Luft und Boden als freie Güter zu bezeichnen?

4 Im Verlauf eine Tages nutzt du öffentliche Güter. Zähle auf, welche das sind.

Maximalprinzip: Ziel ist, mit 50 Euro eine Geburtstagsparty auszurichten.

Minimalprinzip: Ziel ist, mit möglichst wenig Aufwand die Hausaufgaben zu erledigen.

Ökonomische Prinzipien

Das Maximum herausholen

Theresa möchte ihren Geburtstag mit ihren Freunden feiern. Für die Gestaltung dieses Festes bekommt sie von der Oma 50 Euro. Was und wie viel kann sie von dem Geld kaufen?

- Sie möchte verschiedene Getränke aus dem Supermarkt oder Getränkemarkt anbieten,
- außerdem unterschiedliche Speisen anbieten
- und ihren Partyraum schön dekorieren.

Theresa setzt die vorhandenen Mittel (ihre 50 Euro) so ein, dass sie für sich den größtmöglichen Nutzen daraus zieht.

Wir können sagen: Sie handelt rational (von ratio = Vernunft) oder sie handelt nach einem ökonomischen Prinzip. Man spricht in diesem Fall vom Maximalprinzip.

> Das Maximalprinzip im Haushalt bedeutet, mit den gegebenen Mitteln den größtmöglichen Nutzen zu erzielen.

Minimalen Aufwand betreiben

Lukas muss noch seine Hausaufgaben erledigen. Er möchte sich aber auch an diesem Nachmittag mit seinen Freunden treffen und möglichst viel Zeit mit ihnen verbringen.

Welche Möglichkeiten hat Lukas, um die Hausaufgaben zu erledigen?

- Er kann in die Bibliothek gehen und sich Bücher zum Nachschlagen holen,
- er kann im Internet recherchieren,
- er kann bei seinen Eltern oder Freunden nachfragen,
- er kann die Aufgaben mit seinem vorhandenen Wissen erledigen.

Lukas hat eine von vornherein festgelegte Aufgabe und möchte diese mit möglichst geringem Aufwand erfüllen. Man spricht in diesem Fall vom Minimalprinzip.

> Das Minimalprinzip im Haushalt bedeutet, mit einem möglichst geringen Aufwand das gegebene Ziel zu erreichen.

Brandrodung im Regenwald

Stau auf der Autobahn

Schneelawine

Spanien, Region Valencia

Ökonomie um jeden Preis?

Das ökonomische Prinzip in den beiden Formen Maximalprinzip und Minimalprinzip, die hier gezeigt wurden, geht vom einzelnen Menschen aus. Er fragt: Was ist für mich wirtschaftlicher?

> Was für den Einzelnen wirtschaftlich vernünftig ist, kann für unsere gesamte Gesellschaft, vielleicht sogar für die gesamte Erde, durchaus unvernünftig sein.

Wie könnte das im Einzelfall aussehen?

- Kathrin kauft Frühstücksbretter, die aus dem Holz der tropischen Regenwälder gefertigt sind, weil sie diese viel ansprechender findet als andere Fabrikate.
- Christian bevorzugt beim Kauf seiner Getränke Einwegverpackungen, weil diese im Laden um die Ecke billiger sind als Pfandflaschen.

- Michael verzichtet auch im Winter nicht auf seine geliebten Erdbeeren – schließlich verdient er genug Geld und kann sie sich leisten.
- Herr Müller würde nie mit öffentlichen Verkehrsmitteln fahren. Das wäre viel zu umständlich und würde außerdem zu lange dauern. Schließlich heißt es doch: „Zeit ist Geld".
- Frau Schneider lehnt es strikt ab, im Bioladen einzukaufen. Die Produkte sind ihr dort viel zu teuer.

1 Nimm Stellung zu den in Bild und Text aufgezeigten Beispielen.

2 Familie Meier plant die Anschaffung einer neuen Küche. Gemeinsam legen die Familienmitglieder Kriterien fest, welche die Küche erfüllen muss. Welches ökonomische Prinzip liegt hier zugrunde?

3 Finde weitere Fallbeispiele, in denen nach Minimal- bzw. Maximalprinzip gehandelt wird.

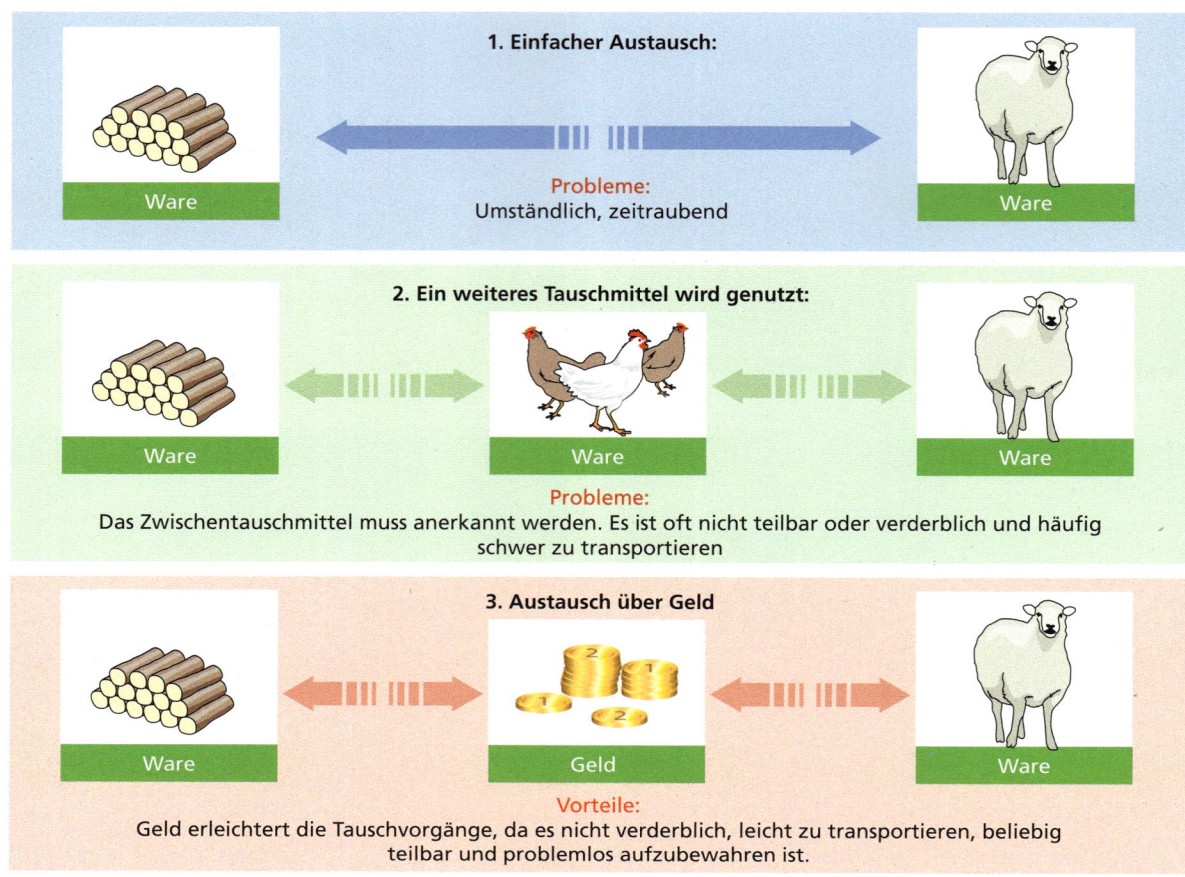

1. Einfacher Austausch:

Ware

Ware

Probleme:
Umständlich, zeitraubend

2. Ein weiteres Tauschmittel wird genutzt:

Ware

Ware

Ware

Probleme:
Das Zwischentauschmittel muss anerkannt werden. Es ist oft nicht teilbar oder verderblich und häufig schwer zu transportieren

3. Austausch über Geld

Ware

Geld

Ware

Vorteile:
Geld erleichtert die Tauschvorgänge, da es nicht verderblich, leicht zu transportieren, beliebig teilbar und problemlos aufzubewahren ist.

Etappen der Geschichte des Geldes

Geld

Wohl kaum eine so große und geniale Erfindung der Menschheit hat so viel Diskussionen und Verwirrung in den Köpfen angerichtet wie das Geld. Jeder kennt es, jeder braucht es, aber kaum einer begreift, was es eigentlich ist. So mancher redet von Geld, meint aber in Wirklichkeit Kapital, Eigentum oder „virtuelles Geld". Nun gut, eine direkte Definition von Geld gibt es nicht. Das hängt damit zusammen, dass Geld gleichzeitig mehrere Aufgaben erfüllt. Wir erklären Geld deshalb von seinen Funktionen her:
Geldfunktionen sind

1. Tausch- und Zahlungsmittel: Geld wird beim Kauf und Verkauf von Waren und Dienstleistungen als Gegenwert gezahlt und dient als Mittel zur Auszahlung von Krediten und zur Tilgung von Schulden.

2. Wertaufbewahrungsmittel: Geld ist ein Mittel zum Sparen, zum „Speichern" von Vermögen.

3. Wertmaßstab: Geld ist eine Recheneinheit, die als Maßstab für den Wert und Preis von Waren und Dienstleistungen genutzt wird.

4. Wertübertragungsmittel: Mithilfe von Geld können Werte an andere Personen übertragen werden, z. B. Schenkung, Erbschaft, Lohn.

Nur wenn alle diese Funktionen gleichzeitig erfüllt werden, spricht man von Geld. Gegenstände, die diese Aufgaben nur zum Teil wahrnehmen, wie beispielsweise Kreditkarten, werden als „Quasigeld" bezeichnet. Sie dienen vorrangig als Zahlungsmittel, nicht jedoch als Wertaufbewahrungsmittel.

Geld dient als Tausch- und Zahlungsmittel, als Wertaufbewahrungsmittel, als Wertmaßstab und als Wertübertragungsmittel.

1500 v. Chr. bis 200 n. Chr.	Kauri-Schnecken sind Zahlungsmittel in China.
um 650 v. Chr.	Die Lyder, ein Volk in Kleinasien, erfinden das Münzgeld: „Reich wie (Lyderkönig) Krösus".
1275 n. Chr.	Marco Polo berichtet vom ältesten Papiergeld in China.
1661	Das erste Papiergeld in Europa wird in Schweden gedruckt.
1705	Erste Geldscheine auf deutschem Boden, in Köln.
18./19. Jh.	Das Papiergeld setzt sich in Europa durch.

Links: Die historische Entwicklung des Geldes
Rechts oben: Kaurischnecke; unten: Sächsischer „Klappmützentaler" (um 1500). In Joachimsthal wurden so viele dieser silbernen Großmünzen geprägt, dass sich von „Joachimsthal" die Namen „Taler" und „Dollar" ableiten.

Theoretisch kann jeder Gegenstand Geld sein, wenn er folgende Grundvoraussetzungen erfüllt:

- *Der Gegenstand muss für den Zahlungsempfänger einen Wert haben.* Die Lieferanten von Waren und Dienstleistungen müssen ihn als Zahlung für ihre Lieferung akzeptieren. Der Wert kann im Gegenstand selbst liegen (z. B. aus Edelmetall gefertigt). Der Wert kann auch darin bestehen, dass er vom Staat garantiert wird. Die Regierungen haben das Recht, Münzen zu prägen, und die Notenbank hat das Recht, Banknoten zu drucken.
- *Der Gegenstand muss von der Masse der Menschen akzeptiert werden.* Der Zahlungsempfänger muss davon ausgehen können, dass der Gegenstand auch von jedem anderen als Zahlungsmittel angenommen wird.
- *Der Gegenstand muss so beschaffen sein, dass er bequem und ohne Wertminderung weitergegeben werden kann.* Er muss leicht transportierbar und haltbar sein (keine verderblichen Güter).

Erscheinungsformen des Geldes

Wenn von Geld gesprochen wird, denkt man üblicherweise an Münzen und Banknoten (Metallgeld und Papiergeld). Dies sind jedoch nur zwei von vielen möglichen Ausprägungen von Geld.

Die Geldfunktion wurde und wird zum Teil heute noch beispielsweise von Muscheln, Goldkörnern, Fellen, Salz oder Schmuck wahrgenommen (Warengeld). Geld hat sich andererseits im 20. Jahrhundert stark „entmaterialisiert". Denn auch Bankguthaben sind Geld, zumindest, wenn sie jederzeit verfügbar sind. Im Prinzip lassen sich heute drei Arten von Geld unterscheiden:

- Bargeld: Münzen und Banknoten
- Buchgeld: Guthaben bei Banken, die sich der Inhaber jederzeit auszahlen lassen kann
- Elektronisches Geld: Geld, dessen Summe auf einem Datenträger gespeichert ist, z. B. auf dem Chip einer Geldkarte

1 Ergänze den Satz: „Geld zu haben bedeutet für mich …"

2 Münzen tragen auf ihrer Rückseite landestypische Symbole. Sammle von fünf „Euroländern" die landestypischen Motive.

3 Erkläre, wodurch Münzen und Scheine ihren Wert haben.

4 Welche Vor- und Nachteile haben Buchgeld und elektronisches Geld gegenüber Bargeld? Diskutiert in der Klasse.

Der Geldkreislauf

Zur wirtschaftlichen Bedeutung des Geldes

Der Wirtschaftskreislauf

Eine Wirtschaft funktioniert ähnlich wie ein Wochenmarkt. Jemand bietet Waren an, andere möchten Waren kaufen. Angebot und Nachfrage treffen sich. Das Geld übernimmt dabei die Funktion des Tausch- und Zahlungsmittels und des Wertmaßstabs. Diese Tauschprozesse vollziehen sich jeden Tag millionenfach. Ein Kreislauf bildet sich heraus: der sogenannte Wirtschaftskreislauf. Vereinfacht gesehen, funktioniert er so: Die privaten Haushalte geben den Unternehmen Geld, und die Unternehmen stellen den Haushalten dafür Güter und Dienstleistungen zur Verfügung. Die privaten Haushalte überlassen den Unternehmen ihre Arbeitskraft und erhalten dafür Lohn oder Gehalt. In den Haushalten wird über die Verwendung des Geldes entschieden. Es wird entweder gespart oder für den Konsum verwendet, also wieder in den Wirtschaftskreislauf eingebracht.

> Zwischen den privaten Haushalten und den Betrieben fließt ein ständiger Geld- und Güterstrom. Man bezeichnet diese Vorgänge als einfachen Wirtschaftskreislauf.

In der Vereinfachung bezeichnet man die Haushalte als „Stätten des Verbrauchs" (und den Bürger als „Verbraucher"), denn sie konsumieren Güter. Die Unternehmen nennt man „Stätten der Produktion", denn sie produzieren Güter.

Die Nachfrage nach Geld

Die Volkswirtschaft kann nur funktionieren, wenn jeder am Wirtschaftsleben Beteiligte zahlungsfähig ist, d. h. seine Rechnungen begleichen kann.

Die privaten Haushalte haben Einnahmen aus Arbeit (z. B. Lohn, Gehalt oder Gewinn bei Selbstständigen), Vermögen (z. B. Zinsen, Pacht) und durch Zahlungen des Staates (z. B. Rente, Kindergeld). Sie geben das Geld vorwiegend für Lebensmittel, Miete, Versicherungen und Gebrauchs- und Verbrauchsgüter aus.

Bei den Unternehmen sind die Zahlungsströme weit unregelmäßiger. Die Hauptquelle der Einnahmen sind die Umsätze, das sind die Erlöse aus dem Verkauf von Produkten und Dienstleistungen. Sie können erheblich schwanken. Außerdem kommt es vor, dass Abnehmer die vereinbarten Zahlungsfristen nicht einhalten. Ausgaben fallen vor allem für Rohstoffe, Löhne, Steuern und Zinsen an.

Haushalte und Unternehmen möchten möglichst viel Geld einnehmen und wenig Geld ausgeben. Die Unternehmen versuchen, Löhne und Gehälter niedrig zu halten und preisgünstige Rohstoffe für ihre Produktion zu verwenden. Die privaten Haushalte versuchen, möglichst viel Geld durch ihre Arbeit zu verdienen und Konsumgüter preiswert einzukaufen. Unternehmen und private Haushalte handeln wirtschaftlich, d. h. ökonomisch (s. S. 14).

Frau Weber überweist monatlich die Miete.

Stefanie bezahlt die beim Versandhaus bestellte Jeans per Nachnahme.

Ralf bezahlt seinen Vereinsbeitrag persönlich beim Kassenwart.

Herr Schmidt lässt die Telefongebühren von seinem Konto abbuchen.

Viele Möglichkeiten, zu bezahlen

Zahlungsverkehr

Der Austausch von Waren und Dienstleistungen im heutigen Umfang, sei es im Inland oder weltweit, wäre ohne ein voll entwickeltes Geld- und Bankwesen und ohne funktionierende Finanzmärkte nicht möglich. Mit der Zeit haben sich unterschiedliche Zahlungsarten herausgebildet. So unterscheiden wir die bare, die halbbare und die bargeldlose Zahlung.

Barzahlung: Monika kauft im Supermarkt Lebensmittel ein und bezahlt mit Scheinen und Münzen aus dem Portemonnaie. Für diesen Zahlungsvorgang wird kein Konto benötigt.

Halbbare Zahlung: 1. Fall: Peter hat sich über das Internet ein Buch bestellt. Er zahlt den Rechnungsbetrag bei einem Geldinstitut bar auf das Konto des Verkäufers ein. 2. Fall: Peter verkauft seinen MP3-Player über das Internet. Der Käufer schickt Peter einen Scheck, den Peter bei einem Geldinstitut einlöst. Das Geldinstitut bucht die Summe vom Konto des Käufers ab und zahlt sie an Peter aus. Bei der halbbaren Zahlung benötigt entweder der Zahlende oder der Empfänger ein Konto.

Bargeldlose Zahlung: Wenn sowohl Zahlender als auch Empfänger ein Konto besitzen, ist der Zahlungsvorgang am einfachsten: Der Zahlende beauftragt sein Geldinstitut, einen bestimmten Geldbetrag von seinem Konto auf ein anderes Konto zu übertragen. So kann man weltweit bezahlen.

Kreditkarten sind ein modernes Instrument des nationalen und internationalen bargeldlosen Zahlungsverkehrs. Eine weitere Möglichkeit der bargeldlosen Zahlung ist das Onlinebanking. Mithilfe des Internets kann man sehr schnell Überweisungen tätigen.

> Unter Zahlungsverkehr versteht man alle Zahlungsvorgänge, die zwischen privaten Haushalten, Unternehmen, Staat und Banken stattfinden. Ein Schuldner (Zahlender) leistet an den Gläubiger (Zahlungsempfänger) eine Zahlung.

1 Erläutere, wie der einfache Wirtschaftskreislauf funktioniert (siehe Grafik S. 18).

2 Warum stören schlechte Zahlungsgewohnheiten den Wirtschaftskreislauf?

3 Ordne die Fallbeispiele oben den Zahlungsarten bar, halbbar und unbar zu.

4 Warum solltest du bei einer Barzahlung Quittung oder Beleg einfordern? Begründe.

2 Fertigung materieller Güter

Eine Methode, mit der alle etwas dazulernen

Materialien, die ihr aus TC kennt, und deren Eigenschaften

Fertigungsverfahren, die ihr aus dem Werkunterricht kennt, und die dazugehörigen Werkzeuge

Regeln zum Verhalten in einer Werkstatt und beim Umgang mit Werkzeugen und Maschinen

Themen für euren Flohmarkt

Wir planen ein Produkt

Erste Überlegungen

Nicht immer beschaffen wir Produkte auf dem Markt, sondern stellen sie selbst her. Dafür gibt es verschiedene Gründe:
- Wir sind mit den auf dem Markt angebotenen Produkten nicht zufrieden.
- Wenn wir das Produkt selbst herstellen, wird es billiger.
- Es soll ein Unikat entstehen, ein Produkt, das nicht jeder hat.
- Wir wollen unsere Fähigkeiten testen und haben Freude an der eigenen Arbeit.

Aus wirtschaftlicher Sicht werden Produkte, die auf dem Markt gehandelt werden, als Güter bezeichnet. Güter werden durch die wirtschaftliche Tätigkeit von Menschen erzeugt oder bereitgestellt.

Vor der Herstellung von Produkten, auch im Unterricht, überlegen wir immer:
- Welchen Zweck soll das Produkt erfüllen?
- Welche Eigenschaften soll das Produkt haben?
- Können wir das Produkt ohne Schwierigkeiten herstellen?
- Wie hoch sind die Materialkosten?
- Wie wird gewährleistet, dass das Produkt funktionsfähig ist?

- Sind Produkt und Herstellung umweltverträglich?

Wichtig ist auch dass unser Produkt mit den vorhandenen Werkzeugen und Maschinen herzustellen ist, damit zusätzliche Kosten vermieden werden.

Das Produkt sollte aus mehreren Teilen und verschiedenen Werkstoffen bestehen. So können wir unsere Fertigkeiten im Umgang mit Werkzeugen und Maschinen trainieren und verschiedene Fertigungsverfahren kennen lernen. Das Produkt darf zudem keine hohen Materialkosten verursachen und muss innerhalb der Unterrichtszeit herzustellen sein.

Am Beginn jeder Arbeit steht eine Idee, die durch den Einsatz geeigneter Mittel und Verfahren erreicht werden soll.

Am besten klärt ihr in der Gruppe, welche Produkte euren Bedürfnissen entsprechen. Diskutiert die Vorschläge und entscheidet, welches Produkt ihr herstellen wollt. Diese Entscheidungsfindung wird durch eine Bedarfsanalyse erleichtert.

Auf den folgenden Seiten erfahrt ihr außerdem, welche Schrittfolge notwendig ist, um ein Produkt herzustellen. Bevor ihr mit der Arbeit beginnt, tragt ihr am besten noch einmal das Wissen zusammen, das ihr bereits in den vergangenen Schuljahren im TC–Unterricht über die Herstellung von Produkten erworben habt.

Gruppe 1:
Beruf Uhrmacher

Welche Tätigkeiten üben Sie aus?
Mit welchen Materialien arbeiten Sie?
Welche Werkzeuge benutzen Sie?
Was macht Ihre Arbeit interessant?

Gruppe 2:
Angebot und Nachfrage in einem Fachgeschäft

Welche Uhren werden angeboten?
Welche Uhren sind besonders gefragt?
Wie setzt sich der Preis für eine Uhr zusammen?
Wie wird geworben?
Welchen Service gibt es für die Kunden?

Gruppe 3:
Bauformen

Besucht ein Fachgeschäft.
Fertigt eine Übersicht mit Gestaltungsvarianten an.
Welche Materialien werden verwendet?
Zeichnet einige Uhren aus eurem Haushalt.

Gruppe 4:
Ziffernblätter

Besucht ein Fachgeschäft.
Betrachtet die Gestaltung der Ziffernblätter.
Skizziert einige Gestaltungsvarianten.
Notiert das Material der Ziffernblätter.

Erkundung zu unserem Produkt in Arbeitsgruppen

Die Bedarfsanalyse

Bevor die Entscheidung über die Art des herzu-stellenden Produktes fällt, ist eine genauere Un-tersuchung des vorhandenen Bedarfs notwendig. Der Bedarf an einer Ware oder Dienstleistung entsteht durch vorhandene Bedürfnisse, also Mangelerscheinungen.

Voraussetzung für das Vorhandensein eines Be-darfs ist, dass das Produkt noch nicht in ver-gleichbarer Form auf dem Markt angeboten wird und Kaufkraft vorhanden ist. Wenn unser Pro-dukt genau einen solchen Bedarf decken kann, lohnt sich die Herstellung.

> Die Bedarfsanalyse dient zur Feststellung des Bedarfs an Produkten oder Dienstleis-tungen in einer bestimmten Region.

In unserem Fall haben einige Schüler der WTH–Gruppe vorgeschlagen, eine Wanduhr aus ver-schiedenen Materialien herzustellen. Um den Bedarf festzustellen, können Befragungen mög-licher Käufer in Form einer Markterkundung durchgeführt werden. Die Markterkundung hilft auch, vorhandene Produkte gleicher oder ähn-licher Art zu analysieren. Das unterstützt die Ide-enfindung und Planung des eigenen Produktes.

M Markterkundung

Die Markterkundung ist eine Möglichkeit, um Informationen zu Produkten und Dienstleistun-gen zu erhalten. Dazu werden Marktteilnehmer befragt und/oder beobachtet. Die Ergebnisse werden dokumentiert und ausgewertet.

Zur Vorbereitung der Markterkundung sammelt ihr Informationen, notiert Erkundungsaufträge und erarbeitet Fragen, die ihr stellen wollt. Bildet mehrere Arbeitsgruppen mit speziellen Erkun-dungsaufträgen. Während der Auswertung prä-sentieren alle Arbeitsgruppen ihre Ergebnisse in einer anschaulichen Form.

Dokumentation der Ergebnisse

- Ein Interview kann mit einer Videokamera aufgezeichnet werden.
- Fotos, Tabellen, Plakate, Skizzen, Collagen, Wandzeitungen werden angefertigt.
- Präsentation mithilfe einer Präsentationssoft-ware am Computer. **M**

1 Entscheidet, welche Ergebnisse der Markterkundung für euer Produkt be-sonders wichtig sind, und dokumentiert diese.

Was das Marketing forderte   Was der Verkauf bestellte   Was die Konstruktion entwarf

Was die Produktion herstellte   Was der Service realisierte   Was der Kunde wünschte

Marktorientierte Produktgestaltung

Wir analysieren vorhandene Produkte

Gebrauchseigenschaften von Produkten

In Geschäften, auf Märkten und in Büros werden vielfältige Produkte und Dienstleistungen angeboten. Viele nutzen wir oft und gern. Manchmal kommt es aber auch vor, dass ein technisches Gerät nicht richtig funktioniert oder wir es nicht in Betrieb nehmen können, da die Bedienungsanleitung schwer verständlich ist. Manche Produkte sind zu teuer oder gehen schnell kaputt. Auch Dienstleistungen sind nicht immer fehlerfrei. Deshalb ist es wichtig, dass wir Produkte und Dienstleistungen beurteilen können.

Sicher habt ihr in Zeitschriften schon einmal die Ergebnisse von Dienstleistungs- und Warentests gelesen. Diese Testberichte sind zum Beispiel von der Stiftung Warentest, von Verbraucherberatungsstellen, dem TÜV oder anderen unabhängigen Vereinen erstellt worden.

Sie helfen uns, Waren besser vergleichen zu können. Außerdem erleichtern sie Kaufentscheidungen, weil wir uns an den Eigenschaften der Produkte orientieren können, die für uns von Bedeutung sind.

> Warentests sind Prüfverfahren, um Produkteigenschaften zu ermitteln und diese mit den Eigenschaften ähnlicher Produkte zu vergleichen.

Doch nicht nur Profis können Testberichte verfassen. Versucht doch selbst einmal, Produkte oder Dienstleistungen zu vergleichen und dabei wichtige Eigenschaften zu erkunden. Testergebnisse bekommt ihr durch Messen, Wiegen, Prüfen, Beschreiben, Befragen oder Berechnen. Bei der Auswahl der zu testenden Produkte oder Dienstleistungen geht ihr am besten von euren Interessen aus.

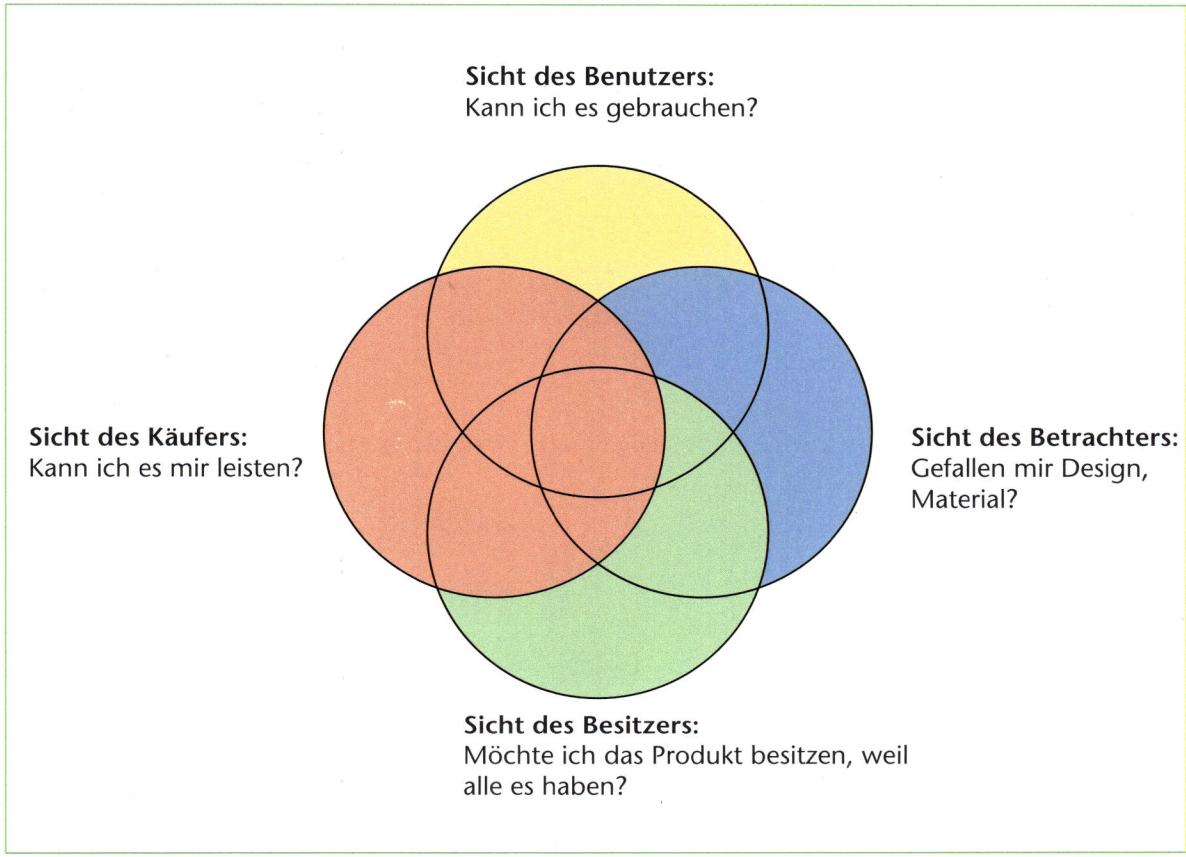

Sicht des Benutzers:
Kann ich es gebrauchen?

Sicht des Käufers:
Kann ich es mir leisten?

Sicht des Betrachters:
Gefallen mir Design,
Material?

Sicht des Besitzers:
Möchte ich das Produkt besitzen, weil
alle es haben?

Wie können wir als Käufer ein Produkt bewerten?

Habt ihr euch entschieden, müsst ihr die Testkriterien festlegen und überlegen, wie wichtig euch diese Kriterien erscheinen. Das kann bei verschiedenen Produkten ganz unterschiedlich sein. Bei Kleidung ist beispielsweise das Aussehen von besonderer Bedeutung, bei technischen Geräten spielt die Funktionstüchtigkeit und einfache Bedienung eine wichtige Rolle. Bei Lebensmitteln ist der Geschmack entscheidend, aber auch die Inhaltsstoffe sind maßgebend.

Ihr solltet euch bei euren Tests auf einige wenige Produktmerkmale beschränken, damit der Test nicht unübersichtlich wird.

> Produktmerkmale sind Eigenschaften einer Ware oder Dienstleistung wie Aussehen, Beschaffenheit, Umweltverträglichkeit, Lebensdauer und Preis.

1 Stelle Produktmerkmale für ein Produkt zusammen, das du oft nutzt.

2 Entscheide, welche Produktmerkmale dir bei dem gewählten Produkt besonders wichtig sind.

3 Schätze einige Produktmerkmale ein und überprüfe sie durch Tests. Dokumentiere deine Ergebnisse in einem Protokoll.

4 Schreibe eine Geschichte zum Tagesablauf eines Jugendlichen. Füge dabei Produkte und Dienstleistungen ein, die im Laufe eines Tages genutzt werden.

Ein Werkstück – viele Ideen

Das ist bei der Herstellung unseres Werkstückes wichtig:

vorhandene Werkzeuge nutzen

lange haltbar und stabil

gutes Design

wenig Abfall

Kreativität

umweltverträglich

nicht zu teuer

funktionstüchtig

vorhandenes Material verwenden

einfach herzustellen

Ideensammlung mit Brainstorming

Der Weg zum Produkt – die Arbeitsvorbereitung

Konstruktive Planung

Nach Marktanalyse und Markterkundung beginnt die Phase der Umsetzung der Ideen. Vor Beginn der Produktion müssen die Ideen präzisiert werden: Wie soll das Produkt aussehen? Welche Werkstoffe und Materialien wollen wir verwenden? Welche Fertigungsverfahren sind erforderlich? Wie können die einzelnen Baugruppen zusammengefügt werden?

Jede Produktion umfasst ausgehend von einer Produktidee
- die konstruktive Planung,
- die Materialplanung,
- die Planung des Bedarfs an Maschinen, Werkzeugen und Vorrichtungen,
- die Planung des Arbeitsablaufs,
- die Durchführung der Produktion,
- die ständige Arbeitskontrolle und -bewertung.

M Ideen sammeln – Brainstorming

Brainstorming (engl.) können wir sinngemäß mit „Ideenwirbel" übersetzen. Ein Team kann auf diese Weise viele kreative Ideen zusammentragen.

Vorgehen

Sammelt gemeinsam Ideen, welche Eigenschaften für euer Produkt wichtig sind.

Die Ergebnisse und Anregungen, die ihr in der Markterkundung gewonnen habt, dienen als Anregungen für die Produktgestaltung.

Als Methode nutzt ihr das Brainstorming. Dabei schreiben alle möglichst viele spontane Gedanken zum Thema auf Karten und heften diese anschließend an die Tafel (vergleiche Abbildung oben). Anschließend werden die Karten in eine Reihenfolge gebracht, aus der hervorgeht, wie wichtig die einzelnen Stichpunkte sind. Abschließend wird entschieden, welche Ideen verwirklicht werden.

M

Fragestellung	Entscheidungs- und Lösungsmöglichkeiten
Bauform	stehend, hängend
Material	Kunststoff, Metall, Holz, Textilien, Keramik …
Form des Ziffernblattes	rund, oval, rechteckig, quadratisch, sechseckig, …
Uhrwerk	batteriebetrieben, mechanisch, solar
Zeiger	modern, antik, klassisch-zeitlos, …
Trennverfahren	sägen, feilen, schleifen, bohren, schneiden, …
Fügeverfahren	kleben, nähen, stecken, schrauben, dübeln, nageln, …
Oberflächenbehandlung	bemalen, lackieren, beizen, wachsen, imprägnieren, lasieren, …

Welche Frage stellen wir uns, wie entscheiden wir?

Ideen festhalten – der Entwurf

Nach diesen Vorarbeiten fertigt jeder eine Entwurfskizze an, die zeigt, wie die selbst hergestellte Wanduhr aussehen könnte.

Dabei kann das Ziffernblatt individuell verschieden sein. Die farbliche Abstimmung zwischen Stoffarmband und Ziffernblatt muss überlegt werden ebenso wie die Fragen, in welcher Form und aus welchem Werkstoff die Stundenmarkierungen und Ziffern ausgeführt werden können. Euer Ideenreichtum und eure Kreativität sorgen dafür, dass die fertige Uhr ein echtes Unikat wird.

Für das Uhrenarmband verwenden wir ein einheitliches, vorgegebenes Schnittmuster, die Farbe des Stoffes sucht ihr euch aus einer größeren Stoffauswahl selbst aus.

In einer kleinen Ausstellung werden anschließend alle Entwurfskizzen vorgestellt und kurz erläutert. Dabei wird auch deutlich, dass viele gute Ideen entwickelt wurden, die Entwurfskizzen aber noch nicht als Arbeitsgrundlage für die Fertigung genügen.

Für die Planung und Herstellung des Ziffernblattes wird eine technische Skizze oder Zeichnung benötigt, die nach international einheitlichen Standards angefertigt wird.

> Eine technische Skizze oder Zeichnung ist ein wichtiges Element der konstruktiven Planung. Die konstruktive Planung legt die geometrischen Formen und die Abmessungen von Werkstücken fest.

1 Führt eine Ideensammlung für euer Werkstück mithilfe der Methode des Brainstorming durch.

2 Sammelt Abbildungen von Werkstücken, die ähnlich sind wie die, die ihr herstellen wollt. Nutzt als Anregungen Werbeprospekte, Bücher, das Internet.

3 Fertigt ein Modell des Werkstückes aus Pappe an.

4 Fertigt eine technische Skizze von eurem Werkstück an. Nutzt für die standardgerechte Darstellung die folgenden Seiten.

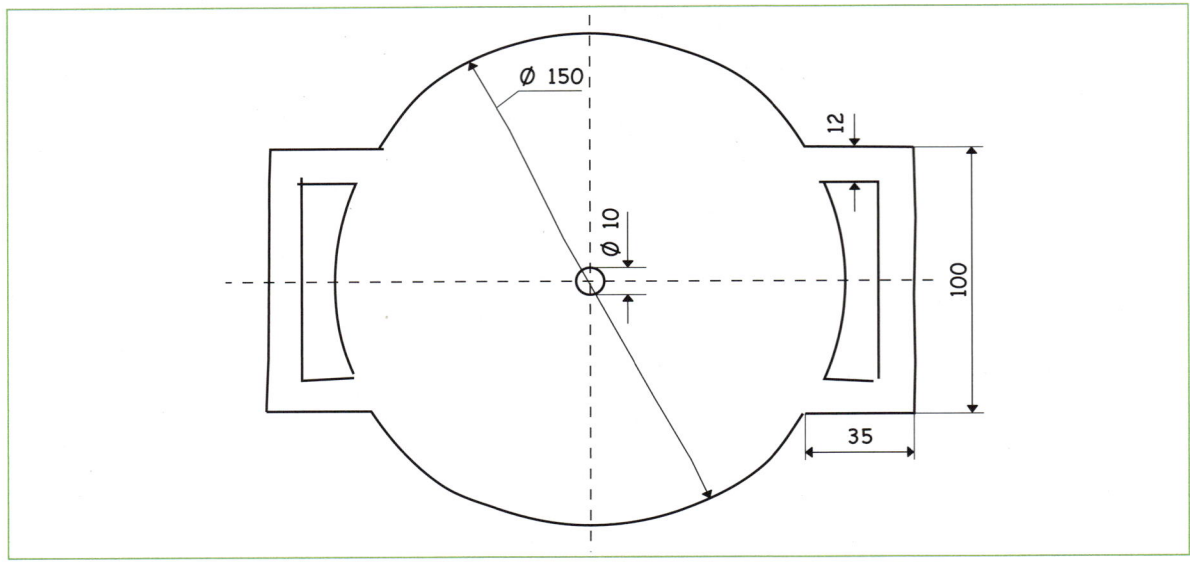

Technische Skizze

Technische Skizzen lesen und anfertigen

Für die Herstellung eines Werkstückes ist eine technische Skizze oder eine Zeichnung notwendig. Auch in der industriellen Produktion sind Skizzen und Zeichnungen eine wichtige Arbeitsgrundlage. Jeder, der an Planung und Herstellung beteiligt ist, muss eine technische Skizze oder Zeichnung lesen und verstehen können.

Die technische Skizze steht am Anfang einer Idee. Mithilfe eines Stiftes und ohne weitere Hilfsmittel wird die Vorstellung von einem Gegenstand auf Papier gebracht. Damit seid ihr in der Lage, Auskunft über die Form und die Abmessungen zu geben. Skizzen sind nicht maßgenau, Größenverhältnisse müssen aber eingehalten werden.

> Technische Skizzen werden ohne Zeichenhilfsmittel freihändig erstellt. Es müssen Grundnormen beachtet werden.

Damit auch andere unsere Skizze lesen und verstehen können, müssen wir bestimmte Grundnormen einhalten. Viele dieser Grundnormen habt ihr bereits im Fach Technik und Computer kennen gelernt.

Linienarten und Linienbreiten

Die wichtigsten Darstellungselemente in technischen Skizzen und Zeichnungen sind die Linien. Mit ihrer Hilfe werden Körperkanten sowie viele andere Informationen über das Werkstück verschlüsselt dargestellt.

Nur wer den Schlüssel zum Lesen kennt, ist in der Lage, die Darstellung zu verstehen.

Die Linienbreiten haben eine spezielle Bedeutung. So werden beispielsweise Körperkanten durch breite und Maßlinien durch schmale Volllinien dargestellt.

Bemaßungsregeln

Damit dein Werkstück entstehen kann, sind Maßangaben notwendig. Es gibt verschiedene Bemaßungselemente, eines davon ist die Maßzahl.

Normschrift

Schriftfeld und Stücklisten werden nicht mit Schreibschrift, sondern mit Bleistift in Normschrift ausgefüllt.

> Bei technischen Darstellungen sind Grundnormen einzuhalten. Dazu gehören Linienarten, Linienbreiten, Bemaßungsregeln und Normschrift.

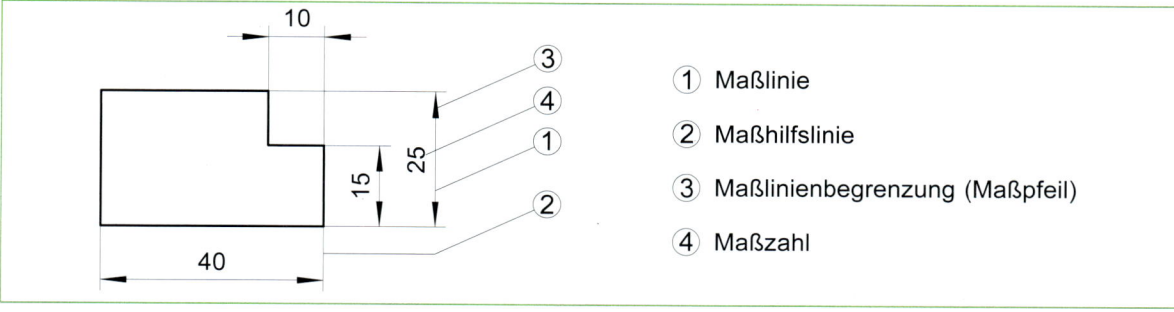

Die Elemente der Maßeintragung

(1) Maßlinie

(2) Maßhilfslinie

(3) Maßlinienbegrenzung (Maßpfeil)

(4) Maßzahl

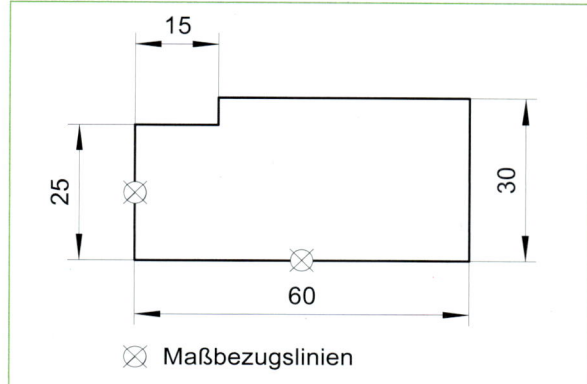

⊗ Maßbezugslinien

Bemaßung mit äußeren Maßbezugslinien

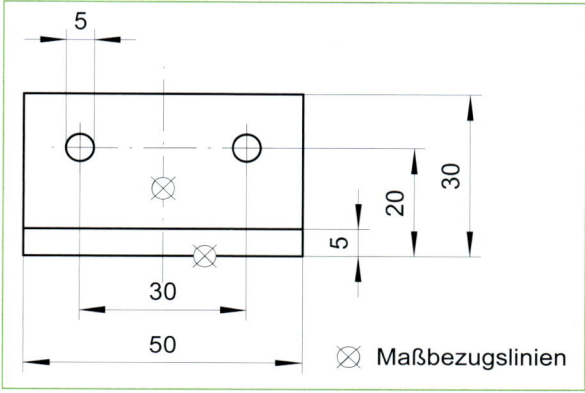

⊗ Maßbezugslinien

Bemaßung mit äußerer und Mittellinie als Maßbezugslinie

Die Maßeintragung

Obwohl alle Schüler das gleiche Produkt herstellen, hat jeder seine eigenen Vorstellungen zu Form und Abmessung des Uhrengehäuses der Wanduhr. Hierfür müssen wir die Skizze bemaßen und Grundnormen der Bemaßung anwenden.

> Die Maßeintragung gibt die genaue Größe eines Werkstückes und seiner Teilformen an. Regeln gewährleisten die eindeutige Zuordnung und Lesbarkeit der Maßzahlen.

Die Bemaßung setzt sich aus vier Elementen zusammen:

Maßlinien sind schmale Volllinien. Sie geben die Maßlänge an und verlaufen parallel zur Körperkante in einem Abstand von zehn Millimetern.

Maßhilfslinien sind schmale Volllinien. Sie werden meistens als Verlängerung der Körperkanten dargestellt. Diese ragen etwa zwei Millimeter über die Maßlinie hinaus.

Es gibt drei unterschiedliche *Maßlinienbegrenzungen*: den Maßpfeil, den Maßstrich und den Maßpunkt. Für selbst erstellte Skizzen und Zeichnungen wird im Maschinenbauzeichnen der geschlossene und ausgefüllte Maßpfeil verwendet. Dieser wird zwischen den Maßhilfslinien angetragen. Bei Platzmangel können die Maßpfeile auch von außen angetragen werden. Maßzahlen und Maßpfeile werden mit weichem Bleistift gezeichnet.

Die *Maßzahl* steht etwa einen Millimeter über der Maßlinie. Innerhalb der Zeichnung muss die Maßzahl *von unten* oder *von rechts lesbar* sein. Es werden keine Maßeinheiten an die Maßzahl geschrieben. In Skizzen und Zeichnungen des Maschinenbaus werden alle Maße in Millimeter angetragen.

> **1** Erläutere die vier Bemaßungselemente und je eine Regel, die bei der Maßantragung beachtet werden muss.

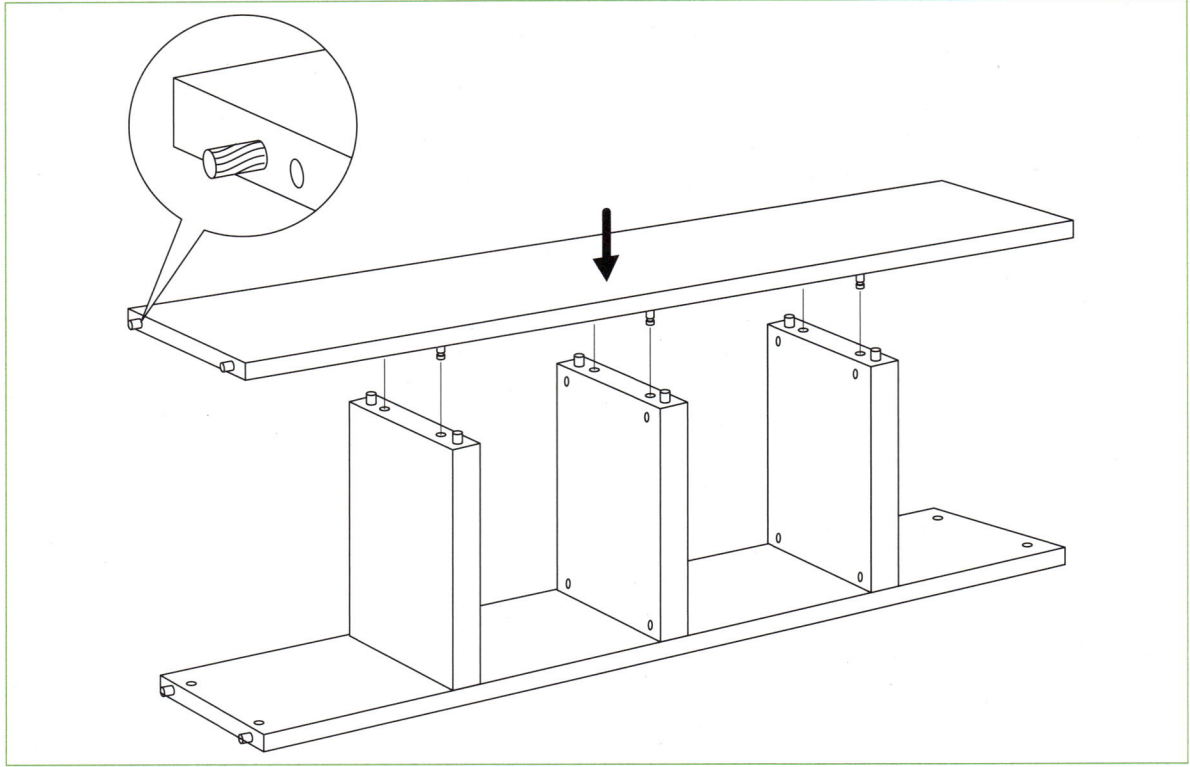

Explosionszeichnung

Technische Zeichnungen lesen

Wenn wir in einem Möbelmarkt einkaufen, können wir Kleinmöbel, die in Einzelteile zerlegt und verpackt sind, oft gleich mit nach Hause nehmen und anschließend montieren. Dazu benötigen wir eine besondere technische Dokumentation, die uns die Lage und das Zusammenwirken der einzelnen Teile beschreibt. Hier werden technische Zeichnungen, speziell die Explosionsdarstellung, angewendet.

Explosionsdarstellungen stellen räumlich die Einbaulage einzelner Bauteile dar. Sie werden für Montage-, Reparatur- und Wartungsanleitungen verwendet.

Auch zur Darstellung des Uhrengehäuses unserer Wanduhr wird die Explosionszeichnung verwendet. Sie hilft uns beim Erkennen und Zuordnen der Einzelteile und ist eine wichtige An-

leitung zur Montage. In der Stückliste erhalten wir Informationen zu Anzahl, Benennung, Größe und Werkstoff der Einzelteile. Mittels Positionsnummern werden die Einzelteile aus der technischen Darstellung der Stückliste zugeordnet.

Die technische Zeichnung ist eine maßstäbliche, mit Zeichengeräten oder mit spezieller Computersoftware angefertigte Darstellung.

Um eine technische Zeichnung lesen zu können, sind folgende Schritte zu beachten:
- Erkennen und Beschreiben der Grund- und Teilformen des dargestellten Gegenstandes,
- Lesen und Zuordnen der für die Fertigung wichtigen Informationen aus Stückliste und Schriftfeld.

Voraussetzung für das Zeichnungslesen sind mathematische Kenntnisse über geometrische Grundformen und Körper sowie Projektionen.

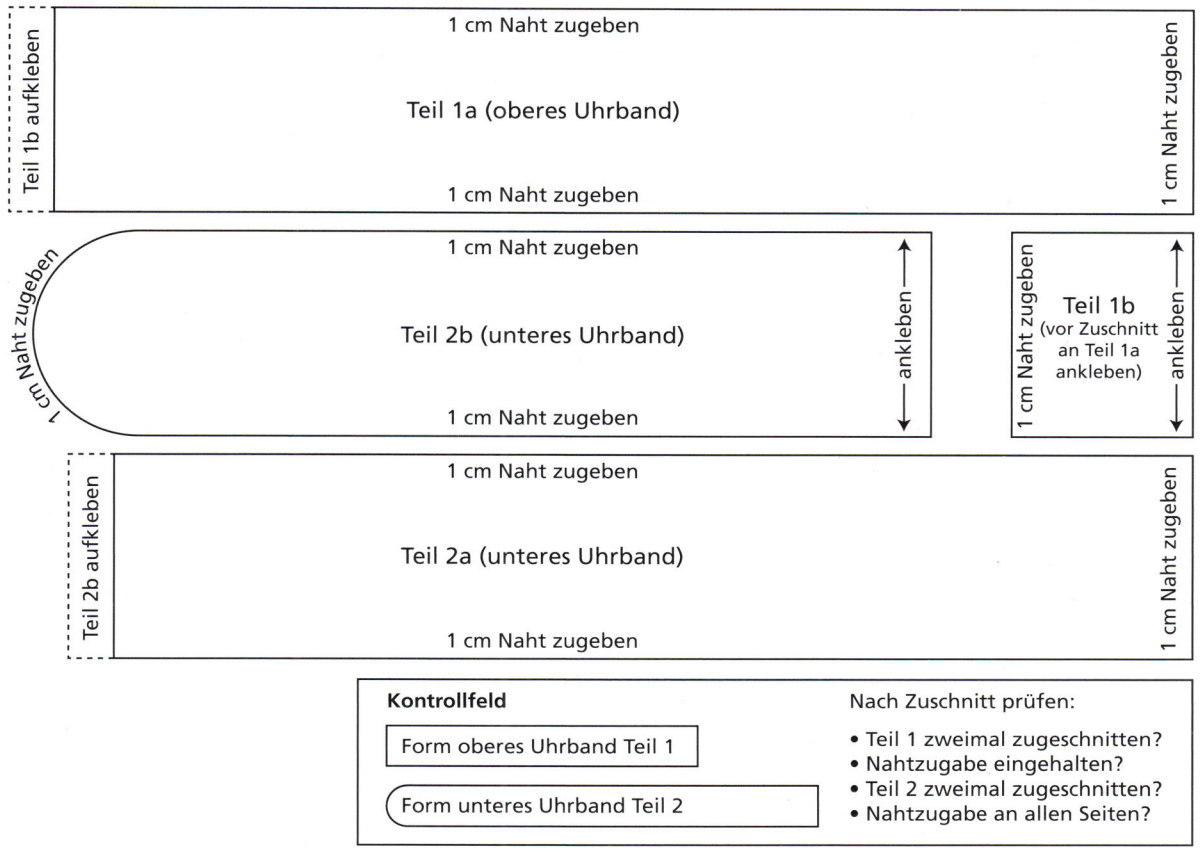

Schnittmuster für ein Uhrenarmband (verkleinert)

Schnittmuster für textile Werkstoffe

Damit wir die beiden Uhrenarmbänder für unsere Wanduhr herstellen können, wird eine spezielle Zeichnungsart verwendet, das Schnittmuster.

> Schnittmuster sind Papiervorlagen in Originalgröße, nach denen in der Schneiderei Stoffe zugeschnitten werden.

Bei unserem Beispiel sind alle Einzelteile nebeneinander auf einem Bogen angeordnet. Deshalb spricht man auch von einem Einzel- oder Fertigschnitt. Die Einzelteile werden ausgeschnitten, zusammengefügt und anschließend mit Stecknadeln auf den textilen Werkstoff geheftet. Dann werden die Konturen des Schnittmusters unter Beachtung einer Nahtzugabe mit Schneiderkreide auf den Stoff übertragen.

Nun können wir die Stoffteile für unsere Armbänder ausschneiden.

1 Warum ist es notwendig, bei der Fertigung eines Produkts Zeichnungen zu lesen? Begründe.

2 Beschreibe die Grund- und Teilformen des Uhrengehäuses auf Seite 26 Berücksichtige in deiner Beschreibung die Maßangaben.

3 Fertige ein Schnittmuster für deine Uhr in Originalgröße an.

4 Informiere dich, welche textilen Werkstoffe für dein Uhrenarmband geeignet sind. Begründe deine Entscheidung.

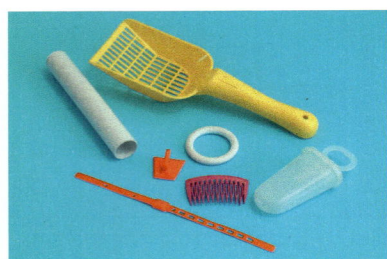

	leicht zu bearbeiten	Maschinen, Werkzeuge vorhanden	haltbar stabil	gutes Design	…
Metall	o	+	+	o	
Holz	+	+	+	+	
Kunststoff	+	+	o	o	
Keramik	+	−	o	o	
Textilien	+	+	o	+	

Werkstoffe und ihre Eigenschaften

Es bedeuten: + gut   o mittel   − schlecht

Material- und Kostenplanung

Werkstoffeigenschaften sind entscheidend

Für die Herstellung unserer Uhr können Kunststoff, Holz, Keramik, Metall oder Textilien verwendet werden. Alle diese Materialien weisen unterschiedliche Eigenschaften auf. Um sich für gut geeignete Werkstoffe zu entscheiden, muss man einerseits genau überlegen, welche Gebrauchseigenschaften für das Produkt zweckmäßig sind. Die Uhr soll ansprechend aussehen, sich gut von Staub reinigen lassen und darf nicht rosten. Andererseits müssen die Anforderungen an den Werkstoff bei der Fertigung berücksichtigt werden. Wichtig sind hier die Verarbeitungseigenschaften, denn wir müssen in der Werkstatt verfügbare Werkzeuge und Maschinen verwenden können. Mithilfe einer Tabelle wie in der Abbildung oben könnt ihr ermitteln, welche Werkstoffe geeignet sind. Tragt

Werkstoffeigenschaften ein, die für euer Werkstück wichtig sind. Werkstoffeigenschaften können sein: hart, weich, spröde, zäh, starr, biegsam, plastisch, elastisch, elektrisch isolierend, elektrisch leitend, durchsichtig, undurchsichtig, spanbar, umformbar, gießbar usw.

> Bei der Materialauswahl müssen die Gebrauchseigenschaften und die Verarbeitungseigenschaften berücksichtigt werden, um eine optimale Lösung zu finden.

Das Material der Uhr soll leicht und mit den vorhandenen Werkzeugen und Maschinen gut zu bearbeiten sein. Gutes Design und Haltbarkeit sind wichtige Eigenschaften bei der späteren Nutzung der Uhr. Aus der Tabelle könnt ihr herauslesen, dass Holz und Textilien alle bzw. die meisten Kriterien erfüllen.

Sperrholzplatte:	0,80 €
Uhrwerk:	2,80 €
Zeigersatz:	1,10 €
Batterie:	0,60 €
Stoff für Armband:	1,00 €
Summe:	**6,30 €**

Kostenkalkulation am Computer

Alles hat seinen Preis

Da wir für unsere Arbeit weder Lohn noch Gehalt bekommen, können wir bei der Kostenplanung auf Arbeitskosten verzichten. Kostenlos nutzen wir Werkzeuge und Maschinen unserer Schule, auch die benötigte elektrische Energie müssen wir nicht bezahlen. Damit beschränken wir uns auf die Materialkosten.

> Bei der Produktion von Gütern und Dienstleistungen entstehen Kosten, z. B. für Material, Arbeitsleistungen, Miete und Energie.

Bereits angefertigte Planungsunterlagen wie technische Skizzen und Zeichnungen helfen uns, die Materialkosten zu ermitteln. Zuerst recherchieren wir, welche Anbieter uns das gewünschte Material liefern können. Hier können wir zwischen den Varianten Baumarkt, Katalog oder Onlineanbietern wählen. Dazu ist etwas Zeit und Geduld nötig, ein Preisvergleich lohnt sich aber im Ergebnis immer. Gleichzeitig erstellen wir eine Materialliste und berechnen die Kosten mit Hilfe eines Kalkulationsprogramms am Computer. Mehrere Arbeitsgruppen finden die Preise bei verschiedenen Anbietern heraus und vergleichen sie miteinander. Nach Berücksichtigung aller Kosten, also auch der für Lieferung oder Versand, entscheidet sich die Gruppe für das günstigste Angebot. Sollten wir beschließen, Uhren für den Verkauf beim Schulfest zu produzieren, müssen wir weitere Kosten in die Kalkulation einbezie-

hen. In den Verkaufspreis werden neben den Materialkosten die Kosten für Pinsel, Lasur, Farben, Nähgarn, Schleifpapier und die Abnutzung der Werkzeuge eingerechnet. Schließlich soll der Verkauf kein Verlustgeschäft werden. Werden die Uhren über eine Schülerfirma vermarktet, entstehen darüber hinaus Kosten für die Werbung. Doch auch das ergibt noch nicht den Verkaufspreis, die Firma möchte Gewinn erzielen!

> Unternehmen in der Marktwirtschaft wollen Gewinn erzielen. Der Gewinn ist ein Ausdruck für den Erfolg des unternehmerischen Handelns. Gewinn wird erzielt, wenn die Kosten des Betriebes geringer sind als die Erlöse für die verkauften Waren.

1 Erstelle eine Tabelle mit mindestens fünf Werkstoffeigenschaften und ordne Werkstoffe zu, für die diese Eigenschaften zutreffen.

2 Fertige einen Kurzvortrag zu einem von euch verwendeten Werkstoff an. Folgende Stichworte helfen dir dabei: Einteilung, Herstellung, Eigenschaften, Verwendung.

3 Erstelle zwei Kostenkalkulationen für dein Werkstück am Computer. Nutze dazu zwei verschiedene Anbieter, vergleiche und werte die Ergebnisse aus.

Nr.	Arbeitsschritt	Arbeitsmittel	Hinweise
1	Prüfen des Ausgangsmaterials	Stahlmaßstab, Anschlagwinkel	
2	Messen, Anreißen	Stahlmaßstab, Anschlagwinkel, Bleistift	
3	Sägen	Laubsäge, Dekupiersäge	Im Abfallstück sägen
4	Maßgenauigkeit herstellen, entgraten	Feile, Schleifpapier	
5	Bohrung anreißen	Stahlmaßstab, Bleistift, Vorstecher	Vorsicht beim Umgang mit spitzen Werkzeugen
6	Bohren	Tischbohrmaschine	Arbeitsschutz beachten
7	Bohrung entgraten	Handsenker	
8	Endkontrolle	Stahlmaßstab, Anschlagwinkel	Vergleich aller Werkstückmaße mit der Skizze bzw. Zeichnung

Arbeitsablaufplan für das Ziffernblatt der Wanduhr

Die Arbeitsausführung

Den Arbeitsablauf planen

Damit wir beim Arbeiten nicht planlos vorgehen, müssen wir unseren Arbeitsablauf vor Arbeitsbeginn durchdenken und planen. Dazu tragen wir alle Arbeitsschritte und die benötigten Werkzeuge, Maschinen und Hilfsmittel sowie besondere Hinweise in eine Tabelle ein.

> Der Arbeitsablaufplan stellt eine Planungsunterlage für die Herstellung von Produkten dar. Er beinhaltet die Reihenfolge der Arbeitsschritte und die dazu benötigten Werkzeuge und Maschinen.

Wichtige Hinweise zum Arbeitsschutz und zur sachgerechten Arbeitsweise können den Arbeitsablaufplan ergänzen. Neben dem Arbeitsablaufplan sind die Technische Skizze bzw. Zeichnung mit der Stückliste die wichtigsten Fertigungsunterlagen für die Fertigung des Produktes. Diese Unterlagen müssen während des Fertigungsprozesses immer auf deinem Arbeitsplatz liegen.

Prüfen, Messen, Anreißen

Bevor wir mit der Fertigung beginnen, entnehmen wir die genauen Maße unseren Fertigungsunterlagen. Zuerst prüfen wir, ob unser Rohmaterial fehlerfrei ist und Außenkanten rechtwinklig sind. Dazu verwenden wir den Anschlagwinkel. Beim Prüfen ermitteln wir, ob ein Werkstück die geforderten Eigenschaften erfüllt oder von einem festgelegten Wert abweicht. Prüfergebnisse haben zwei Aussagen: Die erforderliche Eigenschaft wird erfüllt oder nicht erfüllt.

> Beim Prüfen ermitteln wir, ob ein Werkstück die erforderlichen Eigenschaften besitzt.

Beim Messen müssen wir genaue Werte erfassen. Zuerst messen wir, ob die Abmessungen des Rohteiles für unser Werkstück ausreichend sind. Dazu verwenden wir einen Stahlmaßstab. In der Metallverarbeitung ist der Messschieber ein wichtiges Messmittel.

> Beim Messen wird eine physikalische Größe mit einem Messgerät erfasst und ein Messwert ermittelt.

Als ersten Arbeitsschritt reißen wir das Werkstück an. Wir wählen eine geeignete Bezugskante für die anzutragenden Maße aus. Diese Bezugskante ist oft eine genau gearbeitete äußere Werkstückkante des Rohteiles. Wir nutzen zum Anreißen den Stahlmaßstab und einen Anschlagwinkel. Beim Anreißen auf Holzwerkstoffen verwenden wir einen Bleistift, auf Metalloberflächen die Reißnadel.

Urformen

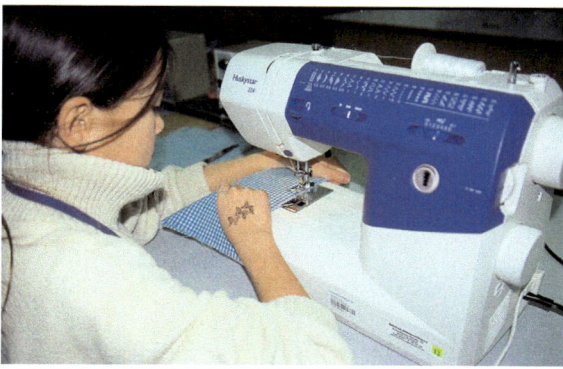

Fügen

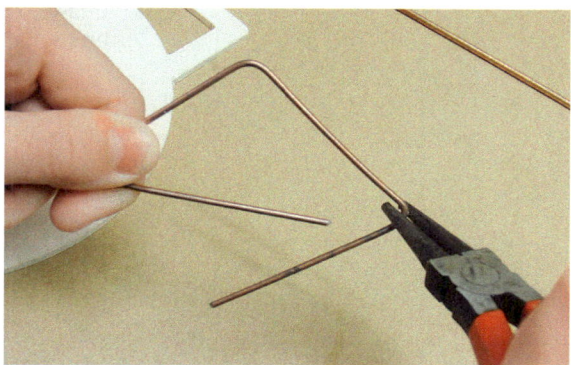

Umformen

Beschichten

Fertigungsverfahren kommen zum Einsatz

Um unsere Uhr zu fertigen, müssen wir die Werkstoffe entsprechend unserem Arbeitsablaufplan bearbeiten. So entstehen aus Sperrholzzuschnitten, Stoff und Schweißdraht formgenaue und hoffentlich auch formschöne Einzelteile, aus denen die Wanduhr zusammengesetzt werden kann. Hierzu nutzen wir verschiedene Fertigungsverfahren.

> Mittels Fertigungsverfahren werden Werkstoffe oder Körper schrittweise von einem Rohzustand in einen Fertigzustand überführt. Dabei werden Werkstückformen oder Werkstoffeigenschaften verändert.

Einige Verfahren kennt ihr bereits aus dem TC-Unterricht, viele Fertigungsverfahren begegnen euch im täglichen Leben: Ein im Baumarkt gekauftes Regal wird zusammengesetzt, die Hecke im Garten verschnitten und der Zaun mit Holzschutz behandelt, Gemüse für den Salat geschnitten und der heiße flüssige Pudding in eine kalte Form gefüllt.

Die Fertigungsverfahren werden in folgende sechs Hauptgruppen unterteilt:

- **Urformen** (Gießen)
- **Umformen** (Biegen, Tiefziehen, Treiben)
- **Trennen** (Bohren, Schneiden, Sägen, Feilen, Schleifen)
- **Fügen** (Verschrauben, Nageln, Stecken, Kleben, Nähen)
- **Beschichten** (Bemalen, Lackieren, Farbspritzen)
- **Stoffeigenschaft ändern** (Härten, Glühen)

---

1 Erstelle einen Arbeitsablaufplan für dein Werkstück. Nutze dazu die Tabelle auf Seite 32.

2 Erkläre den Unterschied zwischen Prüfen und Messen an Beispielen.

Sägen mit der Laubsäge

Sägen mit der Dekupiersäge

Fertigungsverfahren: Trennen, Umformen, Fügen

Das Trennen

Zur Herstellung vieler Werkstücke sind Trennverfahren notwendig. Das Gehäuse unserer Wanduhr wird mit einer Laubsäge aus einer dünnen Sperrholzplatte gesägt. Das Laubsägeblatt hat sehr feine Zähne, die einen sauberen Sägeschnitt ermöglichen. Außerdem ist dadurch auch das Sägen von Radien sehr gut möglich.

Wollen wir Bleche trennen, so benötigen wir eine Handblechschere oder eine Handhebelschere. Es ist aber auch möglich, dünne Bleche mittels spezieller Metallsägeblätter mit einer Laubsäge zu trennen. Kunststoffe werden mit Feinsägen oder Laubsägen, speziell Plexiglas auch durch Ritzbrechen getrennt.

> Das Trennwerkzeug muss stets entsprechend der Arbeitsaufgabe und dem verwendeten Material ausgewählt werden. Dabei muss die Werkzeugschneide immer härter als der zu bearbeitende Werkstoff sein.

Beim Sägen mit der Laubsäge wird das Werkstück auf eine spezielle Halterung mit einer V-förmigen Öffnung gelegt, die mit einer Zwinge an der Tischplatte befestigt ist. Der Laubsägebogen wird mit dem Griff nach unten senkrecht geführt, die keilförmigen Schneiden des Sägeblattes zeigen ebenfalls beim Sägen nach unten.

> Trennwerkzeuge haben meist keilförmige Schneiden, mit denen der Stoffzusammenhalt aufgehoben wird.

Beim Sägen ist darauf zu achten, dass immer etwas neben dem Anriss im Abfallwerkstück gesägt wird. Der Anriss sollte dabei gerade noch sichtbar sein. Beim Sägen mit der Laubsäge führst du das Werkstück nach, das Sägeblatt verändert dabei seine Lage nicht. Beim Sägen von Innenformen wird im Abfallwerkstück ein kleines Loch gebohrt und anschließend das einseitig gelöste Sägeblatt eingefädelt und wieder am Laubsägebogen eingespannt. Die entstehenden feinen Späne werden regelmäßig mit einem Pinsel oder Handfeger entfernt.

Abgenutzte, stumpfe Sägeblätter werden regelmäßig ersetzt, da stumpfe Schneidwerkzeuge die Qualität verringern und eine zusätzliche Verletzungsgefahr darstellen.

Eine wesentliche Arbeitserleichterung bieten Sägemaschinen, speziell für unseren Zweck die Dekupiersäge. Sie ermöglicht eine Steigerung der Arbeitsleistung und genaue Zuschnitte.

Nach dem Sägen sind oft weitere Trennverfahren nötig. Die Schnittflächen des Uhrengehäuses werden mit einer Feile geglättet. Anschließend werden Oberflächen und Werkstückkanten geschliffen. Die feinen Körnungen des Schleifpapiers wirken wie keilförmige Schneiden und ermöglichen eine Spanabnahme. Schleife Holz immer in Faserrichtung.

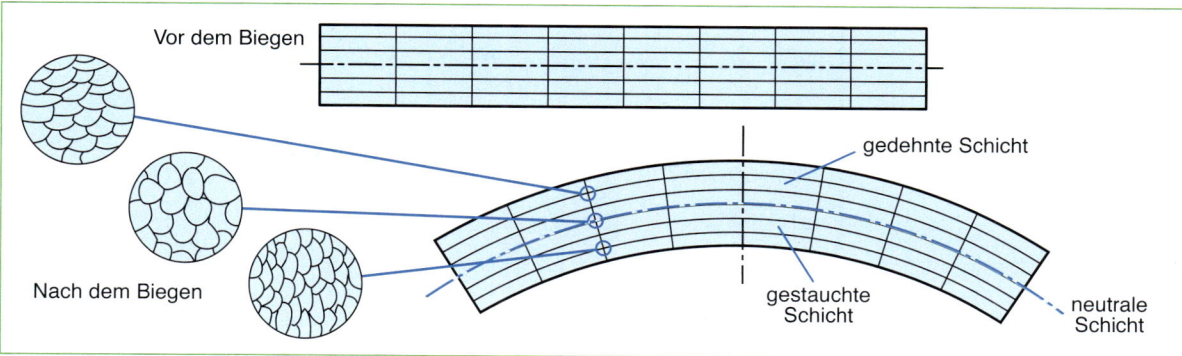

Biegen eines Werkstückes

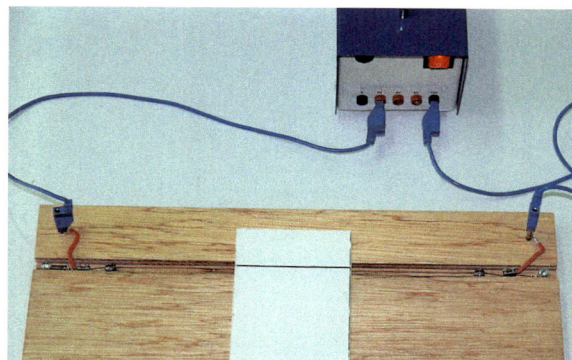

Hitzedrahtbiegevorrichtung

Biegen von Acrylglas

Umformen

Einige von euch haben bestimmt schon einmal versucht ein Rohr, eine Stange oder einen Metallstreifen für einen bestimmten Zweck zu biegen oder umzuformen – eine Schwerstarbeit.

Wie entstehen Töpfe und Schüsseln für die Küche, Badewannen und Eimer oder Karosseriebleche unserer Autos? Sie werden alle aus einem glatten Stahlblech geformt, also umgeformt.

Nicht alle Werkstoffe können umgeformt werden. Sie müssen eine wichtige Eigenschaft besitzen: die plastische Verformbarkeit. Nach dem Umformen behalten diese Werkstoffe ihre Form. Sie dürfen nicht mehr in die Ausgangsform zurückgehen. Kunststoffe und fast alle Metalle sind umformbar.

> Beim Umformen wird die Form von festen Körpern durch Einwirkung äußerer Kräfte verändert. Die Formänderung bleibt nach dem Umformen erhalten.

Biegen mittels Wärme

Viele Werkstoffe können durch Erwärmen leichter ungeformt werden. Stahl wird nach starker Erhitzung auf eine Temperatur von über 1000 °C durch Schmieden oder Walzen umgeformt. Durch Erwärmung verändert sich die Kristallstruktur des Werkstoffes, das Material wird weicher. Plexiglas ist ein Thermoplast und erst unter Wärmezufuhr mehrmals formbar. Mit einer Hitzedrahtbiegevorrichtung wird die Biegekante des Werkstückes durch einen Widerstandsdraht lokal erwärmt. Nach einer kurzen Erwärmungszeit kann der Kunststoff umgeformt werden. Mit einer Biegelehre, die den gewünschten Biegewinkel vorgibt, lässt man das Werkstück einige Minuten erkalten.

> 1 Erarbeite eine Tabelle mit Beispielen für spanlose und spanende Trennverfahren.
>
> 2 Begründe die Aussage: Nicht alle Werkstoffe können umgeformt werden.

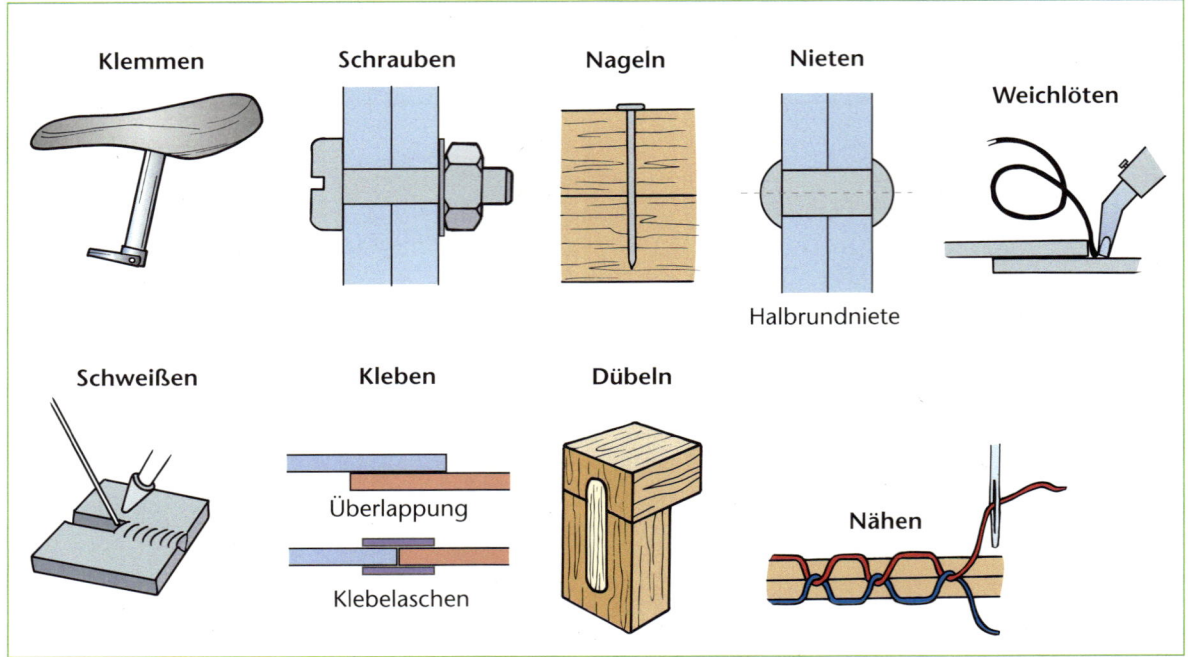

Klemmen Schrauben Nageln Nieten Weichlöten

Halbrundniete

Schweißen Kleben Dübeln

Überlappung

Klebelaschen

Nähen

Verbindungen

Fügen

Viele Produkte, so auch unsere Wanduhr, sind mehrteilig. Das bedeutet, dass ihre Einzelteile miteinander verbunden werden müssen.

> Durch Fügen werden mindestens zwei Bauteile dauerhaft verbunden.

Diese Verbindungen können lösbar oder unlösbar sein. Bei lösbaren Verbindungen können die Einzelteile ohne Zerstörung der Verbindungselemente bzw. der verbundenen Einzelteile getrennt werden. Schraub-, Steck- und Klemmverbindungen sind lösbare Verbindungen.

> Bei lösbaren Verbindungen können die Bauteile ohne Beschädigung zusammen- und auseinandergebaut werden.

Eine der meist verwendeten lösbaren Verbindungen ist die Schraubverbindung. Bei der Demontage der Verbindungselemente bleiben Schraube, Mutter und Unterlegscheibe unbeschädigt.

Ebenso sind die gefertigten Bohrungen in den Bauteilen unbeschädigt. Muss allerdings eine fehlerhafte Naht nach dem Nähen wieder aufgetrennt werden, wird das Nähgarn mit einem Nahttrenner durchgetrennt. Im Stoff bleiben Einstichlöcher der Nähnadel zurück. Damit wird das Verbindungselement, die Nähnaht, zerstört und der zu verbindende Werkstoff beschädigt. Deshalb sprechen wir beim Nähen von einer unlösbaren Verbindung.

> Bei unlösbaren Verbindungen wird die Fügestelle beim Trennen zerstört. Dabei können auch die verbundenen Bauteile beschädigt werden.

Weitere unlösbare Verbindungen sind das Kleben, Nageln, Schweißen und Löten. Verbindungselemente können außerdem Einzelteile beweglich oder starr verbinden. Schraubverbindung halten Möbelteile starr in ihrer Lage, an einer Tischleuchte ermöglicht dieselbe Verbindungsart die flexible, bewegliche Einstellung der Leuchte.

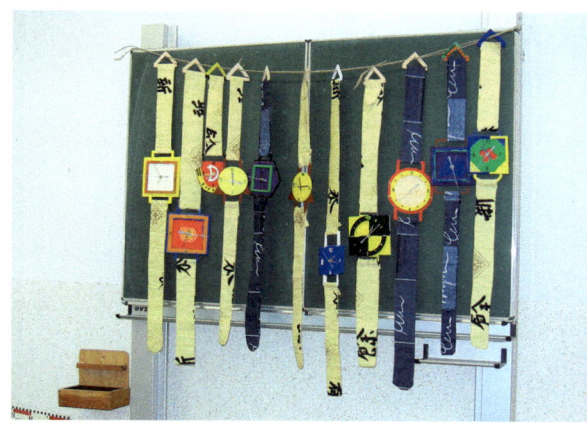

Fertige Wanduhren

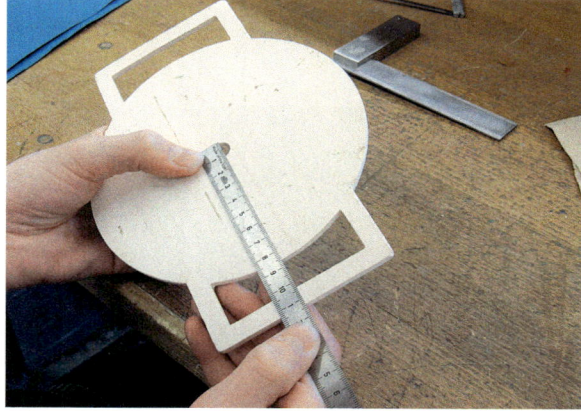

Maßkontrolle am Uhrengehäuse

Bewertungskriterien:	Anforderung voll erfüllt (3 Punkte)	Anforderung zum großen Teil erfüllt (2 Punkte)	Anforderung nur teilweise erfüllt (1 Punkt)	Anforderung nicht erfüllt (0 Punkte)
Maßgenauigkeit				
Winkligkeit				
Körperkanten entgratet				
Sauberkeit der Oberflächen				
Farbgebung/Gestaltung				

Bewertungskriterien

Wir beurteilen unsere Arbeitsergebnisse

Nach der Fertigung der Uhrenbänder, der Gestaltung unseres Uhrengehäuses und der Montage des Uhrwerkes ist unsere Wanduhr fertiggestellt. Wir haben über mehrere Unterrichtsstunden unter Nutzung verschiedener Werkstoffe und Fertigungsverfahren ein individuell gestaltetes Produkt hergestellt. Manche eigene Idee aus der Phase der konstruktiven Planung konnte nur schwer oder mit Änderungen umgesetzt werden, andere Vorstellungen ließen sich mit Erfolg realisieren. Rückblickend auf den Fertigungsablauf können wir nun einschätzen, ob die Reihenfolge der Einzelschritte im Arbeitsablaufplan von uns sinnvoll gewählt wurde.

Kriterien zur Beurteilung der Fertigung sind: Umsetzung der Produktidee, sinnvolle Reihenfolge der gewählten Arbeitsschritte, geeignete Werkstoffauswahl, sinnvoller Einsatz von Werkzeugen und Maschinen.

Wenn wir unsere nach vorgegebenen Kriterien durchgeführte Selbstbewertung abgeschlossen haben, präsentieren wir unser Produkt den Mitschülern. Wir beurteilen unsere Fertigung, schätzen die Qualität ein und ziehen Schlussfolgerungen für zukünftige Fertigungsaufgaben. Eine kritische Fremdbewertung hilft uns, eigene Ergebnisse realistisch einzuschätzen.

Jede entstandene Uhr ist in ihrer Gestaltung und Form ein Unikat. In der Wirtschaft werden vergleichbare Produkte in Handwerksbetrieben nach speziellen Kundenwünschen in Einzelfertigung gefertigt, was sich in geringer Stückzahl und höherem Preis ausdrückt.

1 Ermittle an deinem Fahrrad, welche Verbindungsarten zu welchem Zweck verwendet werden.

2 Bereite eine Präsentation deines Produktes vor, nutze die auf Seite 68 beschriebenen Beurteilungskriterien.

3 Umgang mit textilen Gütern

Wofür Textilien produziert werden

Textilien näher betrachtet

Textilien, das sind T-Shirt, Jeans, Handschuhe, Teppiche, Handtücher oder Strümpfe. Darüber hinaus gibt es eine große Menge weiterer Gegenstände, für die textile Materialien verwendet werden: Gurte, Autositze, Verbandsmaterial, Herzklappen, Segel, Förderbänder usw.

Man unterscheidet daher

- Bekleidungstextilien (z. B. Ober-, Sport- und Berufsbekleidung)
- Haus- und Heimtextilien (z. B. Gardinen, Bett- und Tischwäsche)
- Technische Textilien (z. B. Airbags, Filter, Netze)

Der Anteil an der Gesamtproduktion beträgt in Deutschland jeweils ein Drittel.

> Als Textilien bezeichnet man alle flexiblen Materialien, die aus Fasern bestehen.

Kleidung – ein Grundbedürfnis

Kleidung ist für uns so selbstverständlich, dass wir gar nicht daran denken, welche unterschiedlichen Funktionen sie erfüllt.

Schutz des Körpers
- gegen Umwelteinflüsse wie Kälte, Regen, Wind und Sonne,
- vor Verletzungen bei der Arbeit, in der Freizeit, beim Sport.

Schmücken des Körpers
- durch modische Kleidung, passende Accessoires und Schmuck.

Vermeidung von Schamgefühlen
- entsprechend den Sitten und Bräuchen sowie der Religion.

Zugehörigkeit zu bestimmten Gruppen
- Uniformen kennzeichnen bestimmte Berufsgruppen.
- Kleidung gibt Auskunft über soziale und wirtschaftliche Verhältnisse.
- Ausgefallene Bekleidung soll die Zugehörigkeit zu bestimmten Jugendgruppen signalisieren.

Daher erwarten wir von unserer Kleidung, dass wir uns in ihr wohl fühlen. Dazu gehört auch, dass sie die Haut nicht reizt und krank macht. Sie soll uns Sicherheit und Bewegungsfreiheit bei der Arbeit, beim Sport und in der Freizeit geben. Und nicht zuletzt trägt unsere „zweite Haut" wesentlich zur Stärkung des Selbstwertgefühls bei.

Textile Rohstoffe

```
                        Textile Rohstoffe
                    ┌──────────┴──────────┐
                Naturfaser            Chemiefaser
            ┌───────┴───────┐      ┌───────┴────────┐
       pflanzliche      tierische  zellulosische  synthetische
                                   aus Holz        aus Erdöl
```

Leinen

Baumwolle

Jute
Hanf
Sisal
Kokos

Wolle z. B.
Schaf, Ziege,
Kamel

Seide

z. B. Viskose,
Modal

z. B. Polyester,
Polyacryl,
Polyamid,
Elasthan

Die textilen Rohstoffe

Rohstoffe für unsere Bekleidung und sonstige Textilien liefert uns die Natur oder sie werden von uns Menschen künstlich produziert.

Seit über 6000 Jahren wird Wolle zu Textilien verarbeitet. In Indien, Mittel- und Südamerika baut man seit langem Baumwolle an. Eine jahrtausendealte Tradition hat die Herstellung von Leinen. Die Gewinnung des Seidenfadens aus dem Kokon des Seidenspinners (eine Schmetterlingsart) war mehr als 2000 Jahre lang ein streng gehütetes Geheimnis der Chinesen.

Alle pflanzlichen Rohstoffe bestehen aus Zellulose, welche durch Fotosynthese gebildet wird. Pflanzenfasern gliedern sich in Blatt- und Fruchtfasern, Samenhaare und Stängelfasern.

Die tierischen Fasern bestehen aus Eiweiß. Zu ihnen zählen die Wolle und andere Tierhaare sowie Seide.

Der Ausgangsstoff für die zellulosischen Chemiefasern ist Holz, für die synthetischen Chemiefasern ist es Erdöl. Die Erfindung dieser Faserstoffe war ein wichtiger Schritt, da der Weltbedarf an Faserstoffen durch die Naturfasern allein nicht mehr gedeckt werden kann.

> Die kleinsten Bausteine der Textilien sind die Fasern. Man bezeichnet sie auch als textile Rohstoffe bzw. Faserstoffe.

1 Gestalte eine Mindmap zum Thema „Verwendung von Textilien".

2 Finde Beispiele, in denen Kleidung die Zugehörigkeit zu bestimmten Gruppen zum Ausdruck bringt.

3 Erarbeite mithilfe des Atlas eine Übersicht der bedeutendsten Produktionsländer für natürliche textile Rohstoffe.

Baumwollsamen
mit Fasern

- Krankheiten wie Krebs, Tuberkulose, Hepatitis B, Typhus usw. haben zugenommen.
- Gifte gelangen in Trinkwasser und Nahrung.
- Die Böden versalzen. Es entsteht eine Salzwüste.
- Das Klima ändert sich: kalte Winter, heiße Sommer.
- Hoher Anteil an Fehlgeburten und Missbildungen.
- Junge Pflückerinnen altern nach dreijähriger Tätigkeit extrem schnell.
- Fische sterben.
- Pestizide und Entlaubungsmittel dringen in Boden und Grundwasser ein.

Folgen des Baumwollanbaus am Aralsee

Baumwolle – wichtigste Naturfaser

Anbau und Gewinnung

Der Baumwollstrauch gehört zu der Familie der Malvengewächse. Er wächst im tropischen bis subtropischen Klima und wird bis zu zwei Meter hoch. Die Haupterzeugerländer sind China, die USA und Indien. Obwohl die Baumwollpflanze 15 Jahre alt werden kann, wird sie zur Erreichung höchster Ernteerträge oft nur ein Jahr kultiviert. Nach der Aussaat vergehen acht bis neun Monate, bis die reifen Baumwollkapseln mit Maschinen oder von Hand gepflückt werden können. Die handgeerntete Baumwolle ist von besserer Qualität, da nur reife Kapseln abgenommen werden. Eine Kapsel enthält ca. 30 Samenkörner mit jeweils 2000 bis 7000 Samenhaaren, den Baumwollfasern. Durch das Entkörnen werden die Samen von den Fasern getrennt. Man erhält Baumwollfasern von bis zu 50 mm Länge zum Verspinnen sowie ganz kurze Fasern für Watte oder Zellstoff. Aus den Samen wird Öl gewonnen.

Eigenschaften

Betrachtet man eine Baumwollfaser unter dem Mikroskop, so sieht man ein gewundenes Bändchen mit einem Hohlraum in der Mitte. Die Faser saugt Nässe sehr schnell auf, trocknet dafür aber langsam. Baumwolle kann bis zu 20 % Feuchtigkeit aufnehmen, ohne sich nass anzufühlen. Die Fasern haben eine glatte Oberfläche und keine Kräuselung, so dass das Wärmehaltevermögen sehr gering ist.

Außerdem knittert Baumwolle stark, weil die Fasern nur eine sehr geringe Elastizität besitzen. Die Reißfestigkeit ist dagegen hoch, im nassen Zustand sogar noch höher als im trockenen. Baumwollstoffe sind sehr hautverträglich, da sie durch die glatte Faseroberfläche nicht kratzen.

Baumwolle – Natur pur?

Weit gefehlt! Baumwolle ist eine der Nutzpflanzen, die mit den meisten Chemikalien belastet sind. Um einen möglichst hohen Ertrag zu erhalten, werden Düngemittel, Schädlingsbekämpfungsmittel, Unkrautvernichtungsmittel sowie Entlaubungsmittel zur Erleichterung der Ernte eingesetzt. Chemikalien werden außerdem in den nachfolgenden Herstellungsprozessen verwendet. Daher sollten neue Kleidungsstücke vor dem ersten Tragen mindestens einmal gewaschen werden.

Im Handel sind aber auch Textilien aus biologisch angebauter Baumwolle erhältlich.

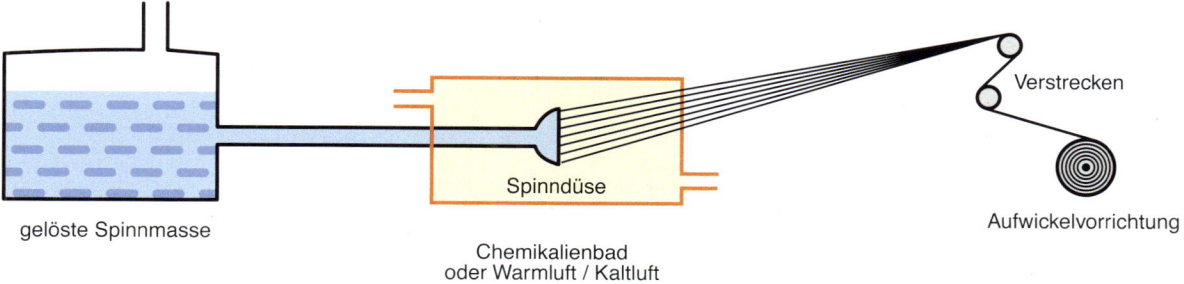

gelöste Spinnmasse

Spinndüse

Chemikalienbad
oder Warmluft / Kaltluft

Verstrecken

Aufwickelvorrichtung

Spinnen von Chemiefasern

Chemiefasern – multifunktional

Schon lange hegten Wissenschaftler den Wunsch, die teure Seide durch einen ähnlichen, künstlichen Stoff zu ersetzen. Um 1855 gelang die Herstellung der ersten zellulosischen Chemiefasern. Um 1900 kamen die ersten Kunstseidenstrümpfe und „seidige" Damenwäsche auf den Markt. Wenige Jahrzehnte später war man auch in der Lage, durch chemische Reaktionen spinnbare Massen aus dem Rohstoff Erdöl herzustellen. Diesen Vorgang nennt man „synthetisieren".

Herstellung

Die Herstellung aller Chemiefasern basiert auf dem gleichen Prinzip: Der Ausgangsstoff wird gelöst oder geschmolzen. Diese Spinnmasse wird dann durch eine Spinndüse gedrückt und verfestigt sich anschließend zur Faser. Durch dieses Verfahren ist es möglich, Fasern mit unterschiedlichstem Aussehen und vielen verschiedenen Eigenschaften zu produzieren.

Es gibt glatte oder auch gekräuselte Chemiefasern. Durch Spinndüsen mit unterschiedlichen Austrittsöffnungen können beliebige Querschnitte erzielt werden. Dadurch ändern sich die Eigenschaften der Fasern wie Griff, Saugfähigkeit oder Wärmehaltevermögen. Chemiefasern können „endlos" lang gesponnen (Filamente) oder geschnitten (Stapelfasern) werden.

Zellulosische Chemiefasern

Zur Faserherstellung wird die aus dem Holz herausgelöste Zellulose mithilfe von Chemikalien zu einer Spinnmasse verarbeitet. Dieser Lösung können nach Wunsch Farbstoffe und Mattierungsmittel zugesetzt werden. Nach dem Spinnen müssen die Fasern gründlich gewaschen werden, um Begleitstoffe zu entfernen. Die bedeutendste zellulosische Chemiefaser ist Viskose.

> Zellulosische Chemiefasern haben ähnliche Eigenschaften wie Baumwolle.

Synthetische Chemiefasern

Heute werden etwa zehnmal so viele synthetische Chemiefasern produziert wie Fasern auf Zellulosebasis. Gründe dafür sind die fast unbegrenzten Herstellungsmöglichkeiten, die positiven Eigenschaften und die gute Ökobilanz bei der Herstellung. Allerdings ist die Entsorgung bzw. Verrottung nicht immer unproblematisch.

Polyester ist weltweit die wichtigste Chemiefaser.

Mikrofasern

Mikrofasern sind überaus feine Endlosfasern: 100 Fasern passen in den Querschnitt eines Haares! Daraus hergestellte Flächen sind meist sehr dicht und enthalten feinste Poren, die sehr viel kleiner als Wassertropfen sind. So bieten Textilien aus Mikrofasern Schutz vor Wind und Wasser, trotzdem sind sie atmungsaktiv (WWA-Fasern). Sie sind zudem weich, pflegeleicht und reißfest.

> 1 Finde Beispiele für Textilien, die aus Baumwolle oder aus Viskose bzw. Polyester hergestellt wurden.

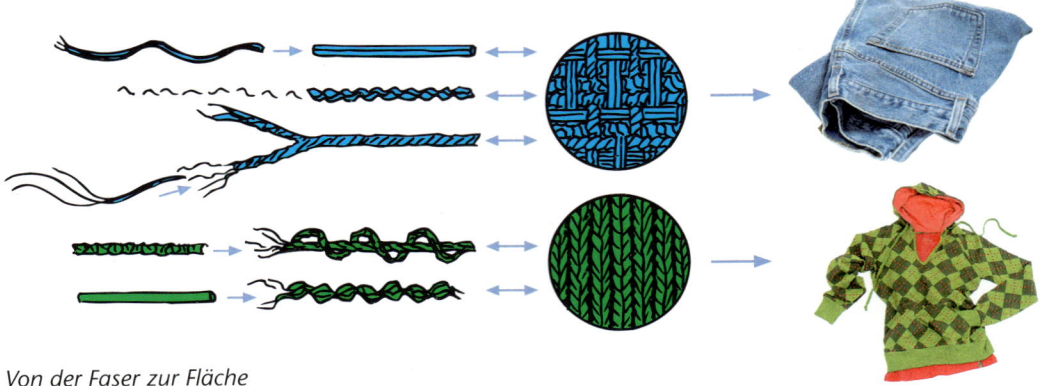

Von der Faser zur Fläche

Herstellung textiler Flächen

Wir bekleiden uns nicht mit Rohstoffen, sondern mit textilen Flächen, die durch verschiedene Verfahren aus Fasern hergestellt werden.
Die einzelnen Herstellungsstufen wie

- Garnkonstruktion (z. B. lockeres, dickes oder festes Garn),
- Flächenkonstruktion (z. B. dichtes Gewebe oder lockeres Gestrick),
- Ausrüstung (z. B. Aufrauen, wasserabweisende Beschichtung)

können die rohstofftypischen Eigenschaften einer Faser verstärken, schwächen, verdrängen oder auch völlig verändern.

> Die Faserstoffverarbeitung hängt von den gewünschten Eigenschaften des fertigen Textils ab.

Die Garnkonstruktion

Sehr häufig entstehen unsere textilen Flächen aus Garnen. Diese werden aus mehreren Fasern zusammengefügt, gebündelt und versponnen. Wichtig für die Eigenschaften eines Garns sind neben der Faserart auch die Faserzahl im Querschnitt und die Stärke der Drehung. Werden zwei oder mehr Garne miteinander versponnen, spricht man von Zwirn. Garne sind weicher und anschmiegsamer, Zwirne durch ihre stärkere Drehung reißfester und strapazierfähiger.

Die Flächenkonstruktion

Die Flächenarten können in drei Gruppen eingeteilt werden:

- in Webwaren wie Stoffe oder Tuch,
- in Maschenware wie Gestricke und Gewirke,
- in Verbundstoffe wie Filze und Vlieseline.

Webwaren

Weben ist eine uralte Technik. Dazu ist eine Webvorrichtung, z. B. ein Webstuhl, notwendig. Die Webstühle wurden ständig weiterentwickelt, sodass wir heute von Webautomaten sprechen, die die Webarbeit weitgehend selbstständig ausführen.

> Beim Weben werden zwei Fadensysteme miteinander rechtwinklig verkreuzt – die Kettfäden und die Schussfäden.

Als Kette bezeichnet man die Fäden im Gewebe, die in Längsrichtung verlaufen. Diese werden angehoben bzw. abgesenkt, sodass eine Art Tunnel (das Fach) entsteht. Als Schuss bezeichnet man die Fäden in Querrichtung, da sie durch das Fach „geschossen" werden. Je nachdem, wie die Kette und der Schuss miteinander verkreuzt werden, entstehen Leinwandbindungen, Köperbindung oder Atlasbindung. Wenn du Fäden an einer Stoffprobe herauslöst, kannst du die Art der Bindung feststellen. Webwaren sind z. B. Hemden, Hosen und Tischdecken. Sie sind formbeständig, wenig dehnbar und sehr strapazierfähig.

Webware: Jeans

Strickware: Pullover

Verbundstoff: Vlieseline

Maschenware

Maschenware hast du schon selbst hergestellt, wenn du einen Gegenstand gehäkelt oder gestrickt hast. Aus einem Faden hast du Schlingen gebildet, die auch Maschen genannt werden.

> Maschenware besteht aus einem fortlaufenden Faden, aus dem Maschen gebildet werden, die miteinander verschlungen werden.

Der Fadenverlauf erfolgt in Querrichtung und lässt sich leicht wieder aufziehen.

Maschenware ist dehnbar und elastisch, hat meist ein gutes Wärmehaltevermögen und einen weichen Griff.

Hergestellt wird Maschenware für Oberbekleidung (z. B. Pullover), Unterwäsche, Strümpfe.

In die Gruppe der Maschenware gehört auch die Kettenwirkware und Kettenfadenware. Jeder Maschen bildende Faden läuft im Zick-Zack längs durch die Ware. Dadurch lässt sie sich nicht aufziehen und ist laufmaschenfest. Hergestellt werden daraus z. B. Vorhänge.

Verbundstoffe

Bei den Verbundstoffen unterscheidet man Filze und Vliesstoffe.

Filze aus Wolle werden unter Einwirkung von Wärme, Seifenlauge, Feuchtigkeit und Mechanik hergestellt. Dabei verhaken sich die Schuppen an der Oberfläche der Wollfasern untrennbar miteinander. Auch aus anderen Materialien lässt sich Filz herstellen. Dazu werden die Fasern z.B. mithilfe von Nadeln mit Widerhaken verschlungen. Das Ergebnis heißt Nadelfilz.

Vliesstoffe werden aus sehr verschiedenen Fasern hergestellt wie Polyamid, Polyester, aber auch aus Wolle oder Viskose. Sie werden durch Hitzeeinwirkung und Bindemittel verschweißt bzw. verklebt. Verwendet werden sie hauptsächlich als Bekleidungsteile (z.B. als Kragenverstärkung), als Reinigungsmaterial, aber auch zur Herstellung von Oberbekleidung (beispielsweise Vliesjacken).

> Unter Umgehung der Garnbildung werden Filze und Vliese direkt aus Einzelfasern gebildet.

Eine gesonderte Gruppe stellen die Fadenverbundstoffe dar. Sie können sowohl aus Garnen, aus Zwirnen als auch aus textilen Flächen hergestellt werden.

> 1 Suche typische Beispiele für die Verwendung von Webwaren, Maschenwaren und Verbundstoffen.
>
> 2 Sammle verschiedene Stoffproben und finde heraus, zu welcher Flächenart sie jeweils gehören.

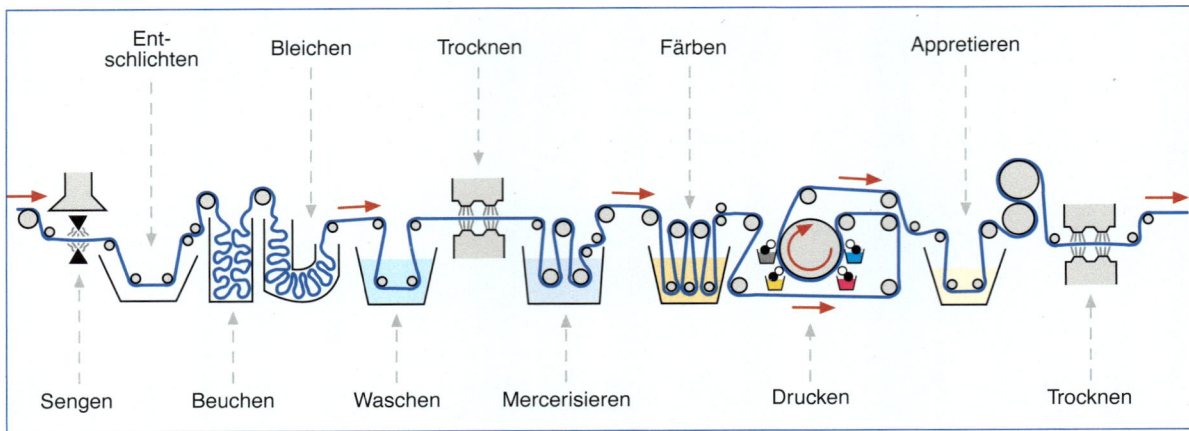

Baumwollgewebe in der Veredelung

Entschlichten · Bleichen · Trocknen · Färben · Appretieren

Sengen · Beuchen · Waschen · Mercerisieren · Drucken · Trocknen

Textilveredlung

Jedes Kleidungsstück, das wir kaufen, ist veredelt und ausgerüstet. Darunter versteht man verschiedene Maßnahmen, die den Rohstoff zur Weiterverarbeitung vorbereiten, aber auch verändern bzw. verwandeln können.

So hält heute kein Garn mehr die Beanspruchung der modernen Webautomaten ohne Schlichtemittel (filmbildende und/oder verklebende Substanzen) aus, die die Verarbeitbarkeit verbessern. Für jeden Rohstoff gibt es besondere Veredlungsverfahren, z. B. Sanforisieren für Baumwolle oder Antifilzausrüstung für Wolle.

> Unter Ausrüstung bzw. Textilveredlung fasst man alle Verfahren zusammen, die die Trageeigenschaften der Ware optimieren, den Gebrauchswert erhöhen und das Erscheinungsbild verbessern.

In der Textilindustrie werden viele Chemikalien verwendet, die für Knitterfreiheit, Glanz, eine schöne Farbe, Filzfreiheit und andere Eigenschaften sorgen. Sie auf die Faser zu bringen, geht nicht ohne Verbrauch an Wasser, Energie und Luft. Dabei entstehen Abfälle, die oft schwierig zu entsorgen sind.

Die Textilindustrie rechnet für 1 kg textiler Ware den Verbrauch von 120 l Wasser, 15–20 kWh Energie, 5 kg Sauerstoff und den Einsatz von etwa 300–400 Chemikalien. Daher stellt sich heute zunehmend die Frage, welche Ausrüstungen sinnvoll, notwendig und noch verantwortbar sind.

Ausrüstungen für Baumwolle

Bleichen: Baumwollfasern sind nur selten weiß, sondern oft cremefarben, gelblich, grau oder bräunlich. Um reinweiße Textilien bzw. beim Einfärben klare Farbtöne zu erhalten, wird die natürliche Farbe der Fasern zerstört. Dazu werden Wasserstoffperoxid, Natronlauge und weitere Chemikalien eingesetzt.

Mercerisieren (auch Merzerisieren): Baumwollgewebe wird in gespanntem Zustand mit Natronlauge getränkt. Die Baumwollfaser quillt auf und ihr Querschnitt wird fast rund. Anschließend wird das Gewebe unter Spannung wieder getrocknet. Der Stoff erhält dadurch einen seidenartigen Glanz und wird gleichzeitig fester und dehnbarer.

Pflegeleichtausrüstung: Pflegeleichtausrüstungen sollen Textilien knitterarm und damit bügelleicht machen. Das ist nur möglich, wenn die Feuchtigkeitsaufnahme der Faser verringert wird. Diesen Effekt erreicht man, indem man die Fasern z. B. mit Kunststoffen durchtränkt. Jedoch wird durch dieses Verfahren die Scheuerfestigkeit deutlich vermindert.

Farbgebung: Das Färben und Bedrucken von Textilien hat eine jahrtausendealte Tradition. Es können die Fasern, die Garne, das Gewebe bzw. Gestricke gefärbt werden. Gefärbte Stoffe können „ausbluten", d. h. beim Waschen Farbstoffe

Flecken und Schmutz
abweisende Ausrüstung

Ausrüstung gegen das
Einlaufen von Textilien

Ausrüstungen werden gekennzeichnet

Pullover
weich und angenehm
80 % Schurwolle, 20 % Polyamid

Funktionswäsche
55 % Baumwolle
40 % Polyeser
5 % Elestan

Flusenfreies Gläsertuch
Kette: reine Baumwolle
Schuss: reines Leinen

Fasereigenschaften ergänzen sich

wieder abgeben. Achte auf eine entsprechende Kennzeichnung in der Kleidung!

Rauen: Der fertige Stoff wird mit Nadelwalzen bearbeitet, um kleine Fasern und Faserenden aus der textilen Fläche zu ziehen. Dadurch erreicht man einen höheren Lufteinschluss für besseres Wärmehaltevermögen und einen weicheren Griff.

Krumpfecht-Ausrüstung: Baumwolle läuft unter Einwirkung von Wärme und Feuchtigkeit ein. Um eine Formveränderung des fertigen Produktes beim Waschen zu verhindern, wird dieser Prozess bereits bei der Herstellung vorweggenommen. Ein bewährtes Verfahren ist das Sanforisieren.

Wasserabweisende Ausrüstung (Imprägnieren, Fleckenschutz): Durch das Aufbringen von Chemikalien oder Kunstharzen wird Gewebe wasserabweisend und so beispielsweise Outdoor-Bekleidung vor dem Durchfeuchten geschützt. Ein zweiter Effekt ist der Schutz vor Flecken und nassem Schmutz, auch bei Heimtextilien.

Fasereigenschaften ergänzen sich

Gebrauchseigenschaften wie Knitterverhalten, Pflegeeigenschaften wie Wasch- und Bügelverhalten und bekleidungsphysiologische Eigenschaften wie Feuchtigkeitsaufnahme und Wärmeisolation lassen sich umweltfreundlich und ohne Chemieeinsatz auch durch das Mischen verschiedener Faserstoffe vorteilhaft verändern.

> Beim Mischen von Faserstoffen sollen nachteilige Eigenschaften ausgeschaltet und das Aussehen verbessert werden.

Faserstoffe werden aus drei Gründen gemischt:
- um die Qualität zu verbessern,
- um das Aussehen zu verändern (z. B. Strukturen, Glanzeffekte) und
- um Kosten zu sparen (Wirtschaftlichkeit).

Das Mischen der textilen Faserstoffe kann sowohl bei der Garnherstellung durch Verwendung verschiedener Fasern als auch bei der Herstellung der textilen Flächen durch den Einsatz unterschiedlicher Garne erfolgen.

1 Forsche nach Textilien mit Fasermischungen. Welche positiven Eigenschaften wollte der Hersteller damit erreichen?

Gütezeichen

Warenzeichen

Markenzeichen

Textilien bieten viele Informationen

In unserer Kleidung finden wir verschiedene Etiketten mit unterschiedlichen Informationen.

> Nur die Rohstoffgehaltsangabe ist bisher gesetzlich geregelt. Alle anderen Angaben sind freiwillig.

Es ist wichtig, alle Kennzeichnungen einer Ware im Zusammenhang zu sehen, sie zu beachten und auszuwerten.

Das Textilkennzeichnungsgesetz

Seit 1972 ist in Deutschland die Rohstoffgehaltsangabe textiler Waren durch das Textilkennzeichnungsgesetz (TKG) geregelt. Die Kennzeichnung von textilen Rohstoffen ist heute in allen EU-Ländern Pflicht. Sie muss am textilen Gegenstand befestigt sein.

Bei textilen Erzeugnissen aus nur einem Rohstoff erfolgt die Kennzeichnung durch den Zusatz „Rein", „Ganz" oder „100 %".

Besteht ein Textilerzeugnis aus mehreren Rohstoffen, gibt es verschiedene Möglichkeiten der Kennzeichnung. Alle Rohstoffe müssen aber immer in absteigender Reihenfolge ihrer Gewichtsanteile aufgeführt werden.

Waren- und Markenzeichen

Hersteller wollen ihre Artikel durch Wort- oder Bildzeichen unverwechselbar kennzeichnen.

Durch entsprechende Qualität soll das Vertrauen der Kunden in diese Produkte entwickelt bzw. gestärkt werden. Waren- und Markenzeichen gibt es für fertige Artikel genauso wie für Fasern, Garne, Ausrüstungen und Firmen.

Für registrierte Marken ist das ® das international gültige Kennzeichen.

Gütezeichen

Gütezeichen sind firmenunabhängig und informieren objektiv über Gütemerkmale einer Ware, um so dem Verbraucher Hinweise über die Qualität des Produktes zu geben.

Dazu vereinbaren beispielsweise die Hersteller einer Produktgruppe bestimmte Kriterien bzw. Vorschriften, die sie bei der Herstellung ihrer Artikel einhalten werden. Die Festlegung der Gütemerkmale, deren Kontrolle und die Vergabe des Gütezeichens erfolgt durch die jeweilige Gütegemeinschaft meist unter Einbeziehung unabhängiger Prüfinstitute.

Auch Institutionen und Organisationen vergeben Gütezeichen. Hersteller können diese für ihre Produkte beantragen.

Umweltzeichen und Sozialsiegel   *Pflegekennzeichnung*

Umweltzeichen und Sozialsiegel

Umweltzeichen sind im eigentlichen Sinn Gütezeichen. Inzwischen gibt es viele Etiketten mit „Öko", „Bio" und „Umwelt". Doch was versteckt sich dahinter? So beinhaltet das Zeichen „Naturfaser Bauwolle" beispielsweise nur die Garantie des Rohstoffes, die Schadstoffbelastung bleibt unbekannt.

Von einer umweltfreundlichen Ware wird erwartet, dass sie:

- keine für den Menschen bedenklichen Stoffe enthält,
- umweltfreundlich hergestellt wird,
- umweltfreundlich entsorgt werden kann.

Durch die Schaffung von Umweltzeichen will die Textilindustrie dem Verbraucher die Garantie geben, dass die so gekennzeichneten Produkte den oben genannten Kriterien entsprechen.

Mit Sozialsiegeln werden Textilien ausgezeichnet, bei deren Herstellung soziale Mindeststandards eingehalten wurden, z. B. das Verbot von Kinderarbeit, feste Mindestpreise, faire Arbeitsbedingungen. Ein Beispiel ist das Fairtrade-Siegel.

Pflegekennzeichen

Die Pflegekennzeichnung ist zwar freiwillig, jedoch enthalten die meisten Textilien Etiketten mit den Pflegesymbolen. Um sich vor Reklamationen zu schützen, wird häufig viel niedriger ausgezeichnet, als für den Verbraucher sinnvoll wäre.

In Europa sind die Symbole genormt.

Unsere Pflegekennzeichen geben Auskunft über:

- Waschverfahren und Waschtemperaturen,
- die Möglichkeit des Einsatzes von Bleichmitteln,
- Bügeltemperaturen,
- die Möglichkeiten der chemischen Reinigung,
- den Einsatz des Wäschetrockners.

In nichteuropäischen Ländern existieren auch andere Zeichen.

> Pflegesymbole geben Auskunft über die maximal zulässige Behandlungsart.

Sonstige Kennzeichen

Neben der Angabe des Herkunftslandes sind Kleidungsstücke fast immer auch mit einer Größenangabe versehen. Leider gibt es weder in Deutschland noch im europäischen Raum ein einheitliches System. Nicht zuletzt interessiert den Verbraucher der Preis des Produktes.

> 1 Erkunde, was die Umweltzeichen und Sozialsiegel genau bedeuten.
>
> 2 Notiere vom Etikett deiner Jeans, wie du sie pflegen sollst.

Die Kaufentscheidung

Susi findet, dass sie für den Sommer nichts Passendes anzuziehen hat. Mit ihrer besten Freundin Marie fährt sie deshalb in das große Einkaufszentrum am Stadtrand, wo es viele Boutiquen gibt.

Marie: „Was suchen wir überhaupt?"

Susi: „Na ein richtig tolles Shirt. Total schick muss es sein. Und natürlich nicht zu teuer!"

Bei dem großen Bekleidungsangebot ist es nicht immer einfach, eine Entscheidung für ein bestimmtes Kleidungsstück zu treffen. Häufig lässt man sich spontan vom Aussehen der Ware beeinflussen, ohne dabei wichtige Gebrauchseigenschaften zu bedenken.

> Beachte bei der Auswahl die Textilkennzeichnung. Sie gibt Auskunft über Rohstoffgehalt, Ausrüstung und Pflege.

Einkaufshilfen:

- Überlege, für welchen Zweck das Kleidungsstück geeignet sein soll.
- Achte auf gute Verarbeitung und Qualität. Das garantiert in der Regel auch eine längere Lebensdauer und das Stück ist beim Waschen nicht so empfindlich.
- Wenn ein Kleidungsstück nicht gewaschen werden darf, muss es in die chemische Reinigung. Dort wird es mit Lösungsmitteln behandelt und muss anschließend gut ausgelüftet werden. Diese Möglichkeit sollte man nur wenig nutzen.

1 Betrachte die Abbildung und entscheide, welches Shirt Susi wählen sollte.

2 Notiere möglichst viele Kriterien, die für dich Kleidung zum Wohlfühlen haben muss.

Textilien im Gebrauch

Waschen mit Verstand

Rund 700 000 Tonnen Waschmittel verbrauchen die Bundesbürger jährlich. Der Umwelt und dem eigenen Geldbeutel zuliebe sollte man einige Tipps beachten:

- Auf Vorwäsche verzichten – sie ist bei modernen Waschmitteln und normal verschmutzter Wäsche nicht nötig.
- Das Fassungsvermögen der Maschine nutzen – das spart Wasser, Energie und Waschmittel.
- Möglichst auf Kochwäsche verzichten – sie ist nur selten, z. B. bei Krankenwäsche, nötig.
- Die Dosierungsempfehlung auf den Waschmittelverpackungen beachten – viel hilft hier nicht viel, sondern belastet die Umwelt.
- Flecken möglichst sofort behandeln – so lassen sie sich meist auch bei normalen Waschprogrammen entfernen.
- Auf Weichspüler verzichten – sie belasten die Umwelt, setzen die Saugfähigkeit von Textilien herab und können die Haut reizen.

> Beachte bei der Dosierung des Waschmittels die Wasserhärte. Bei weicherem Wasser wird weniger Waschmittel benötigt.

Trocknen und Bügeln

Wind und Sonne trocknen die Wäsche kostenlos und umweltschonend. Auch ganz ohne Chemie riecht sie angenehm frisch. Wer keinerlei Möglichkeit hat, seine Wäsche aufzuhängen, muss einen Wäschetrockner benutzen. Diese sind witterungsunabhängig, verbrauchen jedoch viel Strom. Wenn man sich Bügelarbeit ersparen möchte, sollte man schon beim Einkauf Materialien bevorzugen, die wenig oder gar kein Bügeln erfordern. Durch überlegtes Trocknen (wie fadengerades Aufhängen, Ausstreichen von Kanten und Nähten oder die Auswahl des Trocknerprogramms) können Knitter reduziert werden und so auch die Arbeit. Muss Wäsche gebügelt werden, sollte man sie bügelfeucht von der Leine oder aus dem Trockner nehmen, glatt zusammenlegen und möglichst bald mithilfe eines Dampf- oder Trockenbügeleisens bzw. einer Bügelmaschine glätten.

Ausbessern – wehret den Anfängen

Einen kleinen Schaden gleich zu beheben ist meist leicht – und die Reparatur ist kaum zu sehen. Wer etwas Erfahrung mit Nadel und Faden sowie im Umgang mit der Nähmaschine hat, kann eine kaputte Naht oder einen Riss selbst ausbessern. Auch Dienstleistungsunternehmen bieten diesen Service an, oft aber nicht ganz preisgünstig.

> 1 Informiere dich über die Wasserhärte an deinem Wohnort.
>
> 2 Erkundet in Gruppen in verschiedenen Wäschereien bzw. Reinigungen, welche Dienstleistungen zu welchem Preis angeboten werden. Z. B. ein Hemd waschen und bügeln, ein Federkopfkissen reinigen, Hosenbeine kürzen, einen neuen Reißverschluss einnähen.

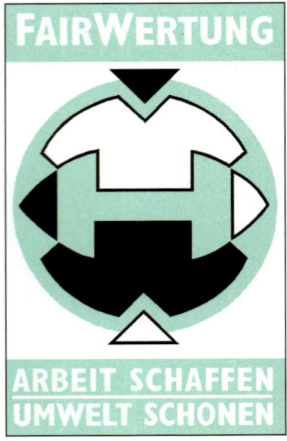

Was tun mit alten Textilien?

Kleidung ist heute erschwinglich geworden. Jeder Deutsche erwirbt ca. 15 kg im Jahr. Die durchschnittliche Nutzungsdauer liegt bei 3,5 Jahren. Anschließend wandert die Hälfte in die Altkleidersammlung, der Rest landet auf dem Müll und damit auf der Deponie oder in Müllverbrennungsanlagen. Manche Textilien verrotten nur langsam oder gar nicht. Bei der Herstellung verwendete Farbstoffe und Chemikalien belasten zusätzlich die Umwelt.

Verändern oder Verbrauchen

Oft empfinden wir Kleidungsstücke schon nach kurzer Tragezeit als unmodern. Mit Köpfchen und ein wenig Geschick kann man Kleidung der Mode anpassen. Modezeitschriften geben oft praktische Tipps.
Auch werden in jedem Haushalt Stoffreste benötigt. Daraus lassen sich Puppenkleider, Sofakissen, Taschen und vieles mehr nähen. Stoffstücke aus Baumwolle eignen sich gut als Putzlappen.

Weggeben oder Wegwerfen

Gut erhaltene Kleidung, die nicht mehr passt, kann man zum Beispiel an Freunde weitergeben. Auch Secondhandshops sind eine gute Möglichkeit. Ein großer Teil wird zu Altkleidersammlungen gebracht. Karitative Organisationen sammeln zum Beispiel, um Menschen in Not durch Kleiderspenden direkt helfen zu können. So unterhält das DRK Deutschland über 800 Kleiderkammern, aus denen jährlich ca. 12 Millionen Kleidungsstücke an Bedürftige ausgegeben werden. Dies ist jedoch nur ein geringer Prozentsatz der gesammelten Textilien. Der größte Teil der Altkleider wird an verschiedene Abnehmer verkauft. Gut erhaltene und tragbare Kleidung geht an Secondhandshops und in den Export, ca. 40 % werden industriell weiterverwertet und 10 % sind Abfall.

Hauptabnehmer für gebrauchte Kleidung sind vor allem Entwicklungsländer wie Ghana, Kamerun oder Indien. Oft wird kritisiert, dass diese Altkleiderimporte Arbeitsplätze in der dortigen Textilindustrie vernichten. Durch das Handeln, Sortieren und Umarbeiten der gebrauchten Textilien entstanden aber auch ganz neue Berufe und Betriebe, sodass eine Bewertung, ob Arbeitsplätze entstehen oder verloren gehen, nicht ganz einfach ist. Eine unerwünschte Begleiterscheinung ist jedoch der Verlust der einheimischen Bekleidungskultur, wie traditionelle Bekleidungsmuster und -formen.

> Das Sammeln und Verwerten von Alttextilien leistet einen wichtigen Beitrag zu einem nachhaltigen Umgang mit wertvollen Rohstoffen.

Nur was völlig verschlissen ist, sollte in den Müll wandern.

Ein Textilreiniger bei der Arbeit: Kontrolle der Wasch- und Reinigungsmitteldosierung

Eine Textilreinigerin bei der Arbeit: Kontrolle der Wäscheteile auf Mängel nach der Wäscherei

Berufe in der Textilindustrie

Berufe in der Textil- und Bekleidungsindustrie sind sehr vielfältig. Sie gehören in der Regel zum Berufsfeld Produktion und Fertigung, einige auch zu den Dienstleistungen. Fast 80 Berufe in allen Stufen der textilen Kette können erlernt bzw. ausgeübt werden. Im textilen Bereich können Hauptschüler, Realschüler, aber auch Abiturienten einen geeigneten Beruf finden.

In Sachsen hat die Textilindustrie eine lange Tradition, z. B. sind Spitzen aus Plauen weltbekannt. In den letzten Jahrzehnten entwickelte sich die deutsche Textilindustrie weg von traditionellen Techniken und Materialien (die Produktion von Kleidung ist z. B. in Asien wesentlich kostengünstiger) hin zur Hochtechnologie. Gegenwärtig ist Deutschland Marktführer in der Herstellung technischer Textilien.

Textilreiniger/in – ein typischer Beruf im Dienstleistungsbereich

- Vorraussetzung: Haupt- oder Realschulabschluss
- Ausbildung: dual nach Bundesausbildungsgesetz und Handwerksordnung
- Ausbildungsdauer: 3 Jahre
- Besondere Anforderungen: technisches Verständnis, handwerkliches Geschick, Sorgfalt, Genauigkeit, Konzentrationsvermögen, körperliche Belastbarkeit, auch Kontaktfähigkeit beim Umgang mit Kunden,
- Typische Tätigkeiten: waschen, reinigen, pflegen und veredeln von Textilien, Auswahl geeigneter Behandlungsverfahren, Sortieren von Textilien entsprechend der Kennzeichnung und der Art und Weise der Behandlung, Reinigungsmaschinen bedienen, warten und pflegen, Textilien nach der Behandlung durch Bügeln oder Dämpfen in Form bringen, Kundenbetreuung und Beratung über Angebote, Behandlungsmöglichkeiten und Kosten
- Einsatzbereiche: chemische Reinigungen, Reinigungsdienste, Betriebe mit eigenen Wäschereien wie Hotels und Krankenhäuser, Betriebe zur Veredlung von Textilien
- Arbeitsorte: Reinigungsräume, zum Teil auch in Annahmestellen, Verkaufs- und Büroräumen
- Beschäftigungsalternativen: Chemischreiniger/in, Bügler/in

1 Erkunde in BERUFEnet der Agentur für Arbeit, welche Ausbildungsmöglichkeiten es für dich im textilen Bereich gibt.

2 Erarbeite das Berufsbild des Änderungsschneiders bzw. der Änderungsschneiderin.

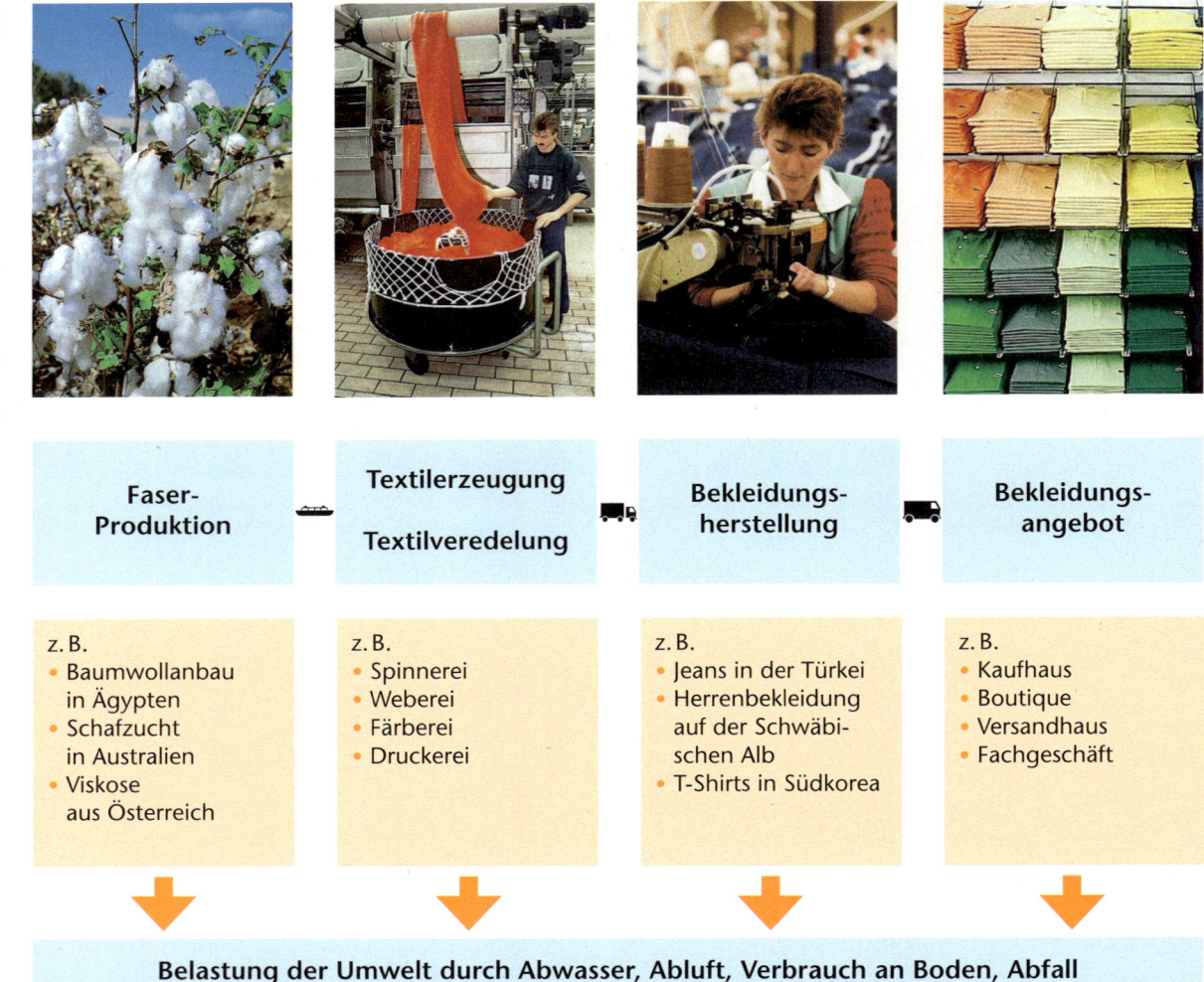

Faser-Produktion	Textilerzeugung Textilveredelung	Bekleidungs-herstellung	Bekleidungs-angebot

z. B.
• Baumwollanbau
  in Ägypten
• Schafzucht
  in Australien
• Viskose
  aus Österreich
	z. B.
	• Spinnerei
	• Weberei
	• Färberei
	• Druckerei
		z. B.
		• Jeans in der Türkei
		• Herrenbekleidung
		  auf der Schwäbi-
		  schen Alb
		• T-Shirts in Südkorea
			z. B.
			• Kaufhaus
			• Boutique
			• Versandhaus
			• Fachgeschäft

Belastung der Umwelt durch Abwasser, Abluft, Verbrauch an Boden, Abfall

Der Weg unserer Kleidung – die textile Kette

Die textile Kette – Auswirkungen auf die Umwelt

Der Lebenslauf eines Kleidungsstücks beginnt mit der Aussaat von Baumwolle auf den Feldern Arizonas, mit der Geburt eines Merinoschäfchens in Australien oder der Gewinnung von Erdöl aus der Nordsee. In vielen Verarbeitungsschritten werden aus diesen Materialien Garne und Stoffe hergestellt.

Verfolgen wir beispielsweise den Lebensweg eines einfachen T-Shirts: Die Baumwollfasern, die in den USA geerntet werden, kommen zum Spinnen, Weben und Veredeln nach Deutschland und werden anschließend zur Konfektionierung nach Tunesien transportiert. Die fertigen Klei-

dungsstücke werden zum Verkauf wieder nach Deutschland geflogen. Bis dieses T-Shirt letztendlich bei uns auf den Ladentisch kommt, hat es bereits rund 19 000 km zurückgelegt.

Die Herstellung eines Textils inklusive der aufwändigen Textilveredelung verbraucht nur rund die Hälfte der Energiemenge, die für den Transport mit dem Flugzeug benötigt wird. Hochmodische Kleidungsstücke werden mit dem Flugzeug transportiert, da sie sonst die aktuelle Modewelle verpassen würden. Mittlerweile werden etwa 80 % unserer Textilien im Ausland hergestellt. In Tunesien arbeiten 16 500 Beschäftigte für die deutschen Modemacher, auch in Marokko, in der Türkei und in China wird für uns Kleidung produziert.

Die Näherinnen in der fernöstlichen Textilin-

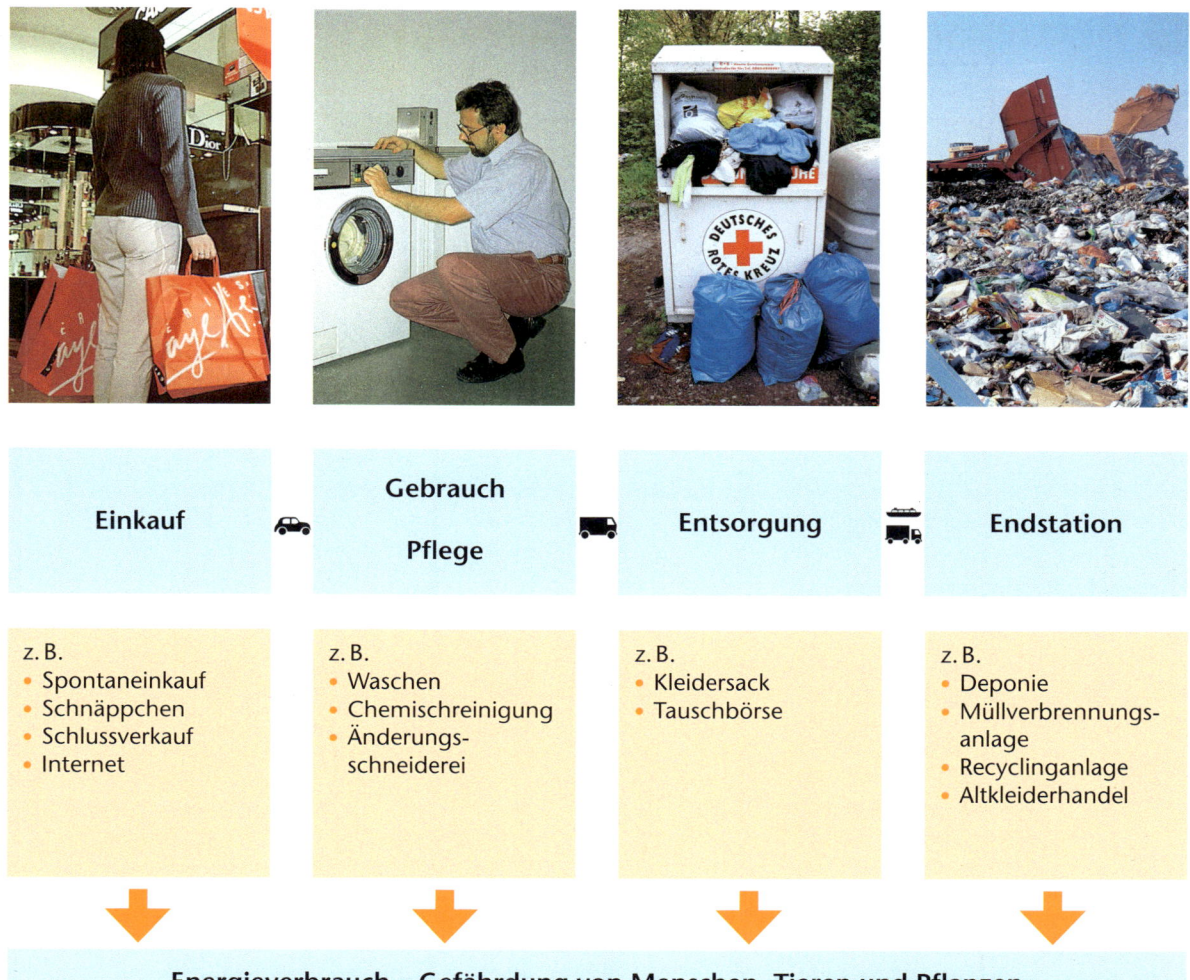

Einkauf		Gebrauch Pflege		Entsorgung		Endstation
z. B.		z. B.		z. B.		z. B.

• Spontaneinkauf
• Schnäppchen
• Schlussverkauf
• Internet
		• Waschen
		• Chemischreinigung
		• Änderungs-
		  schneiderei
				• Kleidersack
				• Tauschbörse
						• Deponie
						• Müllverbrennungs-
						  anlage
						• Recyclinganlage
						• Altkleiderhandel

Energieverbrauch – Gefährdung von Menschen, Tieren und Pflanzen

dustrie arbeiten im Akkord, sechs Tage die Woche und nicht selten zwölf Stunden am Tag. Auf Umwelt- und Arbeitsschutz wird in den meisten Niedriglohnländern nicht geachtet. Schädliche Chemikalien verseuchen Böden, Luft und Trinkwasser. Die Menschen, die dort die Arbeiten verrichten müssen, leiden häufig an Allergien. Die Sterblichkeitsrate im jungen Alter ist sehr hoch. Folgeschäden für die Kinder bleiben nicht aus.
Vor diesem Hintergrund ist es nicht verwunderlich, dass in Deutschland die Zahl der Beschäftigten in der Textil- und Bekleidungsindustrie stetig zurückgegangen ist. Dies leuchtet aus Sicht der Bekleidungshersteller ohne weiteres ein, bedenkt man, dass mit dem Lohn einer Arbeitskraft in Deutschland etwa zehn Arbeitskräfte in der Türkei und sogar 15 Arbeitskräfte in einigen asia-

tischen Ländern bezahlt werden können. Auch hohe Transportkosten wiegen diese Differenz bei weitem nicht auf.

1 Überlege, welche Umweltbelastungen auf jeder Stufe der textilen Kette auftreten können.

2 Welche Umweltbelastungen kann der Verbraucher vermeiden?

3 Weltweit müssen Millionen Kinder arbeiten, auch in der Textilindustrie. Recherchiere, welche Folgen das für die Kinder hat und was wir dagegen tun können.
Tipp: www.aktiv-gegen-Kinderarbeit.de
(Stand: 5.11.09)

ⓌⓅ Betriebserkundung

BMW Werk Leipzig, Zentralgebäude

BMW Werk Leipzig, Innenansicht

Phasen der Betriebserkundung

Erkundung vorbereiten

- Ziel bestimmen: Was wollen wir mit der Erkundung erreichen?
- Erkundungsfragen formulieren
- Was können wir beobachten und was müssen wir erfragen?
- Wie wollen wir uns beim Betrieb bedanken?

Erkundung durchführen

- Erkunden, ohne die betrieblichen Abläufe zu stören! Worauf müssen wir achten?
- Skizzen anfertigen
- Wenn es erlaubt ist, fotografieren
- Interviews helfen, die Beobachtungen zu ergänzen – Expertenbefragung
- Festhalten und dokumentieren der Ergebnisse in einem Protokoll

Erkundung auswerten

- Beobachtungen zusammentragen
- Fotos sichten, Zeichnungen anfertigen
- Fragen und Antworten bewerten
- Sind noch Fragen offengeblieben?
- Was war gut, was sollte verbessert werden?
- Wie sollen die Ergebnisse dargestellt werden?

Einen Betrieb erkunden

Eine Betriebserkundung ist mehr als eine Betriebsbesichtigung. Betriebserkundungen müssen gut vorbereitet werden. Die Schülerinnen und Schüler legen ein Erkundungsziel fest, stellen sich klare Aufgaben und erarbeiten Beobachtungsbögen und Fragebögen.

Wo soll der Schwerpunkt der Erkundung liegen? Soll untersucht werden, wie aus verschiedenen Ausgangsstoffen ein Produkt entsteht oder eine Dienstleistung erstellt wird? Geht es um die Arbeitsbedingungen der Mitarbeiter? Oder soll die Erkundung der Berufsorientierung dienen?

Von eurer Zielstellung ausgehend legt ihr die Beobachtungsschwerpunkte fest. Nicht alles lässt sich beobachten. Daher müsst ihr die Beobachtungen durch Befragungen ergänzen. Hierfür sind Fragebögen zu entwickeln.

Schreibt eure Zielstellung und Beobachtungsschwerpunkte, auch eventuelle Fragestellungen auf.

Um sich einen allgemeinen Überblick über den Betrieb zu verschaffen, ist es ratsam, zunächst folgende Fragen zu beantworten:

- Seit wann gibt es den Betrieb?
- Welches Produkt stellt der Betrieb her bzw. welche Dienstleistung bietet er an?
- Wie viele Mitarbeiter beschäftigt er?
- Gibt es Konkurrenten in der Region?

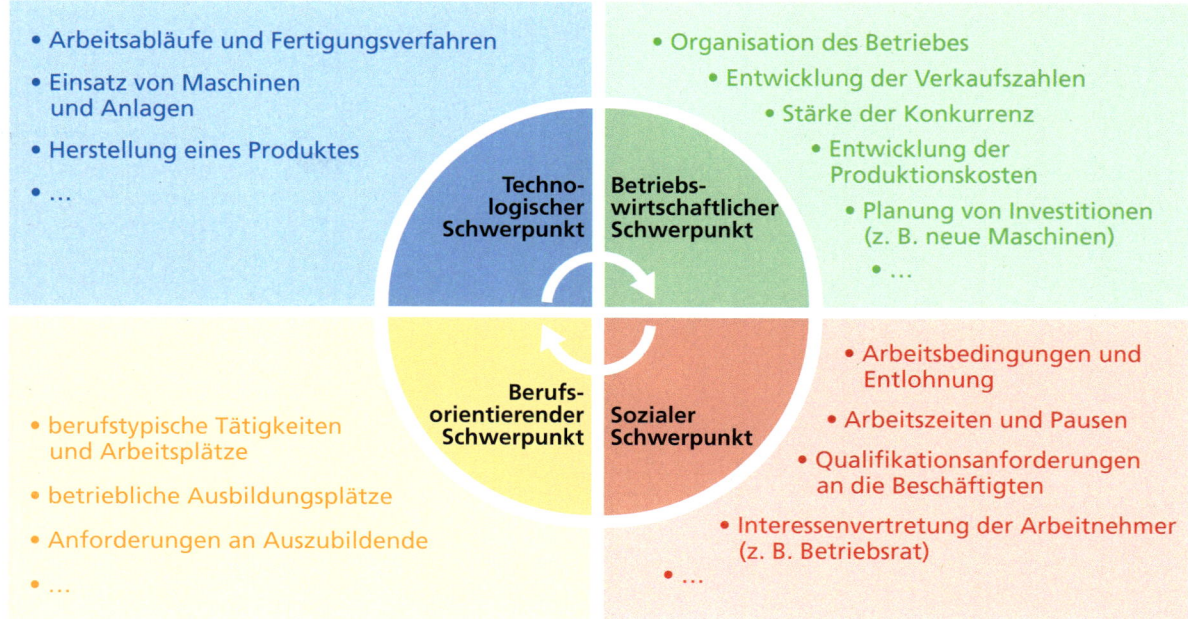

Erkundungsschwerpunkte

Die Übersicht zeigt verschiedene Schwerpunkte, unter denen ihr einen Betrieb erkunden könnt.

1. Technologischer Schwerpunkt: Die Erkundungsgruppe beobachtet beispielsweise, welche Materialien im Betrieb benötigt werden oder auch nach welchem Verfahren das Produkt produziert wird. Oder sie interessiert sich für die verwendeten Maschinen und deren Bedienung.

2. Betriebswirtschaftlicher Schwerpunkt: Hier fragt die Gruppe nach der Stückzahl der pro Tag verkauften Produkte und welches Produkt sich am besten verkauft. Sie möchte wissen, wie stark die Konkurrenz ist und wie der Betrieb seinen Absatz organisiert. Gerade bei diesem Schwerpunkt solltet ihr überlegen, ob ihr nicht durch ein gezieltes Interview mehr Informationen erhaltet als durch reine Beobachtung. Fragen wie:
Welche Neuanschaffungen sind geplant?
Wie ist die Lieferung organisiert?
Gibt es für jeden Tag einen Zeitplan?
können euch die Mitarbeiter beantworten.

3. Sozialer Schwerpunkt: Die Gruppe erkundet die Arbeitsbedingungen im Betrieb (Arbeitszeit, Ausstattung des Arbeitsplatzes, Pausen und Verdienst). Sie fragt nach, welche Anforderungen an die Mitarbeiter gestellt werden und ob sich diese in nächster Zeit ändern. Auch die Interessensvertretungen der Arbeitnehmer wie Betriebsrat oder Jugend- und Auszubildendenvertretung gehören zu diesem Erkundungsschwerpunkt.

4. Schwerpunkt der Berufsorientierung: Die Gruppe beobachtet die Mitarbeiter in verschiedenen Berufen bei ihrer Tätigkeit. Durch gezielte Fragen erfährt sie beispielsweise, welche Berufe ausgebildet werden und welche Qualifikationsanforderungen der Betrieb an Auszubildende stellt.

1 Führt selbst eine Betriebserkundung durch! Nehmt Kontakt zu dem gewünschten Betrieb auf und vereinbart einen Termin! Vergesst nicht anzumelden, wie viele Schüler mitkommen.

2 Bildet Vorbereitungsgruppen. Jede Gruppe wählt einen Schwerpunkt für die Betriebserkundung und bereitet ihn vor!

3 Erstellt Fragebögen und Erkundungsbögen. Nutzt hierfür die Beispielfragen zu den Erkundungsaspekten.

4 Gestaltet mit Texten, Zeichnungen und Fotos ein Plakat zu euren Ergebnissen.

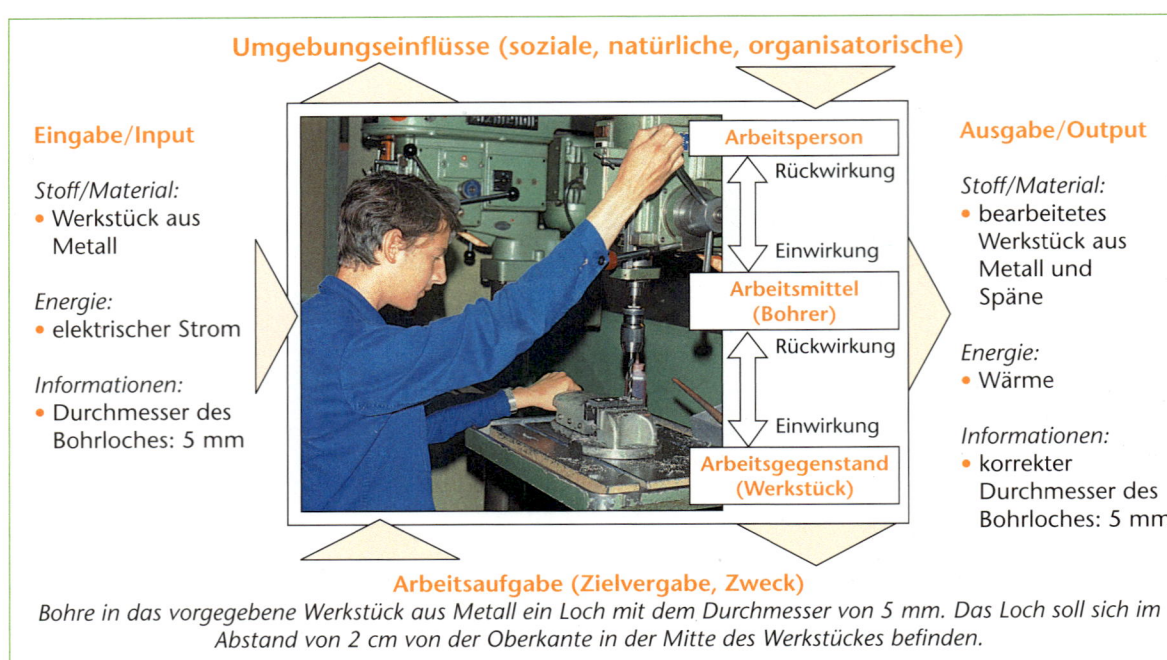

Umgebungseinflüsse (soziale, natürliche, organisatorische)

Eingabe/Input

Stoff/Material:
● Werkstück aus Metall

Energie:
● elektrischer Strom

Informationen:
● Durchmesser des Bohrloches: 5 mm

Arbeitsperson
Rückwirkung
Einwirkung

Arbeitsmittel (Bohrer)
Rückwirkung
Einwirkung

Arbeitsgegenstand (Werkstück)

Ausgabe/Output

Stoff/Material:
● bearbeitetes Werkstück aus Metall und Späne

Energie:
● Wärme

Informationen:
● korrekter Durchmesser des Bohrloches: 5 mm

Arbeitsaufgabe (Zielvergabe, Zweck)
Bohre in das vorgegebene Werkstück aus Metall ein Loch mit dem Durchmesser von 5 mm. Das Loch soll sich im Abstand von 2 cm von der Oberkante in der Mitte des Werkstückes befinden.

Arbeitssystem – Beispiel für einen Werkstattarbeitsplatz mit einer Ständerbohrmaschine

Erkundung eines Arbeitsplatzes

Wir wollen einen Gebäudereiniger bei seiner Arbeit begleiten und seinen Arbeitsplatz näher untersuchen. Dabei erfahrt ihr, was bei der Analyse von Arbeitsplätzen beachtet werden muss.

Wie die Betriebserkundung muss auch die Arbeitsplatzanalyse gut vorbereitet werden. Dabei solltet ihr euch zunächst Gedanken machen, wie ihr vorgehen wollt. Folgende Grundfragen helfen euch, einen Beobachtungsbogen zu erstellen: Welche Aufgaben sind an diesem Arbeitsplatz zu erfüllen? Wer verrichtet die Arbeit? Womit wird die Arbeit ausgeführt? Wo wird die Arbeit ausgeführt? Wann wird die Arbeit ausgeführt? Wie lange und wie oft wird die Arbeit verrichtet?

Arbeitsperson und Arbeitsaufgabe:
Die Arbeitsaufgaben werden durch die Wünsche der Kunden bestimmt. Ein Gebäudereiniger säubert die Innenräume und Außenfassaden der unterschiedlichsten Gebäude. Dabei muss er als Person bestimmte Anforderungen erfüllen:
Er muss teamfähig sein.
Er darf keine Scheu vor Schmutz haben.

Er darf keine Allergien gegen Chemikalien oder Staub haben.
Für Arbeiten an der Außenfassade muss er schwindelfrei sein.
Zur Arbeitsaufgabe eines Gebäudereinigers gehört neben dem Säubern auch die Auswahl der Maschinen, Geräte und chemischen Mittel sowie die Instandhaltung und Einlagerung der Maschinen.

Arbeitsablauf:
Um die Reinigung effektiv zu gestalten, erstellt ein Gebäudereiniger zunächst Arbeitspläne, veranschlagt Arbeitszeiten und legt die Reihenfolge von Arbeitsschritten fest. Beim Säubern arbeitet er oft im Team, vor allem wenn eine Reinigung besonderen Aufwand erfordert.

Betriebsmittel:
Um sich die Arbeit zu erleichtern, aber auch um die Aufgaben schneller und genauer zu erledigen, setzt die Arbeitsperson Werkzeuge und Maschinen – sogenannte Betriebsmittel – ein. Dazu zählen nicht nur sämtliche Sachgüter (Maschinen, Reinigungsmittel …), sondern auch Informationen, die die Arbeitsperson nutzt.

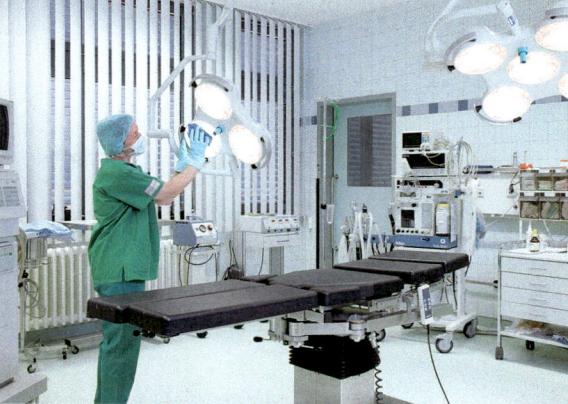

Gebäudereiniger bei der Arbeit

Gebäudereiniger verwenden Bodenreinigungsmaschinen und Dampfreinigungsgeräte für die Reinigung der Fußböden. Bei großen Glasfronten werden z. B. Fassadenbefahranlagen eingesetzt.

Eingabe (Inputs):
Die Eingabe ist das Ausgangsmaterial des Arbeitsprozesses. Nicht nur die Betriebsstoffe, die zur Reinigung notwendig sind, auch Hilfsstoffe wie Energie müssen bei dem Gesichtspunkt der Eingabe betrachtet werden. Ein dritter Bestandteil der Eingabe sind die Informationen, die der Gebäudereiniger erhält: Wie groß ist das Gebäude? Wie stark verschmutzt sind die einzelnen Abschnitte?

Ausgabe (Outputs):
Die Ausgabe ist das Ergebnis des Arbeitsprozesses. Als Resultat seiner Arbeit sieht der Gebäudereiniger nicht nur saubere Fußböden oder Fenster. Auch polierte Schreibtische oder von Flecken bereinigte Polstermöbel sind das Ergebnis eines langen Arbeitstages.

Arbeitsort und Arbeitsumgebung:
Für Gebäudereiniger sind wechselnde Arbeitsorte typisch, da sie vor Ort beim Kunden tätig sind: z. B. in Büroräumen, Schwimmbädern, Verkehrsbetrieben oder in Krankenhäusern.
Bei ihrer Arbeit spielen nicht nur natürliche Umgebungseinflüsse wie Lärm oder schlechtes Wetter eine Rolle. Auch die chemischen Dämpfe, die bei der Reinigung entstehen können, stellen eine Belastung an diesem Arbeitsplatz dar.

1 Informiere dich im Berufsinformationszentrum (BiZ) oder im Internet über einen Beruf deiner Wahl.

2 Kontaktiert einen Betrieb, der ausbildet, um dort die Arbeitsplätze zu erkunden.

3 Führt in Partnerarbeit eine Arbeitsplatzanalyse durch. Orientiert euch dabei an dem Beispiel des Gebäudereinigers.

4 Vergleicht die Ergebnisse eurer Arbeitsplatzanalyse mit der Berufsbildbeschreibung. Was stellt ihr fest? Diskutiert.

Welcher Werkstoff ist der richtige?

Wenn wir die Häuser in unserem Wohngebiet aufmerksam betrachten, stellen wir fest, dass für ein- und denselben Zweck verschiedene Werkstoffe verwendet werden. Wir finden Häuser aus Ziegelsteinen, Natursteinen, Fertigteilhäuser aus Betonelementen, ein altes Bauerngut mit Fachwerk und Lehmausfachung und ein neu gebautes Holzhaus.

Wohnen ist ein wichtiges Grundbedürfnis des Menschen. Der Wohnungsbau und die eingesetzten Werkstoffe werden von wirtschaftlich-ökonomischen, regionaltypischen, technischen und zunehmend von ökologischen Bedingungen beeinflusst.

Bei der Wahl der richtigen Werkstoffe spielen die Gebrauchseigenschaften der Baustoffe eine wesentliche Rolle:

- hohe Festigkeit,
- lange Lebensdauer,
- gute Wärmespeicherfähigkeit,
- keine oder geringe Brennbarkeit,
- guter Schallschutz.

> Die Gebrauchseigenschaften sind wesentliche Auswahlkriterien für die Verwendung eines Werkstoffes.

Oft können durch die Kombination verschiedener Werkstoffe mehrere einzelne werkstofftypische Gebrauchseigenschaften in einem Verbundwerkstoff vereint werden. So werden aus der Kombination von Gips und Karton wärmespeichernde und formstabile Gipskartonplatten für den Innenausbau hergestellt. Hinzu kommt bei diesem Verbundwerkstoff, dass nach einem Abriss des Innenausbaus der Gipskarton ökologisch entsorgt werden kann.

> Natürliche Werkstoffe schonen unsere Umwelt. Sie können umweltfreundlich entsorgt oder wiederverwendet werden.

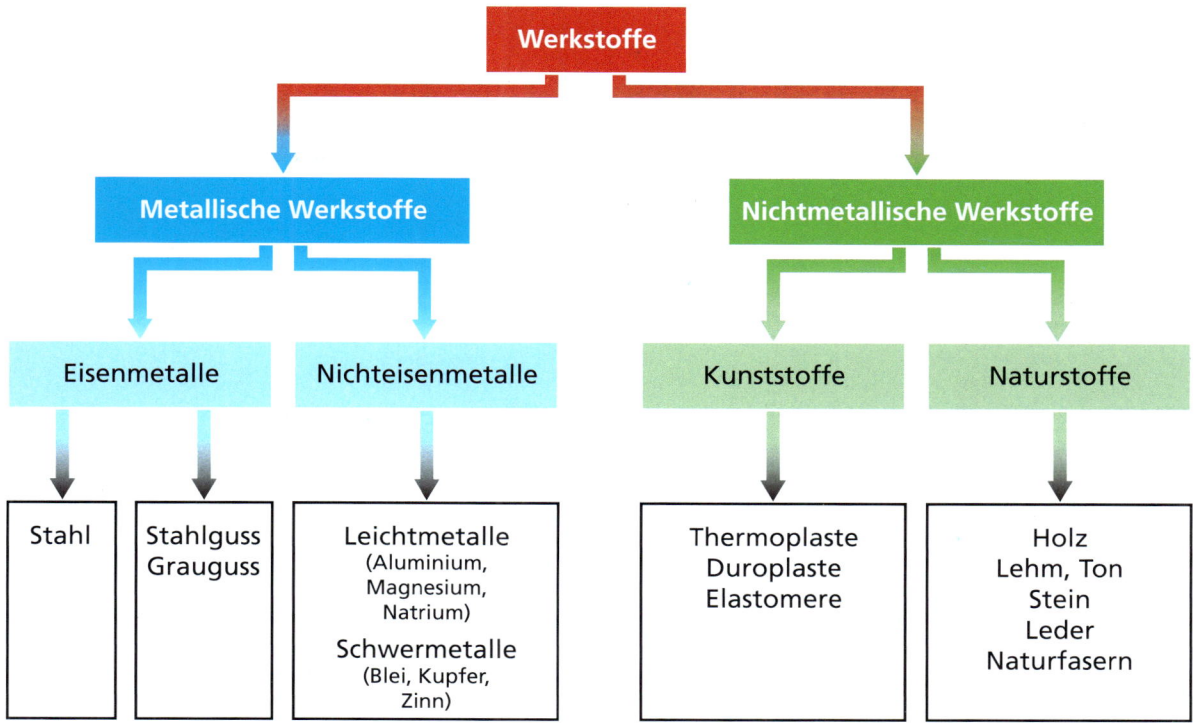

Auswahlkriterien für Werkstoffe

Betrachtet man, welche Werkstoffe beispielsweise im Bauwesen verwendet werden, so trifft man auf eine enorme Vielfalt. Auch uns steht für die Fertigung von Produkten eine große Anzahl verschiedener Werkstoffe zur Verfügung.

Welcher Werkstoff bei der Herstellung eines Produktes verwendet wird, hängt nicht nur von den Gebrauchseigenschaften, sondern von weiteren Faktoren ab:

- Verarbeitungseigenschaften,
- Umweltwirkung/Entsorgung,
- Werkstoffpreis.

Die *Gebrauchseigenschaften* beeinflussen die Verwendungsmöglichkeiten eines Produktes. Kunststoffe haben beispielsweise ein geringes Gewicht, leiten keinen elektrischen Strom und schlecht Wärme weiter.

Für unsere Fertigung sind auch die *Verarbeitungseigenschaften* wichtig. Viele Kunststoffe können wir gut umformen. Sie können fast jede beliebige Form annehmen. Sie sind auch leicht durch Sägen, Feilen, Bohren zu bearbeiten.

Umweltwirkung: Kunststoffe lassen sich wiederverwerten. Gelangen biologisch nicht abbaubare Kunststoffe in die Umwelt, werden sie zu einer Gefahr.

Der Preis für Kunststoffe ist verhältnismäßig gering.

1 Erkunde die Werkstoffe von Möbeln, Hausrat und Geräten in deiner Wohnung. Ordne diese der Übersicht „Werkstoffe" zu.

2 Stelle die Gebrauchs- und Verarbeitungseigenschaften von Holz und Stahl in einer Tabelle gegenüber.

3 Für den Gehäusebau eines elektrischen Gerätes können Thermoplaste, Aluminium oder Sperrholz verwendet werden. Führt in Gruppen eine Pro- und Kontra-Diskussion zum Einsatz dieser Werkstoffe.

4 Anja behauptet: „In der Regel stellt die Werkstoffwahl einen Kompromiss dar." Was meist du dazu?

Schrittfolgen des technischen Experimentes	Problemanalyse 	Vermutungen zum Ergebnis aufstellen 
Vorbereitung des Experimentes 	Durchführung des Experimentes 	Auswertung des Experimentes 

Experimenteller Problemlösungsprozess

M Das technische Experiment

Wir untersuchen experimentell Plastwerkstoffe

Im Haushalt und in der Schule werden für verschieden Zwecke Kunststoffe verwendet. Thermoplaste, Duroplaste und Elastomere sind wegen ihrer guten Gebrauchs- und Verarbeitungseigenschaften aus dem heutigen Leben nicht mehr wegzudenken. In den letzten 100 Jahren wurden zahlreiche Kunststoffe mit spezifischen Eigenschaften entwickelt.

Zu den wichtigsten Kunststoffen gehören Polyvinylchlorid (PVC), Polyethylen (PE), Polystyrol (PS) und Plexiglas (PMMA). Sie werden für Fußbodenbeläge, Lebensmittelverpackungen, Gehäuse elektrischer Geräte und Überdachungen im Bauwesen verwendet.

In einem technischen Experiment sollen die Werkstoffeigenschaften ausgewählter Kunststoffe experimentell ermittelt werden. Ein technisches Experiment wird in mehreren Schritten durchgeführt. Geeignet ist eine Partnerarbeit.

1. Problemanalyse

Es sollen drei verschiedene Kunststoffarten bestimmt werden. Die experimentell ermittelten Werkstoffeigenschaften sollen mit einer vorgegebenen Tabelle verglichen und die Zuordnung durchgeführt werden.

2. Vermutung zum Ergebnis aufstellen

Anhand unserer bereits gewonnenen Erfahrungen im Umgang mit Kunststoffen versuchen wir eine Zuordnung.

3. Vorbereitung des Experimentes

Wir planen die experimentelle Untersuchung: Welche technischen Mittel, Verfahren, Messgrößen, Beobachtungsaufgaben führen zum Ergebnis? Das Beobachtungsprotokoll wird vorbereitet und die Experimentieranordnung zusammengestellt.

4. Durchführung des Experimentes

Das Experiment wird durchgeführt, Beobachtungsergebnisse und Messgrößen protokolliert.

5. Auswertung des Experimentes

Die Ergebnisse werden eingeordnet und mit den Vermutungen verglichen. Es erfolgt eine allgemeingültige Ergebnisformulierung. Mögliche Fehlerquellen bei der Durchführung des Experimentes sind zu beachten.

Ein Schüler protokolliert, der andere führt das Experiment durch

	Plexiglas (Polymethylmethacrylat – PMMA)	Polystyrol (PS)	Polyethylen (PE)
Dichte der Probe	schwerer als Wasser	schwerer als Wasser	leichter als Wasser
Wärmleitfähigkeit	gering	gering	gering
Kratzfestigkeit	gering	gering	gering
Verhalten in der Flamme	leicht entzündbar, brennt sehr gut, knisternde Flamme	leicht entzündbar, brennt sehr gut, Rußentwicklung, Werkstoff tropft ab	leicht entzündbar, brennt gut, Rußentwicklung, Tropfen brennen weiter
Verhalten außerhalb der Flamme	Probe brennt weiter	Probe brennt weiter	Probe brennt weiter
Farbe der Flamme	hell	hell	hell
Farbe und Geruch des Rauches nach dem Ausblasen	kein Rauch, fruchtartig	weißer Rauch, süßlich	heller Rauch, süßlich, kerzenartig

Ergebnistabelle für das technische Experiment

Durchführung des Experimentes

Schritt vier sehen wir uns an folgendem Beispiel an. Um die vorliegenden Proben den Kunststoffarten zuordnen zu können, werden verschiedene Beobachtungsaufgaben durchgeführt. Zuerst ermitteln wir die Wärmeleitfähigkeit der Proben. Die Kunststoffe werden über die Kerzenflamme gehalten und anschließend geprüft, ob die Proben die Wärme schnell oder langsam weiterleiten. Mit einer Reißnadel prüfen wir die Kratzfestigkeit der Oberflächen. Die Dichte wird mit einem Wasserglas ermittelt: Ist die Werkstoffprobe schwerer oder leichter als Wasser?

Als Nächstes ermitteln wir die Brennbarkeit und den Geruch der Werkstoffproben. Wir beobachten und protokollieren alle Beobachtungsergebnisse zu folgenden Details:

- Verhalten in der Flamme:
  Brennt die Werkstoffprobe gut oder schlecht, tropft der Werkstoff ab?
- Verhalten außerhalb der Flamme:
  Brennt die Probe weiter oder erlischt sie?
- Farbe der Flamme
- Farbe und Geruch des Rauches nach dem Ausblasen

Je mehr Beobachtungsergebnisse notiert wurden, desto einfacher ist die Zuordnung der Plastwerkstoffsorten anhand der Ergebnistabelle.

Bei der Versuchsdurchführung ist besonders auf den Brand- und Gesundheitsschutz zu achten. Lösche brennende Proben im Wasserglas, sorge für gute Lüftung im Unterrichtsraum, führe Geruchsproben fachgerecht durch. Nach Abschluss des Experimentes werden alle Geräte gereinigt und Probenreste entfernt. **M**

Bremsscheibe aus keramischem Werkstoff

Rennwagen der Formel-1-Klasse

Perspektiven in der Entwicklung neuer Werkstoffe

Viele Jahrtausende nutzten die Menschen ausschließlich natürliche Werkstoffe, die in der Natur vorhanden waren. Pflanzenfasern für Textilien, Steine, Holz und Lehm für Bauwerke, später Kupfer, Bronze und Eisen für Werkzeuge und Waffen. Mit der Entwicklung der ersten Kunststoffe vor etwa 150 Jahren setzte die Entwicklung neuer, zukunftsweisender Werkstoffe ein. Ursachen dieser Entwicklung sind nachteilige Gebrauchseigenschaften oder ungünstige Be- und Verarbeitungseigenschaften natürlicher Werkstoffe.

> Um Gebrauchs- und Verarbeitungseigenschaften zu verbessern, werden neue Werkstoffe entwickelt.

Ein weiterer Grund ist heute die zunehmende Verknappung der Ressourcen einiger natürlicher Werkstoffe. Mit Beginn der Autoproduktion vor 100 Jahren konnte zum Beispiel der benötigte Rohstoff für die Bereifung noch durch die natürlichen Vorkommen von Kautschuk, dem Milchsaft des Kautschukbaumes, abgedeckt werden. Heute werden 60 % des enorm gestiegenen Weltbedarfes von jährlich 10 Millionen Tonnen durch synthetischen Kautschuk befriedigt. Zunehmend spielen verbesserte Werkstoffeigenschaften, öko-

nomische und ökologische sowie sicherheitstechnische Gründe für die Weiter- und Neuentwicklung ein wesentliche Rolle.

„Das wichtigste an einem Sportwagen ist nicht der Motor, sondern die Bremse."
Diese Aussage stammt von Formel-1-Weltmeister Mika Häkkinen.

Aufgrund der im Motorrennsport üblichen hohen Geschwindigkeiten und Motorleistungen werden an Bremssysteme, speziell an den Werkstoff der Bremsscheiben, enorme Anforderungen gestellt:
Sie müssen eine hohe Verschleißfestigkeit, Temperaturbeständigkeit und ein geringes Gewicht besitzen. Herkömmliche Bremsscheiben aus Grauguss erfüllen diese Anforderungen nur zum Teil. Seit wenigen Jahren wird ein neuer Werkstoff eingesetzt, ein mit Kohlefasern verstärkter Keramikwerkstoff. Diese Bremsscheiben sind rund 60 Prozent leichter als vergleichbare Ausführungen, haben eine zehnfach längere Lebensdauer und zeigen mit 1400 Grad Celsius maximaler Temperaturbelastung eine extrem hohe Hitzebeständigkeit. Nach den guten Erfahrungen mit diesem neuen Verbundwerkstoff werden Bremsscheiben aus kohlefaserverstärkter Keramik auch in Serienmodellen der Autoindustrie eingesetzt.

> Verbundwerkstoffe sind Werkstoffe, die aus zwei oder mehreren verbundenen Materialien bestehen. Ziel ist die Verbesserung der Werkstoffeigenschaften.

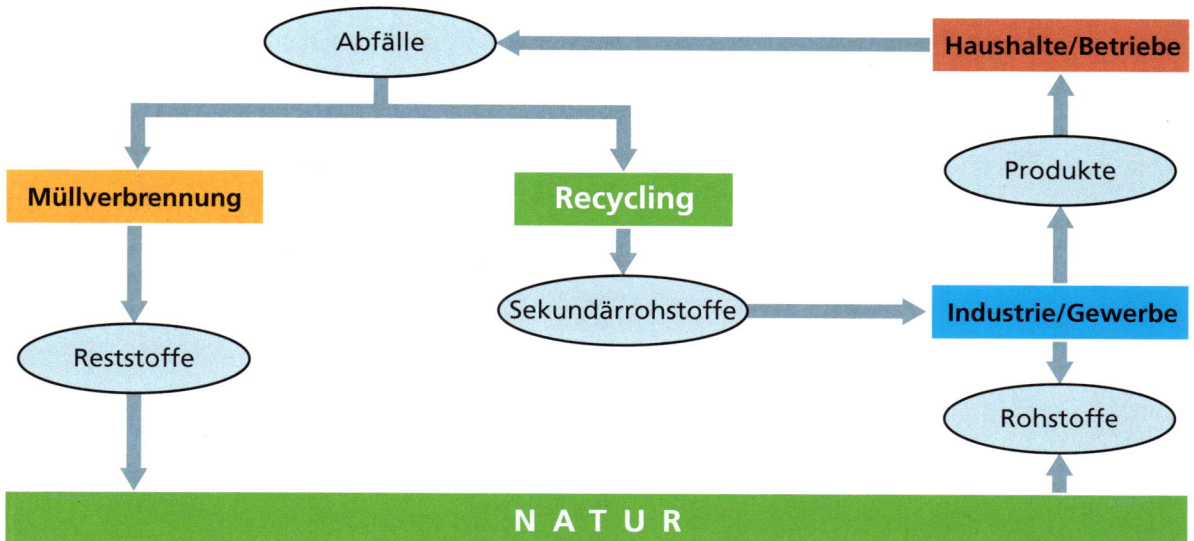

Recycling – ein technischer Stoffkreislauf

Umweltverträgliche Werkstoffe

Bei Entwicklung, Herstellung und Einsatz von Werkstoffen müssen wir verstärkt die Auswirkungen auf unsere Umwelt beachten. Wir leben in einem Land mit hoher Industrialisierung und Bevölkerungsdichte. Die Rohstoffvorkommen sind begrenzt, der Energiebedarf der Industrie ist hoch.

Die Umweltbelastungen müssen deshalb bei Herstellung, Verarbeitung und Anwendung von Werkstoffen möglichst niedrig gehalten werden. Auch der Engergiebedarf bei der Herstellung sollte möglichst niedrig sein. In der Vergangenheit haben Abfälle Luft, Wasser und Boden belastet. Heute gelten viele Werkstoffe, mit denen man früher sorglos umgegangen ist, als gesundheitsgefährdend. Die Verwendung des giftigen Schwermetalls Blei für Trinkwasserleitungen zum Beispiel ist heute verboten. Der krebserregende Werkstoff Asbest darf nicht mehr für Bremsscheiben in der Automobilindustrie verwendet werden.

> Moderne Werkstoffe sollen Rohstoffvorkommen und Energieressourcen schonen und umweltverträglich sein.

Eine zunehmende Bedeutung haben geschlossene technische Stoffkreisläufe.

In technischen Stoffkreisläufen werden die aus der Natur entnommenen und verarbeiteten Rohstoffe wieder zu neuen Produkten verarbeitet, recycelt.

> Recycling ist die sortenreine Sammlung von Abfällen, die anschließend zu wiederverwertbaren Stoffen aufbereitet werden. Diese Sekundärrohstoffe werden als neues Produkt in den Kreislauf rückgeführt.

Aus Kunststoffabfällen können Verpackungsmaterialien, Gartenmöbel und Behälter gefertigt werden. Altpapier wird wieder zu Papier oder Zellulosedämmstoff für Bauwerke verarbeitet. Beton- und Ziegelschutt abgerissener Gebäude wird zerkleinert und für den Straßen- und Wegebau wiederverwendet. Recycling schont natürliche Rohstoffvorkommen und spart Energie.

1 Was sind Verbundwerkstoffe? Welche Gründe führen zur Entwicklung dieser Werkstoffe?

2 Erstelle ein Plakat mit dem Stoffkreislauf eines selbstgewählten Werkstoffes.

Werbung begegnet uns überall

Werbung als Mittel der Vermarktung

Geworben wird, seitdem die Menschen mit Waren oder Dienstleistungen handeln. Da die Menschen nicht nur für sich, sondern für einen Markt produzieren, soll die Werbung vorrangig Kontakte zwischen Anbietern und Nachfragern herstellen.

Weiterhin ist es die Aufgabe der Werbung, dem Verbraucher

- Informationen über das Sortiment des Betriebes, die Preise der Dienstleistungen und Produkte sowie über aktuelle verkaufsfördernde Maßnahmen wie Aktionen, Sonderangebote oder Sonderveranstaltungen zu geben;
- Bedürfnisse bewusst zu machen und zu steigern;
- Vorzüge von Produkten oder Dienstleistungen aufzuzeigen.

> Werbung ist ein Instrument der Anbieter, um die Kaufentscheidung von Verbrauchern zu beeinflussen.

Grundsätze von Werbung

Wer Werbung gestaltet, muss sicherstellen, dass sie wirkt. Folgende Grundsätze helfen dabei:

1. Werbewirksamkeit: Die gesetzten Werbeziele müssen auch erreicht werden. Werbung muss daher genau geplant werden.

Beispiel: Eine Werbung, die den Bekanntheitsgrad des Betriebes oder seiner Waren erhöht, mögliche Käufer jedoch nicht überzeugt und zum Kauf bewegt, hat ihre Wirkung verfehlt.

2. Werbeklarheit: Eine eindeutige Werbebotschaft ist erforderlich, die für den Empfänger klar und leicht verständlich ist.

Beispiel: Ein Elektronikfachmarkt muss seine Zeitungsbeilage so aufmachen, dass er nicht mit einem Konkurrenten verwechselt werden kann.

3. Werbewahrheit: Es sollen keine falschen Versprechen gegeben werden, die sich ungünstig auf das Image des Betriebes auswirken. Geltende Gesetze dürfen nicht verletzt werden.

Bespiel: Ein Schlüsseldienst, der 24-h-Service anbietet, muss diese Dienstleistung auch erbringen.

4. Werbewirtschaftlichkeit: Die eingesetzten Mittel müssen in einem vernünftigen Verhältnis zum angestrebten Erfolg stehen.

Beispiel: Überflüssige Werbung ist zu vermeiden.

1. An welche **Zielgruppe** richtet sich die Werbung?

2. Wie werden die **Aufmerksamkeit und das Interesse** des Betrachters geweckt?

3. Wie wird der Blick auf die **zentrale Werbebotschaft** gelenkt?

4. Wie wird die **Wirksamkeit der Werbung** gesichert?
   • Logo?   • Farbe?   • Slogan?

5. Wie werden **Gefühle** ausgelöst, um die Werbebotschaft zu verstärken?
   • Menschen?   • Musik?
   • Natur?   • Witz?

Wie Werbung gemacht ist

Methoden der Werbung

Die Werbenden nutzen vielfältige Methoden, um auf Meinungen und Einstellungen der Umworbenen Einfluss zu nehmen:

• Menschen sollen bestimmte Verhaltensweisen annehmen.

Beispiel: Ein Lebensmittelhersteller will den kleinen Pausensnack an den Verbraucher bringen. Er knüpft an die Erkenntnis an, dass mehrere kleine Mahlzeiten gesünder sind als wenige große.

• Menschen wünschen sich Zugehörigkeit zu bestimmten Gruppen. In der Gruppe möchten sie anerkannt werden, deshalb stellen sie Gemeinsamkeiten zur Gruppe her.

Beispiel: Eine Softwarefirma wirbt damit, dass ihr Programm für professionell Arbeitende besonders geeignet ist. Jugendliche Computerfreaks kaufen daraufhin dieses Programm, um zu zeigen, dass sie etwas von der Sache verstehen.

• Viele Menschen lassen sich durch bekannte Persönlichkeiten beeinflussen. Sie bewundern den Lebensstil von Prominenten und hören auf deren Aussagen.

Beispiel: Ein bekannter Popstar wirbt für ein Erfrischungsgetränk mit der Aussage, dass es ihm Power gibt. Bei seinen Auftritten erscheint auch stets Werbung für das Getränk.

> Werbemittel appellieren an Gefühl, Verstand und Moral des Verbrauchers. Sie versuchen möglichst viele Sinne anzusprechen und Gefühle anzuregen, um Erfolg zu haben.

Werbefalle Preisgestaltung

Ganz offensichtlich beeinflusst auch die Gestaltung der Preise das Verhalten der Verbraucher. Für Werbezwecke nutzt man den Trick mit den „paar Zerquetschten". Händler arbeiten mit der sogenannten „unverbindlichen Preisempfehlung", veranstalten Räumungs- und Ausverkäufe mit Sonderangeboten sowie saisonale Schlussverkäufe. Der Preiswettbewerb bewirkt, dass sich die Anbieter immer wieder gegenseitig unterbieten. Für die Käufer führt dieser Wettbewerb dazu, dass sie immer wieder neuere und günstigere Angebote erhalten.

Sonderangebote: Mit Sonderangeboten werden unterschiedliche Absichten verfolgt. Das Lockangebot soll den Verbraucher anlocken und in das Geschäft ziehen. Ist er erst dort, wird er nicht nur zum Sonderangebot greifen, sondern auch andere Produkte kaufen. Manchmal handelt es sich bei den Sonderangeboten um sogenannte „Lockvögel", die einen stark her-

Werbestrategien

abgesetzten Preis vortäuschen; diese Praxis ist eigentlich verboten.

UVP – Unverbindliche Preisempfehlung: Der freie Wettbewerb verbietet es, dass die Anbieter mit festen Einheitspreisen arbeiten. Viele Hersteller weisen auf ihren Erzeugnissen daher sogenannte „unverbindliche Preisempfehlungen" aus. Diese werden verschiedentlich so hoch angesetzt, dass die Händler diese Preisempfehlungen deutlich unterschreiten können.

Räumungs- und Ausverkäufe: Oftmals versteckt sich dahinter ein Trick. Man gründet ein Geschäft und stattet dieses mit minderwertiger oder teurer Ware aus. Da die Käufer ausbleiben, wird nach einigen Monaten bei der Industrie- und Handelskammer der Ausverkauf angemeldet. Nun können Preise präsentiert werden, die bis zu 50 % oder mehr gesenkt sind. Im Preisvergleich sind diese Waren dennoch überteuert.

Saisonschlussverkäufe: Ziel dieser Aktionen ist es, die Läden und Warenlager leer zu räumen und vor allem saisonabhängige oder besonders modische Kleidung abzusetzen. Die Lagerung bis zur nächsten Saison würde beispielsweise wegen der hohen Mieten so viel Geld kosten, dass die Händler es vorziehen, die Waren zu einem reduzierten Preis zu verkaufen. Dies bietet dem Kunden die Möglichkeit, Waren in guter Qualität preiswert zu erwerben. Man muss aber aufpassen, dass man nicht auf den Preisvorteil hereinfällt und sogenannte Ladenhüter erwirbt.

> Unverbindliche Preisempfehlungen, Sonderangebote und Verkaufsaktionen sind Mittel der Werbung.

1 Betrachte die Abbildungen auf S. 64. Diskutiert in der Klasse, warum gerade diese Werbeträger für die beworbenen Produkte ausgewählt wurden.

2 Analysiere mithilfe der angegebenen Fragen, wie die Werbung auf S. 65 gemacht ist.

3 Erkläre den Begriff „Lockvogelwerbung".

4 Entwickelt in der Gruppe eine Werbung für eine Dienstleistung oder ein Produkt. Sie soll ansprechen und informieren.

Beispiele für Werbung

Analyse von Werbung

In der Abbildung siehst du drei Plakate mit unterschiedlichen Inhalten. Um erklären zu können, was der Werbende bei dem Betrachter erreichen will, solltest die folgenden Fragen beantworten:

Leitfragen zur Analyse der äußeren Gestaltung

1. Wodurch wird die Aufmerksamkeit des Betrachters gewonnen?
2. Welche Gedanken rufen die Bildelemente bei dir hervor?
3. Welche Eigenschaften lassen sich den Bildelementen zuordnen (Glaubwürdigkeit, Fröhlichkeit, Aggression …)?
4. Welche Farben werden verwendet, mit welcher Wirkung?
5. Woran erkennt der Betrachter, für welche Sache/Gegenstand/Ereignis geworben wird (Logo, Persönlichkeiten …)?
6. Kann das Plakat auf einen Blick erfasst werden oder setzt es längeres Betrachten voraus?

Leitfragen zur Analyse des Textes

1. Welche Beziehung wird zum Betrachter hergestellt? Wird er direkt angesprochen?
2. Welche Gefühle werden geweckt?
3. Wie hoch ist der Informationsgehalt?
4. Sind Wörter/Sätze einprägsam und verständlich? Slogan?
5. Verbindest du mit den Wörtern positive oder negative Wirkungen?
6. Werden Sätze bzw. Appelle formuliert oder muss die Aussage aus Einzelwörtern erschlossen werden?

Leitfragen zur Analyse des Inhalts

1. Was ist das Thema des Plakats?
2. Wird ein Problem angesprochen?
3. Wie lautet die zentrale Botschaft?
4. Steht eine Person oder eine Sache im Mittelpunkt?

Wir präsentieren selbst hergestellte Güter

Gemeinsame Vorüberlegungen

- Zu welchem Anlass präsentieren wir? (Schulfest, Elternabend, Weihnachtsmarkt)
- Wollen wir informieren oder sogar etwas verkaufen?
- Wie präsentieren wir?

	Informations-veranstaltung	Verkaufs-veranstaltung
Präsentatios-medien	Flyer, Plakat, Power-Point, Schautafel, Hompage	Präsentations-tisch, Flyer, Plakat

- Welche Materialien benötigen wir? (Papier, Stifte, Tische, Computer, …)
- Ist eine Dekoration notwendig?
- Wie viel Zeit brauchen wir für die Vorbereitung und Durchführung?
- Benötigen wir Geld und woher könnten wir Geld bekommen?
- Wie sind die örtlichen Gegebenheiten?
- Wie viel Platz wird für die Präsentation benötigt?
- Spielt das Wetter eine Rolle? Benötigen wir Regen- oder Sonnenschutz?
- Brauchen wir Licht oder Strom für unsere Präsentation? Woher bekommen wir dieses?
- Wer hilft uns?

Beurteilung der Vorschläge und Entscheidungen – in kleineren Gruppen

Zeitplan erstellen

Wann muss etwas erledigt werden oder erledigt sein?

Arbeitsplan erstellen

Wer macht was?

Werbung erstellen

Kurze Information zur Präsentation: Was wird wann und wo präsentiert?

Finanzplan erstellen

Wie viel Geld benötigen wir und wofür?

Durchführung der Präsentation

Gemeinsamer Rückblick

- War der Zeit- und Arbeitsplan durchführbar?
- Was war gut?
- Was lässt sich verbessern?
- Wie hoch waren die tatsächlichen Kosten?

8 Der Markt aus dem Blickwinkel von Produzenten und Konsumenten

1 Produktion von Gütern im Unternehmen

Technische Lösungen finden

Ein Produkt entsteht

Seit der Urzeit hat der Mensch das Bestreben, sich die täglichen Handgriffe zu erleichtern. Waren es am Anfang einfache Werkzeuge, nutzt er heute unzählige Geräte und Maschinen. Dabei war der Weg von einem Werkzeug bis hin zur modernen Maschine keineswegs einfach. Viele Varianten von Produkten wurden entwickelt, die denselben Zweck erfüllten. Es wurden unterschiedliche technische Lösungen geplant und in die Praxis umgesetzt, getestet, verbessert und häufig auch verworfen. Viele Produkte, die für jeden von uns heute selbstverständlich sind, haben eine lange Entwicklung hinter sich.

Bei den meisten Produkten blieb es nicht bei der Herstellung eines einzelnen Exemplars, es wurden, entsprechend dem Bedarf, größere Stückzahlen produziert. So ist es zu erklären, dass sich im Laufe der Zeit mehr und mehr Betriebe und Unternehmen herausbildeten, die mit der Konstruktion, der Herstellung und dem Verkauf von Produkten befasst waren.

Werden die Produkte auf dem Markt gehandelt, so werden sie aus wirtschaftlicher Sicht auch als Güter bezeichnet.

Betriebliche Grundfunktionen

Um ihre Ziele zu erreichen, müssen Unternehmen nicht nur die Herstellung von Produkten im Blick haben. Zahlreiche Vorarbeiten sind nötig, damit die Produktion kontinuierlich läuft: Vor jeder Produktion steht die Beschaffung. Ist das Produkt fertig, muss es verkauft werden: Nach jeder Produktion steht der Absatz.

> Beschaffung, Produktion und Absatz sind betriebliche Grundfunktionen. Sie müssen von jedem Unternehmen zur Herstellung von Produkten oder zum Erbringen einer Dienstleistung ausgeführt werden.

Ein Unternehmen muss nicht nur Arbeitskräfte einstellen, sondern sämtliche benötigten Werkstoffe, Werkzeuge, Maschinen, Geräte, Hilfsstoffe und auch Geld beschaffen. Von der Versorgung bis zur Entsorgung muss alles genau geplant und organisiert werden. Fragen der Lagerung und des Transports gehören ebenfalls zur Beschaffung. Auch hier sollen vorwiegend umweltfreundliche Maschinen, Geräte und Transportmittel eingesetzt werden.

Wie unsere Großmütter für saubere Wäsche sorgten

In der Regel war bis etwas zur Mitte des 20. Jahrhunderts in einem Haushalt alle vier Wochen Waschtag.

Die Schmutzwäsche wurde sortiert, eingeweicht, gekocht, Stück für Stück auf dem Waschbrett gerubbelt, gespült, gebleicht, getrocknet, gemangelt oder gebügelt und in den Schrank gelegt. Damit war man gut eine Woche beschäftigt.

Zu Beginn des 20. Jahrhunderts kamen die ersten Waschmaschinen auf und lösten allmählich die Handarbeit beim Wäschewaschen ab.

Bei der Entwicklung von Waschgeräten und Waschmaschinen erwarb sich ein Unternehmer aus dem Erzgebirge große Verdienste. Der Schwarzenberger Karl Louis Krauß meldete 1901 die erste deutsche Waschmaschine zum Patent an. Vorher produzierte er in seinem Betrieb Waschbretter, Wäscheglocken und Wäschepressen. Bereits 1937 verfügte das Unternehmen über zirka 500 Patente.

Wenn es keine Waschmaschine gäbe ...

Am Beispiel der Waschmaschine als einem konkreten Produkt betrachten wir den Weg von der Idee bis zu Herstellung und Markteinführung. Zugegeben, es ist schwer, sich heute in die Entwicklung eines Produktes hineinzudenken, das es bereits gibt, da wir die technischen Lösungen vor Augen haben. Dennoch versetzen wir uns in die Situation, was wäre, wenn wir den Berg schmutziger Wäsche, der in einem Haushalt anfällt, von Hand waschen müssten.

Sicher würden wir alles daran setzen, eine Maschine zu erfinden, die uns diese Arbeit abnimmt. Dabei wären wir mit einer Vielzahl von Fragen konfrontiert:

- Wie wird diese Maschine angetrieben?
- Wie reinigt eine Maschine die Wäsche?
- Wie kommt das Wasser hinein und wie wieder heraus?
- Wie „erklärt" man einem Gerät, dass es unterschiedliche Wäsche gibt?
- Wie soll so ein Gerät aussehen?
- Kann es jeder mühelos bedienen?
- Welche Materialien benötigt man, um ein solches Gerät herzustellen?
- Wie werden die Einzelteile zusammengehalten?

Die Waschmaschine als technisches System

Waschgeräte gehören, ähnlich dem Automobil, zu den technischen Systemen.

> In technischen Systemen werden Stoffe, Energie und Informationen umgesetzt.

Bei der Waschmaschine steht die Stoffumsetzung im Vordergrund. Beim Waschen wird der Schmutz von der Wäsche getrennt. Außer der Wäsche müssen verschiedene Stoffe, so z. B. Wasser und Waschmittel, zugeführt und nach dem Waschvorgang wieder abgepumpt werden.

1 Welche Geräte und Maschinen kennst du, die eine wesentliche Arbeitserleichterung bewirkt haben? Fertige eine Tabelle an: 1. Spalte „Gerät/Maschine", 2. Spalte „ausgeführte Arbeit".

2 Nenne Unternehmen in deiner Umgebung. Welche Produkte werden dort gefertigt oder welche Dienstleistungen bieten sie an?

Waschmaschine aus dem 18. Jahrhundert

Bottichwaschmaschine 1945

Von der Idee zum Produkt

Da es sich bei dem Produkt um eine Maschine handelt, die im Haushalt verwendet wird, spielen auch das Aussehen, die Geräusche und die zweckmäßige Handhabung eine Rolle. Kurzum, wir brauchen ein Gerät, das möglichst selbstständig verschmutzte Wäsche einweicht, wäscht, spült und schleudert, dabei leise arbeitet und möglichst auch gut aussieht – ein Alleskönner oder besser ein Waschautomat!

Weitere Eigenschaften, die für den Hersteller und auch den späteren Nutzer wichtig sind:

- Energie- und Wasserbedarf
- Nutzbarkeit vorhandener Baugruppen (z. B. Trommel)
- DIN-Vorschriften für Größen und Abmessungen einzelner Baugruppen (z. B. Wasseranschluss)
- Umweltfreundlichkeit der zu verwendenden Werkstoffe
- Entwicklungs- und Produktionskosten
- Kosten für Werbung und Vertrieb
- Austauschbarkeit von Baugruppen
- Reparaturfreundlichkeit
- Einsatz gewichtsreduzierender Werkstoffe
- Anordnung der Bedienelemente zur fehlerfreien Bedienbarkeit
- Aussehen, Design
- Preis

Dies alles gilt es bei der Entwicklung des neuen Produktes zu beachten. Mehrere Techniker und Ingenieure können diese Aufgabe nur gemeinsam lösen und aus verschiedenen Lösungsvorschlägen aus ökonomischer Sicht auswählen. Meist werden auf der Grundlage der Vorschläge zunächst Modelle oder sogenannte Prototypen gebaut. Diese werden dann hinsichtlich ihrer Eignung und Gebrauchseigenschaften bewertet.

Das Formulieren technischer Aufgabenstellungen gehört zu den technischen Arbeitsweisen. Einer technischen Aufgabenstellung geht immer ein Bedürfnis voraus, für dessen Befriedigung ein technisches Produkt oder Verfahren erfunden wird.

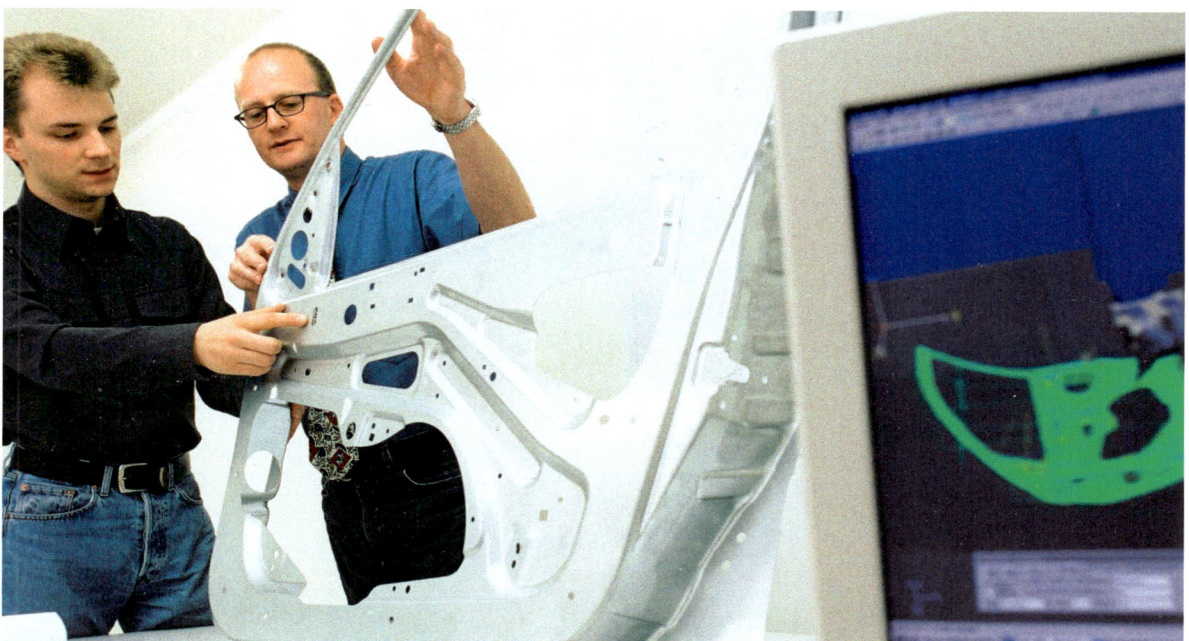

Arbeitsweise von Ingenieuren

Technische Arbeitsweisen

Zu den technischen Arbeitsweisen von Ingenieuren gehört zuerst das Formulieren technischer Aufgabenstellungen. Anschließend folgt die Entwicklung technischer Lösungen für einzelne Baugruppen und für das Gesamtprodukt. Zeichner und Konstrukteure müssen Muster herstellen, testen und laufend verbessern. Jede technische Lösung wird, bevor sie als Gerät, Maschine oder Anlage genutzt werden kann, von Konstrukteuren erdacht. Dabei werden zunehmend Computer eingesetzt. An solchen CAD-Arbeitsplätzen entstehen

- Zeichnungen,
- Tabellen und Diagramme,
- gegenständliche Modelle.

Die Zeichnungen, Tabellen und Diagramme, die am Ende dieser Arbeitsphase entstehen, werden als Produktdokumentation bezeichnet. Sie enthält alle wichtigen Daten, auf deren Grundlage ein erstes Muster (Prototyp) hergestellt wird. Erst wenn dieses Muster alle Anforderungen an das zu entwickelnde Produkt erfüllt, wird eine größere Stückzahl produziert. Ziel der Arbeit ist es außerdem, die Entwicklungszeit eines Produktes so gering wie möglich zu halten.

Eingliederung neuer Produkte in den Produktionsprozess

Während der Entwicklung wird noch nicht produziert. Der Betrieb hat zwar Kosten, aber keine Einnahmen. Die meisten neuen Produkte werden daher parallel zur laufenden Produktion entwickelt. Ist das neue Erzeugnis dann reif, wird die Produktion umgestellt. Dazu müssen jedoch vorher genügend Erzeugnisse des vorhergehenden Produktes gefertigt und gelagert werden, um den Markt lückenlos beliefern zu können.

Viele Unternehmen bestehen aus mehreren Betriebsteilen, sodass die Umstellung der Produktion auf ein neues Produkt nicht den gesamten Betrieb betrifft.

Nicht immer wird ein völlig neues Produkt entwickelt, viele Konstrukteure arbeiten an der Verbesserung vorhandener Produkte. Man bezeichnet dies als Optimieren.

1 Weshalb werden von fast allen Produkten zunächst Modelle hergestellt?

2 Was unterscheidet ein Modell vom Endprodukt, das für den Verkauf produziert wird?

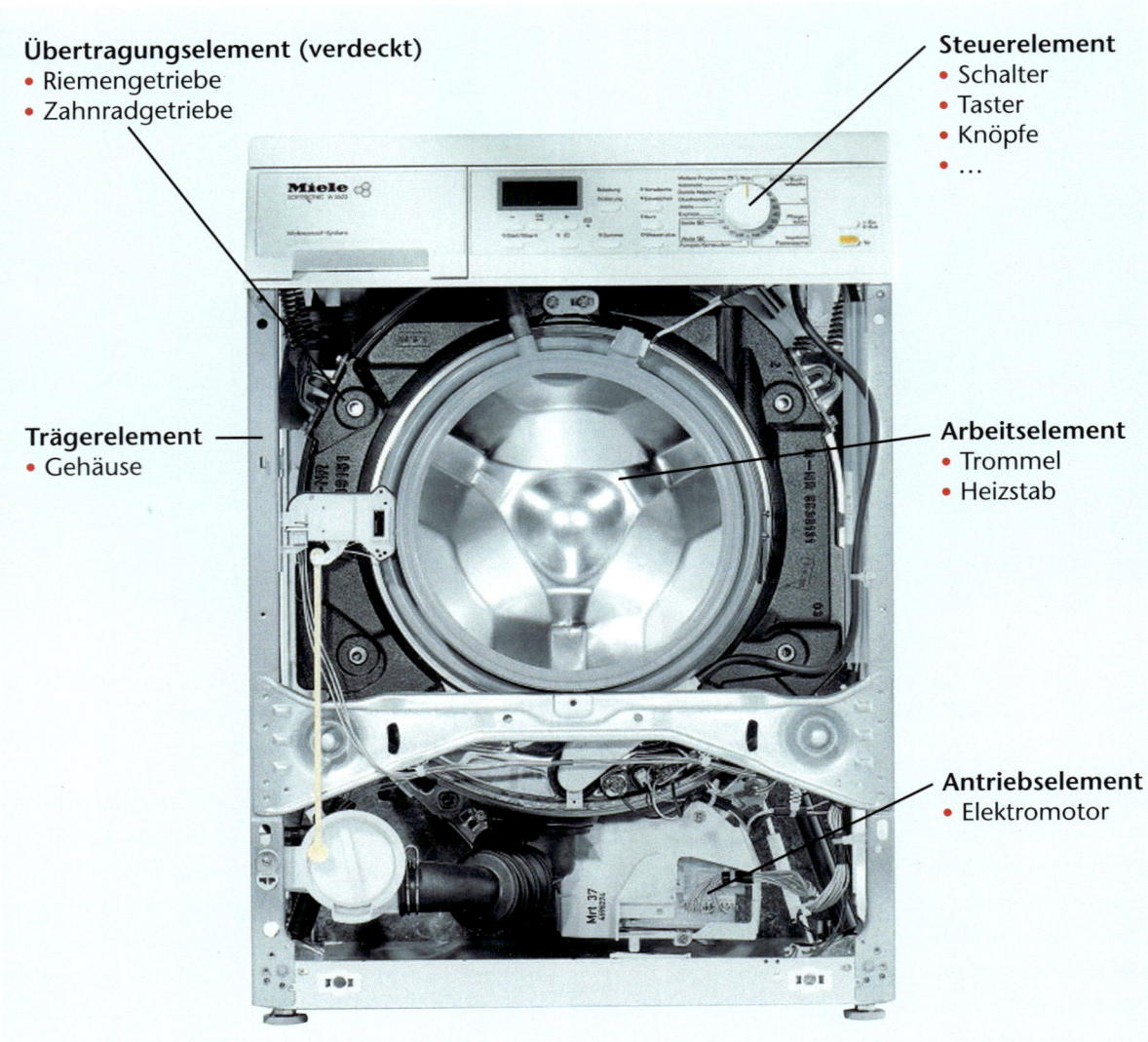

Übertragungselement (verdeckt)
• Riemengetriebe
• Zahnradgetriebe

Steuerelement
• Schalter
• Taster
• Knöpfe
• …

Trägerelement
• Gehäuse

Arbeitselement
• Trommel
• Heizstab

Antriebselement
• Elektromotor

Funktionselemente am Beispiel der Waschmaschine

Maschinen bestehen aus Einzelteilen

Wird ein Produkt, wie der Waschautomat, weiterentwickelt, kann man hinsichtlich der Baugruppen und der verwendeten Systeme von bereits bekannten oder ähnlichen Geräten ausgehen. Es ist also sinnvoll, eine alte Waschmaschine zu betrachten. Hier findet man Baugruppen, welche für die Energiewandlung und den Energietransport zuständig sind, aber auch Baugruppen, die den Zusammenhalt der einzelnen Bauteile sichern, und solche, die den Arbeitsvorgang der

Maschine ausführen. Sie müssen vorhanden sein, damit die neue Maschine die gleichen Grundfunktionen besitzt wie das Vorbild.

Die Energiewandlung übernimmt einerseits der Elektromotor. Er wandelt die elektische Energie in mechanische Energie um. Mechanische Energie wird benötigt, damit die Waschtrommel bewegt werden kann. Die Drehbewegung muss durch verschiedene Übertragungselemente weitergeleitet und bezüglich der Drehzahl und der Drehrichtung geändert werden. Um die Bewegungen beeinflussen zu können, benötigt man verschiedene Steuerelemente. Die Trommel für

Funktionselement	Funktion	Beispiele
Antriebselement	Bereitstellen und Umwandeln der Energie	• Elektromotor • Verbrennungsmotor
Übertragungselement	Weiterleiten, Verteilen und Anpassen der Bewegung	• Wellen • Zahnradgetriebe • Riemengetriebe • Kurbelgetriebe • Kupplungen • Gestänge
Steuerelement	Beeinflussen des Stoff- und Energieflusses	• Schalter • Taster • Knöpfe • Pedale • Hebel
Arbeitselement	Ausführen der gewünschten Funktion des Gerätes oder der Maschine	• Werkzeuge • Räder
Trägerelement	Tragen, Stützen und Einschließen anderer Funktionselemente, Sicherung der Lage von Bauteilen	• Gehäuse • Stativ • Gestell • Rahmen

die Wäsche verrichtet Arbeit, indem sie die Wäsche während des Waschvorganges ständig im Wasser bewegt.

Da die Wäsche mit warmen Wasser sauberer wird, muss die elektrische Energie auch in Wärmeenergie umgewandelt werden. Das übernimmt ein Heizstab. Schließlich soll alles in einem Gehäuse zusammengehalten werden, welches allen Baugruppen festen Halt bietet.

Das Vorhandensein der Funktionselemente ist eine Gemeinsamkeit aller Maschinen und technischen Geräte.

Maschinen und Geräte bestehen aus Baugruppen. Diese übernehmen ganz bestimmte Funktionen innerhalb eines technischen Systems. Man unterscheidet:
• Antriebselement
• Übertragungselement
• Steuerelement
• Arbeitselement
• Trägerelement

1 Vergleiche die einzelnen Baugruppen an der Waschmachine um 1920 (S. 72) mit eurer Waschmaschine zuhause. Welche Gemeinsamkeiten und Unterschiede stellt ihr fest?

2 Bestimme die einzelnen Elemente an einer Bohrmaschine und an einem. Handrührgerät. Fertige eine Skizze an.

Vollautomatische Produktion mit Industrierobotern

Der Fertigungsprozess

Mit der Fertigung eines Modells oder eines Prototyps sind wir bei weitem noch nicht am Ziel. Es folgen die Phasen der Erprobung und der Bewertung. Die Frage, ob das Produkt den beabsichtigten Zweck möglichst optimal erfüllt, muss positiv beantwortet werden. Produziert wird erst, wenn das Erzeugnis den Vorstellungen entspricht.

Die neue Aufgabe besteht nun darin, einen Betrieb so einzurichten, dass eine rationelle Herstellung des neu entwickelten Produktes möglich ist. Jetzt sind Technologen gefragt. Diese planen die Fertigung, indem sie Arbeits- und Montagepläne erstellen. Die einzelnen Schritte von der Fertigung der Einzelteile über die Montage des Endproduktes bis hin zu Verpackung und Versand müssen in die richtige Reihenfolge gebracht werden. Die Transportwege zwischen den Schritten sollten möglichst kurz sein.

Durch den Einsatz von Maschinen, Fertigungsautomaten und Industrierobotern wird die Herstellung mechanisiert und automatisiert. Große Teile der Produktion laufen heute wie von Geisterhand gesteuert vollautomatisch ab. Damit können Produkte kostengünstiger und von gleich bleibend hoher Qualität gefertigt werden.

> Fertigungsprozesse werden mehr und mehr automatisiert. Automatisierung ist die zunehmende Übertragung menschlicher Arbeitsfunktionen auf die Maschine.

Folgen der Automatisierung

Die Automatisierung fordert von vielen Beschäftigten ein höheres Wissen. Für die Maschinen müssen Programme geschrieben und die Automaten exakt eingerichtet werden. Dagegen nimmt die Zahl der einfachen, handwerklichen Tätigkeiten und damit auch die Zahl der Beschäftigten ab. So haben sich in den letzten Jahren die Anforderungen auf dem Arbeitsmarkt grundlegend geändert. Es sind zahlreiche neue Berufsfelder entstanden, traditionelle Berufe hingegen sind vielerorts nicht mehr gefragt. Für viele Arbeitnehmer bedeutet das umzulernen und sich ständig weiterzubilden. Für viele Menschen bedeutet dies aber auch Arbeitslosigkeit.

Montage von Waschmaschinen in Deutschland

Die globalisierte Waschmaschine

Heute gibt es kaum noch Gebrauchsgüter, die ausschließlich in einem Betrieb gefertigt werden. Bei der Vielzahl verschiedener Einzelteile ist ein Unternehmen meist nicht in der Lage, alles selbst zu produzieren. Häufig sind sogar Unternehmen aus vielen verschiedenen Ländern an der Herstellung eines Produktes beteiligt. Das hat den Vorteil, dass sich ein Betrieb auf die Produktion bestimmter Teile oder Baugruppen spezialisieren und somit diese in hoher Qualität produzieren kann.

Bei unserer Waschmaschine kann es also durchaus sein, dass die Motoren aus Frankreich, die elektronischen Schaltungen aus China und die Bleche für das Gehäuse aus der Slowakei geliefert werden. Der Nachteil liegt im vermehrten Transport, der durch die ständig wachsende Anzahl von LKWs auf unseren Straßen sichtbar wird.

Werden Teile von unterschiedlichen Orten oder/und aus verschiedenen Ländern angeliefert, muss sich ein Unternehmen darauf verlassen können, dass ein Zulieferer die Teile zur vereinbarten Zeit und in der notwendigen Qualität bereitstellt, damit die Produktion reibungslos ablaufen kann. Hierbei spielen die modernen Informations-und Kommunikationstechnologien eine besondere Rolle.

Die Montage der Einzelteile zu einem Endprodukt findet dann oft in einem Betrieb in Deutschland statt. Auch wenn viele andere Länder beteiligt waren, erhält das Produkt das Prädikat „Made in Germany".

Millionen Waschmaschinen, die in Deutschland jährlich hergestellt werden, gehen wiederum als Gebrauchsgüter in die ganze Welt.

> Das Wirtschaften und der Wettbewerb auf weltweiten Märkten wird auch als Globalisierung bezeichnet. Vorangetrieben wird die Globalisierung durch offene Grenzen, moderne Transportsysteme, vor allem aber durch die sich ständig verbessernde Informations- und Kommunikationstechnologie.

Die globalisierte Welt bedeutet auch den Wegfall von Arbeitsplätzen, Arbeitswelten verändern sich, Spezialisierung schreitet voran. Die moderne Produktion muss gut auf diese Situation vorbereitet sein, um auf dem Weltmarkt konkurrenzfähig zu sein.

> **1** Welche Produkte aus eurem Haushalt tragen das Prädikat „Made in Germany"? Schreibe auf.
>
> **2** Erkläre an einem Beispiel, weshalb manche Unternehmen nur Einzelteile eines bestimmten Produktes produzieren.

Ein neues Unternehmen entsteht

Entstehung von Betrieben

Dass ein Betrieb gegründet werden muss, um ein Erzeugnis wie unsere Waschmaschine fertigen zu können, wurde auf den vorhergehenden Seiten deutlich. Dabei handelt es sich um ein Unternehmen, das Produkte herstellt. Es gibt aber auch Betriebe, die eine Dienstleistung erbringen. In jedem Fall muss ein Unternehmen Gewinne erwirtschaften.

Standortfaktoren

Die Interessen eines Betriebes müssen in der Region zu verwirklichen sein. So müssen in jedem Fall genügend Arbeitskräfte mit erforderlichen Qualifikationen vorhanden sein. Man nennt dies personelle Voraussetzungen. Wenn auch in der modernen Produktion immer weniger Menschen an der unmittelbaren Herstellung von Produkten beteiligt sind, so ist ein Betrieb ohne Menschen nicht denkbar. Es entsteht somit mit einem neuen Unternehmen auch immer ein Arbeitsmarkt, auf dem es Arbeitgeber und Arbeitnehmer gibt. Dabei müssen durch menschliche Arbeit einer-seits Leistungen erbracht werden, andererseits wird diese Leistungserbringung durch den Menschen organisiert, gesteuert, koordiniert und kontrolliert.

Die materielle Seite der Produktion stellen die Betriebsmittel dar. Zu ihnen gehören Grund und Boden, Gebäude sowie alle Maschinen, Geräte, Werkzeuge usw. Zu den materiellen Voraussetzungen zählen außerdem die Werkstoffe. Sie sind als Rohstoffe, Hilfsstoffe oder Betriebsstoffe die Grundlage für die Fertigung eines Produktes. Je nach Art des Betriebes und der zu fertigenden Erzeugnisse unterscheiden sich die Produktionsfaktoren voneinander. Erst wenn alle Faktoren vollzählig vorhanden sind, ist die Existenz eines Betriebes gewährleistet. Die Produktion oder das Erbringen einer Dienstleistung könnte beginnen.

> Arbeitskräfte mit notwendigen Qualifikationen und Betriebsmittel sind betriebliche Produktionsfaktoren. Ohne sie können keine Produkte hergestellt und keine Dienstleistungen erbracht werden.

Fragebogen zur Produktion

- Gibt es Schicht- und Teilzeitarbeit?
- Welche Berufe haben die Arbeitskräfte, die bei Ihnen tätig sind, erlernt?
- In welchen Berufen bilden Sie aus?
- Sind bei Ihnen auch behinderte Arbeitnehmer beschäftigt?
- Gibt es unterschiedliche Arbeitsplätze für Männer und Frauen?

- Spielen in der Produktion neue Technologien wie Computer eine Rolle?
- Haben Sie in letzter Zeit in Maschinen, Werkzeuge oder Anlagen investiert?
- Hat sich in den letzten 10 Jahren die Produktion geändert?

- Welche staatlichen Umweltschutzauflagen müssen Sie erfüllen?
- Was tun Sie darüber hinaus für den Umweltschutz?
- Welche Sicherheitsmaßnahmen müssen beachtet werden (Helme, Gehörschutz …)?

- Was machen Sie mit fehlerhaften Produkten?
- Wer kontrolliert die Produkte?
- Was passiert, wenn Sie ein Produkt nicht rechtzeitig abliefern?

> **Tipp:**
> Achte immer auch auf das, was du nicht sehen kannst,
> (z. B. Lärm, Gerüche, angespannte Atmosphäre …).

Fragen rund um die Produktion

Es wird produziert

Eine zentrale Funktion eines Betriebes oder einer Firma ist die Produktion. Dazu wurde die Firma schließlich gegründet. So werden Gegenstände hergestellt, welche wir brauchen, um unsere materiellen Bedürfnisse zu befriedigen. Bei Dienstleistungsunternehmen, beispielsweise einem Reisebüro, werden anstelle der Produktion Leistungen in Form von Tätigkeiten erbracht. Diese werden auf dem Markt angeboten.

Ist erst einmal geklärt, welches Produkt und welche Menge in welcher Qualität hergestellt werden soll, sind weitere Entscheidungen zu treffen, die den genauen Ablauf der Produktion betreffen.

- Wie kann die Produktion organisiert werden?
- Welche Arbeitskräfte, Werkzeuge und Maschinen werden eingesetzt?

Im Vordergrund steht dabei die Wirtschaftlichkeit. Ziel ist es, nicht nur kostendeckend zu produzieren, sondern Gewinn zu erzielen. Erst dann ist die Produktion für die Firma sinnvoll.

Gemessen wird die Wirtschaftlichkeit eines Betriebes an dessen Produktivität.

Die Arbeitsproduktivität kann ausgedrückt werden als Produktmenge pro Arbeiter oder Arbeitsstunde.

> Wirtschaftlichkeit bedeutet, dass die Produktionsfaktoren so eingesetzt werden, dass möglichst geringe Kosten entstehen und Gewinne erzielt werden.

1 Erkläre an einem Beispiel, weshalb Unternehmen Gewinne erzielen müssen.

2 Was ist ein Gewerbegebiet? Welche Vorteile, aber auch Nachteile haben solche Gebiete?

3 Erläutere Möglichkeiten, wie eine Firma Arbeitskräfte gewinnen kann.

4 Stelle dir vor, du bist Unternehmer. Nach welchen Kriterien würdest du Arbeitskräfte auswählen?

Einzelfertigung im Schiffbau

Eine Brücke wird montiert

Produktionsarten

Die Verbraucher haben unterschiedlich großen Bedarf. So findet man beispielsweise in einem Haushalt zumeist nur einen Waschautomaten, einen PKW, einen Kühlschrank. Produkte wie Gläser, Geschirr, Besteck hingegen sind in größerer Stückzahl im Haushalt vorhanden. Damit wird klar, dass auch die Produktion von Gütern stark von der benötigten Stückzahl abhängt. Man unterscheidet daher

- Einzelfertigung,
- Serienfertigung,
- Massenfertigung.

Einzelstücke sind gefragt

Betrachtet man ein Schiff, ein Bürogebäude oder eine Autobahnbrücke als ein Produkt, so sind dies typische Vertreter der Einzelfertigung. Die Produktion erfolgt über einen längeren Zeitraum und musste für dieses eine Produkt exakt geplant werden. Eine Vielzahl von Werkzeugen, Vorrichtungen und Maschinen werden extra für dieses Erzeugnis beschafft, die Arbeitskräfte üben ständig wechselnde Tätigkeiten aus.

Dies stellt hohe Anforderung an die berufliche Qualifikation der Arbeiter, jeder Arbeitstag ist mit neuen Aufgabenstellungen verbunden. Produkte, welche in Einzelfertigung hergestellt werden, haben zumeist einen hohen Anteil an Handarbeit und einen dementsprechend hohen Preis.

> Einzelfertigung: Einzelne oder sehr wenige gleiche oder gleichartige Produkte werden hergestellt.

Serienproduktion

Läuft im Fernsehen eine Serie, dann handelt es sich nicht um einen einzelnen Film, sondern um eine Folge gleichartiger Sendungen. Ebenso ist es bei Produkten wie z.B. dem Automobil, das in Serienproduktion gefertigt wird. Die Erzeugnisse weisen viele Gemeinsamkeiten auf und unterscheiden sich nur in einzelnen Merkmalen wie Farbe, Größe oder Ausstattung. Es fallen daher auch immer wieder gleiche Arbeitsgänge an.

> Serienproduktion: Eine bestimmte Menge gleichartiger Erzeugnisse wird hergestellt. Das geschieht in zusammenhängenden Zeitabschnitten.

Massenproduktion von Energiesparlampen

Serienproduktion von Würstchen

Serienproduktion von Geschirr

Serienproduktion von Kleidungsstücken

Große Mengen produzieren

Viele Erzeugnisse, mit denen wir täglich zu tun haben, werden in sehr hohen Stückzahlen, in Massen, benötigt. Das trifft auf Lebensmittel ebenso zu wie auf Kleinteile wie Schrauben oder Nägel.

Bei dieser Produktionsart ist die Arbeit in mehreren Schichten üblich, um die benötigte Menge in der zur Verfügung stehenden Zeit herstellen zu können.

> Massenproduktion: Größere Mengen eines Produktes werden fortlaufend in sehr hohen Stückzahlen gefertigt.

Bezeichnend für die Massenproduktion ist, dass jeder an der Produktion beteiligte Mitarbeiter nur einige wenige Arbeitsschritte ausführt. Die Fertigung läuft weitgehend automatisiert.

1 Finde typische Erzeugnisse, die in Einzelfertigung hergestellt werden. Begründe die Produktionsart für dieses Produkt.

2 Welche Vorteile bringt die Serienproduktion von Kraftfahrzeugen?

3 Diskutiere mit deinen Mitschülern die Auswirkungen von Schichtarbeit auf die Beschäftigten.

Formen der Arbeitsteilung

Natürliche Arbeitsteilung
- Nach Alter
- Nach Geschlecht

Gesellschaftliche Arbeitsteilung
- Zwischen Viehzucht und Ackerbau
- Zwischen Handwerk und Landwirtschaft
- Herausbildung des Handels
- Berufliche Arbeitsteilung (Menschen unterschiedlicher Berufe erstellen gemeinsam ein Produkt oder eine Dienstleistung: z. B. beim Hausbau)

Regionale Arbeitsteilung
- Zwischen Stadt und Land
- Zwischen verschiedenen Bundesländern
- Zwischen verschiedenen Staaten
  → Internationale Arbeitsteilung

Arbeitsteilung

Organisation der Produktion

Arbeitsteilung

Bereits in einer frühen Phase der gesellschaftlichen Entwicklung begannen die Menschen, sich die Arbeit zu teilen. Die Erfahrung zeigte, dass es schneller geht, wenn sich mehrere Personen in die Erledigung der anfallenden Arbeit teilen.

Die Grafik oben zeigt unterschiedliche Formen der Arbeitsteilung, wie sie heute in allen Lebensbereichen verbreitet sind. Beispiele für natürliche Arbeitsteilung findet man in jedem Haushalt. Während es noch vor einigen Jahrzehnten eine strenge Arbeitsteilung nach Geschlechtern gab, ist diese in der modernen Gesellschaft vielerorts überwunden. Die regionale Arbeitsteilung erhält durch die Globalisierung eine neue Dimension, da die Herstellung bestimmter Produkte erst durch internationale Arbeitsteilung ermöglicht wird. Darüber hinaus muss in der modernen Produktion entschieden werden, welche Arbeit den Maschinen übertragen werden kann. Diese arbeiten ausdauernder, zuverlässiger und meist fehlerfrei. Jede Arbeitsteilung im Zusammenhang mit der Fertigung von Produkten muss exakt geplant werden. Für jeden Arbeitsgang werden die Arbeitskräfte, die Maschinen und Werkzeuge bestimmt und die Arbeitszeiten berechnet. Nur so können alle Arbeitsschritte genau aufeinander abgestimmt werden.

Am Beispiel einer Bäckerei kann man dies verdeutlichen. Obwohl Brot, Brötchen und Kuchen unterschiedliche Backzeiten haben, soll alles zur Ladenöffnung rechtzeitig fertig und frisch sein. Nur durch Arbeitsteilung und genaue Abstimmung der Arbeitsgänge kann das gewährleistet sein. Dabei muss der Bäcker noch darauf achten, dass die Energie, die zum Aufheizen des Backofens benötigt wird, sinnvoll und sparsam eingesetzt wird, um kostengünstig zu produzieren. Schließlich möchte der Bäcker mit seinen Produkten Gewinne erzielen.

Arbeitsteilung kann unterschieden werden in:
- Natürliche Arbeitsteilung
- Gesellschaftliche Arbeitsteilung
- Regionale Arbeitsteilung

Fließfertigung in der Möbelindustrie

Fertigungsorganisation

Jetzt kann endlich produziert werden. Betrachtet man die Anordnung der Arbeitsplätze und die Aufstellung der Maschinen genauer, kann man die Fertigungsorganisation erkennen.

Bei einer Reihenfertigung sind alle Arbeitsplätze in der Reihenfolge der Arbeitsgänge angeordnet. Auf dem Weg vom Rohstoff bis zum Endprodukt durchläuft das Erzeugnis die einzelnen Stationen. In vielen Betrieben wird die Zeitdauer der einzelnen Arbeitsgänge genau ermittelt und diese exakt aufeinander abgestimmt. Es entsteht die Fließfertigung. Sie ist besonders wirtschaftlich bei hohen Stückzahlen.

Existieren schließlich in einem Betrieb mehrere Räume, in denen jeweils ähnliche Maschinen und Geräte zusammengefasst sind, spricht man von Werkstattfertigung. Hier wird meist an einer großen Anzahl von Teilen ein Arbeitsgang ausgeführt und danach zum nächsten Arbeitsgang weitergegeben.

Die Anzahl der zu bearbeitenden Teile nennt man ein Los. Die Losgröße entscheidet über die Wirtschaftlichkeit der Produktion.

Man unterscheidet:
- Reihenfertigung
- Fließfertigung
- Werkstattfertigung

1 Diskutiere, inwieweit die Fertigungsorganisation die Stückzahl beeinflusst.

2 Beschreibe Anforderungen an Arbeitskräfte, die in der Fließfertigung arbeiten.

3 Weshalb eignet sich nicht jedes Produkt zur Herstellung in Fließfertigung?

4 Erläutere, welche Fertigungsorganisation du im Unterricht im Fach TC angewandt hast.

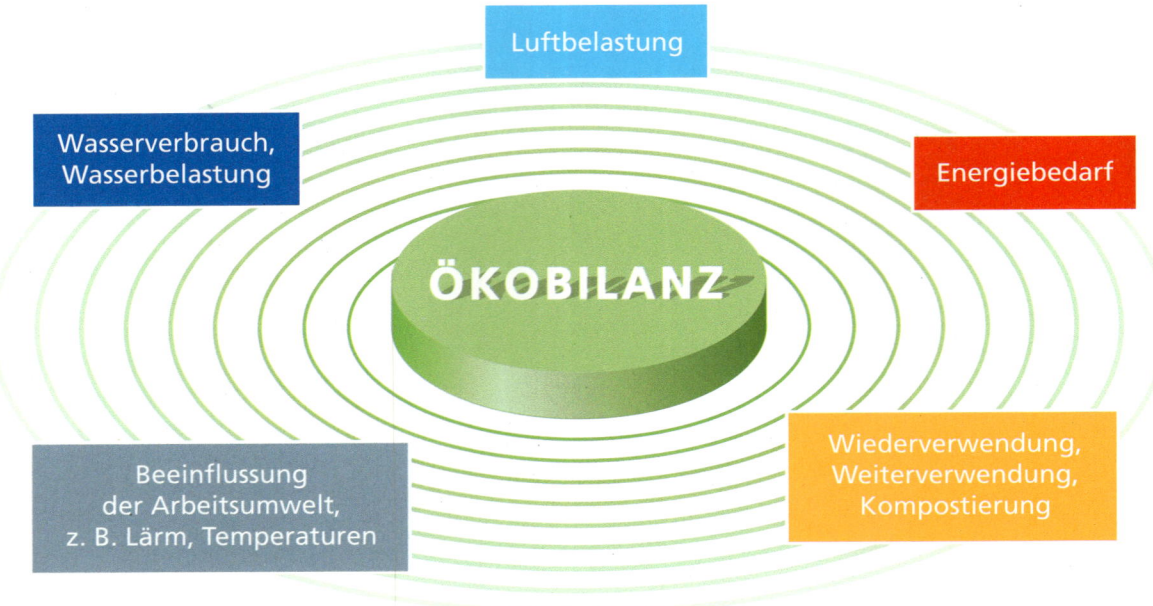

Kriterien für Ökobilanzen

Fragen an ein Produkt

- Besteht es aus Rohstoffen, die ohne größere Umweltzerstörung gewonnen wurden?
- Ist es umweltschonend hergestellt worden?
- Ist es vielfach verwendbar?
- In welchem Zustand wirft man es fort? Was wird dann daraus?

- Ist es langlebig?
- Lässt es den Benutzer von Service oder zentralen Versorgungen abhängig werden?
- Ist es frei wählbar oder zwingt es zu weiteren Käufen?

Fragen rund um den Absatz

Der Absatz eines Produktes

Nach Produktplanung und -herstellung muss das Erzeugnis nun verkauft werden. Dies ist die Aufgabe des Absatzes. Und noch etwas Wichtiges kommt hinzu:
Bereits bei der Planung und Herstellung eines Erzeugnisses muss daran gedacht werden, welche ökologischen und sozialen Folgen der Verkauf haben könnte. Nehmen wir für unser Beispiel einmal an, jeder der weltweit über 100 Million Käufer eines Waschautomaten würde bei jedem Waschgang nur 10 Liter Wasser zu viel verbrauchen.

Dies würde bedeuten, dass eine Milliarde Liter Wasser wöchentlich nach dem Waschvorgang zusätzlich in Kläranlagen aufbereitet werden müsste. Erst wenn das geschehen ist, kann das Wasser wieder in den Kreislauf zurückgeführt werden. Es sind aber noch weitere Folgen mit dem Verkauf des Produktes verbunden. Jeder Waschautomat hat eine Verpackung, die produziert und entsorgt werden muss. Auch wenn es sich um ein langlebiges Produkt handelt, nach ca. zehn bis fünfzehn Jahren muss es entsorgt werden. Häufig ist bei solchen Geräten ein Zerlegen erforderlich. Auch dafür gibt es übrigens wieder zahlreiche Unternehmen.

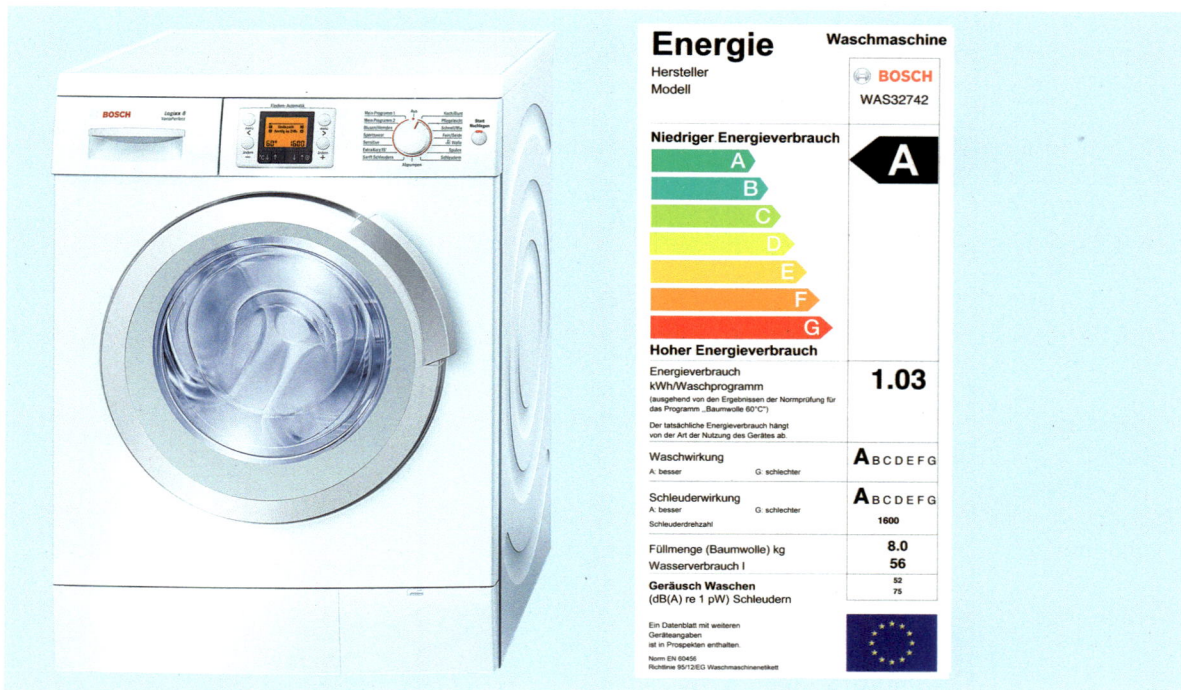

Folgen der Markteinführung

Bis das Produkt im Handel ist, muss es in Einzelteilen oder als Gesamtprodukt über viele Kilometer, nicht selten durch viele Länder transportiert werden. Beim Händler angekommen, muss der Kunde von dem neuen Produkt erfahren. Dazu wird in unterschiedlichster Form geworben. Der Hersteller wirbt für sein Produkt im Fernsehen, auf Plakaten oder in Beilagen der Zeitschriften. Der Händler wirbt ebenfalls, ob im Schaufenster oder per Anzeige in der Regionalzeitung oder mit einem Werbespot im Rundfunk.

Hat sich dann ein Kunde für das Produkt entschieden, muss es nach Hause transportiert und angeschlossen werden. Hierzu sind meistens verschiedene Dienstleistungen erforderlich. In unserem Beispiel wird außer der Spedition auch ein Installateur gebraucht. Will man die Waschmaschine in Betrieb nehmen, benötigt man Waschmittel, Weichspüler oder auch Wasserenthärter. Auch ohne die Auswirkungen vollständig aufzuzählen, wird klar, was mit dem Absatz eines Produktes ausgelöst wird.

Diese Überlegungen gehören aber bereits in die Planung eines Produktes.

Der Mensch als Hersteller und Nutzer technischer Systeme muss sich von der Beschaffung bis zum Absatz der Folgen bewusst sein. Häufig werden die negativen Folgen unterschätzt. Bleiben wir bei unserem Beispiel, sollte die nach dem Waschen abgepumpte Waschlauge nur geringe Waschmittelrückstände enthalten, um die Umwelt nicht zu belasten. Auch gesetzliche Regelungen, wie beispielsweise eine Begrenzung des beim Waschen erforderlichen Wasser- und Energiebedarfs, gehören dazu.

> Der Absatz ist die dritte Stufe der betrieblichen Grundfunktionen. Er umfasst alle Maßnahmen, die zur Verteilung des Produktes dienen. Dazu gehören der Transport, die Werbung, die Preisgestaltung, der Verkauf und der Kundenservice.

1 Notiere, mit welchen Eigenschaften einer Waschmaschine der Hersteller beim Käufer werben könnte. Begründe.

2 Entwirf ein Werbeplakat für einen Waschautomaten.

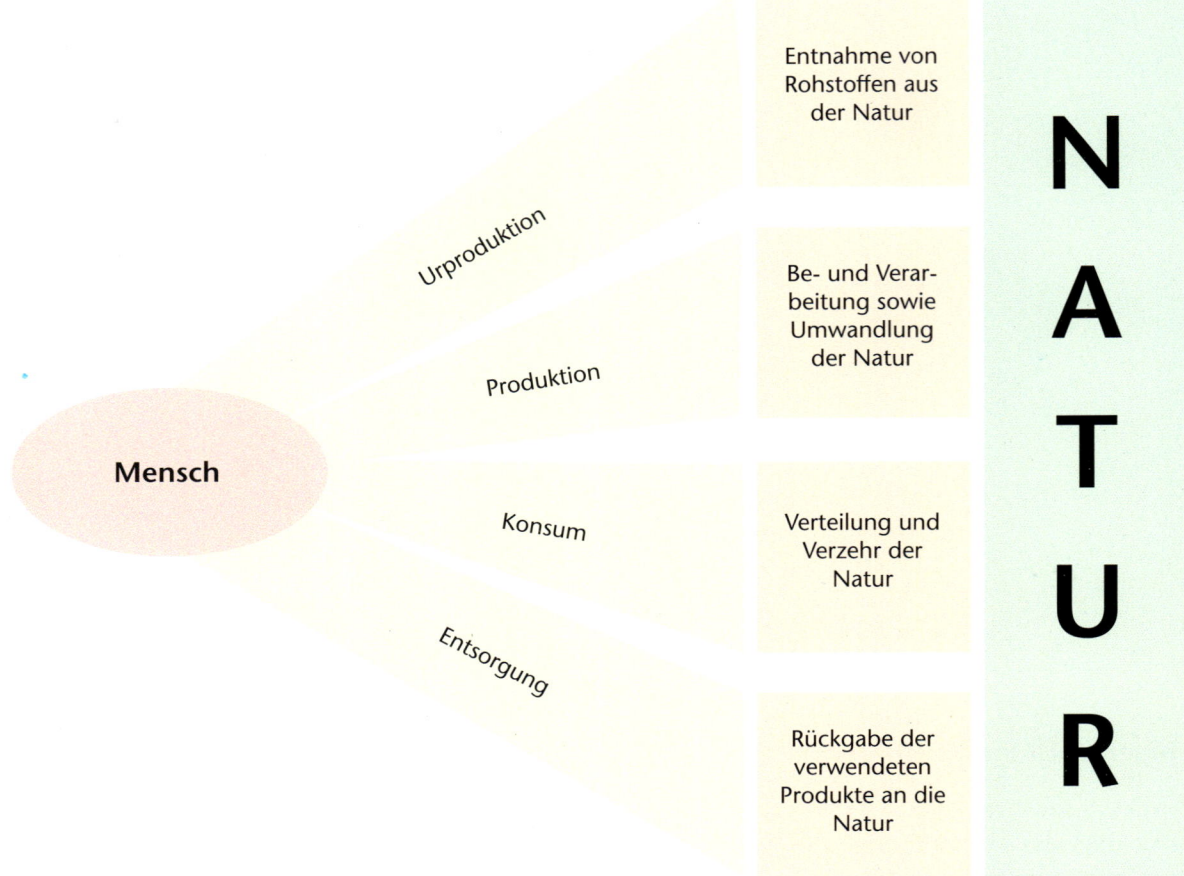

Der Wirtschaftsprozess als Mensch-Natur-Beziehung

Die Ökobilanz

Viele Firmen, wie beispielsweise Lebensmittel- oder Waschmittelhersteller, werben mit der Umweltfreundlichkeit ihrer Produkte. Dazu gibt es seit vielen Jahren für Betriebe die Möglichkeit, ihr Umweltverhalten tatsächlich überprüfen zu lassen. Hierbei wird ständig kontrolliert, wie ein Unternehmen die Umwelt belastet. Überwacht werden sowohl das Produkt selbst als auch der gesamte Herstellungsprozess, von der Beschaffung über die Produktion bis zum Absatz. Messdaten in Abwasser und Abgasen geben darüber ebenso Auskunft wie die Inhaltsstoffe der Produkte. Selbst der Transport wird auf Umweltverträglichkeit überprüft. Nach erfolgreicher Überprüfung erhalten die Betriebe ein Gütesiegel und dürfen damit werben.

Mit der Ökobilanz versucht man, die Umweltbelastung eines Produktes von der Herstellung bis zum Recycling zu betrachten.

Selbstverständlich gilt dies auch für die Produktion von Konsumgütern. Diese werden meist in großer Stückzahl produziert, unterliegen aber sehr schnell dem technischen Fortschritt. Dies hat zur Folge, dass große Mengen dieser Geräte – so auch die Waschmaschine – nach wenigen Jahren bereits die Umwelt belasten. Spezialfirmen übernehmen die Entsorgung, zerlegen die veralteten oder defekten Geräte, sortieren die anfallenden Werkstoffe und führen sie dem Stoffkreislauf wieder zu. Voraussetzung ist, dass der Eigentümer die Altgeräte fachgerecht bei Neukauf eines Gerätes entsorgt.

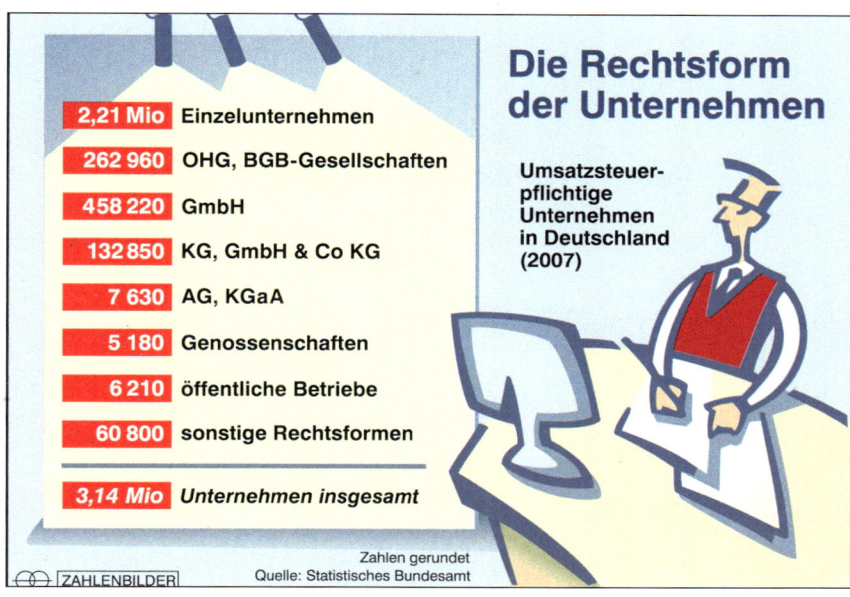

Die Rechtsform der Unternehmen

Umsatzsteuerpflichtige Unternehmen in Deutschland (2007)

2,21 Mio	Einzelunternehmen
262 960	OHG, BGB-Gesellschaften
458 220	GmbH
132 850	KG, GmbH & Co KG
7 630	AG, KGaA
5 180	Genossenschaften
6 210	öffentliche Betriebe
60 800	sonstige Rechtsformen
3,14 Mio	Unternehmen insgesamt

Zahlen gerundet
Quelle: Statistisches Bundesamt

ZAHLENBILDER

Rechtsformen von Unternehmen

Die erste Firma, die Waschmaschinen in größerer Stückzahl produzierte, waren die Kraußwerke in Schwarzenberg. Ob es sich dabei um eine AG oder GmbH gehandelt hat, ist nicht bekannt. Firmengründer Karl Louis Krauß muss sich aber für eine Form entschieden haben, denn auch sein Unternehmen musste eine bestimmte Rechtsform haben. Man erkennt dies meist am Namen der Firma. Die Rechtsform bestimmt die persönliche, finanzielle, steuerliche und rechtliche Stellung in der Wirtschaft. Es werden unterschieden:

- Einzelunternehmen
- Gesellschaftsunternehmen
- Personengesellschaften
- Kapitalgesellschaften
- Genossenschaften

Einzelunternehmen, wie der Bäcker im Wohngebiet, sind zumeist kleinere Betriebe, die dann entstehen, wenn eine Person oder eine Familie in die Selbstständigkeit gehen. Sie sind für ihr unternehmerisches Handeln selbst verantwortlich und haften auch mit ihrem privaten Vermögen. Anders ist dies bei Gesellschaften.

Zu den am meisten verbreiteten gehören die AG (Aktiengesellschaft) und die GmbH (Gesellschaft mit beschränkter Haftung). Mehrere Personen steuern hier zum Gesamtkapital bei und jeder Einzelne haftet für die Höhe seines Anteils.

Schließen sich beispielsweise Handwerker zusammen, bilden sie eine Genossenschaft. Sie finden durch diese Form der Selbsthilfeorganisation am Markt günstigere Bedingungen vor, als dies jedes einzelne Mitglied für sich alleine schaffen würde. Dadurch erhöht sich die Wirtschaftlichkeit jedes einzelnen Handwerksbetriebes, da bestimmte Aufgaben der Beschaffung und des Absatzes gemeinschaftlich bewältigt werden.

Nach der Rechtsform der Unternehmen unterscheidet man Einzelunternehmen und Gesellschaftsunternehmen. Diese lassen sich in Personengesellschaften, Kapitalgesellschaften und Genossenschaften unterteilen.

1 Notiere mindestens drei Beispiele für Unternehmen, die die Bezeichnung GmbH im Namen führen.

2 Begründe, weshalb die meisten Unternehmen Einzelunternehmen sind.

2 Konsumtion und Produktion im privaten Haushalt

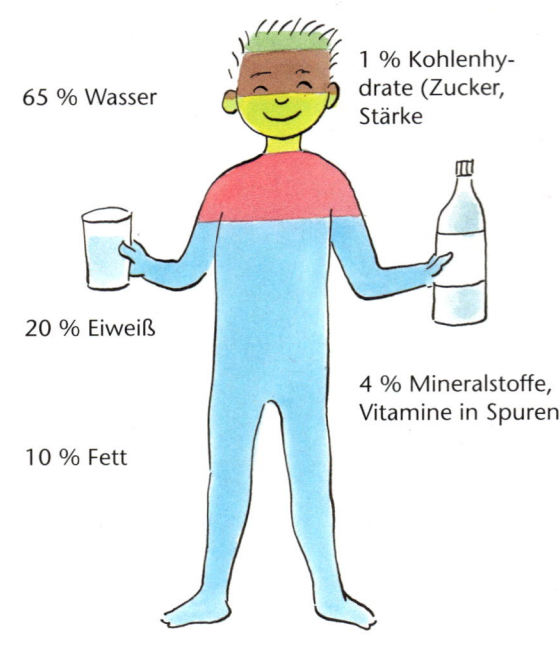

65 % Wasser

1 % Kohlenhy-
drate (Zucker,
Stärke

20 % Eiweiß

4 % Mineralstoffe,
Vitamine in Spuren

10 % Fett

Bestandteile unsere Körpers

Inhaltsstoffe für Lebensmittel	Wirkung im menschlichen Körper
Kohlenhydrate Fette	vorwiegend Energiegewinnung
Eiweiß Wasser	vorwiegend Aufbau und Erhaltung von Körperzellen, z. B. für Muskeln, Haut, Organe, Knochen
Vitamine Mineralstoffe	Regelung von Körperfunktionen, zum Teil auch Aufbau von Körpersubstanz, z. B. Knochen, Knorpel
Ballaststoffe wie Zellulose (Rohfaser)	Sättigungsgefühl, Anregung der Verdauungstätigkeit
Geschmacks-, Duft- und Farbstoffe, z. B. Blattgrün, Aromastoffe, Röststoffe	Appetitanregung, gesundheitsfördernd

Inhaltsstoffe und ihre Wirkung

Hunger und Sättigung

Warum wir essen

Täglich verlangt unser Körper nach Nahrung. Je nach Energie- und Nährstoffbestand meldet das Gehirn Hunger bzw. Appetit, dann essen wir. Danach verschwindet das Hungergefühl langsam, wir werden satt. Das Sättigungsgefühl signalisiert uns: Nahrungsaufnahme beenden. Erst nach einigen Stunden entsteht langsam wieder ein Hungergefühl. Dieser Kreislauf läuft täglich mehrmals ab. Unter normalen Bedingungen ist die Nahrungsaufnahme dem Energiebedarf angepasst. Viele Menschen halten ihr Gewicht konstant ohne laufende Gewichtskontrollen.

Was wir essen

Aufgabe jedes Einzelnen ist es, sich gesund zu erhalten, soweit das in seiner Macht steht. Viele Gesichtspunkte müssen dabei berücksichtigt werden.

Eine ganz wesentliche Maßnahme zur Gesunderhaltung ist eine Ernährung, die alle Stoffe enthält, die unser Körper täglich braucht.
Diese Ernährung nennt man auch *vollwertige Ernährung.*
Die Ernährungsgewohnheiten der einzelnen Menschen sind genauso unterschiedlich wie die der verschiedenen Völker. Diese verschiedenen Ernährungsweisen sind möglich, weil es nur auf die Inhaltsstoffe der Lebensmittel, die Nährstoffe Kohlenhydrate, Fett, Eiweiß, Mineralstoffe, Vitamine und Wasser ankommt.

Diese Stoffe, die unser Körper braucht, sind auch die, aus denen er besteht.

Wir nehmen sie durch pflanzliche und tierische Lebensmittel auf.
Vitamine und Mineralstoffe werden auch Wirkstoffe genannt.

1. Getreide, Getreideerzeug-
   nisse und Kartoffeln

2. Gemüse und Hülsenfrüchte

3. Obst

4. Milch und Milchprodukte

5. Fleisch, Fisch und Eier

6. Fette

7. Getränke

10 Regeln zur vollwertigen Ernährung (DGE 2004)

1. Vielseitig essen
2. Reichlich Getreideprodukte – und Kartoffeln
3. Gemüse und Obst – „Nimm 5 am Tag"
4. Täglich Milch und Milchprodukte, ein- bis zwei-
   mal in der Woche Fisch; Fleisch,
   Wurstwaren sowie Eier in Maßen
5. Wenig Fett und fettreiche Lebensmittel

6. Zucker und Salz in Maßen
7. Reichlich Flüssigkeit
8. Schmackhaft und schonend zubereiten
9. Nehmen Sie sich Zeit, genießen Sie Ihr Essen
10. Achten Sie auf Ihr Gewicht und bleiben Sie in
    Bewegung

Ernährungskreis

Der Ernährungskreis dient als Orientierungshilfe bei der Auswahl der Lebensmittel. Denn
nur durch eine abwechslungsreiche Kost in der
richtigen Zusammensetzung erhält der Körper
genau die Menge an Nähr- und Wirkstoffen, die
er für das Wohlbefinden und damit für die Gesunderhaltung benötigt.

Der Ernährungskreis zeigt im Innenkreis die Getränke, der ihn umgebende Kreisring ist in sechs
verschiedene Segmente eingeteilt, die für die verschiedenen Lebensmittelangebote stehen. Die
Segmentgröße symbolisiert die Bedeutung der

einzelnen Lebensmittelgruppen für eine vollwertige Ernährung. Lebensmittel in den großen Feldern sollen bevorzugt werden.

1 Schlage die Begriffe Hunger und Sättigung im Glossar nach. Erkläre sie mit
eigenen Worten.

2 Überprüfe deine Lieblingsmahlzeit auf
Vollwertigkeit.

3 Stellt ein vollwertiges Pausenvesper
zusammen. Begründet die Zusammenstellung. Bereitet es zu und verzehrt es
gemeinsam.

300 g Kohlenhydrate
sind enthalten in:

300 g Zucker

370 g Bienenhonig

1070 g Reis

600 g Brötchen

600 g Weizenmischbrot

730 g Weizenvollkornbrot

1070 g Nudeln, gekocht

1836 g Pellkartoffeln, gegart

Kohlenhydratgehalt einiger Lebensmittel

Kohlenhydrate – nicht nur süß

Aufbau der Kohlenhydrate

Kaue ein Stück Weißbrot, mische es gut mit Speichel und lasse es eine Weile im Mund. Das Brot schmeckt mit der Zeit süß, denn der Speichel enthält ein Verdauungsenzym, das Stärke zu Doppelzucker abbaut. Die Pflanze baut aus Einfachzucker Doppelzucker und Vielfachzucker auf. Bei der Verdauung werden Vielfachzucker und Doppelzucker wieder in Einfachzucker aufgespalten und anschließend in das Blut aufgenommen (resorbiert).

Aufgaben der Kohlenhydrate

- Kohlenhydrate dienen als unmittelbare Energiequelle für alle Zellen des Körpers. 1 g Kohlenhydrate liefert unserem Körper 17,2 kJ.
- Der Teil der Kohlenhydrate, der nicht sofort zur Energiegewinnung abgebaut wird, wird in Leber und Muskeln als Glykogen gespeichert. Er ist eine kurzfristige Reserve.
- Kohlenhydrate sind auch am Aufbau spezifischer Stoffe des Körpers, z. B. der Blutgruppen, beteiligt.
- Zellulose dient als unverdauliches Kohlenhydrat dem Körper als Ballaststoff. Ein Sättigungsgefühl entsteht, da Zellulose Wasser binden kann und quillt. Der Magen ist so gefüllt.

Durch Zellulose wird die Darmbewegung angeregt und einer Verstopfung vorgebeugt.

Bedarf

Täglich sollten ca. 55 % des Gesamtenergiebedarfs (s. S. 101) in Form von Kohlenhydraten gedeckt werden. Das entspricht ca. 4–6 g Kohlenhydraten je kg Körpergewicht.

Bei Kindern und Jugendlichen kann der Anteil an Kohlenhydraten bis auf 60 % des Energiebedarfes steigen, je nach körperlicher Leistung.

Nehmen wir 6 g Kohlenhydrate je kg Körpergewicht täglich auf, so sind dies bei einem Gewicht von 50 kg insgesamt 300 g Kohlenhydrate.

> Zwei Drittel der Kohlenhydrate sollen in Form von Vielfachzucker aufgenommen werden.

Bei manchen Ernährungsformen wird empfohlen, den Kohlenhydratanteil der Nahrung zu kürzen. Die Kohlenhydratzufuhr kann jedoch nur begrenzt gesenkt werden, da Kohlenhydrate im Körper wichtige Aufgaben erfüllen. Unter 10 % der Gesamtenergiemenge – das sind für einen Erwachsenen ca. 100 g Kohlenhydrate – sollte der Anteil nicht sinken, da sonst Stoffwechselstörungen auftreten.

Einfachzucker	Zweifachzucker	Vielfachzucker
Traubenzucker (Glucose) Vorkommen, z. B. Obst, Honig	Malzzucker (Maltose) Vorkommen, z. B. keimende Gerste	Stärke Vorkommen, z. B. Getreide, Kartoffel
Fruchtzucker (Fruktose) Vorkommen, z. B. Obst, Honig	Rohrzucker (Saccharose) Vorkommen, z. B. Zuckerrübe, Zuckerrohr	Zellulose Vorkommen, z. B. Pflanzen als Gerüst
Schleimzucker (Galaktose) Vorkommen, z. B. Milch	Milchzucker (Laktose) Vorkommen, z. B. Milch	Glykogen Vorkommen, z. B. Leber, Muskeln

Einteilung der Kohlenhydrate

Eigenschaften

Traubenzucker gelangt schnell ins Blut und liefert sofort Energie.

Die Kohlenhydrate aus stärkehaltigen Nahrungsmitteln wie z. B. Brot, Kartoffeln, Reis und Teigwaren gelangen bei der Verdauung sehr viel langsamer ins Blut und sättigen deshalb länger. Diese Nahrungsmittel enthalten meist noch Vitamine und Mineralstoffe, während Zucker nur Energie liefert. Außerdem begünstigen Süßigkeiten die Erkrankung der Zähne durch Karies.

Ballaststoffe – kein unnötiger Ballast

Ballaststoffe sind Stütz- und Struktursubstanzen der Pflanzen. Zu den Ballaststoffen gehören Zellulose, Hemizellulose, Lignin, Pektin. Alle Ballaststoffe außer Lignin gehören in die Gruppe der Kohlenhydrate. Sie sind wasserlöslich und stark quellfähig und kommen besonders in Schalen und Kernen von Obst vor.

Die Ballaststoffe sind unverdauliche Nahrungsbestandteile, die von den menschlichen Verdauungssekreten nicht abgebaut werden können, da im Verdauungstrakt keine Enzyme dafür vorhanden sind.

Ballaststoffe regen die Darmtätigkeit an.

Zellulose und Pektine sind Hauptbestandteile von Obst und Gemüse. Pektine sind in kaltem Wasser unlöslich, in heißem Wasser bilden sie ein Gel.

Die Änderung der Ernährungsgewohnheiten in den letzten Jahrzehnten führte zu einem Rückgang der Ballaststoffzufuhr, was jedoch mit negativen gesundheitlichen Folgen, wie z. B. erhöhter Verstopfungsgefahr, einhergeht.

Gründe dafür, dass weniger Ballaststoffe aufgenommen werden, sind der Rückgang des Brotkonsums, der Rückgang des Verzehrs von rohen pflanzlichen Lebensmitteln und der Rückgang des Gemüseverzehrs. Durch die längere Verweildauer ballaststoffreicher Nahrung im Magen und im Verdauungstrakt wird das Sättigungsgefühl erhöht, sodass weniger gegessen wird.

1 Suche in der Nährwerttabelle ballaststoffreiche Lebensmittel heraus und erstelle einen Tagesspeiseplan unter Verwendung dieser Lebensmittel, sodass die empfohlene Zufuhr von 30 g erreicht wird.

2 Gelierzucker enthält Pektin. Welche Wirkung des Pektins wird bei der Marmeladezubereitung genutzt?

40 g Fett sind enthalten in:

40 g Öl
48 g Butter
50 g Margarine
65 g Walnüssen
80 g Salami
82 g Erdnüssen
333 g Pommes frites
120 g Schokolade
115 g Currywurst
103 g Kartoffelchips

Fettgehalt einiger Lebensmittel

Fett – macht fett

Aufbau der Fette

Die Elemente Kohlenstoff, Wasserstoff und Sauerstoff sind am Fettaufbau beteiligt. Fette bestehen aus Glyzerin und Fettsäuren. Die Fettsäuren können gesättigt oder ungesättigt sein. Zu den ungesättigten Fettsäuren gehören z. B. Ölsäure und Linolsäure. Linolsäure ist essenziell. Das heißt, dass der Körper sie selbst nicht aufbauen kann. Deshalb muss Linolsäure über die Nahrung aufgenommen werden. Pflanzliche Fette enthalten mehr Linolsäure als tierische.

Einteilung der Fette

Fette unterscheiden wir nach verschiedenen Gesichtspunkten und teilen sie z. B. ein in

- Wasserfreie und wasserhaltige Fette:
  Diese Unterteilung ist bei der Nahrungszubereitung von größter Bedeutung.
- Streichfett, Kochfett und versteckte Fette:
  Zum Kochfett werden die wasserhaltigen und die wasserfreien Fette gezählt. Unter verstecktem Fett versteht man das nicht sichtbare Fett in Nahrungsmitteln wie Wurst und Käse.

Aufgaben der Fette

Fett ist für unseren Körper der wichtigste Energielieferant. 1 g Fett liefert dem Körper 38,9 kJ.

Wir gewinnen aus Fett ungefähr doppelt so viel Energie wie aus Kohlenhydraten. Fett dient unserem Körper als Vorratsstoff. Wird das mit der Nahrung aufgenommene Fett nicht direkt zur Energiegewinnung benötigt, so wird es in körpereigenes Fett (Depotfett) umgewandelt und gespeichert. Zu viel Depotfett führt zu Übergewicht, das unseren Organismus unnötig belastet. Einige Organe wie Augapfel und Niere werden durch Fettpolster geschützt.

> Fett ist hauptsächlich Energielieferant, Vorratsstoff und Schutzstoff.

Fette erfüllen spezifische Aufgaben im Körper. So können z. B. die fettlöslichen Vitamine nur in Anwesenheit von Fett aus dem Darm aufgenommen werden. (Deshalb wird Karottensalat immer mit Öl zubereitet.)
Fett ist also ein lebenswichtiger Inhaltsstoff. Daher muss auf die Art und vor allem auf die Menge des verwendeten Fettes geachtet werden.

Bedarf

Vom täglichen Gesamtenergiebedarf sollten nicht mehr als 30 % durch Fett gedeckt werden. Bei Kindern und Jugendlichen liegt der tägliche Fettbedarf aufgrund der körperlichen Leistung bei 30–35 % des Gesamtenergiebedarfs.

Wir unterscheiden	Erhitzbarkeit	Verwendung
Wasserhaltige Speisefette: Butter, Margarine sie bestehen aus: 80–83 % Fett 15–18 % Wasser 1 % Eiweiß 1 % Kohlenhydrate	bis 120 °C bei höheren Temperaturen verbrennen die Eiweißbestandteile und das Fett zersetzt sich, es „raucht"; dabei entstehen gesundheitsschädigende Stoffe	als Streichfett zu Gebäck zum Dünsten und Kochen zur geschmacklichen Aufwertung von Speisen
Wasserfreie Speisefette: Öle, Schmalz, Kokosfett sie bestehen aus: 100 % Fett	bis 170 °C bei höheren Temperaturen Zersetzung des Fetts; die richtige Brattemperatur erkennt man an der Schlierenbildung am Boden der Pfanne	als Bratfett zum Frittieren

Schlierenbildung

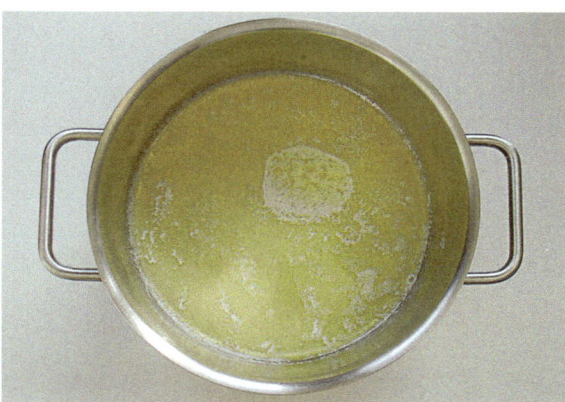

Erwärmung von wasserhaltigem Fett

Eine Fettmenge von 0,8 g je kg Körpergewicht ist im Allgemeinen ausreichend. Nehmen wir 0,8 g Fett je kg Körpergewicht auf, so sind dies, bei einem Gewicht von 50 kg, 40 g Fett pro Tag.
Um diese Menge nicht zu überschreiten, sollst du vor allem bei den „versteckten Fetten" in Nahrungsmitteln vorsichtig sein. Unsere tägliche Gesamtaufnahme von Fett liegt mit durchschnittlich 140 g weit über den empfohlenen Werten.

Zu viel Fett in der Ernährung begünstigt die Entstehung von Übergewicht.

Tierische Fette enthalten besonders viel Cholesterin, einen Fettbegleitstoff. Ein erhöhter Cholesterinspiegel kann für die Entstehung von Herz-Kreislauf-Erkrankungen verantwortlich sein.
Wie kann Fett eingespart werden?
Der Verbrauch von Streich- und Kochfett ist relativ leicht überprüfbar. Wird das Fett mit Ess- oder Teelöffel abgemessen, kann die Menge des verwendeten Fettes besser abgeschätzt werden. Schwieriger ist es dagegen, die Menge der „versteckten Fette" abzuschätzen, da diese mit bloßem Auge nicht sichtbar sind.

1 Vergleiche den Geschmack von Käse in verschiedenen Fettgehaltsstufen.

2 Vergleiche den Geschmack eines Salats mit fettfreier Marinade und eines Salats mit fetthaltiger Marinade.

3 Überlege die Gründe, warum viele Menschen täglich zu viel Fett essen.

4 Suche aus der Nährwerttabelle besonders fettreiche Lebensmittel. Überlege fettärmere Alternativen.

5 Berechne deinen täglichen Fettbedarf.

6 Diskutiere, wie man Fett bei der Nahrungszubereitung einsparen kann.

40 g Eiweiß sind enthalten in:

1,1 l Volmilch
4000 g Kartoffeln
210 g Rindfleisch
670 g Brot

Eiweißreiche Lebensmittel

Ohne Eiweiß kein Leben

Aufbau von Eiweiß

Eiweiß ist in allen Zellen enthalten. Die Pflanze baut Eiweiß aus Aminosäuren auf.

Der Mensch versorgt sich mit Eiweiß, indem er pflanzliche und tierische Lebensmittel aufnimmt. Bei der Verdauung wird Eiweiß in Aminosäuren gespalten. Nach der Resorption baut der Körper aus den verschiedenen Aminosäuren dann sein spezifisches Eiweiß auf wie Muskeleiweiß, Bindegewebseiweiß oder Enzymeiweiß. Eiweiß, das vom Körper nicht zum Aufbau von körpereigenem Eiweiß verwendet werden kann, wird nicht gespeichert, sondern zur Energiegewinnung herangezogen. Enzyme sind Eiweißstoffe, die chemische Umsetzungen im Körper beeinflussen. Sie bauen zum Beispiel bei der Verdauung Stärke zu Traubenzucker ab.

Einteilung

Es gibt tierisches und pflanzliches Eiweiß. Tierisches Eiweiß ist enthalten in Milch, Milchprodukten, Ei, Fisch, Fleisch, Geflügel. Pflanzliches Eiweiß ist in Getreide, Gemüse und Hülsenfrüchten enthalten.

Bedarf

15 % unseres Gesamtenergiebedarfes sollen in Form von Eiweiß aufgenommen werden. Ein Drittel des täglichen Eiweißbedarfes sollte durch tierische Lebensmittel und zwei Drittel durch pflanzliche Lebensmittel gedeckt werden. Da Eiweiß vom Körper nur begrenzt gespeichert werden kann, sollte das Eiweiß bei der Zusammenstellung des Speiseplans immer berücksichtigt werden. Der tägliche Eiweißbedarf beträgt für Erwachsene 0,8 g je kg Körpergewicht. Bei 50 kg Körpergewicht sind dies 40 g Eiweiß. Für Kinder und Jugendliche werden 45–60 g Eiweiß pro Tag empfohlen.

Aufgaben von Eiweiß

Jede Aminosäure muss in einer bestimmten Menge im Organismus vorhanden sein, damit körpereigenes Eiweiß aufgebaut werden kann. Aminosäuren, die der Körper nicht selbst auf-

> Da nicht jedes Lebensmittel eine gleich hohe biologische Wertigkeit hat, muss man den Ergänzungswert von Eiweiß bei jeder Mahlzeit berücksichtigen.

Lebensmittel, die sich gut ergänzen

bauen kann, nennt man essenzielle oder lebensnotwendige Aminosäuren, die mit der Nahrung zugeführt werden müssen. Nahrungseiweiß ist dann biologisch hochwertig, wenn die Aminosäuren der Lebensmittel zum großen Teil zum Aufbau von körpereigenem Eiweiß genutzt werden können (hochwertiges Eiweiß).

Das Eiweiß verschiedener Lebensmittel kann sich gegenseitig ergänzen. Dabei kann ein weniger hochwertiges Eiweiß dann besser ausgenutzt werden, wenn die fehlenden essenziellen Aminosäuren aus einem anderen Nahrungseiweiß dazukommen. Besonders gut ergänzt sich das Eiweiß aus pflanzlichen Lebensmitteln mit Eiweiß aus tierischen Lebensmitteln.

So kann man den Anteil von verwertbarem Eiweiß ausrechnen:

In 100 g Milch sind 3 g Eiweiß enthalten. Davon können 91 % zum Aufbau von körpereigenem Eiweiß verwendet werden. Das sind 2,73 g. In 100 g Haferflocken sind 14 g Eiweiß enthalten. Davon können 62 % zum Aufbau von körpereigenem Eiweiß verwendet werden. Das sind 8,68 g.

Eigenschaften

Eiweiße sind zum Teil wasserlöslich. Aus den Lebensmitteln werden daher beim Waschen und Kochen neben anderen Stoffen auch Eiweißstoffe gelöst. Eiweißhaltige Lebensmittel sollen deshalb nur kurz gewaschen, Einweichwasser und Kochwasser mitverwendet werden. Viele Eiweißstoffe gerinnen (denaturieren) durch Hitze und werden dabei stark verändert. Beispiel: hartgekochtes Ei, gebratenes Fleisch, gekochter Fisch.

Ein Teil der Eiweißstoffe gerinnt (denaturiert) durch Säure. Beispiel: Sauerbraten, Sauermilch. Die Denaturierung von Eiweiß spielt auch bei der Konservierung von Lebensmitteln eine Rolle. Die Kleinstlebewesen (Mikroorganismen), die das Verderben von Lebensmitteln hervorrufen, bestehen aus Eiweiß, das durch Hitze und Säure denaturiert und damit biologisch unwirksam gemacht werden kann.

1 Stelle Mahlzeiten zusammen, bei denen sich die enthaltenen Eiweißstoffe gut ergänzen.

2 Erkläre, warum in den Ländern der Dritten Welt eine Eiweißunterversorgung besteht.

3 Informiere dich über die Auswirkungen des Eiweißmangels in der Dritten Welt.

	wasserlösliche Vitamine		fettlösliche Vitamine		
Vitamin	B-Gruppe: B$_1$, B$_2$, B$_6$, B$_{12}$	C	A	Pro-vitamin A Karotin	D
Vorkommen in	Vollkornprodukte, Leber, Schweinefleisch, Hefe, Milch	Zitrusfrüchte, Paprika, Kartoffeln	Milch	Karotten Petersilie Tomaten	Eigelb, Leber, Milch, Fisch
Aufgaben im Körper	Bestandteil von Enzymen	beteiligt am Stoffwechsel	Bestandteil des Sehpurpurs, fördert das Wachstum der Zellen		fördert die Kalziumre-sorption und Verknö-cherung des Skeletts
Eigenschaften	sie sind alle wasserlöslich, zum Teil hitze-, licht- und sauerstoffempfindlich	wasserlöslich, hitze-, sauerstoff- und lichtempfindlich	sauerstoff- und lichtempfindlich		sauerstoffempfindlich

Übersicht über einige Vitamine

Vitamine – unverzichtbare Nahrungsbestandteile

Vitamine sind lebensnotwendige Inhaltsstoffe unserer Nahrung, die der Körper nicht oder nicht in ausreichender Menge herstellen kann und die ihm deshalb zugeführt werden müssen. Vitamine werden auch Wirkstoffe genannt, sie liefern keine Energie, sind aber für Stoffwechselvorgänge verantwortlich.

Die einzelnen Vitamine wurden erst im letzten Jahrhundert entdeckt. Krankheiten, die auf Vitaminmangel zurückgehen, sind schon sehr lange bekannt. Die Vitaminmangelkrankheit Skorbut trat schon im Mittelalter auf und war als Gefängniskrankheit oder als typische Krankheit von Expeditionsteilnehmern bekannt.

Einteilung

Die wichtigsten Vitamine werden mit den Buchstaben A, B, C und D bezeichnet. Manche Vitamine kommen in den Lebensmitteln in Vorstufen vor und werden erst im Körper zu Vitaminen umgebaut. Man nennt sie Provitamine. Wir unterscheiden fett- und wasserlösliche Vitamine.

Wasserlösliche Vitamine (z.B. Vitamin C) werden durch Wasser aus den Lebensmitteln herausgelöst. Das muss bei der Nahrungszubereitung beachtet werden.

Fettlösliche Vitamine kann der Körper nur dann verwerten, wenn wir gleichzeitig Fett zu uns nehmen. Achte daher darauf, dass du beispielsweise Karotten immer mit Fett zubereitest.

Bedarf

Wir brauchen täglich nur kleinste Mengen an Vitaminen (unter 10 mg). Eine Ausnahme ist das Vitamin C: Davon sollten wir täglich 100 mg aufnehmen. Bei besonderen Belastungen (z.B. Schwangerschaft, Krankheit) kann sich der Vitaminbedarf erhöhen.

wichtigste Mengen-elemente	Vorkommen	wichtigste Spurenelemente	Vorkommen
Kalzium (Ca)	Milch, Gemüse	Jod (J)	Fisch, Fleisch
Phosphor (P)	Milch, Hülsenfrüchte, Nüsse,	Eisen (Fe)	Milch, Gemüse, Eigelb, Leber Fleisch
Kalium (K)	Obst, Gemüse, Getreide	Kupfer (Cu)	Obst, Gemüse, Eigelb, Fisch, Leber, Bohnen
Magnesium (Mg)	grüne Gemüse	Zink (Zn)	Leber, Rindfleisch
Natrium (Na)	Kochsalz		Getreide
Chlor (Cl)	Kochsalz	Mangan (Mn)	Leber, Getreide, Bohnen,
		Kobalt (Co)	Leber, Getreide,
		Molybdän (Mo)	Getreide, Nüsse

Lebensmittel, die Mineralstoffe und Vitamine enthalten

• nicht wässern,   • in wenig Wasser garen,   • Kochflüssigkeit weiterverwenden,   • möglichst kurz garen.

Übersicht über einige Mineralstoffe

Mineralstoffe – nicht nur zum Knochenaufbau

Die Mineralstoffe sind ebenso wie die Vitamine lebensnotwendige (essenzielle) Wirkstoffe. Mineralstoffe sind so genannte anorganische Stoffe. Sie machen etwa 5 % des Körpergewichtes aus.

Bedarf

Mineralstoffe, die unser Körper in größeren Mengen (einige Gramm am Tag) benötigt, nennt man Mengenelemente, solche, die nur in Spuren aufgenommen werden, Spurenelemente.

> Die Versorgung des Körpers mit Mineralstoffen ist durch eine gemischte Kost und schonende Zubereitung gewährleistet.

Kochsalz besteht aus den Mineralstoffen Natrium und Chlor. Es hat die Eigenschaft, Wasser im Körper zu binden. 8 g Salz binden 1 l Wasser. Der Kochsalzbedarf wird aus den Nahrungsmitteln ausreichend gedeckt – daher Salz beim Würzen sparsam verwenden!
Jod ist Bestandteil der Schilddrüsenhormone. Bei Jodmangel kann es zur Kropfbildung kommen.

Da der Jodgehalt der Lebensmittel sehr gering ist, wird durch eine Anreicherung des Kochsalzes mit Jod dem Jodmangel vorgebeugt.
Aufgaben von Mineralstoffen wie Kalzium sind z. B. der Aufbau und die Erneuerung der harten Gewebe wie Knochen, Knorpel und Zähne. In gelöster Form haben Mineralstoffe verschiedene Aufgaben in den Körperflüssigkeiten.

> Vitamine und Mineralstoffe müssen täglich mit der Nahrung zugeführt werden.

1 Was ist bei einer vitamin- und mineralstoffschonenden Zubereitung von Nahrungsmitteln zu beachten?

2 Suche aus der Nährwerttabelle besonders vitamin- und mineralstoffreiche Nahrungsmittel heraus.

3 Stelle einen vitamin- und mineralstoffreichen Tagesspeiseplan zusammen.

4 Erkläre, warum man Vitamin A als Augenvitamin und Vitamin D als Knochenvitamin bezeichnet.

Wasser dient als			
Baustoff: Es ist Bestandteil aller Körperflüssigkeiten wie Blut, Lymphe, Verdauungssäfte, Tränen. Auch alle Zellen enthalten Wasser.	**Lösungsmittel:** Die verwertbaren Nahrungsbestandteile werden in Wasser gelöst und so in die Zellen aufgenommen.	**Transportmittel:** Endprodukte des Stoffwechsels wie Harnstoff werden in Wasser gelöst und ausgeschieden.	**Wärmeregulator:** Durch Schweiß wird Wasser ausgeschieden. Auf der Haut erzeugt Schweiß Verdunstungskälte.

Aufgaben von Wasser

Wasserhaltige Lebensmittel

Gurke	97 %
Tomate	94 %
Weizenbrot	38 %
Eier	74 %
Apfel	86 %
Rindfleisch	66 %
Melone	92 %

Regeln für die tägliche Wasseraufnahme

✓ Täglich mindestens zwei bis drei Liter Wasser trinken.
✓ Mineralstoffreiche Getränke bevorzugen.
✓ Gleichmäßig über den Tag verteilt trinken, nicht auf den Durst warten.
✓ Vor bzw. zu jeder Mahlzeit ein Glas Wasser trinken.

Wassergehalt verschiedener Lebensmittel

Wasser ist lebensnotwendig

Wasser ist der Hauptbestandteil unseres Körpers und lebensnotwendig. Ohne Wasser kann ein Mensch höchstens drei Tage leben, ohne Nahrung kommt ein gesunder Mensch jedoch bis zu 70 Tage aus.

Bedarf

Unser Körper gibt durch Haut, Lunge und Harn Wasser ab. Diese Flüssigkeit müssen wir wieder ersetzen. Deshalb sollen dem Körper täglich zwei bis drei Liter Wasser zugeführt werden, davon anderthalb Liter in Form von Getränken. Der Rest wird durch flüssige Nahrung und das in fester Nahrung enthaltene Wasser zugeführt.
Der Wasserbedarf ist erhöht bei

- trockenem und heißem Klima,
- intensiver körperlicher Betätigung (Schwitzen),
- kochsalzhaltiger Nahrung,
- erhöhter Körpertemperatur (Fieber).

Wir decken unseren Wasserbedarf durch

- Getränke: Wasser, Tee, Säfte, Milch,
- flüssige Speisen: Suppen, Soßen, Kompotte,
- wasserhaltige Nahrungsmittel: Obst, Gemüse, Milch

Die besten kalorienfreien Durstlöscher sind Leitungswasser, Mineralwasser, Kräuter- und Früchtetees. Limonaden und Colagetränke enthalten viel Zucker und machen erst recht durstig. Kaffee, schwarzer Tee und Alkohol sollen maßvoll genossen werden.

Fruchtsaft enthält 100 % Fruchtsaft, Fruchtnektaren und Fruchtsaftgetränken werden Zucker, Wasser und Säuren beigefügt.

- Nimm ausreichend Flüssigkeit zu dir.
- Bevorzuge Leitungs- und Mineralwasser, Kräuter- und Früchtetees sowie verdünnte Fruchtsäfte.
- Bedenke bei Colagetränken und Limonaden den hohen Zuckergehalt und die Zusatzstoffe.

1 Begründe, warum Lebensmittel in stehendem Wasser gewaschen werden sollen.

2 Berechne den Wassergehalt folgender Lebensmittel: Gurke, Bananen, Weizenmischbrot, Butter, Karotten.

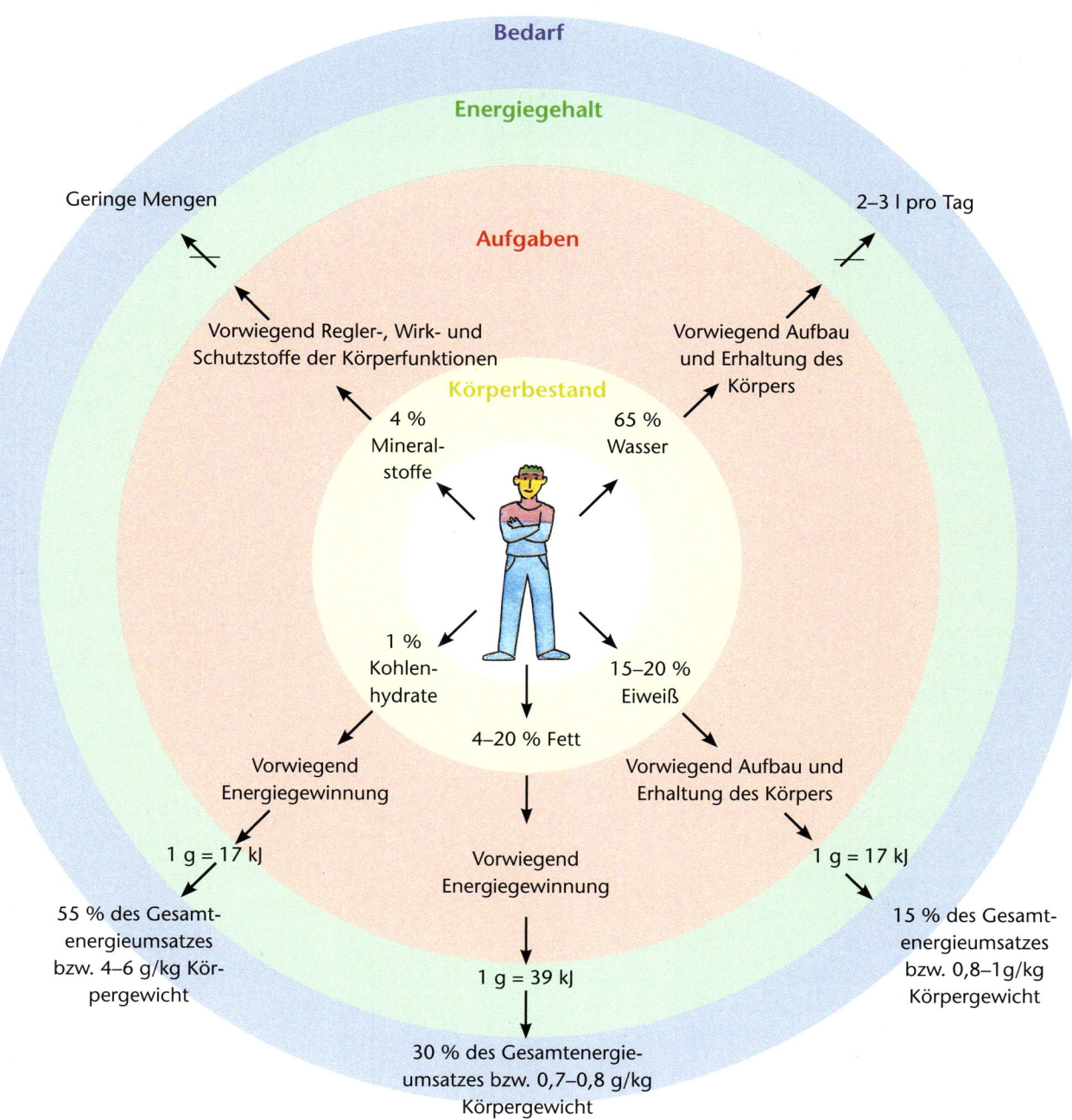

Bedarf

Energiegehalt

Aufgaben

Körperbestand

Geringe Mengen

2–3 l pro Tag

Vorwiegend Regler-, Wirk- und Schutzstoffe der Körperfunktionen

Vorwiegend Aufbau und Erhaltung des Körpers

4 % Mineralstoffe

65 % Wasser

1 % Kohlenhydrate

15–20 % Eiweiß

4–20 % Fett

Vorwiegend Energiegewinnung

Vorwiegend Aufbau und Erhaltung des Körpers

1 g = 17 kJ

1 g = 17 kJ

55 % des Gesamtenergieumsatzes bzw. 4–6 g/kg Körpergewicht

15 % des Gesamtenergieumsatzes bzw. 0,8–1g/kg Körpergewicht

Vorwiegend Energiegewinnung

1 g = 39 kJ

30 % des Gesamtenergieumsatzes bzw. 0,7–0,8 g/kg Körpergewicht

Die Angaben gelten für gesunde erwachsene Personen.

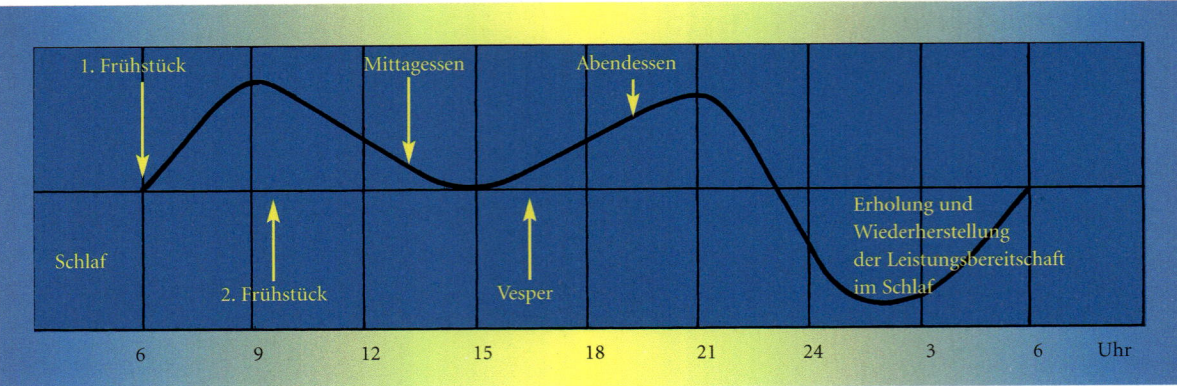

Die Tagesleistungskurve

In Prozent sieht die Verteilung der Mahlzeiten folgendermaßen aus (Tagesbedarf 100 %):			
bei drei Mahlzeiten		**bei fünf Mahlzeiten**	
Frühstück	30 %	1. Frühstück	25 %
Mittagessen	40 %	2. Frühstück	10 %
Abendessen	30 %	Mittagessen	30 %
		Zwischenmahlzeit am Nachmittag	10 %
		Abendessen	25 %

Verteilung der Mahlzeiten in Prozent

Tagesmahlzeiten

Der Körper kann die täglich notwendige Energiemenge nicht durch eine Mahlzeit aufnehmen. Wann der Energiebedarf erhöht ist, zeigt die Tagesleistungskurve. Das Leistungsvermögen des Menschen ist nicht den ganzen Tag über gleich. Zwischen 9 und 12 Uhr vormittags gibt es einen Höhepunkt im Leistungsvermögen. Die Leistung fällt dann ab bis ungefähr 15 Uhr und steigt wieder an bis ca. 21 Uhr.

Die Mahlzeiten eines Tages verteilen wir so, dass das Leistungsvermögen unterstützt wird:

Morgens sollte gut gefrühstückt werden. Ein kleines zweites Frühstück erhält das Leistungsvermögen. Beim Mittagessen lassen wir es uns schmecken, essen aber nicht zu viel, weil man mit vollem Magen müde wird und nicht gerne arbeitet. Das Abendessen sollte nicht zu umfangreich sein und früh am Abend eingenommen werden. Bei der Planung von Tagesmahlzeiten sollten folgende Kriterien berücksichtigt werden:

- Die Mahlzeiten müssen den individuellen Ernährungsbedürfnissen entsprechen (z.B. Arbeitsleistung, Alter, Gesundheit).
- Jede Mahlzeit sollte vollwertig sein.
- Bei der Auswahl der Lebensmittel werden Qualität, Preis, Jahreszeit, Marktangebot und Umweltverträglichkeit berücksichtigt.
- Bei der Zubereitung der Mahlzeiten müssen eine sinnvolle Arbeitsplanung und optimaler Geräteeinsatz möglich sein.
- Nähr- und wirkstoffschonende Arbeitsverfahren sollten angewendet werden.
- Das Aussehen der Speisen (Farbe und Beschaffenheit) sowie die Möglichkeit des Anrichtens sollten schon bei der Auswahl der Lebensmittel mit überlegt werden.

Um gesund und fit zu bleiben, sollen die Tagesmahlzeiten gleichmäßig über den Tag verteilt werden.

Energie- und Nährstoffbedarf

Unser Körper braucht ständig Energie – selbst im Schlaf; denn er muss rund um die Uhr arbeiten. Die Energie steckt in unserer Nahrung oder genauer gesagt in den darin vorkommenden Nährstoffen Kohlenhydrate, Fette und Eiweiß.

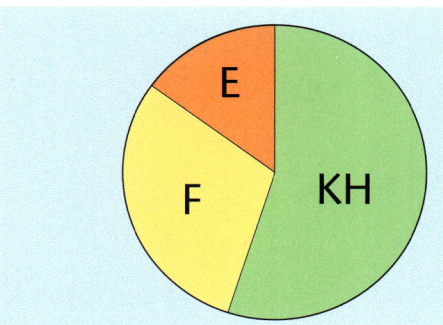

Erwachsene decken ihren Gesamtenergiebedarf aus:
55 % Kohlenhydraten
30 % Fett
15 % Eiweiß

Für Kinder und Jugendliche werden folgende Werte genannt:
55–60 % Kohlenhydrate
30–35 % Fett
ca. 15 % Eiweiß

Empfohlener Anteil der Nährstoffe an der Gesamtenergie

Eine bestimmte Menge an Energie brauchen wir auch bei völliger Ruhe,
- um 37 °C Körpertemperatur zu halten,
- zum Atmen,
- für die Herztätigkeit.

Die Energiemenge, die wir zur Aufrechterhaltung der Körperfunktionen brauchen, nennt man Grundumsatz. Die Höhe des Grundumsatzes ist abhängig von Alter und Geschlecht eines Menschen und vom Körperbau. Im Vergleich zu Erwachsenen haben Kinder und Jugendliche einen durch das Wachstum erhöhten Energiebedarf.

> Durchschnittlich beträgt der Grundumsatz 4 kJ je kg Körpergewicht und Stunde.

Die Energie wird in Kilojoule (kJ) oder auch in Kilokalorien (kcal) gemessen, wobei 1 kcal gleich 4,18 kJ ist.

Die Energiemenge, die der Mensch täglich braucht, besteht jedoch nicht allein aus dem Grundumsatz. Für jede körperliche Leistung wird zusätzlich Energie benötigt. Man spricht auch vom Leistungsumsatz. Zum Leistungsumsatz wird nicht allein die Energie für die Arbeitsleistung gerechnet, sondern auch die für die Wärmeregulation und für die Verdauungstätigkeit. Im Winter ist der Energiebedarf für die Aufrechterhaltung der Körpertemperatur höher als im Sommer. Nach einer reichlichen Mahlzeit steigt der Energieverbrauch für die Verdauungstätigkeit.

Körperlich arbeitende Menschen verbrauchen im Vergleich zu Schreibtischarbeitern mehr Energie.

Ein „rauchender Kopf" erfordert kaum zusätzliche Energie. Das liegt daran, dass unser Gehirn immer arbeitet und sein Energieverbrauch bereits im Grundumsatz mit etwa 20 % enthalten ist.

Vor allem beim Sport verbrauchen wir zusätzliche Energie. Der Energieverbrauch für eine halbe Stunde Gymnastik liegt bei ca. 800 kJ. So viel Joule stecken bereits in zwei Stückchen Schokolade.

Der Energiebedarf eines Erwachsenen beträgt ca. 8400–10000 kJ oder 2000–2400 kcal, je nach Geschlecht und Tätigkeit. Bei Jugendlichen sind es ca. 9200–10000 kJ oder 2200–2400 kcal.

> Gesamtenergiebedarf = Grundumsatz + Leistungsumsatz

Der Gesamtenergiebedarf wird durch die Nährstoffe Kohlenhydrate, Fett und Eiweiß gedeckt. Kohlenhydrate und Fette sind günstige Energielieferanten. Bei Fett besteht wegen seines hohen Energiegehaltes aber die Gefahr, dass der Bedarf leicht überschätzt wird.

1 Begründe, warum der Energiebedarf eines Sportlers und einer geistig arbeitenden Person unterschiedlich hoch ist.

2 Erarbeitet in Gruppen einen Tagesspeiseplan (vier Mahlzeiten) und berücksichtigt dabei die genannten Kriterien.

3 Beurteile das Sprichwort „Ein voller Bauch studiert nicht gern".

Mindesthaltbarkeitsdatum		Verkehrsbezeichnung
Zutatenliste Zusatzstoffe		Name oder Firma des Herstellers, des Verpackers oder eines in der Europäischen Union niedergelassenen Verkäufers
	Mengenangabe	

Kennzeichnung verpackter Lebensmittel

bei Mindesthalbarkeit	kann entfallen die Angabe	richtige Angabe
nicht mehr als 3 Monate	des Jahres	„mindestens haltbar bis … (Tag) … (Monat)"
mehr als 3 Monate	des Tages	„mindestens haltbar bis … (Monat) … (Jahr)"
mehr als 18 Monate	des Tages und des Monats	„mindestens haltbar bis Ende … (Jahr)"

Das Mindesthaltbarkeitsdatum kann verschieden sein

Das Lebensmittelrecht

Das Lebensmittelrecht umfasst Gesetze und Verordnungen. Es schützt den Verbraucher vor gesundheitlichem Schaden und wirtschaftlicher Übervorteilung.

Kennzeichnung von Lebensmitteln

Eine Dose, die nur die Aufschrift „Wurst" tragen würde, könnte wohl kaum verkauft werden, weil jeder Verbraucher zu dieser Wurstdose viele Fragen hätte.

> Verpackte Lebensmittel müssen fünf Kennzeichnungselemente tragen.

1. Mindesthaltbarkeitsdatum

Alle abgepackten Lebensmittel (außer z.B. Salz, Zucker, frisches Obst, frische Brötchen) müssen mit einem Mindesthaltbarkeitsdatum versehen sein. Das Mindesthaltbarkeitsdatum ist kein Verfallsdatum. Es darf also im Datum abgelaufene Ware noch verkauft werden (unter Kenntlichmachung), solange sie einwandfrei ist. Diese Ware ist meist im Preis reduziert. Ist die Mindesthalt-

barkeit nur bei Einhaltung bestimmter Bedingungen (z.B. kühler Lagerung) gewährleistet, so muss darauf hingewiesen werden.

2. Zutatenliste

Das Zutatenverzeichnis gibt Auskunft darüber, was alles in dem Lebensmittel enthalten ist. Die Zutatenliste ist besonders für die Verbraucher wichtig, die bestimmte Zutaten nicht wünschen (z.B. Konservierungs- oder Farbstoffe), nicht vertragen oder nur begrenzt aufnehmen sollten wie z.B. Diabetiker den Zucker. Alle Zutaten werden in absteigender Reihenfolge ihres Gewichtsanteils aufgezählt. Manche Zutaten werden mit Sammelbezeichnungen benannt wie „Gewürze". Das Zutatenverzeichnis informiert auch über Zusatzstoffe. Zu den Zusatzstoffen zählt man u.a. Farbstoffe, Konservierungsstoffe und Süßstoffe. Auf verpackten Lebensmitteln muss außer dem Klassennamen auch noch die Verkehrsbezeichnung oder die sogenannte E-Nummer (EU-Nummer) stehen. Die zugelassenen Zusatzstoffe gelten einheitlich in allen Mitgliedsländern der Europäischen Union. Ein Beispiel für einen Farbstoff ist Kurkumin (E 100). Der orangegelbe Farbstoff wird aus der Kurkumawurzel gewonnen und findet bei der Herstellung von Curry-

Gängige Zusatzstoffe und ihre Wirkungsweise		Beispiele
Farbstoffe	färben Lebensmittel, damit sie appetitlicher aussehen; dienen der Verkaufsförderung	Erdbeeren in der Dose
Konservierungsstoffe	verlängert den raschen Verderb durch Luftsauerstoff	Hering in Majonäse Salate in Majonäse
Antioxidationsmittel	verhindern den raschen Verderb durch Luftsauerstoff	Vitamin E in Margarine
Verdickungs- und Geliermittel	wird zum Andicken von Flüssigkeiten eingesetzt	Marmelade, Gelee, Eis, Puddings, Süßwaren
Emulgatoren	verbinden ursprünglich nicht miteinander mischbare Stoffe wie Fett und Wasser	Majonäse, Margarine, Dessert- und Cremespeisen, Wurst
Aromastoffe, Geschmackssverstärker	geben dem Lebensmittel Geruch und Geschmack	Himbeerbonbon in vielen verarbeiteten Lebensmitteln

Überblick über die wichtigsten Zusatzstoffe und deren Anwendung

pulver Verwendung. Kurkumin kann auch synthetisch hergestellt werden.

Warum werden Zusatzstoffe verwendet? Ehe es z. B. fertiges Puddingpulver gab, wurde Vanillepudding aus Eigelb, Stärke, Zucker, echter Vanille und Milch hergestellt. Deshalb ist die Vorstellung fest verankert, dass Vanillepudding eine gelbliche Farbe hat. Der Gesetzgeber hat aus diesem Grund dem Hersteller von Puddingpulver einen Farbstoff als Zusatzstoff erlaubt, weil dieser das Produkt in einer Form auf den Markt bringen will, in der es vom Kunden akzeptiert wird. Weißen Vanillepudding würde wohl kaum jemand kaufen. So gibt es unterschiedliche Gründe, weshalb der Gesetzgeber verschiedene Zusatzstoffe zulässt. Als Verbraucher können wir anhand der Angaben selbst entscheiden, ob wir Lebensmittel mit Zusatzstoffen verzehren wollen oder nicht.

3. Mengenangabe

Die Gestaltung von Bechern und Flaschen ist recht unterschiedlich, sodass es uns schwerfällt, die enthaltene Menge zu beurteilen. Bei Lebensmitteln wie Gulasch in der Dose wäre das noch schwieriger. Wir wüssten nicht, wie viel Fleisch in der Dose ist, wenn es nicht auf dem Etikett stünde. Durch die Mengenangabe können wir also Menge und Preis der Lebensmittel besser vergleichen.

4. Verkehrsbezeichnung

Bei einer Dose, die den Phantasienamen „Mutters Eintopf" hätte, würde wohl jeder ein anderes Gericht darin vermuten. Steht auf der Dose „Erbseneintopf" oder „Linseneintopf", so kann der Eintopf immer noch recht unterschiedlich zubereitet sein.

Wir wissen aber, welches Lebensmittel bei der Zubereitung hauptsächlich verwendet wurde. Aus der Zutatenliste können wir dann noch weitere Informationen entnehmen.

5. Name des Herstellers oder Verpackers

Für die Qualität eines Lebensmittels bürgt der Hersteller. Dieses Kennzeichnungselement ist wichtig, wenn es um Beanstandungen geht.

1 Kontrolliere an einigen Produkten, ob die vorgeschriebenen Angaben der Kennzeichnung eingehalten wurden.

2 Überprüfe bei folgenden Lebensmitteln die Angaben der Zusatzstoffe: Margarine, Majonäse, Pudding, Süßwaren, Fruchtjoghurt.

3 Welche Zusatzstoffe sind in Gummibärchen enthalten? Information liefert das Internet.

teilfertig

verzehrfertig

küchenfertig   garfertig   aufbereitfertig

Bearbeitungsstufen vorgefertigter Lebensmittel

Fertigprodukte – empfehlenswert?

Neben den Lebensmitteln, die als Rohprodukte verkauft werden, werden auch viele angeboten, die bereits so bearbeitet sind, dass Zeit raubende Arbeitsgänge wegfallen. Diese Produkte werden auch „vorgefertigte Lebensmittel" genannt.

Das Angebot wird immer vielfältiger: Da gibt es Produkte vom Eintopf bis zum kompletten Menü, von Pizza über Knödel, Pommes frites, Gemüse bis hin zu Mehlspeisen. Aufwärmen genügt, und schon sind die Gerichte fertig!

Welche vorgefertigten Lebensmittel gekauft werden, hängt von den unterschiedlichen Bedürfnissen der Konsumenten ab:

- Für manche Menschen ist es wichtig, nicht stundenlang in der Küche zu stehen, sondern in kürzester Zeit ein vollständiges Essen auf dem Tisch zu haben.
- Andere Personen schätzen nach wie vor das Selbstgekochte.
- Für einen Fünf-Personen-Haushalt wiederum könnte die ausschließliche Verwendung von Halbfertig- und Fertigprodukten zu teuer sein.

Die unterschiedlichen Stufen der Bearbeitung sind in der Abbildung oben dargestellt.

Um vorgefertigte Gerichte beurteilen zu können, vergleichen wir sie mit einer gleichartigen Speise, die wir selbst aus frischen Rohstoffen zubereiten. Es zeigt sich in den meisten Fällen, dass durch die Verwendung vorgefertigter Produkte Arbeitszeit gespart wird, der Preis aber höher liegt als bei der Verwendung von Rohprodukten. Den Geschmack muss jeder natürlich selbst beurteilen.

Fertigprodukte sinnvoll einsetzen

Bei Verwendung von Fertigprodukten sollten folgende Gesichtspunkte berücksichtigt werden:

- Welche Produkte werden gewählt und welchen Platz nehmen sie im Speiseplan ein?
- Ist das „Fertigmenü" vollwertig?
- Wurden dem Produkt zur Haltbarmachung oder zum Erhalt des Aussehens Zusatzstoffe beigegeben (z. B. Emulgatoren, Phosphate, Antioxidationsmittel, Konservierungsmittel)?
- Kann man auf andere Angebote ausweichen?

Die aufwändige Verpackung vieler Fertigprodukte bedeutet Rohstoffverschwendung, es fällt mehr Müll an. Kann dies durch die Wahl anders verpackter Produkte beeinflusst werden?

Die Entscheidung, in welchem Umfang solche Produkte verwendet werden, hängt vor allem von der Situation eines Haushaltes ab, also von der Personenzahl, der Berufstätigkeit, den verfügbaren Geldmitteln.

> Fertigprodukte sparen Zeit und kosten Geld.

1 Lege eine Liste an über Halbfertig- und Fertigprodukte, die dir empfehlenswert erscheinen.

2 Ergänze Gulasch aus der Dose zu einer vollwertigen Mahlzeit.

3 Vergleiche Schokoladenpudding aus Rohprodukten, Halbfertigprodukten und ein Fertigprodukt.

Die Schlacht am kalten Buffet

Ess- und Tischkultur

Wir essen nicht nur, weil wir hungrig sind. Essen bedeutet auch Genuss, Entspannung und Geselligkeit. Umgebung und Atmosphäre bei Tisch sind dabei genauso wichtig wie eine schön gedeckte Tafel und eine appetitlich angerichtete Mahlzeit. Die Form der Mahlzeiten unterscheidet sich in den verschiedenen Kulturkreisen deutlich und beruht weitgehend auf alten Traditionen. In der Familie oder im Freundeskreis stärkt eine gemeinsame Mahlzeit das Zusammengehörigkeitsgefühl.

Tischdecken

Jeder setzt sich gern an einen schön gedeckten Tisch. Tischdecken aber will gelernt sein. Folgende Regeln haben sich bei uns bewährt:
- Der Teller steht etwa 1 cm von der Tischkante entfernt.
- Das Messer liegt mit der Schneide nach innen rechts neben dem Teller.
- Die Gabel liegt links neben dem Teller.
- Der Nachtischlöffel liegt oberhalb des Tellers.
- Das Trinkglas steht oberhalb von Messer und Löffel.
- Der Teller für Salat oder Süßspeise steht oberhalb der Gabel.
- Die Serviette liegt links neben der Gabel oder auf dem Teller.

Verhalten bei den Mahlzeiten

Wo mehrere Menschen zusammen sind, ist gegenseitige Rücksichtnahme unerlässlich. Auch wenn die Tischsitten sich im Laufe der Zeit ständig veränderten, so sind doch einige feste Verhaltensmuster geblieben, die das Grundprinzip der gegenseitigen Rücksichtnahme beinhalten.

> Essen soll Freude und Genuss sein. Gutes Benehmen ist eine wichtige Voraussetzung dazu.

Regeln zum Anrichten von Speisen

- Der Rand von Schüsseln und Platten soll frei bleiben und sauber sein.
- Die aufgelegten Speisen müssen leicht zu nehmen sein.
- Auf Farbzusammenstellungen achten.
- Möglichst mit Zutaten garnieren, die zu den Speisen passen und mitverzehrt werden.
- Nie heiße und kalte Speisen zusammen auf einer Platte anrichten.
- Für heiße Speisen das Anrichtegeschirr vorwärmen.
- Bei der Reihenfolge des Anrichtens die Temperatur der Speisen beachten: Zuerst kalte Speisen anrichten, z.B. Salat, dann fetthaltige Speisen, die nicht so rasch abkühlen, z.B. Braten und Soße, zuletzt Kartoffeln, Nudeln und Reis.

---

1 Stellt in Gruppenarbeit Regeln auf für das Benehmen bei Tisch.

2 Deckt den Tisch für verschiedene Anlässe: Alltag, Festtag.

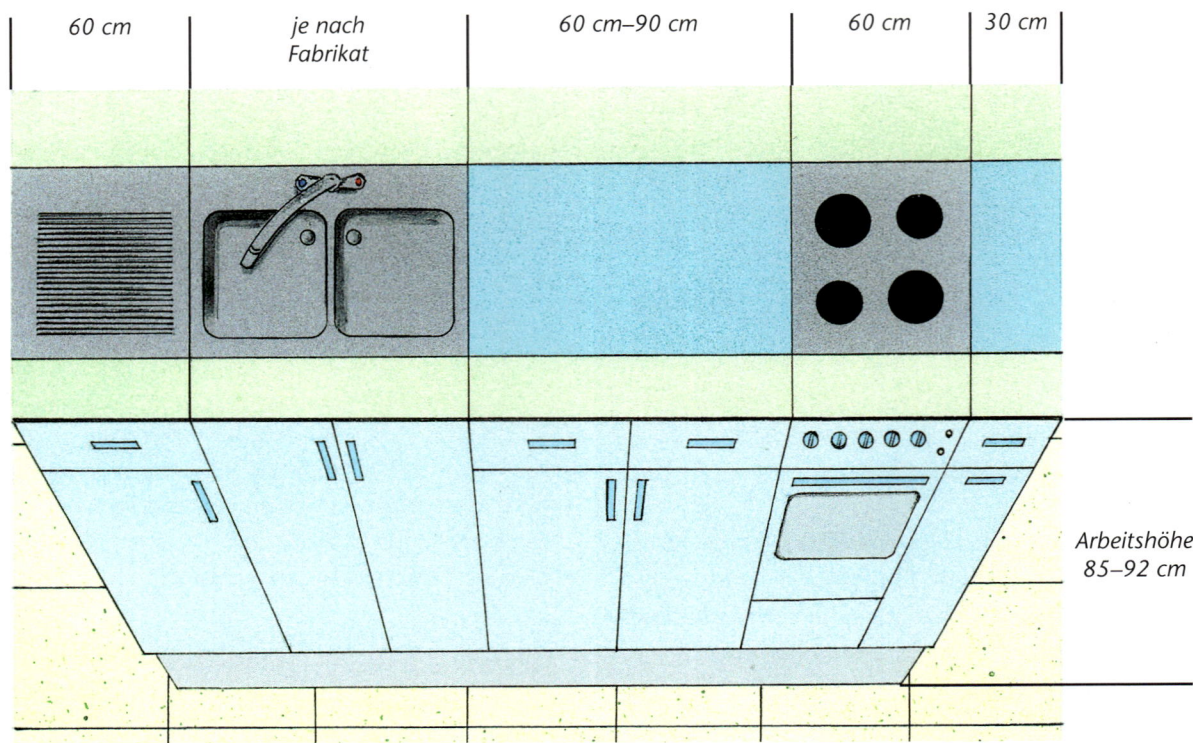

Anordnung der Arbeitsbereiche

Bereich	Beispiel für auszuführende Arbeiten	Einrichtungsgegenstände
Vorbereitungsbereich	Lebensmittel schneiden, reiben, anrühren	Arbeitsplatte, evtl. mit Sitzgelegenheit, Schrankraum mit wichtigsten Arbeitsgeräten
Koch- und Backbereich	Lebensmittel durch Hitze garen	Herd, Backofen, Grill, Dunstabzug Schrankraum für Töpfe, Pfannen, Backbleche
Reinigungsbereich	Gemüse und Obst reinigen Geschirr und Geräte spülen	Spüle mit Abtropffläche Spülmaschine, Schrankraum für Reinigungsgeräte
Vorratsbereich	Lebensmittel bevorraten	Kühlschrank, Gefrierschrank, Vorratsschränke
Aufbewahrungsbereich	Geschirr und Geräte aufbewahren	Schränke, Schublade

Arbeitsbereiche

Ohne Küche geht es nicht

Jede Wohnung, ob klein oder groß, hat eine Küche. Die wichtigsten Grundelemente Herd, Arbeitsplatte, Spüle, Abtropffläche befinden sich in einer Kochnische genauso wie in einer Arbeitsküche oder einer Wohnküche. Täglich wird in der Küche Essen vorbereitet und zubereitet.

Nach jeder Mahlzeit wird das Geschirr gespült und aufgeräumt.
Die einzelnen Arbeitsbereiche müssen so angeordnet sein, dass rationelles Arbeiten möglich ist.

Die richtige Anordnung der Arbeitsbereiche erspart Weg und Zeit.

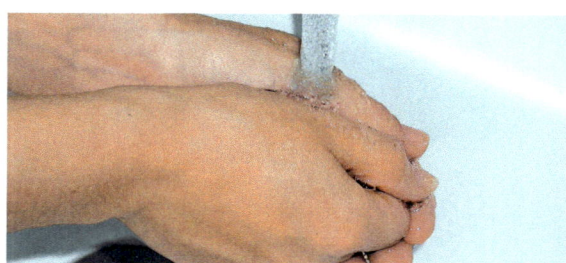

Hände waschen

Speisen mit zwei Löffeln probieren

Küchentücher und Lappen häufig wechseln

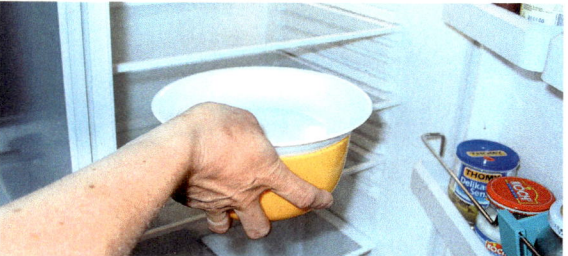

Verderbliche Lebensmittel kühlen

Hygiene in der Küche

Persönliche Hygiene

- Vor Arbeitsbeginn Hände waschen (einseifen und abtrocknen)
- Fingernägel sauber halten
- Fingerringe ablegen
- Wunden an Händen wasserdicht abdecken
- Saubere Schürze anziehen
- Haare zurückbinden

Begründung: Vom Körper und von der Kleidung können Krankheitserreger auf die Lebensmittel gelangen, die dann auf andere Personen übertragen werden. Besondere Gefahr besteht bei eiternden Wunden und bei Erkältungen.

Lebensmittelhygiene

- Nur sauberes Geschirr verwenden
- Speisen mit zwei Löffeln probieren
- Lebensmittel abdecken
- Verderbliche Lebensmittel kühl aufbewahren
- Auftauwasser von tiefgekühlten Lebensmitteln, besonders von Geflügel, wegschütten

Begründung: Lebensmittel sind ein guter Nährboden für Kleinstlebewesen (Mikroorganismen), die sich in der Wärme rasch vermehren. Bei Tief-

kühlgeflügel besteht insbesondere die Gefahr der Übertragung von Salmonellen.

Hygiene am Arbeitsplatz

- Arbeitsflächen bei der Arbeit sauber halten
- Küchentücher und Lappen häufig wechseln
- Arbeitsplatz nach dem Kochen säubern
- Müll nach der Nahrungszubereitung aus der Küche entfernen
- Kühlschrank regelmäßig reinigen

Begründung: Auch an kleinen Speiserückständen vermehren sich die Mikroorganismen und werden auf die Lebensmittel, die damit in Berührung kommen, übertragen.

Für die Gesundheit ist Hygiene wichtig.

1 Erarbeitet in Gruppen die Lagerbedingungen für:

a) Trockenvorräte wie Reis, Mehl, Nüsse
b) konservierte Lebensmittel in Gläsern, Dosen und Flaschen
c) tiefgefrorene Lebensmittel
d) Getränke wie Mineralwasser, Saft.
Präsentiert die Ergebnisse der Klasse.

Arbeitsfolge für folgendes Picknick: Törtchen, frische Erdbeeren, bunter Nudelsalat, erfrischender Tee

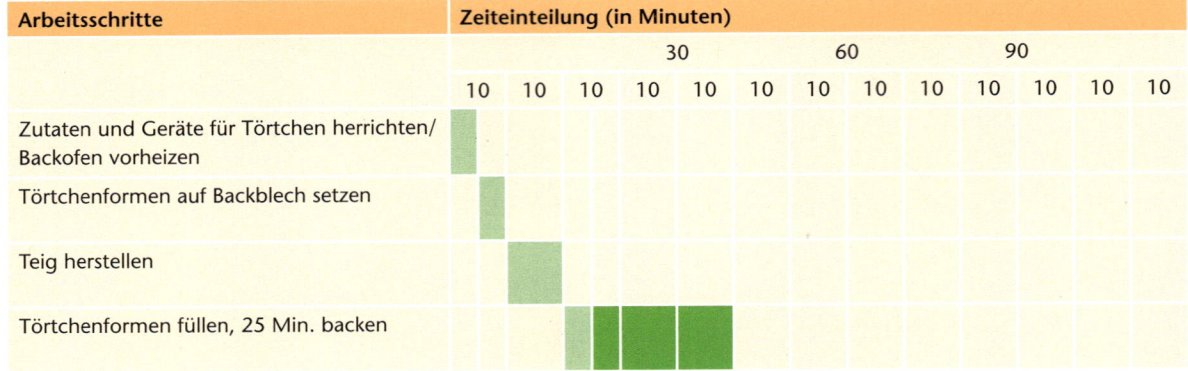

Arbeitsschritte	Zeiteinteilung (in Minuten)
Zutaten und Geräte für Törtchen herrichten/ Backofen vorheizen	
Törtchenformen auf Backblech setzen	
Teig herstellen	
Törtchenformen füllen, 25 Min. backen	

Ämterplan

Klasse:	Abtrockenamt	Spülamt	Herd-, Tisch- und Bodenamt	Ordnungsamt
vor der Nahrungszubereitung	• Spülmaschine ausräumen	• Tücher und Lappen herrichten • …	• Abfallschüsseln, Löffeltopf herrichten	• Lebensmittel bereitstellen
während der Nahrungszubereitung	• Anrichtegeschirr herrichten • …	• Zwischenspülen • …	• Tisch, Herd und … sauber halten	• Lebensmittel nachfüllen …
nach der Nahrungszubereitung	• Abtrocknen • … • …	• Küchengeschirr spülen • … • …	• … • Küchenboden kehren • …	• Spülmaschine einräumen • …
Namen:	…………………	…………………	…………………	…………………

Arbeits- und Zeitplanung

Wenn wir in der Schulküche eine Mahlzeit zubereiten, müssen wir uns nach den zur Verfügung stehenden Schulstunden richten. Die Mahlzeit muss so rechtzeitig fertig sein, dass noch Zeit zum Essen und Aufräumen bleibt.

Folgende Planungsschritte sind zu beachten:
- Vorbereitungsarbeiten,
- Zubereitungsarbeiten,
- Anrichtearbeiten,
- Aufräumarbeiten.

Zu den Vorbereitungsarbeiten gehören das Bereitstellen der Geräte und das Herrichten der Zutaten, zu den Zubereitungsarbeiten die Zerlegung der Teilaufgaben in Arbeitsschritte und die sachgerechte Durchführung. Zu den Anrichtearbeiten gehört, die zubereiteten Gerichte auf Platten, Tellern oder in Schüsseln bereitzustellen. Die Aufräumarbeiten beinhalten das Spülen der Küchengeräte und des benutzten Geschirrs, das Abtrocknen und das Zurückstellen an den jeweiligen Platz sowie das Säubern des Arbeitsplatzes. Wie du aus dem obigen Arbeitsplan ersehen kannst, wird zwischen Arbeitszeit und Wartezeit unterschieden. In Wartezeiten können weitere Arbeiten verrichtet werden. Außerdem ist für die Arbeit in der Schule noch ein Ämterplan aufzustellen, der aufzeigt, welche weiteren Arbeiten von wem übernommen werden. Die Ämter wechseln, sodass jeder alle Arbeiten erlernt.

1 Du willst folgende Mahlzeit zubereiten: Spagetti mit Tomaten-Hackfleisch-Soße, Kopfsalat, Obstquark. Erstelle den Arbeitsplan. Wann musst du beginnen, damit du um 12.30 Uhr fertig bist?

2 Ergänze den Ämterplan oben am PC.

Art des Teiges	Teiglockerungsmittel	Lockerung durch	Grundrezept	Zubereitung
Biskuitteig	Ei-Schaummasse	Luft Wasserdampf	4 Eier 4 Essl. Wasser	Schaummasse schlagen bis zur doppelten Menge und cremigweißlichem Aussehen
			100 g Zucker 150 g Mehl	nach und nach zugeben, unterheben; sofort in vorgeheiztem Backofen backen
Rührteig	Backpulver	CO_2	250 g Butter oder Margarine	schaumig rühren
			200 g Zucker 6 Eier Zitronensaft	abwechselnd nach und nach zur Butter geben und rühren
			500 g Mehl 1 Pck. Backpulver	mischen, nach und nach einrühren nach Bedarf zugeben
			einige Essl. Milch	sofort in vorgeheiztem Backofen backen
Hefeteig	Hefe	CO_2 Alkohol	1 Pck. Hefe knapp ¼ l Milch 500 g Mehl 50 g Fett 50 g Zucker 1 Ei	alles zu einem Teig verarbeiten; gehen lassen, durchkneten, formen oder aufs Blech geben; nochmals ca. 10 Min. gehen lassen; in vorgeheiztem Backofen backen

Die Teiglockerung

Jede Teiglockerung geschieht durch Gase. Dadurch wird das Gebäck leicht verdaulich und schmeckt gut.

Gase kommen in den Teig durch

- Mechanische Bearbeitung:
  Beim Kneten, Schlagen und Rühren gelangt Luft in den Teig. Eischnee bringt besonders viel Luft hinein. Beispiel: Biskuitteig
- Chemische Lockerungsmittel:
  Backpulver, Hirschhornsalz. In der Hitze bilden sich Gase; diese durchdringen den Teig, während er fest wird. Es entstehen Hohlräume, das Gebäck wird porös, der Teig „geht auf". Beispiel: Backpulverteig
- Biologische Lockerungsmittel:
  Hefe und Sauerteig bilden durch Gärung Gase. Beispiel: Brot

- Auch Butter und Margarine enthalten fein verteiltes Wasser. In der Hitze entstehen Dampfblasen. Beispiel: Mürbteig

Gebäck wird meist bei Temperaturen von ca. 200 °C gebacken. Im Inneren des Gebäcks herrscht eine Temperatur von etwa 100 °C.

Die eingeschlossenen Gase dehnen sich durch die Hitze aus und lockern die fest werdende Masse. Geschieht das Festwerden nicht rechtzeitig, so entweichen die Gase und das Gebäck fällt zusammen. Das passiert zum Beispiel, wenn der Backofen zu früh geöffnet wird.

> Durch die Teiglockerung wird erreicht, dass Gebackenes porös und locker wird.

1 Suche Rezepte zu den genannten Gebäckarten und bereite je ein Gebäck zu.

2 *Sicherer Umgang mit dem Dampfdrucktopf*

Umgang mit dem Dampfdrucktopf

Ein Zeit sparender Helfer bei der Nahrungszubereitung ist der Dampfdrucktopf. Bei Gerichten mit langer Garzeit, z. B. Kartoffeln, verkürzt er die Garzeit um die Hälfte. Dadurch verringert sich auch der Energieverbrauch. Im Dampfdruckkochtopf kommen durch den Überdruck Temperaturen von 108 –116 °C zustande.

Füllen

• Genügend Flüssigkeit einfüllen, damit sich Dampf entwickeln kann (mindestens 1/4 l).
• Speisen mit gleicher Garzeit können in den Einsätzen übereinandergestellt werden.

Schließen

• Topfrand abwischen, damit der Gummiring abdichtet.
• Topf ordnungsgemäß schließen – beachte die Markierung!
• Topfgriffe müssen übereinanderstehen.

Garen

• Bei starker Hitze ankochen.
• Bei Dampfentwicklung Kochregler schließen.
• Wenn der 1. Ring des Druckstiftes erscheint, Kochstelle auf 1/3 der Leistung stellen.
• Wenn der zweite Ring sichtbar wird, beginnt die eigentliche Garzeit.

Öffnen

• Nach Ende der Garzeit Topf von der Kochstelle nehmen.
• Den Topf erst öffnen, wenn er druckfrei ist, das heißt: stehen und abkühlen lassen oder den Deckel mit kaltem Wasser übergießen.
• Deckel nie mit Gewalt öffnen – Unfallgefahr!

Reinigung und Pflege

Topf, Deckel und Gummiring mit Spülwasser reinigen, klarspülen. Ventil und Gummiring stets sauber halten. Aufbewahrt wird der Topf unverschlossen. Dichtungsring bei Verschleiß austauschen.

Grundtechniken der Lebensmittelverarbeitung

Arbeitsgang	Zweck	Geräte	Arbeitsregeln
Putzen	Entfernen von verdorbenen, welken oder harten Teilen	Küchenmessr Abfallschale	Nur ungenießbare Bestandteile entfernen
Waschen	Erde und grobe Verschmutzungen wegschwemmen Lösen von chemischen Stoffen, z.B. Pflanzenschutzmittel	Große Schüssel, evtl. Bürste, Salatseiher zum Abtropfen	Vor dem Schälen und Zerteilen kurz in stehendem, kalten Wasser waschen, nie im Wasser liegen lassen
Schälen	Entfernen von Schalen oder Häuten	Sparschäler für harte Schalen, Küchenmesser zum Abziehen dünner Schalen	Möglichst dünn schälen, geschältes Obst und Gemüse nicht an der Luft liegen lassen
Zerkleinern • Schneiden • Reiben • Hobeln • Passieren • Raspeln • Pürieren	Zerkleinern in Scheiben, Würfel, Streifen Zerkleinern in dünne Scheiben, grobe oder feine Stiftchen Weiche Lebensmittel zu breiartiger Masse zerkleinern	Küchenmesser, Schneidebrett Rohkostreibe, Schnitzelwerk der Küchenmaschine Passiersieb oder Pürierstab des Handrührgeräts	Immer auf Brett schneiden, zerkleinerte Lebensmittel zudecken, rasch weiterverarbeiten Rohkost in die schon vorbereitete Marinade raspeln Pürierstab in Schüssel halten, dann erst einschalten
Mixen • Mixen • Schlagen • Rühren • Unterheben • Kneten	Gleichzeitiges Mischen und Zerkleinern Mischen von Zutaten zu Teigen Luft in flüssige Massen einschlagen Eischnee oder Sahne unter Teig mischen	Mixbecher mit Messerkreuz Handrührgerät mit Rührbesen, Knethaken Schneebesen Schneebesen oder Teigschaber	Zuerst feste Zutaten, dann Flüssigkeiten zugeben Flüssigkeiten langsam zu festen Zutaten geben Schaummassen sofort weiterverarbeiten Lockere Masse auf feste geben, vorsichtig vermischen

Überblick über die Gararten

Garart Kochen	Garart Braten	Garart Dünsten
Garen in reichlich siedendem Wasser oder wasserhaltiger Flüssigkeit (z. B. Milch)	Garen in heißem Fett	Garen in wenig Fett und wenig Flüssigkeit
Temperatur: 100 °C bei empfindlichen Speisen wie Klößen „garziehen" (ca. 90 °C)	*Temperatur:* 170 °C	*Temperatur:* 120 °C beim Andünsten in Fett 100 °C nach Wasserzugabe
Arbeitsgang: Lebensmittel in die kochende Flüssigkeit geben	*Arbeitsgang:* Wasserfreies Fett bis zur Schlierenbildung erhitzen, nicht rauchheiß weden lassen; Bratgut zugeben und braun werden lassen, Herdplatte zurückschalten	*Arbeitsgang:* Lebensmittel in wasserhaltigem Fett andünsten, nicht bräunen; wasserreiche Lebensmittel im eigenen Saft garen, sonst ablöschen
Geeignet für: Lebensmittel, die quellen sollen, Teigwaren	*Geeignet für:* Kurzbratstücke, Fisch, Kartoffeln, Getreideküchlein	*Geeignet für:* Gemüse, Fleisch, Fisch
Tipp: Nährstoffhaltiges Kochwasser weiterverwenden	*Tipp:* Größere Fleischstücke nach dem Anbraten im Backofen weitergaren, dabei öfter mit Bratensaft begießen	*Tipp:* Beim Andünsten bilden sich Geschmacksstoffe; wenig Nährstoffverlust, da gelöste Stoffe mitverzehrt werden

Garart Druckgaren	Garart Grillen	Garart Backen
Garen in Wasser oder Wasserdampf bei Überdruck (1,3 bis 1,5 bar)	Garen durch Strahlungshitze oder Kontakthitze	Garen in heißer Luft
Temperatur: 105–120 °C Der Siedepunkt des Wassers steigt mit dem Druck	*Temperatur:* 200–250 °C	*Temperatur:* 150–250 °C geeignete Temperatur am Thermostat einstellen
Arbeitsgang: Mindestens ¼ Liter Wasser in den Dampfdrucktopf geben, Lebensmittel im Wasser oder im Einsatz garen	*Arbeitsgang:* Lebensmittel erst einlegen, wenn Grillstäbe glühen; Grillzeiten genau einhalten; erst nach dem Grillen würzen	*Arbeitsgang:* Temperatur und Einschubhöhe nach der Back- und Brattabelle des Herstellers ermitteln
Geeignet für: Lebensmittel mit langer Garzeit wie Kartoffeln, Gemüse, Hülsenfrüchte, Fleisch	*Geeignet für:* Kurzbratstücke, Fisch, Geflügel	*Geeignet für:* Gebäck, Aufläufe, große fettreiche Braten
Tipp: Garzeit ist wesentlich verkürzt, Schonung hitzeempfindlicher Vitamine, Energieersparnis	*Tipp:* Für fettarme Diät geeignet; es bilden sich auch ohne Fettzugabe Röststoffe	*Tipp:* Je nach Backofen kann sich die angegebene Backzeit verändern, deshalb das Gebäck vor dem Herausnehmen testen, ob es gar ist

3 Produzenten und Konsumenten am Markt

Elektronikmarkt

Wochenmarkt in Weimar

Interessen des Anbieters (Verkäufers)	Interessen des Käufers (Nachfragers)
• hoher Verkaufspreis	• niedriger Verkaufspreis
• hoher Gewinn	• gute Qualität
• guter Absatz	• lange Garantie
• geringe Aufwendungen für Kundendienst	• guter Kundendienst
• zufriedene Kunden	• Zufriedenheit mit dem Kauf

Marktpreis

Treffpunkt am Markt

Der Markt

Was ist ein Markt?

Wollen wir beispielsweise Fleisch und Gemüse kaufen, so können wir einen Gütermarkt nutzen. Diese Güter können wir auf dem Wochenmarkt, im Supermarkt oder auch im Fachgeschäft nachfragen. Wir müssen nur ein Angebot finden. Bei den Frisören der Stadt hingegen treffen wir auf einen Dienstleistungsmarkt.

Allen Märkten ist gemeinsam, dass sich auf ihnen zwei Interessengruppen begegnen, die Güter und Geld austauschen. Anbieter (Verkäufer) und Nachfrager (Käufer) haben offensichtlich unterschiedliche Interessen.

Ein Markt muss nicht an einen Ort gebunden sein. Der Wochenmarkt wird zwar auf einem bestimmten Platz in der Stadt organisiert, der Supermarkt hat ebenfalls eine konkrete Adresse. Ein Markt existiert aber auch, wenn du per Katalog ein Buch bestellst. Auch das Internet wird heute oft als Markt genutzt. Den Einkauf über das Internet und das Telefon bezeichnen wir als E-Commerce, also als elektronischen Handel. So können Anbieter und Nachfrager auch über Ländergrenzen hinweg schnell und ohne größeren Aufwand Geschäfte abschließen.

Unter Markt versteht man jedes Zusammentreffen von Anbietern und Nachfragern, um Güter und Geld auszutauschen. Der Markt ist der Ort der Preisbildung.

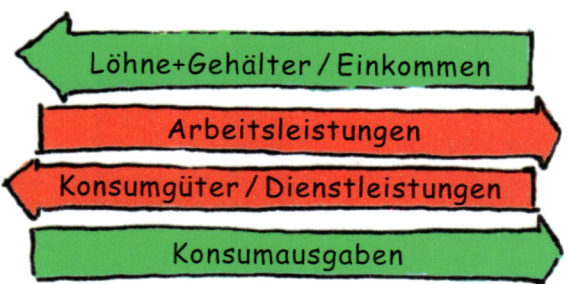

Einfacher Wirtschaftskreislauf

Jeder will ein gutes Geschäft machen

Jeder will ein gutes Geschäft machen (Maximalprinzip). Die Anbieter wollen ihre Waren verkaufen und dabei einen möglichst hohen Gewinn erzielen. Die Nachfrager wollen für ihr Geld viel Ware in hoher Qualität bekommen. Der Käufer ist also an niedrigen Preisen, der Verkäufer dagegen ist an hohen Preisen interessiert.

Nachfrager kaufen dann, wenn das Angebot auch ihren Bedürfnissen entspricht und sie das dafür notwendige Geld haben. Erst dann besteht bei ihnen ein Bedarf (siehe S. 9).

Anbieter bringen Güter auf den Markt und bieten sie zum Kauf an. Nachfrager haben Bedarf und sind bereit, dafür zu bezahlen.

Ein Kreislauf entsteht

Damit deine Eltern Lebensmittel kaufen können, benötigen sie Geld. Dieses Geld verdienen sie durch die Arbeit bei einem Unternehmen. Für die Arbeit, die sie leisten, beziehen sie Lohn oder Gehalt. Ihre Arbeit kann darin bestehen, Dienstleistungen zu erbringen oder Produkte herzustellen. Die Unternehmen bieten diese Dienstleistungen oder Produkte auf dem Markt an. In privaten Haushalten besteht ein Bedarf und sowohl Dienstleistungen als auch Produkte werden von den Haushalten gekauft, d.h. in der Sprache der Wirtschaftswissenschaftler „konsumiert".

> Die Unternehmen nennt man Erzeuger bzw. Produzenten, die privaten Haushalte Verbraucher bzw. Konsumenten.

Das Geld, welches die Haushalte verdient haben, fließt auf diese Weise zurück zum Unternehmen. So entsteht ein Kreislauf, der einfache Wirtschaftskreislauf.

Der einfache Wirtschaftskreislauf ist ein Modell, das diese wirtschaftlichen Vorgänge darstellt (siehe Grafik). Dabei werden Vereinfachungen vorgenommen:

- Es besteht die Annahme, dass sowohl die Haushalte als auch die Unternehmen nicht sparen. Sie geben ihr gesamtes Einkommen für Produkte und Dienstleistungen aus.
- Der Staat greift nicht in die Geld- und Güterströme ein.

> Beim einfachen Wirtschaftskreislauf laufen Geld- und Güterströme in gleicher Stärke in die entgegengesetzte Richtung. Es wird alles konsumiert und nicht gespart.

1 Schreibe Güter auf, welche du täglich verbrauchst und somit konsumierst.

2 Auf welchen Märkten fragt deine Familie Güter nach?

3 Gestaltet im Rollenspiel ein Gespräch auf dem Wochenmarkt. Achtet auf die Interessen von Anbieter und Nachfrager.

4 Frau Pfeiffer kauft von ihrem Lohn eine Waschmaschine und lässt sie bei der Lieferung anschließen. Erkläre daran den einfachen Wirtschaftskreislauf.

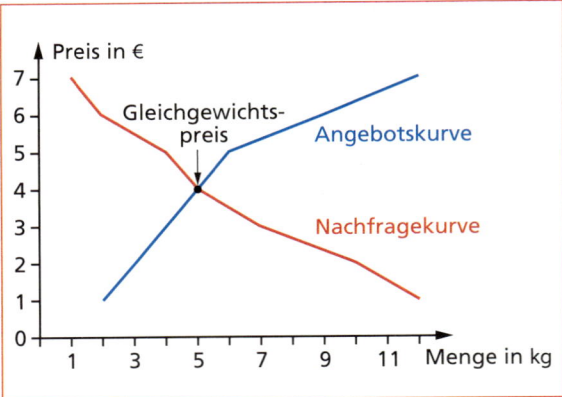

Preis-Mengen-Diagramm

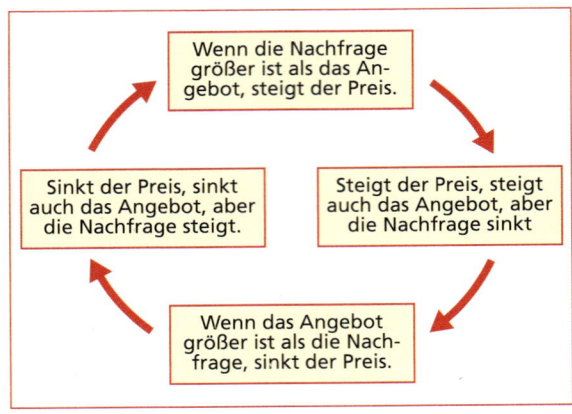

So funktioniert der Markt

So funktioniert der Markt

Wie viel kostet es?

Wie entstehen nun eigentlich die Preise, die wir für die Waren bezahlen? Ein Beispiel hilft, das Grundprinzip der Preisbildung zu verstehen:
Auf dem Wochenmarkt in Leipzig werden Erdbeeren aus der Region angeboten. Wegen des kalten Wetters ist die Ernte schlecht. Die Händler verlangen pro Kilo 6 Euro. Zu diesem Preis sind nur wenige Nachfrager bereit zu kaufen und nehmen die billigeren Erdbeeren aus dem Ausland. Wollen die Händler ihre Erdbeeren absetzen, so müssen sie den Preis senken. Bei einem Preis von 1,50 Euro wäre die Nachfrage so groß dass die vorhandene Menge nicht ausreichen würde. Bei einem Preis von etwa 4 Euro hingegen wäre die Anzahl der Nachfrager, die diesen Preis bezahlen wollen, ebenso groß wie die Anzahl der Anbieter, die zu diesem Preis verkaufen würden.

> Der Preis eines Gutes wird durch Angebot und Nachfrage bestimmt. Er ist der Tauschwert der Ware.

Angebot und Nachfrage

Wenn eine große Menge gleicher Produkte auf dem Markt angeboten wird, dann ist das Angebot groß. Ein großes Angebot drückt den Preis. Bei einem niedrigen Preis sind immer weniger

Anbieter bereit, große Mengen dieses Produktes zu verkaufen. Wird aber das Angebot bei gleich bleibender Nachfrage kleiner, so steigt der Preis.

> Ist die Nachfrage größer als das Angebot, steigt der Preis. Ist das Angebot größer als die Nachfrage, sinkt der Preis.

Der Gleichgewichtspreis

Das Preis-Mengen-Diagramm oben zeigt diese Abhängigkeiten. Die blaue Angebotskurve macht deutlich, zu welchem Preis die Anbieter welche Menge der Ware anzubieten bereit sind. Normalerweise wird die Menge des Angebotes steigen, wenn die Preise steigen.
Das Verhalten der Nachfrager wird in der roten Nachfragekurve dargestellt. Bei steigendem Preis sehen mehr und mehr Nachfrager vom Kauf des Produktes ab. Die Nachfragekurve fällt von links oben nach rechts unten.
Im Schnittpunkt der beiden Kurven sind Angebot und Nachfrage im Gleichgewicht. Eine gleich große Zahl von Anbietern und Nachfragern ist mit dem Preis einverstanden. Wir sprechen in diesem Fall vom Gleichgewichtspreis. Zu diesem Preis schließen Anbieter und Nachfrager ihre Geschäfte ab.

> Der Gleichgewichtspreis ist der Preis, bei dem die angebotene Menge eines Produktes der nachgefragten Menge entspricht.

Weniger für mehr Geld

Löhne und Preise bestimmen die Kaufkraft: Ziel Preisstabilität bzw. Geldwertstabilität

Wie viel ist der Lohn wert?

Nehmen wir noch einmal das Beispiel der Erdbeeren. Werden viele Erdbeeren gekauft, weil die Preise niedrig sind, dann nimmt die Kaufkraft des Geldes zu und es wird mehr konsumiert. Sind die Erdbeerpreise hoch, nimmt die Kaufkraft des Geldes ab. Es wird weniger konsumiert.

> Die Menge und Qualität von Gütern, die ich mit meinem Geld erwerben kann, gibt Auskunft über die Kaufkraft des Geldes.

Preissteigerungen und Lohnerhöhungen sollten sich die Waage halten (siehe Grafik). Ist das der Fall, sprechen wir von gleich bleibender Kaufkraft. Wenn die Preise für einzelne Produkte und Dienstleistungen steigen, müssen die Preise für andere Produkte und Dienstleistungen sinken. Nur dann ist das allgemeine Preisniveau stabil.

Wettbewerb

Wenn mehrere Anbieter um die Käufer konkurrieren, so nennt man dies Wettbewerb. In dieser Situation versuchen die Anbieter, sich durch bessere Leistungen, günstigere Preise oder höhere Qualität von den Konkurrenten abzuheben.

Wird der Wettbewerb hingegen eingeschränkt, sinkt die Anzahl der angebotenen Produkte und die Käufer haben weniger Auswahl, müssen höhere Preise bezahlen oder schlechtere Qualität in Kauf nehmen.

Um dies zu verhindern, hat der Staat Gesetze gegen Wettbewerbsbeschränkungen erlassen.

> Der Staat muss dafür sorgen, dass Konkurrenz in der Wirtschaft vorhanden ist, damit keine Marktmacht eines Einzelnen entsteht.

1 Du möchtest günstig Badesachen kaufen. Welche Überlegungen stellst du an?

2 Du willst auf dem Weihnachtsmarkt Adventsgestecke verkaufen. Was musst du beachten, wenn du die Preise festlegst?

3 Suche Beispiele für die Konkurrenz von Anbietern in deiner Region. Wodurch erlangen sie Wettbewerbsvorteile?

Messe Leipzig

Markthalle Stuttgart

Börse Frankfurt

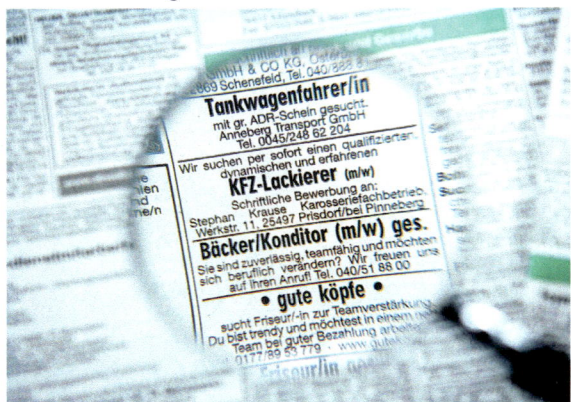

Zeitungsannoncen

Marktarten und Marktformen

Marktarten

Auf dem Wochenmarkt und dem Trödelmarkt bist du sicherlich schon einmal gewesen. Auch der Supermarkt, Kaufhäuser und spezielle Märkte wie Spielzeuggeschäfte, Buchhandel, Automarkt und Baumarkt sind dir bekannt. Was in der heutigen Gesellschaft jedoch immer mehr an Bedeutung gewinnt, ist der Internetmarkt. Man kann im Internet nicht nur Dinge ersteigern. Auch Versandhäuser und Einzelhändler bieten dort ihre Waren an. Der Markt im Internet ist breit gefächert und man kann fast alle Güter dort erwerben. Auch Dienstleistungen werden im Internet angeboten. So kann man beispielsweise jemanden beauftragen, der für einen Lebensmittel einkauft. Man gibt an, was man möchte, und bekommt die Sachen nach Hause geliefert. Sogar Gemüsekisten und Getränke lassen sich so recht einfach bestellen und liefern – für Menschen ohne Auto sicherlich eine Alternative.

Wenn du später eine Wohnung suchst, begibst du dich auf den Wohnungsmarkt. Wohnungsanzeigen findest du im Internet, in Zeitungen sowie bei entsprechenden Firmen oder Hausverwaltungen. Möchtest du in den Urlaub fahren, bietet dir der Reisemarkt verschiedene Angebote. Geht dein Fahrrad kaputt und du benötigst Hilfe, kannst du dich auf dem Markt für Fahrradreparaturen umsehen. Reise- und Reparaturmarkt werden auch als Dienstleistungsmärkte bezeichnet. Märkte, auf denen man Gegenstände erwerben kann, heißen Sachgütermärkte.

Zu den Marktarten gehören aber auch Geldmärkte wie Börsen und Banken. Eine Börse ist eine regelmäßig stattfindende Marktveranstaltung, bei der Währungen (Devisen), Wertpapiere (z. B. Aktien) oder Rohstoffe (z. B. Metalle, Getreide, Kaffee) gehandelt werden. Zeitpunkt und Ort des Handels sind festgelegt.

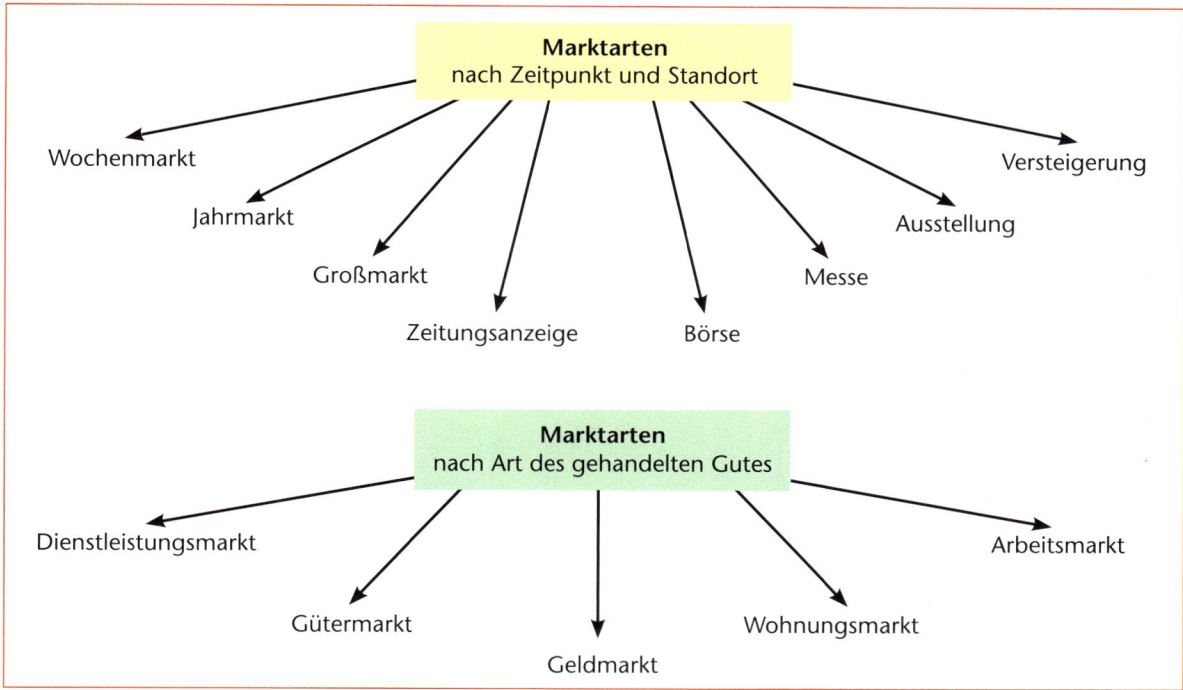

Marktarten

Marktarten können nach dem Zeitpunkt, dem Standort und auch nach der Art der gehandelten Ware unterschieden werden.

Marktformen

Wenn viele Anbieter einer Ware auf viele Nachfrager treffen, nennen wir diese Marktform *Polypol*. Es gibt sowohl bei den Anbietern als auch bei den Nachfragern viele Konkurrenten (z. B. Obst- und Gemüsehändler auf dem Wochenmarkt).
Wenn sich mehrere Händler zusammenschließen, können sie ein größeres Sortiment an Waren anbieten, aber auch die Konkurrenz verringern oder vom Markt verdrängen. Gibt es nur wenige Anbieter für ein Produkt, so liegt ein *Oligopol* vor. Dies gilt beispielsweise für den Benzinmarkt, Paketdienst oder für Fluggesellschaften.
Gibt es für eine Ware nur einen einzigen Anbieter und viele Nachfrager, so sprechen wir von einem *Monopol*, z. B. Bundesbahn, Wasserbetriebe.
Es ist eine wichtige Aufgabe des Staates, für Wettbewerb zu sorgen, da sonst der Monopolist seine marktbeherrschende Position ausnutzen und die Preise in die Höhe treiben kann.

Marktformen werden nach der Anzahl der Teilnehmer, die auf dem Markt aufeinandertreffen, unterschieden. Es gibt das Polypol, Oligopol und das Monopol.

1 Was wird hier gehandelt? Wer sind die Anbieter und wer die Nachfrager?
a) auf dem Arbeitsmarkt?
b) auf der Strombörse in Leipzig?

2 Erstelle eine Collage zum Thema „Markt ist nicht gleich Markt". Bestimme dabei, um welche Märkte es sich jeweils handelt.

3 Der Strommarkt wurde privatisiert, sodass es nun konkurrierende Stromanbieter gibt. Diskutiert, welche Folgen das für die Nachfrager hat.

4 Diskutiert in der Klasse die Vor- und Nachteile des Internetmarktes.

Schlussverkauf

Rabattaktion

Verkaufsstand

Sonderaktion

Verkaufsfördernde Maßnahmen

Damit Unternehmen ihre Produkte und Dienstleistungen auch verkaufen, ergreifen sie Maßnahmen, die den Verkauf fördern sollen. Diese Maßnahmen bezeichnet man als Marketing. Das Marketing umfasst folgende Bereiche:
- die Erforschung der Kunden- und Konkurrenzsituation,
- die Gestaltung des Preises,
- die Gestaltung des Verkaufsweges (Absatz),
- die Gestaltung des Produktes und der Verpackung,
- die Gestaltung der Werbung.

Eine wichtige verkaufsfördernde Maßnahme ist die Preisgestaltung. Der Preis ist für viele Nachfrager ein entscheidendes Kaufargument. Um Kunden anzulocken, werden häufig Sonderaktionen, Räumungs- oder Ausverkäufe und Saisonschlussverkäufe von den Händlern veranstaltet. Auch wo das Produkt erworben werden kann, spielt eine große Rolle. Muss dazu ein spezielles Geschäft angefahren werden, bekommt man es im Supermarkt oder über das Internet? Wichtig ist auch die Art der Verpackung. Ein Parfüm sollte durch die besondere Form seiner Flasche auffallen, eine bekannte Brauerei wirbt mit dem Geräusch der Bierflasche beim Öffnen.

Prospekte, die den Tageszeitungen beiliegen, machen auf neue Produkte und Sonderverkaufsaktionen aufmerksam.

> Marketing umfasst alle Maßnahmen, die dazu führen, dass der Kunde ein Produkt kauft.

Marktforschung

Um verkaufsfördernde Maßnahmen gezielt durchzuführen, muss der Markt vor der Produkteinführung genau beobachtet werden. Das Sammeln von Informationen ist die Grundlage des Marketing. Es wird auch als Marktforschung bezeichnet. Dabei werden Kundenbedürfnisse erfasst, das Angebot der Konkurrenz analysiert und nach einer Marktlücke gesucht, wo ein Bedarf besteht, der bisher nicht gedeckt ist.

1 Vergleiche die Preise eines Produkts bei verschiedenen Anbietern.

2 Recherchiere die Begriffe Rabatt, Skonto, Bonus und notiere die Erklärungen.

3 Vergleiche Produktverpackungen. Welche sprechen dich an? Wähle dazu eine bestimmte Produktsorte aus.

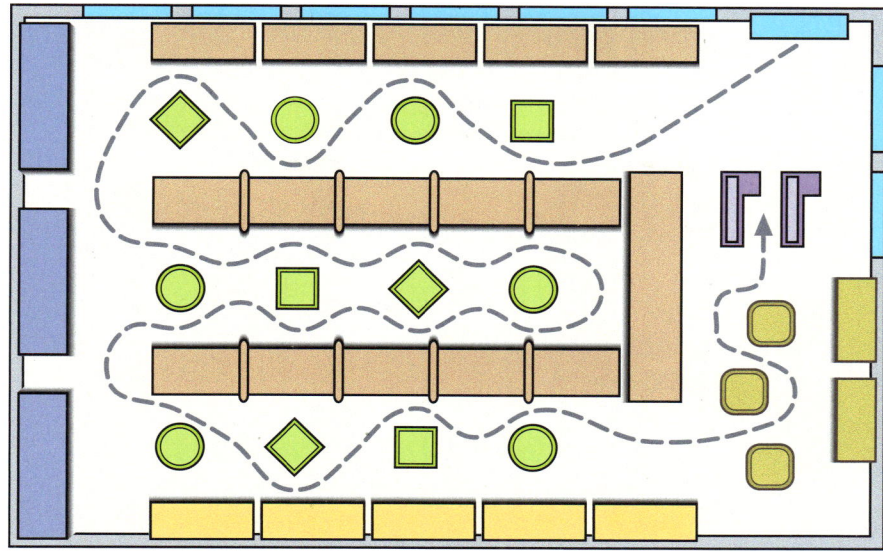

	Gefragte Artikel wie Käse, Fleisch, Wurst, Milchprodukte
	Artikel, die fast täglich eingekauft werden, wie Brot + Gebäck, Obst + Gemüse
	Stopper und Schüttelkörbe mit Sonderangeboten
	Gondeln im Kassenraum

Supermarkt-Grundriss

M Supermarkterkundung

Vor der Supermarkterkundung sollte im Geschäft nachgefragt werden, ob ihr die Erkundung dort durchführen könnt! Für die einzelnen Aufgaben ist es günstig, verschiedene Gruppen einzuteilen und Erkundungsbögen anzulegen. Übt vor der Erkundung in Rollenspielen die Kundenbefragung.

Mögliche Erkundungsschwerpunkte und Fragen:

Grundriss eines Supermarktes
- Fertigt eine Skizze des Marktes an.
- Tragt die Abteilungen in die Skizze ein.
- Wo befinden sich Sonderangebote?

Warenanordnung
- Welche Waren befinden sich in der Seh-, Greif- und Bückzone?
- Wo befinden sich Regale mit Süßigkeiten?
- An welchen Stellen stehen in den Gängen Körbe mit Sonderangeboten?

Preis und Qualität
- Sind die Preisschilder gut lesbar?
- Wie sind Sonderangebote gekennzeichnet?
- Sind Haltbarkeitsdatum und Inhalte angegeben?
- Ist die Ware vorschriftsmäßig gelagert?

Werbung
- Wie macht der Supermarkt Werbung?
- Welche Probierstände gibt es?

Kundenorientierung
- Ist das Personal freundlich und hilfsbereit?
- Gibt es einen Lieferservice für Getränke?
- Musik im Hintergrund?
- Hat der Supermarkt einen Parkplatz?
- Gibt es einen behindertengerechten Eingang?
- Sind die Wege breit genug für Rollstuhlfahrer und Kinderwagen?

Kundenbefragung
- Kaufen Sie stets hier ein?
- Wie oft nutzen Sie Sonderangebote?
- Haben Sie Waren gekauft, die Sie eigentlich nicht eingeplant haben? Haben Sie einen Einkaufszettel?
- Vergleichen Sie Preise?
- Achten Sie beim Einkaufen auf Warenkennzeichnungen?

Am Ende sollte eine Zusammenfassung in der Klasse erfolgen. Hierzu können die Informationen der einzelnen Gruppen in einer Mindmap zusammengefasst werden. Vielleicht ist es auch möglich, mit zwei größeren Gruppen zwei Supermärkte zu erkunden und zu vergleichen. **M**

Werbung für Mineralwasser

Werbung

Auf dem Weg zur Schule ist dir sicherlich schon Werbung begegnet – auf Bussen, Plakaten oder an Hauswänden. Wenn du heute Morgen Zeitung gelesen oder Radio gehört hast, hat Werbung bereits auf dich gewirkt. Im Briefkasten findest du täglich Werbeprospekte von Geschäften oder Reiseveranstaltern. Aus dem Fernsehen sind Werbespots nicht mehr wegzudenken.

Was möchte Werbung erreichen?

Hersteller und Händler möchten ihre Produkte verkaufen. Sie versuchen, die Aufmerksamkeit der Verbraucher auf zwei Aspekte zu lenken:
1. Ein neues Produkt ist auf dem Markt. Die Kunden werden darüber informiert, dass es dieses Produkt gibt und welche Vorteile es ihnen bietet. Es gilt das Bedürfnis zu wecken, das Produkt zu besitzen. So waren die Menschen, die vor 200 Jahren noch kein Fahrrad kannten, kaum davon überzeugt, eines zu brauchen. Sie mussten erst selbst erleben, dass die Fortbewegung mit dem Rad bequem, schnell und Kräfte sparend ist.
2. Wenn mehrere Firmen das gleiche Produkt herstellen, muss jede Firma versuchen, die Verbraucher von den Vorzügen der eigenen Marke zu überzeugen und diese von den Konkurrenzprodukten zu unterscheiden.

> Werbung soll Meinungen und Einstellungen von Menschen beeinflussen. Der Werbende will bei Verbrauchern eine Kaufentscheidung herbeiführen.

Wie funktioniert Werbung?

Mithilfe von *Werbemitteln* wie Anzeigen, Fotos, Werbespots wird eine Werbebotschaft an einen bestimmten Personenkreis vermittelt, z.B. „Mineralwasser ist ein gesundes Getränk für junge sportliche Leute". Damit die Botschaft die Zielgruppe erreicht, ist die Auswahl des Werbeträgers wichtig. Erreiche ich junge sportliche Leute über Zeitungen, Fernsehen, Internet, Kino, Plakate oder mit einer Bandenwerbung im Fußballstadion?

Meinungen zur Werbung

Werbemittel	WERBEBOTSCHAFT	Adressat
• Plakat	„Die Wäsche ist dann rein!"	• Hausfrau/Hausmann
• Anzeige	„Die Pickel sind weg!"	• die/der Jugendliche
• Werbespot	„Die gute Pflege für die Zähne!"	• ältere Menschen

Werbebotschaften – auf den richtigen Köder kommt es an

Werbung will möglichst viele Sinne ansprechen und Gefühle anregen, um sich den Menschen einzuprägen und zu wirken.

Seit ihren Anfängen orientiert sie sich an den vier Stufen der AIDA-Formel:

A = ATTENTION: Die Aufmerksamkeit der Zielpersonen soll geweckt und auf das Produkt gelenkt werden.

I = INTEREST: Das Interesse der Zielpersonen soll geweckt werden. Sie sollen sich mit dem Produkt beschäftigen und es positiv bewerten.

D = DESIRE: Der Wunsch soll entstehen, das Produkt einmal auszuprobieren, es zu besitzen.

A = ACTION: Die umworbenen Personen sollen handeln und das Produkt kaufen.

Werbung kritisch gesehen

Werbung ist allerdings auch umstritten. Sie wirkt oft unsachlich, benutzt Übertreibungen und gaukelt einen Nutzen vor, der oft nicht gegeben ist. Häufig ist Werbung auch irreführend und täuschend. Nachteile, Mängel und Folge-

kosten werden bewusst nicht dargestellt. Zudem ist Werbung teuer. Die Werbeausgaben erhöhen den Preis für ein Produkt und werden somit vom Kunden bezahlt. Werbung kann darüber hinaus auch manipulieren. Das heißt, der Käufer handelt durch die Beeinflussung möglicherweise gegen seinen ursprünglichen Willen und seine ureigenen Interessen.

1 Untersuche eine Werbung (z. B. Anzeige, Fernsehspot). Ordne die Werbeaussagen den Elementen der AIDA-Formel zu.

2 Führt in Gruppen eine Umfrage zur Werbung durch. Stellt die Häufigkeit der positiven, negativen und neutralen Meinungen in einem Säulendiagramm dar.

3 Gestalte für ein ausgewähltes Produkt ein Werbeplakat oder einen Werbespot.

4 Dreht mit einer Videokamera einen Werbespot. Überlegt vor dem Dreh, welche Kriterien erfüllt werden müssen.

4 Berufsorientierung I

Was ist Arbeit?

Arbeit – Grundlage des Lebens

Was ist eigentlich Arbeit?

Die Vorstellung, was Arbeit ist und welche Rolle sie in unserem Leben spielt, hat sich im Laufe der Menschheitsgeschichte verändert. Heute bestimmt die Arbeit großenteils unser Leben. Fragen wir Erwachsene, wer sie sind, so antworten sie meist damit, wo und als was sie arbeiten. Besondere Bedeutung hat für uns die *Erwerbsarbeit*. Erwerbsarbeit leisten Selbstständige ebenso wie Arbeiter und Angestellte in verschiedenen Bereichen der Industrie und Wirtschaft. Durch diese Form der Arbeit verdienen wir unser Geld. Eine weitere Form der Arbeit ist die *Hausarbeit*. Zu Hause werden die unterschiedlichsten Tätigkeiten ausgeführt, wie Aufräumen, Einkaufen oder Putzen. Für diese Art von Arbeit erhält man keinen Lohn, dennoch ist sie notwendig, um das Leben angenehm zu gestalten. Daneben gibt es e*hrenamtliche Arbeit,* die nicht bezahlt wird, aber gesellschaftlich wichtig ist, wie z. B. die Tätigkeit als Trainer eines Sportvereins.

Warum arbeiten wir?

„Wisst ihr", meint Julia, „eigentlich wäre es doch am schönsten, gar nicht arbeiten zu müssen. Ich habe so viele Hobbys, mir wäre es ohne Arbeit bestimmt nicht langweilig."

Sicher, von so einem Leben wie im Schlaraffenland hat jeder schon einmal geträumt. Aber schon zu Hause beginnt das Problem. Wer räumt auf, kocht und wäscht? Irgendwann ist auch das Geld ausgegeben und man kann sowohl seine Grundbedürfnisse, wie Ernährung und Kleidung, als auch die Kultur- und Luxusbedürfnisse, wie Bücher, Musik und kostspielige Hobbys, nicht mehr befriedigen. Aber nicht nur die Bedürfnisbefriedigung ist Ziel der Erwerbsarbeit. Viele Menschen möchten darüber hinaus Freude an der Tätigkeit haben, sich selbst verwirklichen und ihrem Leben einen Sinn geben. Die richtige Berufswahl ist daher wichtig.

> Wir arbeiten, um Geld zu verdienen, das Leben angenehm zu gestalten und um dem Leben einen Sinn zu geben.

Das Ansehen der Berufe

Berufswahl – ein Puzzle, das nicht aufgeht?

Die richtige Berufswahl

Das Grundgesetz, Artikel 12, garantiert die freie Berufs- und Arbeitsplatzwahl:

> „Alle Deutschen haben das Recht, Beruf, Arbeitsplatz und Ausbildungsstätte frei zu wählen."

Wenn du dir die Abbildung links oben anschaust, könntest du auf die Idee kommen, dass es ein Kinderspiel ist, den richtigen Beruf auszuwählen. Doch es kann nicht jeder Arzt oder Krankenschwester werden. Die richtige Berufswahl ist kein Glücksspiel. Sie hängt von vielen Faktoren ab und sollte gut überlegt sein. Jeder Mensch besitzt Begabungen, spezielle Fähigkeiten oder persönliche Eigenschaften, die ihm im Beruf nützen oder die erst durch die berufliche Tätigkeit voll entfaltet werden.

Miriams Mutter besitzt ein besonderes Organisationstalent, kann geschickt mit Patienten umgehen und weiß fachlich gut Bescheid. Dass sie für ihre Tätigkeit als Krankenschwester sehr geeignet ist, wird ihr durch ihre erfolgreiche Arbeit täglich bestätigt.

> Die Freiheit der Berufswahl ermöglicht jedem, nach seinen Fähigkeiten und Eigenschaften den richtigen Beruf zu wählen.

Ina sucht seit drei Jahren vergeblich eine Ausbildungsstelle als Systemgastronomin. Steht dies nicht im Widerspruch zum Recht auf freie Berufswahl? Ralf will Maler und Lackierer werden. Er hat gute Chancen auf einen Ausbildungsplatz, bis sich herausstellt, dass er in seiner Farbwahrnehmung gestört ist. Aus der Traum?

1 Stellt euch vor, ab morgen bliebe eure Familie zu Hause und jeder ginge seinem Hobby nach. Was wäre wohl die Folge?

2 Es gibt Dinge, für die es sich lohnt, hart zu arbeiten. Notiere fünf Dinge, die für dich eine Anstrengung lohnen!

3 Untersuche die Fallbeispiele von Ina und Ralf. Welche Faktoren können deine freie Berufswahl beeinflussen?

4 „Die richtige Berufswahl – ein Puzzle, das nicht aufgeht!" Diskutiert in der Klasse.

Peter: 48 Jahre, ohne Schulabschluss, Förderlehrgang abgebrochen, angelernte Tätigkeit: beim Obstbauern.

Er ist tätig an einem Einfach-Arbeitsplatz.

Sabine: 30 Jahre, Fachoberschulreife, Ausbildung an einer Berufsschule zur Gartenarbeiterin, zahlreiche Fortbildungen: zurzeit selbstständige Garten- und Landschaftsdesignerin.

Sie ist tätig an einem Arbeitsplatz, der Fachtätigkeiten auf mittlerem Niveau erfordert.

Stefan: 44 Jahre, Abitur, Studium für Architektur, beschäftigt in verschiedenen Betrieben. Heute Abteilungsleiter in einem großen Architekturbüro.

Er ist tätig an einem Arbeitsplatz, der höher qualifizierte Tätigkeiten erfordert.

3 Arbeitsplätze – 3 Personen – 3 Qualifikationen

Berufswelt im Wandel

Berufe stellen Anforderungen

Bei der Wahl eines Berufes ist zu bedenken, dass Berufe unterschiedliche Anforderungen an den Berufstätigen stellen. Nach diesen Anforderungen werden die Arbeitsplätze von Experten in drei Gruppen unterteilt.

Einfach-Arbeitsplätze mit geringen Anforderungen: Einfache Arbeitsaufgaben, die sich wiederholen, können problemlos von Arbeitskräften ohne Ausbildung verrichtet werden. Ein Beispiel hierfür sind Arbeiten am Fließband, wie das Sortieren und Verpacken von Lebensmitteln. Oft übernehmen diese Tätigkeiten auch Maschinen.

> Einfach-Arbeitsplätze verlangen Tätigkeiten auf einfachem Niveau, die von Arbeitskräften ohne Ausbildung verrichtet werden.

Fachtätigkeiten auf mittlerem Niveau: Da die Vielfalt der beruflichen Anforderungen wächst, entstehen ständig neue Berufe. Sie führen Inhalte verschiedener bereits bekannter Berufe zusammen und/oder erweitern sie um neue, zusätzliche Qualifikationen, die im traditionellen Berufsbild nicht enthalten sind.

Ein Beispiel hierfür ist der Beruf des Sport- und Fitnesskaufmanns. Dieser Ausbildungsberuf wurde um die in der Praxis geforderten sportfachlichen Inhalte ergänzt. Die Beschäftigten in diesem Beruf müssen sich auch nach der Berufsausbildung regelmäßig weiterbilden. Lebenslanges Lernen wird in allen Berufsfeldern immer wichtiger.

> Fachtätigkeiten auf mittlerem Niveau erfordern eine Ausbildung. Die Arbeitskräfte müssen sich regelmäßig weiterbilden.

Höher qualifizierte Tätigkeiten: Dazu zählen z.B. das Lehren und Forschen, Organisieren und Managen. Nach einer Berufsausbildung oder einem Studium übernehmen die jungen Leute auf ihrem Arbeitsplatz Verantwortung für Menschen, Maschinen und Produkte. Sie müssen selbstständig und eigenverantwortlich arbeiten.

> Höher qualifizierte Tätigkeiten erfordern selbstständiges Handeln und eigenverantwortliches Arbeiten.

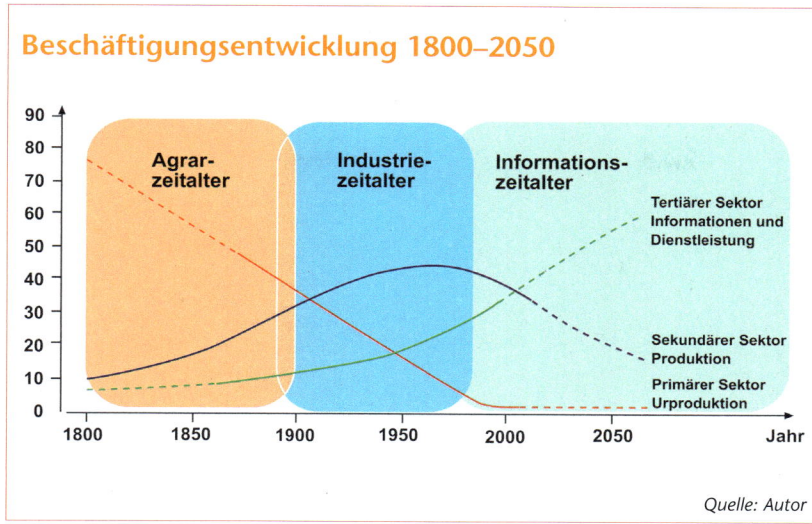

Beschäftigungsentwicklung 1800–2050

Agrarzeitalter — Industriezeitalter — Informationszeitalter

Tertiärer Sektor
Informationen und
Dienstleistung

Sekundärer Sektor
Produktion

Primärer Sektor
Urproduktion

Quelle: Autor

Prognosen für die Arbeitswelt bis 2050

Der primäre Sektor umfasst Land- und Forstwirtschaft, Fischerei und Bergbau.

Der sekundäre Sektor umfasst Handwerk, Industrie, Energie und Baugewerbe.

Der tertiäre Sektor umfasst Dienstlei-stungen, Handel, Transport- und Verkehrswesen sowie Verwaltung.

Die Wirtschaftssektoren

Wie die Wirtschaft eingeteilt wird

Wirtschaftswissenschaftler teilen die Wirtschaft in drei Bereiche ein. Der primäre Wirtschaftssektor umfasst die Urproduktion. Hier werden die Rohstoffe gewonnen. Der sekundäre Sektor umfasst die Produktion. Hier werden aus den Rohstoffen Produkte hergestellt. Der tertiäre Sektor umfasst Dienstleistungen und Information. Hier werden die Produkte an den Verbraucher gebracht.

> Die Wirtschaft wird in drei Wirtschaftsektoren eingeteilt: der primäre Sektor (Urproduktion), der sekundäre Sektor (Produktion) und der tertiäre Sektor (Dienstleistungen und Information).

Die Arbeitswelt verändert sich

Die Wirtschaftssektoren haben sich in den letzten 200 Jahren unterschiedlich stark entwickelt (siehe Grafik). Damit änderte sich auch die Arbeitswelt. Im 19. Jh. verrichteten die meisten Menschen einfache Tätigkeiten in der Landwirtschaft. Heute haben Maschinen diese Arbeit übernommen. Auch in der Produktion kommen immer mehr Maschinen oder moderne Informations- und Kommunikationstechnologien zum

Einsatz. Immer mehr Menschen sind damit beschäftigt, Maschinen einzurichten und zu warten sowie Informationen zu gewinnen, zu verarbeiten und zu verbreiten. Eine wachsende Anzahl von Beschäftigten organisiert die Arbeit in der Produktion und im Dienstleistungssektor. Diese Tätigkeiten zählen jedoch alle zum Bereich der Dienstleistungen und erfordern eine Ausbildung oder ein Studium.

> Die Anzahl der Arbeitsplätze und Beschäftigten im Dienstleistungssektor nimmt zu.

1 Erkundige dich in einem Betrieb (z. B. Supermarkt), welche Arbeitsplätze Tätigkeiten auf einfachem, mittlerem und höher qualifiziertem Niveau erfordern?

2 Ordne jedem Wirtschaftssektor fünf Berufe zu. Erstelle für zwei dieser Berufe Berufsbilder. Beschreibe die Ausbildungsinhalte und Anforderungen dieser Berufe.

3 Informiere dich über neue Berufe, bei denen die Inhalte traditioneller Berufe kombiniert wurden. Diskutiert, ob sich dadurch die Anforderungen an die Berufstätigen verändert haben.

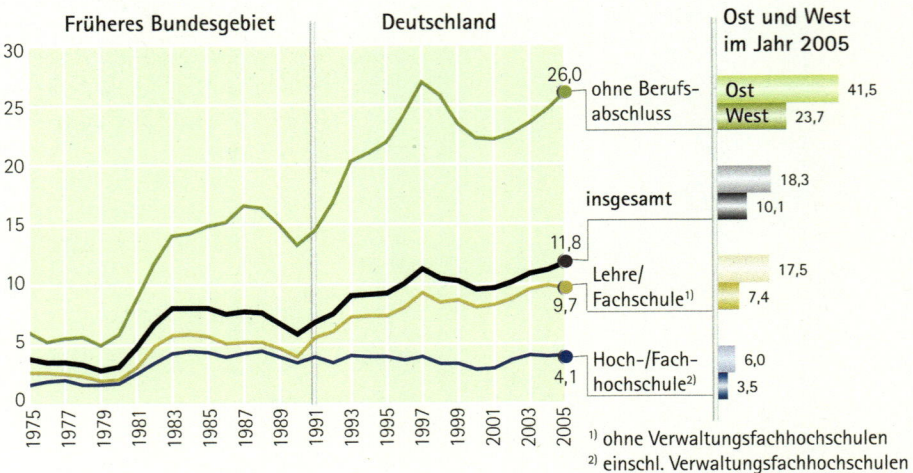

Qualifikationsspezifische Arbeitslosenquoten 1975 bis 2005

Männer und Frauen, in Prozent

Früheres Bundesgebiet — **Deutschland**

Ost und West im Jahr 2005

ohne Berufsabschluss: 26,0 — Ost 41,5 / West 23,7

insgesamt: 18,3 / 10,1

Lehre/Fachschule[1]: 11,8 / 9,7 — 17,5 / 7,4

Hoch-/Fachhochschule[2]: 4,1 — 6,0 / 3,5

[1] ohne Verwaltungsfachhochschulen
[2] einschl. Verwaltungsfachhochschulen

Arbeitslose in Prozent aller zivilen Erwerbspersonen (ohne Auszubildende) gleicher Qualifikation; Erwerbstätige ohne Angabe zum Berufsabschluss nach Mikrozensus je Altersklasse proportional verteilt.
Quelle: IAB-Berechnungen auf Basis Mikrozensus und Arbeitslosenstatistik der BA (jeweils Ende September).

© IAB

Trotz gutem Schulabschluss und einer sehr guten Ausbildung arbeitslos?

Berufliche Anforderungen – heute und morgen

So wie sich die Anzahl der Beschäftigten in den drei Wirtschaftssektoren verändert, ändert sich auch die Anzahl der Beschäftigten auf den unterschiedlich qualifizierten Arbeitsplätzen.

Einfach-Arbeitsplätze nehmen ab

Einfache Tätigkeiten werden in der zukünftigen Arbeitswelt immer weniger gebraucht. Die Rationalisierung von Einfach-Arbeitsplätzen ist in der Landwirtschaft schon lange vollzogen worden. Einfache Arbeiten werden von Maschinen oder Billigarbeitskräften übernommen, wie bei der Ernte von Kartoffeln und Äpfeln, aber auch beim Sortieren der Früchte. Eine besondere Entwicklung ist im Dienstleistungssektor zu verzeichnen. Hier können die einfachen Arbeiten gut auf viele Personen aufgeteilt werden. So entfallen Vollzeitarbeitsplätze, wie für Abräum- und Reinigungs-

arbeiten in Schnellrestaurants, Verkaufen und Kassieren im Einzelhandel oder Postdienste.

> Durch Rationalisierung nehmen Einfach-Arbeitsplätze ab. Eine Ausbildung ist notwendig, da berufliche Anforderungen steigen.

Fachtätigkeiten weiterhin gefragt

Experten erwarten, dass sich die Anzahl der Beschäftigten mit Fachtätigkeiten auf mittlerem Niveau kaum verändert. Dabei haben sich die Anforderungen an diese Tätigkeiten stark gewandelt. Bereits Ende des letzten Jahrhunderts waren nur noch knapp zehn Prozent der Fachkräfte mit der Fertigung von Produkten beschäftigt. Deutlich größer war der Anteil der Beschäftigten, die mit dem Einrichten, Programmieren, Steuern und Warten von technischen Anlagen zu tun hatten oder Service-Aufgaben erledigten. Hierzu zählen Aufgaben im Vertrieb, Kundendienst und in der

Lisa

Als mittelmäßige Schülerin gründete ich meine erste Firma und entwickelte Computerspiele. Die Berufsfachschule habe ich nach zwei Jahren abgebrochen. Nach der Schule wollte ich in das Musikgeschäft einsteigen und hatte verschiedene Jobs im Musikbusiness. Nebenbei studierte ich Wirtschaftswissenschaften an einer Fachhochschule, bis mit das Geld ausging. Ein Freund fragte mich, ob ich in sein Team als Beraterin für Fotovoltaik einsteigen wollte. Das war zwar nicht mein Fach, aber mit den Kunden kam ich gut klar. Mit 29 Jahren habe ich mir eine Weltreise gegönnt. In Neuseeland lernte ich ökologische Formen der Kiwiaufzucht kennen, die ich mit einem internationalen Agro-Fruit-Center in Europa heimisch gemacht habe.

Jetzt bin ich 34 Jahre alt und teile mir mit meinem Lebenspartner das Babyjahr.

Ein mögliches Berufsleben in 20 Jahren

Kundenberatung. Lebenslanges Lernen wird in Zukunft einen sehr hohen Stellenwert haben.

> Fachtätigkeiten auf mittlerem und höherem Niveau werden auch zukünftig ihre Bedeutung behalten. Von den Beschäftigten wird lebenslanges Lernen erwartet.

Die Bedeutung höher qualifizierter Tätigkeiten wächst

Weltweit zeigt sich der Trend, dass immer mehr Jugendliche einen möglichst hohen Schulabschluss mit guten Noten erreichen wollen. Nur so können sie später einen Ausbildungs- oder Studienplatz erhalten, der Berufschancen im Bereich höher qualifizierter Tätigkeiten bietet.

Ausbildungsmöglichkeiten in der Region

Sachsen bietet gute Arbeitsmöglichkeiten im Dienstleistungssektor und in der verarbeitenden Industrie. Traditionelles Handwerk wie Uhrmacher oder Holzspielzeugmacher findet man vor allem im Erzgebirge. Nicht jeder Beruf kann in jeder Region erlernt und ausgeübt werden. Es gibt auch Regionen, in denen das Arbeits- und Ausbildungsplatzangebot sehr begrenzt ist. Wichtig ist daher die Bereitschaft, eine Ausbildung in einer anderen Stadt oder einem anderen Bundesland zu absolvieren. Auch ein Auslandspraktikum kann zum Berufseinstieg verhelfen.

> Regionale Mobilität heißt, für Ausbildung oder Berufstätigkeit einen Umzug oder längere Anfahrtswege in Kauf zu nehmen.

Gut beraten sind diejenigen, die sich nicht auf einen einzigen Beruf festlegen, sondern verschiedene realistische Berufswünsche entwickeln.

> Berufliche Flexibilität bedeutet, berufliche Alternativen zu haben.

1 Diskutiert in Gruppen den Lebenslauf von Lisa. Welche Schlussfolgerungen zieht ihr für eure Berufswahl? Was ist nach eurer Meinung unrealistisch?

2 Ermittelt in Gruppen die Ausbildungsmöglichkeiten in eurer Region. Nutzt u. a. Tageszeitungen, das Branchenbuch und die zuständigen Kammern.

3 Erkunde die Möglichkeiten,
a) ein Praktikum im europäischen Ausland zu machen;
b) sich für einen Arbeitsplatz im Ausland zu qualifizieren. Mache dir Notizen.

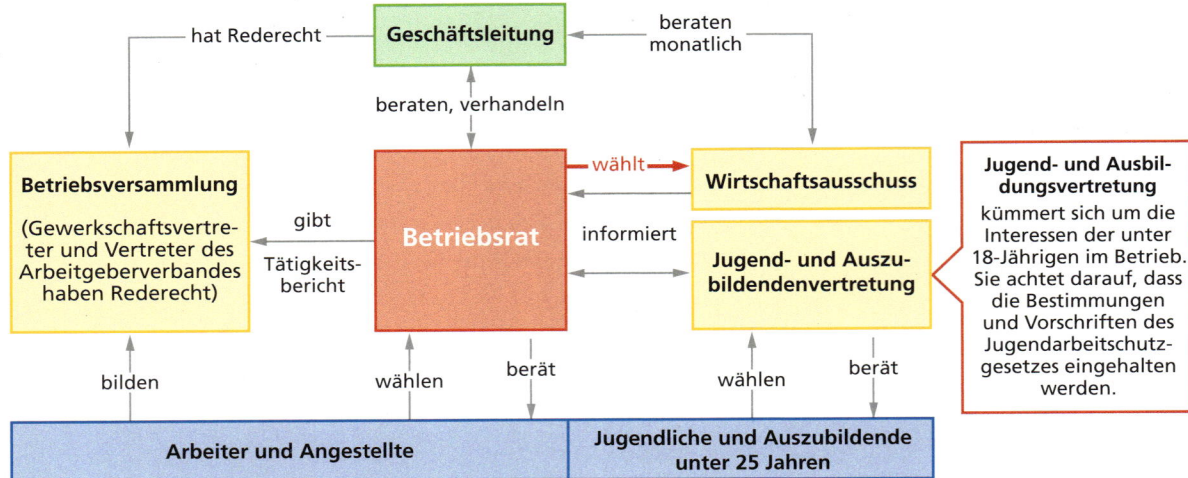

Betriebliche Interessenvertretung und Mitbestimmung der Arbeitnehmer

Rechte und Pflichten von Arbeitnehmern und Arbeitgebern

Lisa arbeitet seit zwei Jahren in einem Betrieb als Mediengestalterin. Bisher war ihre Chefin immer sehr zufrieden mit ihr, aber im letzten Monat hat Lisa nicht nur wiederholt die Mittagspause überzogen, sondern ihr ist auch noch ein grober Fehler unterlaufen. Die komplette Auflage der neuen Zeitschriftenausgabe musste noch einmal gedruckt werden. Dies hat den Betrieb mehrere hundert Euro gekostet. Lisas Chefin ist zu Recht sehr verärgert und hat ihrer Mitarbeiterin dafür nicht nur eine Abmahnung erteilt, sondern auch den Lohn bis auf weiteres gekürzt.

War diese Lohnkürzung überhaupt zulässig? Eine gute Frage! Kann ein Arbeitgeber machen, was er will, oder hat der Arbeitnehmer neben seinen Pflichten auch Rechte?

Information, Mitwirkung und Mitbestimmung

In jedem Bereich deines Lebens hast du nicht nur Pflichten, sondern kannst ein Stück weit mitgestalten. Durch ein Recht auf Information, Mitwirkung und Mitbestimmung der Beschäftigten im Betrieb wird sichergestellt, dass der Unternehmer die Interessen der Arbeitnehmer bei seinen Entscheidungen berücksichtigen muss. Dies betrifft vor allem soziale Fragen (wie Gestaltung der Arbeitsplätze, Pausenregelung), personelle Angelegenheiten (wie Einstellung, Kündigung) und die Lohngestaltung. Nur in sehr großen Unternehmen erstreckt sich die Mitbestimmung der Arbeitnehmer auch auf unternehmerische Fragen. In Deutschland bildet das Betriebsverfassungsgesetz (BVG) die Grundlage für die betriebliche Mitbestimmung.

> Arbeitnehmer haben ein gesetzliches Recht auf Information, Mitwirkung und Mitbestimmung im Betrieb. Dies ist im Betriebsverfassungsgesetz (BVG) geregelt.

Das Betriebsverfassungsgesetz beschreibt die Rechte und Pflichten von Arbeitgebern und Arbeitnehmern.

Beispielsweise gehört das Unterrichten und Anhören des Betriebsrates bei betrieblichen Veränderungen ebenso zu den Pflichten des Arbeitgebers wie die pünktliche Lohnzahlung und die Einhaltung der gesetzlichen Bestimmungen zur Sicherheit am Arbeitsplatz. Aber auch der Arbeitnehmer hat bestimmte Pflichten. So verwirkt er sein Recht auf Lohnfortzahlung im Krankheitsfall, wenn er seine Erkrankung dem Arbeitgeber nicht rechtzeitig meldet.

Die Rechte des Betriebsrats

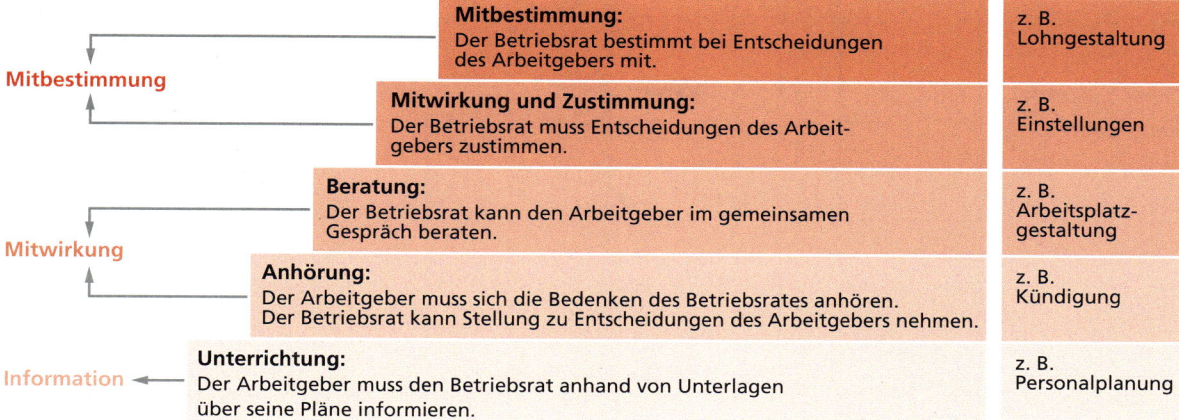

Mitbestimmung:
Der Betriebsrat bestimmt bei Entscheidungen des Arbeitgebers mit.

z. B. Lohngestaltung

Mitwirkung und Zustimmung:
Der Betriebsrat muss Entscheidungen des Arbeitgebers zustimmen.

z. B. Einstellungen

Beratung:
Der Betriebsrat kann den Arbeitgeber im gemeinsamen Gespräch beraten.

z. B. Arbeitsplatzgestaltung

Anhörung:
Der Arbeitgeber muss sich die Bedenken des Betriebsrates anhören.
Der Betriebsrat kann Stellung zu Entscheidungen des Arbeitgebers nehmen.

z. B. Kündigung

Unterrichtung:
Der Arbeitgeber muss den Betriebsrat anhand von Unterlagen über seine Pläne informieren.

z. B. Personalplanung

Mitbestimmung — Mitwirkung — Information

Mitwirkung und Mitbestimmung im Betrieb

Der Betriebsrat

Die Interessen der Arbeitnehmer im Betrieb vertritt der Betriebsrat. Ein Betriebsrat kann ab einer Anzahl von fünf Angestellten im Unternehmen von den Arbeitnehmern gewählt werden. Der Arbeitgeber muss den Betriebsrat informieren und anhören. Der Betriebsrat kann den Arbeitgeber beraten und kann bei bestimmten Entscheidungen mitwirken und mitbestimmen.

> Der Betriebsrat ist eine Arbeitnehmervertretung. Seine Zusammensetzung, Wahl, Amtszeit und Aufgaben regelt das BVG.

Alle Jahre wieder – Tarifverhandlungen

Vertreter der Arbeitgeber und Arbeitnehmer verhandeln alle Jahre wieder neu über die Höhe der Löhne und Gehälter, den sogenannten Tarif. Bereits bestehende Tarifverträge sollen in ihren Inhalten so an die Situation der Mitarbeiter und Wirtschaftslage des Unternehmens angepasst werden. Oft besteht jedoch ein großer Interessenkonflikt zwischen beiden Parteien. Während die Arbeitnehmer oft höhere Löhne fordern, will der Arbeitgeber die Summe aller Lohnkosten möglichst gering halten. Den Medien können wir dabei entnehmen, wie schwierig und langwierig Ta-

rifverhandlungen oft sind. In Deutschland gilt für die Verhandlungen das Gesetz der Tarifautonomie. Können sich Arbeitgeber und Arbeitnehmer nicht einigen, darf nicht der Staat als sogenannter Schlichter auftreten. Beide Sozialpartner müssen einer Schlichtungskommission zustimmen, die sich zu gleichen Teilen aus Arbeitgeber- und Arbeitnehmervertretern zusammensetzt.

> Tarifautonomie bedeutet, dass sich in die Verhandlungen von Arbeitgebern und Arbeitnehmern über Tarifverträge kein Dritter (auch nicht der Staat) einmischen darf.

1 Vergleicht die Rechte der Jugend- und Auszubildendenvertretung (JAV) im BVG mit denen eurer Schülervertretung.

2 Befrage deine Eltern, ob und an welchen Tarifvertrag sie gebunden sind.

3 Erläutere, warum die Arbeitnehmer bei Tarifverhandlungen von den Arbeitgebern meist mehr Lohn fordern.

4 Stelle die Rechte und Pflichten der Arbeitgeber und Arbeitnehmer gegenüber. Erstelle eine Übersicht als Tabelle.

1. Station: Informationen sammeln >>>>		2. Station: Auswerten
Was will ich und kann ich? Welche Anforderungen stellen die einzelnen Berufe an mich? Wie komme ich an Informationen?		Stimmen deine persönlichen Berufsvorstellungen mit
Selbsterkundung Berufsberatung	**Betriebserkundung und erstes Praktikum**	**Auswerten und vergleichen**
Wer bin ich? Wie sehen mich andere?	Wie sieht mein Wunschberuf in der Praxis aus?	Passt der Beruf zu mir?
Mindmap „Persönlichkeitsprofil" erstellen; Selbst- und Fremdeinschätzungsbögen ausfüllen (lassen); Freunde und Verwandte befragen; zur Berufsberatung gehen.	Protokoll – Eindrücke vom Arbeitsplatz und den Anforderungen des Berufes der Schneiderin festhalten. Expertenbefragung im Betrieb	Die Anforderungen des Berufes der Schneiderin mit den Fähigkeiten im eigenen Persönlichkeitsprofil vergleichen. Informationen über einen Alternativberuf einholen: Voraussetzungen, Anforderungen und Ausbildung des Berufes der Goldschmiedin.
ab 8. Schuljahr	*8. Schuljahr, April bis Juli*	*8. und 9. Schuljahr*

Petras Berufswahlfahrplan

Berufswahl – die Qual der Wahl

Was würde ich gern tun?

Petra will seit frühester Kindheit Schneiderin werden. Ihr Berufswunsch entstand, als sie ihrer Oma dabei zusah, wie diese Kleider für die Puppen und lustige Kuscheltiere nähte.

Unsere Berufswünsche werden unter anderem von der Umgebung beeinflusst. Die Berufe von Eltern, Freunden und Bekannten, Spielzeug, Filme, Fernsehen und andere Medien oder Idole können zu Vorstellungen führen, die den eigenen Berufswunsch mitbestimmen.

Petra ist nun in der 8. Klasse. Das Thema für die nächsten Wochen und Stunden heißt Berufsorientierung – was ich später einmal werden möchte. Petra ist sich sicher, dass der Beruf der Schneiderin der richtige für sie ist – bis sie im Rahmen der Betriebserkundung die Gelegenheit hat, eine moderne große Schneiderei zu besichtigen.

Zum Glück hatte Petra vor ihrem Besuch in der Schneiderei ihre eigenen Fähigkeiten und Neigungen sowie ihre Vorstellungen von ihrem späteren Arbeitsplatz erkundet. Dadurch wusste sie genau, worauf sie bei der Betriebserkundung achten musste. Als sie feststellt, dass ihre Vorstellungen vom Schneiderberuf nicht mit der Wirk-

lichkeit übereinstimmen, bekommt sie große Zweifel an ihrem Wunschberuf.

Petra macht nun doch ein Praktikum bei einem Goldschmied. Auch hier braucht sie Fingerspitzengefühl für die Fertigung der Produkte. Als Goldschmiedin kann sie jedoch kreativ arbeiten, was in einer modernen großen Schneiderei kaum möglich ist, wie sie beobachten konnte. Das Beispiel von Petra zeigt, dass es hilfreich ist, bei der Berufsorientierung nach einem persönlichen Plan vorzugehen (siehe Abbildung).

Selbsterkundung: Wer bin ich, was kann ich?

Willst du eine Berufswahl treffen, so solltest du genau ermitteln, was du wirklich willst und kannst. Die Berufsberatung der Agentur für Arbeit nennt das eine Selbsterkundung.

Mit einem Persönlichkeitsprofil kannst du deine Eigenschaften und Fähigkeiten überprüfen. Um deine Interessen zu erkunden, solltest du überlegen, was du in der Schule gern tust. Bist du gern handwerklich tätig oder gehst du lieber mit Menschen um? Lässt du dich gern anleiten oder bestimmst du lieber selbst, was du tust? Eine ehrliche Selbsteinschätzung musst du auch bei solchen Eigenschaften wie Pünktlichkeit,

und Entscheiden >>>>	3. Station: Bewerbungsprozess >>>> Ausbildung	
der Wirklichkeit eines Berufes überein?	Über Lebenslauf und Bewerbungsschreiben bis hin zum Vorstellungsgespräch – auf alles gut vorbereitet sein!	
Eine Entscheidung treffen	**Vorbereiten und üben**	**Gezielt bewerben**
2. Praktikum: Entscheidung gegen das Praktikum als Schneiderin, stattdessen für eines bei einem Goldschmied. Nach ausführlichen Recherchen zu Ausbildungsmöglichkeiten und einem weiteren Gespräch bei der Berufsberatung: Entscheidung für eine Ausbildung zur Goldschmiedin im Erzgebirge.	Lebenslauf und Bewerbung anhand von Mustern schreiben (in Verbindung mit dem Fach Deutsch). Einstellungstests und Vorstellungsgespräche üben.	Bewerbung auf einen konkreten Ausbildungsbetrieb abstimmen. Pünklich und ausgeruht zu den jeweiligen Auswahlverfahren erscheinen.
8. und 9. Schuljahr	*9. Schuljahr*	*9. Schuljahr*

Ziel: Ausbildung im Wunschberuf

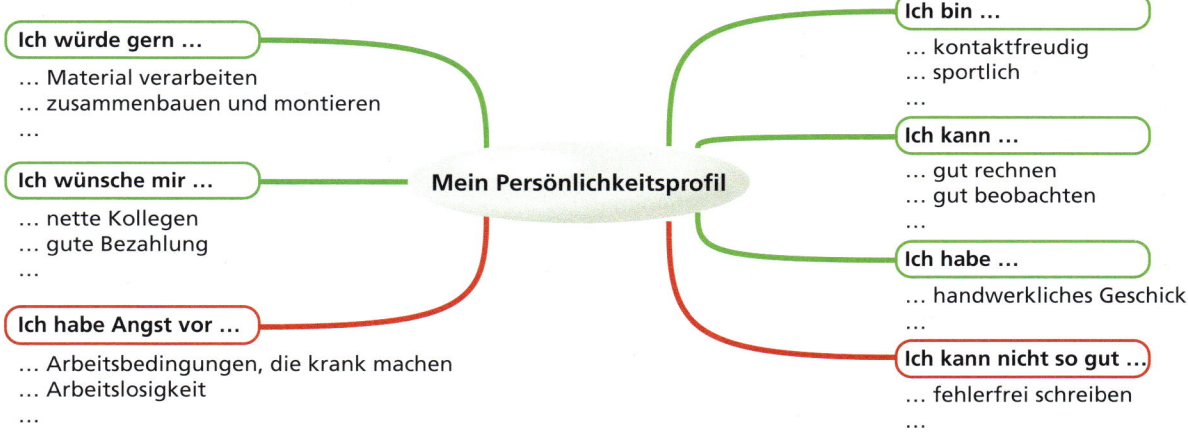

Mindmap: Mein Persönlichkeitsprofil

Ordnungssinn, Fleiß und Ausdauer vornehmen. Wenn du Zweifel hast, wende dich an Freunde, Eltern und Lehrer.
Eine Mindmap hilft dir, deine Gedanken übersichtlich darzustellen. Du kannst deine Mindmap auch später noch ergänzen. Eine farbige Gestaltung und kleine Bilder machen sie anschaulicher.

> Die Mindmap ist eine Möglichkeit, Ideen übersichtlich darzustellen, und hilft, einen guten Überblick zu bekommen.

1 Erstelle eine Mindmap zur Selbsteinschätzung. Nenne zu jeder Einschätzung ein Beispiel, um deine Aussage zu belegen.

2 Sammle Informationen zu Ausbildungsmöglichkeiten in deinem Wunschberuf!

3 Zeichne deinen persönlichen Berufswahlfahrplan. Petras Berufswahlplan in der Abbildung oben bietet dir dafür eine Orientierung.

1. Phase: Kritik und Bestandsaufnahme

Erkundung der Gegenwart, Kritikpunkte sammeln
- Berichte von Eltern und Bekannten über Freude und Ärger im Berufsalltag
- Eindrücke von Arbeit und Beruf aus Zeitungen und Zeitschriften

2. Phase: Fantasie und Utopie

Durch Fantasie und Träumen seine eigenen Ziele erkennen
- Lasst eurer Fantasie freien Lauf. Wählt Themen aus der Kritikphase aus und verwandelt Probleme ins Positive.
- Arbeitet kreativ: Rollenspiel, Sciencefiction, Märchen erfinden, Bild malen, Reportage, Sketch, Zeitung/Collage, Lied/Gedicht …

- Zeit für Hobbys und Kinder
- Mein Traumberuf
- Selbstständig heißt, sein eigener Herr sein
- Ein starkes Team
- Arbeit macht Spaß

3. Phase: Verwirklichung und Umsetzung

Fantasie und Wirklichkeit miteinander verbinden
Überlegt, welche Ideen aus der Fantasiephase sich für eure Berufswegplanung in der Wirklichkeit nutzen lassen. Stellt einen Plan zur Umsetzung auf.

Deine Ziele:	Was machst du, um deine Ziele zu verwirklichen?			
Wie soll dein Arbeitsplatz aussehen? Wo befindet er sich?		ab sofort	bis Ende der Schulzeit	nach der Schulzeit
Welche Ausbildung brauchst du für deinen Traumberuf?	sehr wichtig			
Welche Arbeitsbedingungen wünschst du dir? Welche Arbeitszeit hältst du für günstig?	auch wichtig			
…	nicht wichtg			

Lebensgestaltung mithilfe einer Zukunftswerkstatt

Ideen entwickeln, sich informieren

Zukunftswerkstatt – mein Arbeitsplatz

Meist ohne dass du es weißt, hast du bereits erste Vorstellungen von möglichen Berufen und späteren Arbeitsplätzen im Kopf. Um dir diese Vorstellungen bewusst zu machen und deine Zukunft planvoll zu gestalten, ist eine Zukunftswerkstatt hilfreich und spannend. Sie hat drei Phasen: In der ersten Phase untersuchst du kritisch die Gegenwart und notierst, was dir gefällt und nicht gefällt. In der zweiten Phase sind Träumen und

Fantasie ganz wichtig, damit du erkennst, was deine Wünsche und Ziele sind. In der dritten Phase prüfst du deine Ideen und überlegst, welche sich verwirklichen lassen. Du entwickelst einen konkreten Plan zu ihrer Umsetzung, mit der du sofort beginnst.

> Eine Zukunftswerkstatt ist eine Methode zur planvollen Gestaltung der Zukunft. Sie führt zu einem Ergebnis, das in die Wirklichkeit umgesetzt werden kann.

Berufsfelder

Die ca. 350 staatlich anerkannten Ausbildungsberufe sind in Berufsfelder eingeteilt (Auswahl):

1. Wirtschaft und Verwaltung
2. Metalltechnik
3. Fahrzeugtechnik
4. Elektrotechnik
5. Bautechnik
6. Holztechnik
7. Bekleidungstechnik
8. Labortechnik
9. Prozesstechnik
10. Medientechnik
11. Farbtechnik und Raumgestaltung
12. Körperpflege
13. Ernährung und Hauswirtschaft
14. Agrarwirtschaft

Die Agentur für Arbeit bietet Materialien zur Berufsorientierung an

Berufsfelder – eine Orientierungshilfe

Viele Informationsmöglichkeiten

Woher aber bekommst du nun gezielt Informationen über die verschiedenen Berufe? Im Berufsinformationszentrum (BiZ) der Agentur für Arbeit findest du alles, was du über Ausbildung, Beruf und Chancen wissen willst. Mithilfe von Computern, Infomappen, Zeitschriften und Filmen kannst du dich über deine Wunschberufe informieren. Diese Informationen sind auch im Internet unter http://berufenet.arbeitsagentur.de abrufbar.

Die Agentur für Arbeit gibt außerdem Materialien heraus, die bei der Berufsorientierung helfen. *BERUF AKTUELL* ist ein Taschenbuch. Es enthält Kurzbeschreibungen aller anerkannten Ausbildungsberufe, der Berufsfachschulberufe und der Ausbildungsmöglichkeiten im Beamtenverhältnis. *www.planet-beruf.de* ist ein Internetportal für Schülerinnen und Schüler, das verschiedene Medien zur Berufsfindung anbietet. Das Berufswahlmagazin *planet-beruf.de* erscheint monatlich. *BERUFE-Universum* ist ein Selbsterkundungsprogramm für Schülerinnen und Schüler, das online oder auf CD-ROM angeboten wird.

> Im Berufsinformationszentrum (BiZ) der Agentur für Arbeit kannst du Berufe finden, die zu dir passen.

Berufsfelder – eine Orientierungshilfe

Die ca. 350 anerkannten Ausbildungsberufe sind in Berufsfeldern zusammengefasst. Die Einteilung orientiert sich an der Berufsausbildung. Bei der sogenannten Stufenausbildung werden anfangs mehrere Berufe gemeinsam unterrichtet. Eine solche Ausbildung findet ihr z. B. in den Metall- und Elektroberufen. Die Grundausbildung ist hier für mehrere Berufe gleich. Erst auf der zweiten Stufe spezialisieren sich die Auszubildenden nach und nach für einen konkreten Beruf. Durch dieses System bleibt die endgültige Berufsentscheidung noch eine Weile offen und die Auszubildenden gewinnen mehr Sicherheit bei ihrer Berufswahl.

> **1** Führt eine Zukunftswerkstatt zum Thema „Mein zukünftiger Arbeitsplatz" durch. Sammelt die Ergebnisse in eurer Berufswahlmappe.
>
> **2** Ein Besuch im BiZ lohnt sich! Nutze die Informationsmöglichkeiten im BiZ und suche möglichst nach mehreren Berufen, die zu deinem Profil passen.
>
> **3** Gestalte das Berufsbild einer Arbeitstätigkeit auf einem A4-Blatt. Verdeutliche, warum dieser Beruf zu dir passt.

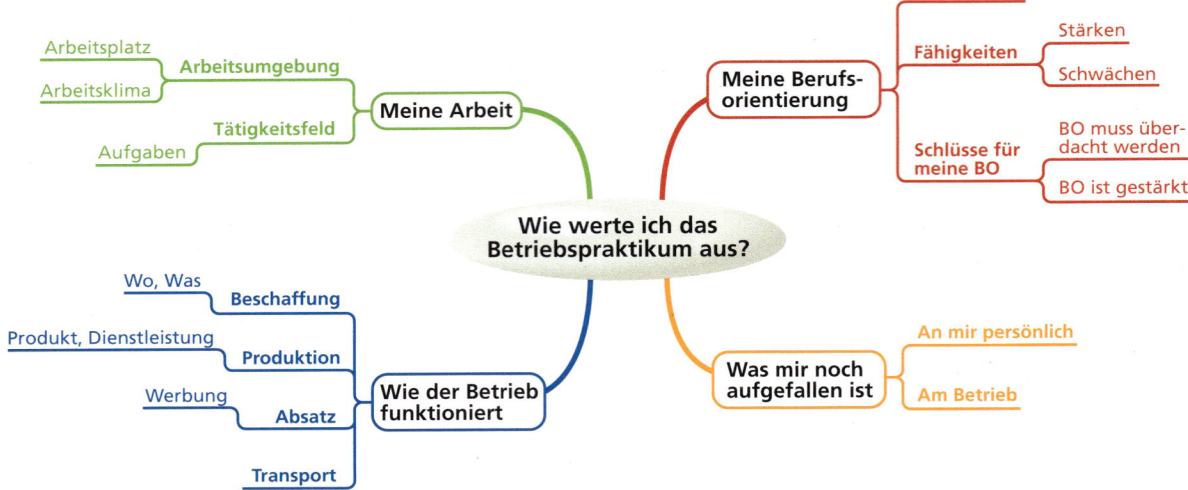

Wir werten das Betriebspraktikum aus

Erfahrungen sammeln und auswerten

Das Betriebspraktikum

Die Wahl des richtigen Praktikumsplatzes fällt nicht leicht. Jens hat sich schon entschieden. Er wird ein Praktikum im Supermarkt machen, da hat er wenigstens keinen weiten Weg. Petra findet, dass sich Jens die Entscheidung viel zu einfach macht. Sie hatte sich nach ihrem Besuch in der Großschneiderei noch einmal anders entschieden, und das aus gutem Grund.

Neben der Beratung im BiZ kann auch eine Betriebserkundung und die Befragung von Mitarbeitern des Betriebes bei der Entscheidung für ein Betriebspraktikum helfen (siehe S. 54–57).

Ziele des Praktikums

Die persönlichen Berufsvorstellungen und die berufliche Wirklichkeit unterscheiden sich oft erheblich. Aus solchen Gründen werden immer wieder Berufsausbildungen abgebrochen. Durch das Praktikum kannst du Aufgaben und Anforderungen eines Berufes näher kennenlernen. Ein Praktikumsbericht hilft dir später, deine Erfahrungen auszuwerten. Im Mittelpunkt deiner Beobachtungen müssen die Anforderungen stehen, die der Beruf an die Menschen stellt. Er-

kunde aber auch, welche Chancen er dir bietet. Informiere dich gut über den Betrieb und die Ausbildungsmöglichkeiten. Frage die Beschäftigten, wie sie in den Betrieb gekommen sind und welche Ausbildung sie durchlaufen haben. Die erworbenen Kenntnisse bringen dir zusätzlich Pluspunkte bei der Bewerbung um einen Ausbildungsplatz.

> Das Betriebspraktikum zeigt dir, ob deine persönlichen Berufsvorstellungen mit der Wirklichkeit des Berufes übereinstimmen.

Auswertung des Praktikums

Orientiere dich bei der Auswertung des Praktikums an folgenden Fragen:

- Welche Tätigkeiten hast du mit viel Begeisterung und welche nur ungern ausgeführt?
- Was hat dir am Praktikum am meisten gefallen? Hat das mit dem Beruf, mit dem Betrieb oder den darin Beschäftigten zu tun?
- Überdenke auch noch einmal, was dir an deinem zukünftigen Arbeitsplatz wirklich wichtig ist. Stelle eine Prioritätenliste auf.
- Vergleiche deine Erfahrungen aus dem Praktikum mit den Aussagen in „Beruf aktuell". Was stimmt überein, was kannst du nicht bestätigen?

Die Inhalte sind folgendermaßen strukturiert und gegliedert:

Teil 1: Angebote zur Berufsorientierung
- Wer macht was bei der Berufsorientierung?
- Angebote meiner Schule
- Angebote von Unternehmen und Institutionen
- Angebote der Agentur für Arbeit
- Angebote für Jungen oder Mädchen

Teil 2: Mein Weg zur Berufswahl
- Mein persönliches Profil
- Meine Lernplanung
- Meine Übergangsschritte

Teil 3: Dokumentation
- Mein Berufswahlpass für den Start in den Beruf
- Von mir erstellte Unterlagen und Selbstbewertungen
- Von mir erworbene Bescheinigungen

Teil 4: Hilfen zur Lebensplanung
- Meine Unterlagen
- Meine Wohnung
- Auskommen mit dem Einkommen
- Meine Versicherungen
- Ämter

Der Berufswahlpass

Der Berufswahlpass – Unterstützung im Prozess der Berufsorientierung

Der Berufswahlpass ist ein DIN-A4-Ringordner. Du findest darin ein breites Angebot an Arbeitsblättern, die dich bei deiner Berufsorientierung anleiten und unterstützen. Du dokumentierst darin deine Erfahrungen, Arbeitsergebnisse und Informationen zur Berufswahl. Inhaltlich gliedert sich der Berufswahlpass in vier selbstständige Teile, mit denen du systematisch arbeiten kannst. Schulspezifische und regionale Ergänzungen der Materialien im Berufswahlpass sind möglich.

Die Arbeit mit dem Berufswahlpass wird von der Schule betreut. Beziehe deine Eltern mit ein. Du kannst sie z. B. Lernvereinbarungen oder andere Dokumente unterschreiben lassen.

> Der Berufswahlpass unterstützt Schülerinnen und Schüler bei der eigenverantwortlichen Gestaltung ihres Berufswahlprozesses.

Den Berufswahlpass gibt es in allen Bundesländern und er ist bei vielen außerschulischen Kooperationspartnern und Ausbildungsbetrieben bekannt.

1 Begründe die Wahl deines Praktikumsplatzes mit deinen Erkenntnissen über dich selbst, den Informationen aus dem BiZ, der Berufsberatung und der Betriebserkundung.

2 Bewerte deine Fähigkeiten und Voraussetzungen für deinen Wunschberuf. Woran musst du noch arbeiten?

3 Erstelle eine Übersicht zur Auswertung deines Praktikums (siehe Grafik, S. 136).

4 Halte einen Vortrag über die Möglichkeiten, die der Berufswahlpass dir im Prozess der Berufswahl bietet. Entwickle Ideen, wie du Eltern und Lehrkräfte in deine Arbeit mit dem Berufswahlpass einbeziehen kannst.

Warnzeichen

Warnung vor
einer Gefahrenstelle

Warnung vor gesundheits-
schädlichen oder reizenden
Stoffen

Warnung vor gefährlicher
elektrischer Spannung

Verbotszeichen

Diese Maschine darf nur von ausgebilde-ten oder gründlich unter-wiesenen Personen über 18 Jahre benutzt wer-den.

Mäntel, Jacken und Taschen
stören im Werkraum

Keine Chemiekalien
in den Ausguss!

Gebotszeichen

Rettungszeichen

Stopp den Unfall

Hinweis auf Gefahrenzonen

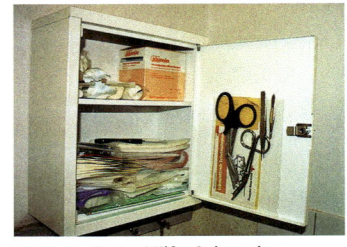

Not-Aus-Taster

Erste-Hilfe-Schrank

Sicherheit und Gesundheit am Arbeitsplatz

Sicherheitskennzeichen

Zu Beginn des Schuljahres wurdest du über das Verhalten im Technikraum belehrt. Verhaltens-regeln sind notwendig, um deine Gesundheit zu schützen. Neben dem Einhalten der Raumord-nung gibt es verschiedene Sicherheitskennzei-chen, auf die du achten musst. Für ständig wirk-same Verbote, Gebote und Warnungen müssen Sicherheitskennzeichnungen an den entspre-chenden Stellen angebracht werden. Beachte sie,

denn sie dienen der Erhaltung deiner Gesundheit und verhindern Arbeitsunfälle.

> Sicherheitskennzeichen dienen der Unfall-verhütung und dem Gesundheitsschutz. Sie sind allgemein gültig. Du findest sie nicht nur in der Schule.

Gesundheitsschutz am Arbeitsplatz

Bei der Ausführung einer Tätigkeit spielt auch die Gestaltung des Arbeitsplatzes eine Rolle. Arbeitsplätze müssen so gestaltet sein, dass bei

Problemzonen bei sitzender Tätigkeit

Nackenschmerzen

Rückenschmerzen

eingedrückter Magen

Eingeklemmte Oberschenkel

Ergonomisch gestalteter Büroarbeitsplatz

50–80 cm

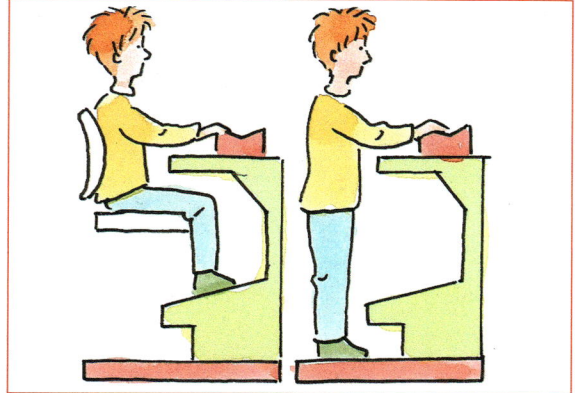

Platz für abwechselnd sitzende und stehende Tätigkeit

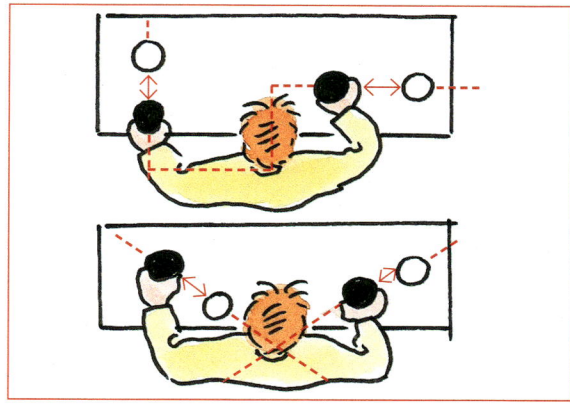

Kraftsparende Anordnung der Bedienelemente

der Arbeit keine Gesundheitsschäden entstehen. Sie müssen den Bedürfnissen der arbeitenden Menschen angepasst sein. Eine Arbeit soll gerne verrichtet werden und nicht krank machen. Schlechte Arbeitsbedingungen verhindern gute Leistungen, führen zu Stress, Krankheiten und vorzeitigem Ausscheiden aus dem Berufsleben.

Die Ergonomie ist die Wissenschaft von der körpergerechten Gestaltung des Arbeitsplatzes. Dabei steht die Gesunderhaltung des Menschen im Vordergrund.

> Eine ergonomische Gestaltung des Arbeitsplatzes spart Wege, Zeit und Kraft und vermeidet Gesundheitsschäden.

Hier eine Auswahl an Gesichtspunkten, die bei der Arbeitsplatzgestaltung zu beachten sind:

• Arbeitshöhe an die Körpergröße anpassen;
• genügend Bewegungsfreiheit einräumen;
• auf gute Beleuchtung, Belüftung und Raumtemperatur achten;
• Arbeitspausen bei längeren und anstrengenden Arbeiten einlegen.

1 Welche Sicherheitskennzeichen kennst du?

2 Ermittle Ort und Bedeutung der Sicherheitskennzeichen deines Technikraumes.

3 Überlege, wodurch es im Unterrichtsraum zu Unfällen kommen kann.

4 Welches Interesse haben Betriebe, für optimale Bedingungen am Arbeitsplatz zu sorgen?

5 Welchen Belastungen ist der Mensch an einem Bildschirmarbeitsplatz ausgesetzt? Wie können sie reduziert werden?

Arbeitsschutzmaßnahmen

Einsatzbeschränkungen für Schüler an Maschinen und Geräten bis Klasse 10

Maschinen- und Geräteeinsatz im Unterricht	Jahrgangsstufen		
	5/6	7/8	9/10
Abkantvorrichtung, Biegevorrichtung	A	TS	S
Dekupiersäge (elektrisch)	A	S	S
Handbohrmaschine (elektrisch)	A	TS	S
Hebelblechschere (mechanisch)	---	A	TS
Heißklebepistole	A	TS	S
Lötkolben (elektrisch)	TS	S	S
Tisch- und Ständerbohrmaschine (elektrisch)	A	TS	S
Bandsäge	---	---	---
Kreissäge	---	---	---

Abkürzungen

---	**Einsatz nicht vorgesehen**	
A	unter Aufsicht	Der Schüler arbeitet an der Maschine oder mit dem Gerät, der Lehrer steht daneben und beaufsichtigt den Vorgang.
TS	teilselbstständig	Der Schüler arbeitet selbstständig an der Maschine oder mit dem Gerät, befindet sich jedoch im Blickfeld des Lehrers.
S	selbstständig	Der Schüler arbeitet selbstständig an der Maschine oder mit dem Gerät, der Lehrer beaufsichtigt im Rahmen seiner Dienstpflicht.

Was Schülerinnen und Schülern erlaubt ist   Quelle: GUV-SI 8070 Richtlinien zur Sicherheit im Unterricht, S.132.

Gesetzliche Grundlagen

Während der Berufsausübung sind Arbeitnehmer mitunter Gefahren ausgesetzt, die ihre Gesundheit gefährden können. Gesetzliche Bestimmungen fordern, die Arbeitnehmer zu schützen. Die Arbeitsschutzbestimmungen umfassen den technischen und sozialen Arbeitsschutz.
Technische Arbeitsschutzmaßnahmen dienen dazu, Gefahren einzudämmen, die von Maschinen, Werkzeugen und Arbeitsmaterial ausgehen können. Die grundlegenden Regeln zur Vermeidung von Arbeitsunfällen sind in der Gewerbeordnung festgelegt. Diese wird durch zahlreiche Unfallverhütungsvorschriften ergänzt.

Sozialer Arbeitsschutz

Die sozialen Arbeitsschutzmaßnahmen sollen den Arbeitnehmer vor körperlicher und seelischer Überforderung schützen. Hier gibt es für besonders gefährdete Personengruppen (Jugend-

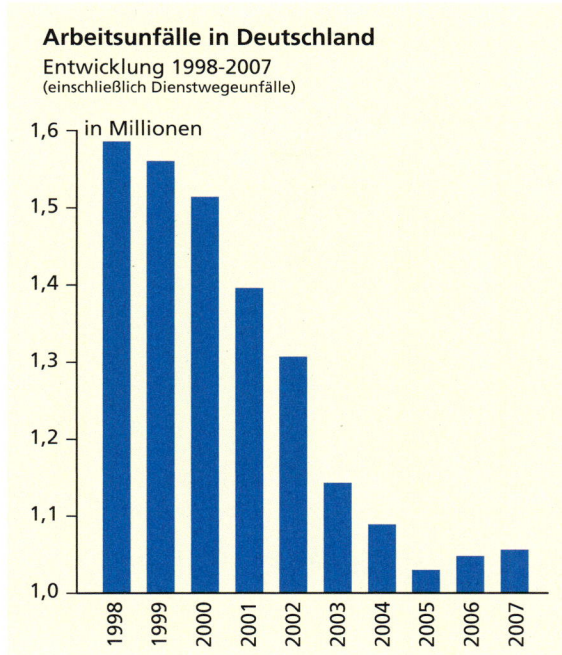

Arbeitsunfälle in Deutschland
Entwicklung 1998-2007
(einschließlich Dienstwegeunfälle)

Arbeitsunfälle 2007 nach Branchen	
Verarbeitendes Gewebe (z. B. Metallerzeugung, Maschinenbau, Möbelherstellung)	257.961
Baugewerbe	135.823
Land- und Forstwirtschaft	98.000
Handel; Instandhaltung und Reparatur von Kraftfahrzeugen und Gebrauchsgütern	94.553
Grundstücks- und Wohnungswesen, Vermietung beweglicher Sachen, Erbringung von Dienstleistungen überwiegend für Unternehmen	84.175
Öffentliche Verwaltung, Verteidigung, Sozialversicherung	74.007
Verkehr und Nachrichtenübermittlung	68.655
Gesundheits-, Veterinär- und Sozialwesen	63.317
Erbringung sonstiger Dienstleistungen	41.783
Gastgewerbe	41.364
Sonstige Branchen	96.154
Summe	1.055.792

Quelle: www.arbeitsschutz.nrw.de/liga (11.8.2009) Deutsche Gesetzliche Unfallversicherung (DGUV)

Unfälle am Arbeitsplatz und auf Dienstwegen

liche, Mütter, Schwerbehinderte) ergänzende Regelungen. Dazu gehört auch die Altersbeschränkung zum Einsatz an Maschinen im Unterricht, die unbedingt einzuhalten ist.

Verhalten bei Unfällen

Trotz Beachtung aller Vorsichtsmaßnahmen, können Unfälle passieren. Was macht man in so einer Situation? Wie verhält man sich richtig? Wichtig ist, Ruhe zu bewahren. Verschaffe dir einen Überblick darüber, was passiert ist, und überlege, wie du vorgehst, um dem Verletzen zu helfen. Die Unfallstelle sollte abgesichert werden, damit nicht noch weitere Schäden entstehen. Wenn möglich, sollte der Verletzte nicht alleine gelassen werden. Präge dir die Rettungskette ein:

> Rettungskette:
> Sofortmaßnahmen → Notruf → Erste Hilfe → Rettungsdienst → Krankenhaus

Damit du in Unfallsituationen schnell helfen kannst, ist ein Erste-Hilfe-Kurs eine gute Vor-

aussetzung. Diesen benötigst du außerdem, um deinen Führerschein machen zu können. Anbieter für solche Kurse sind u. a. das Deutsche Rote Kreuz, die Johanniter und die Malteser (www.drksachsen.de; www.johanniter.de; www.malteser.de; Stand: 11.8.2009).

Diese Telefonnummern solltest du kennen!
Feuerwehr/Rettungsdienst: **112**
Polizei: **110**
Giftnotrufnummer: **0361/730730**
(für Sachsen, Sachsen-Anhalt, Mecklenburg-Vorpommern und Thüringen)
Bei einem Notruf ist Folgendes zu beachten:
- Ruhe bewahren;
- Namen und Adresse nennen;
- Verletzungsart und Anzahl der Verletzten nennen;
- den Unfallhergang beschreiben;
- nach Sofortmaßnahmen fragen.

> **1** Erkundige dich bei deinen Eltern und Verwandten, welche Unfallverhütungsvorschriften es in ihren Betrieben gibt.

WP Verkehr und Umwelt

Wegezwecke: fast jeder dritte Weg in der Freizeit

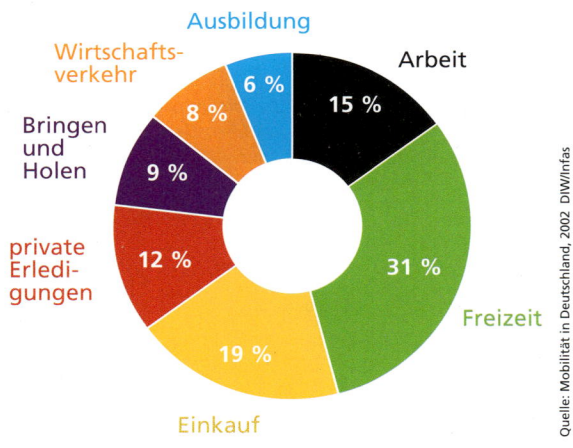

Quelle: Mobilität in Deutschland, 2002 DIW/Infas

Mobilität am Stichtag: 86 Prozent außer Haus

am Stichtag
% mobil
% nicht mobil

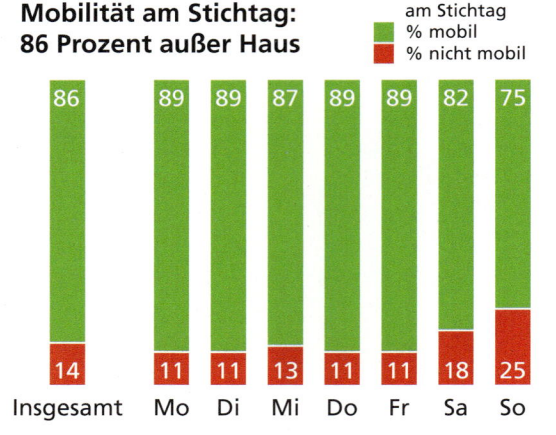

Quelle: Mobilität in Deutschland, 2002 DIW/Infas

Von Montag bis Freitag verlassen 89 Prozent der Bundesbürger das Haus und legen mindestens einen Weg zurück. Am Samstag sinkt dieser Wert auf 82 Prozent, an Sonn- und Feiertagen auf 75 Prozent.

Jeder Bundesbürger verbringt im Schnitt 74 Minuten seines Tages unterwegs. Mobilität ist damit ein wichtiger Bestandteil des Tagesablaufs. Im Durchschnitt legt jeder Verkehrsteilnehmer an einem Tag etwa 44 km zurück.

Mobilität in der modernen Gesellschaft

Früher arbeiteten die meisten Menschen in unmittelbarer Nähe zur Wohnung, auch die Schule war zu Fuß zu erreichen, und die wenigsten fuhren mit dem Auto zum Einkaufen. Heute ist ein Leben ohne Fahrzeug nicht denkbar. Die meisten Wege werden mit Auto, Bus oder Bahn zurückgelegt. Die Mobilität der Menschen hat in den vergangenen Jahren ständig zugenommen, ein Ende der Entwicklung ist nicht abzusehen.

> Das Wort „mobil" bedeutet „beweglich". Die Fähigkeit der Menschen, sich von einem Ort zum anderen zu bewegen, bezeichnet man als Mobilität. Je nach Größe der Entfernung werden dazu Verkehrsmittel verwendet.

Im Personenverkehr unterscheidet man zwischen Berufs- und Freizeitverkehr. Der Weg zur Schule oder zur Arbeitsstätte zählt zum Berufsverkehr.

Hier werden an Wochentagen zu bestimmten Zeiten meist die gleichen Wege zurückgelegt. Anders beim Freizeitverkehr. Hierzu zählen Einkaufsfahrten, die Fahrt ins Kino oder Freibad, Bekanntenbesuche, Ausflüge und Urlaubsreisen. Zum Personenverkehr kommt noch der Güterverkehr, bei dem Waren jeglicher Art quer durch Deutschland oder Europa transportiert werden.

Der tägliche Verkehr stellt ein großes ökologisches Problem dar. Deshalb besteht eine vordringliche Aufgabe darin, sinnvolle Verkehrssysteme zu entwickeln. Im Einzelnen bedeutet dies, Verkehrsnetze zu entwerfen, die den Transport von Personen und Gütern durch eine Verknüpfung von unterschiedlichen Verkehrsmitteln ermöglichen.

Die kontinuierliche Zunahme der Mobilität bedeutet eine große Herausforderung für die Planung und den Bau von Verkehrswegen. Allein die Tatsache, dass Verkehrsraum nicht unbegrenzt zur Verfügung steht, ist für die Entwicklung von Verkehrsnetzen, vor allem in Großstädten, ein Problem.

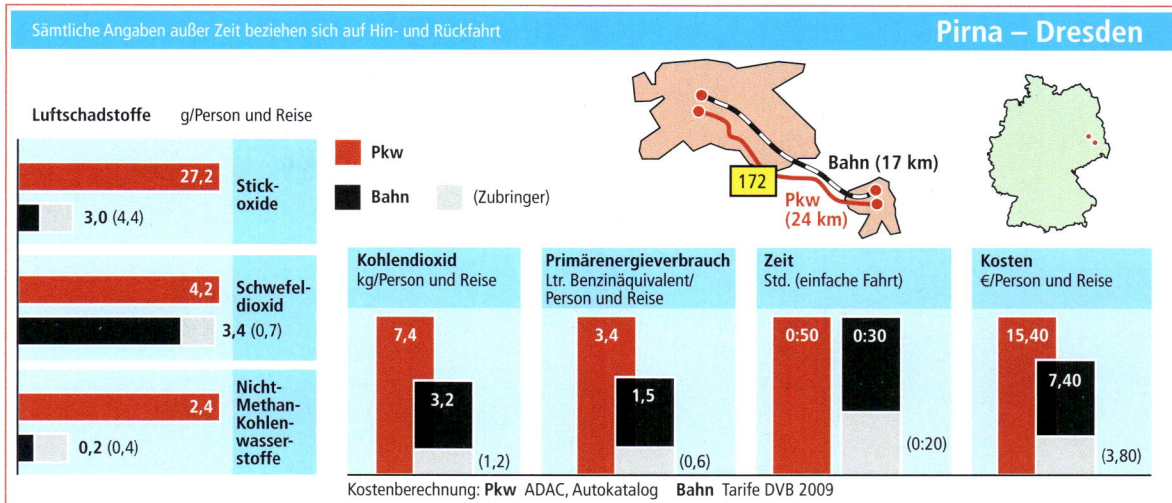

Sämtliche Angaben außer Zeit beziehen sich auf Hin- und Rückfahrt

Pirna – Dresden

Luftschadstoffe g/Person und Reise

Pkw
Bahn (Zubringer)

Bahn (17 km)
Pkw (24 km)
172

27,2 **Stick-oxide**
3,0 (4,4)

4,2 **Schwefel-dioxid**
3,4 (0,7)

2,4 **Nicht-Methan-Kohlen-wasser-stoffe**
0,2 (0,4)

Kohlendioxid kg/Person und Reise
7,4
3,2
(1,2)

Primärenergieverbrauch Ltr. Benzinäquivalent/Person und Reise
3,4
1,5
(0,6)

Zeit Std. (einfache Fahrt)
0:50 | 0:30
(0:20)

Kosten €/Person und Reise
15,40
7,40
(3,80)

Kostenberechnung: **Pkw** ADAC, Autokatalog **Bahn** Tarife DVB 2009

Quelle: Deutsche Bahn: UmweltMobilCheck 2009 (Quelle: IFEU)

Einkaufsfahrten vom Umland in die Stadt finden meist wochentags außerhalb der Verkehrsspitzen und samstags statt. In unserem Beispiel fährt eine Person von Pirna nach Dresden. Für die Fahrt zum Bahnhof in Pirna wird ein Pkw benutzt, in Dresden die Straßenbahn. Das macht zusammen rund 20 Minuten – plus 30 Minuten für die Fahrt mit der S-Bahn. Die Fahrt mit dem Pkw dauert genauso lang.

Ein Drittel des Energieverbrauchs und des Kohlendioxidausstoßes sowie mehr als die Hälfte der Stickstoffoxid- und Kohlenwasserstoffemissionen der Bahnfahrt werden durch die Zubringerfahrten mit Pkw und Straßenbahn verursacht. Trotzdem ist der Energieverbrauch insgesamt nur halb so hoch wie bei der reinen Pkw-Fahrt. Die Mobilitätskette mit der Bahn ist rund 8 Euro günstiger.

Verkehrssysteme im Vergleich

Man kann auf sehr verschiedene Art und Weise Personen oder Güter von einem Ort zu einem anderen transportieren. Dabei hat man immer die Wahl zwischen verschiedenen Verkehrsmitteln, bei unterschiedlichem Zeitbedarf und Komfort. Jede Art der Mobilität hat Auswirkungen auf die Umwelt: Energieverbrauch, Ausstoß von Luftschadstoffen und Klimagasen, Lärm oder Flächenverbrauch.

Jeder Verkehr belastet die Umwelt. Man muss jedoch zwischen Individualverkehr und öffentlichem Verkehr unterscheiden: Jede einzelne Autofahrt hat Auswirkungen auf die Umwelt, da ein Fahrzeug zusätzlich bewegt wird. Hingegen belastet ein zusätzlicher Fahrgast im Zug die Umwelt nicht, denn die Bahn verbraucht durch ihn weder mehr Energie noch gibt sie zusätzlich Emissionen ab. Als öffentliches Verkehrsmittel mit festem Fahrplan fährt die Bahn sowieso. Die Entscheidung für öffentliche Verkehrsmittel ist daher immer umweltfreundlich. Der Nachteil:

Man ist an Fahrpläne gebunden, Umwege, zum Beispiel für notwendige Besorgungen, sind ausgeschlossen.

Bei der Wahl des Verkehrsmittels ist jedoch für die meisten die Bequemlichkeit ausschlaggebend. Während mit dem eigenen PKW der Weg nur in einem Verkehrsmittel bewältigt wird, entstehen bei Bus und Bahn sogenannte Mobilitätsketten, den Fußweg zur Haltestelle eingeschlossen.

Aus dem Vergleich in der Abbildung oben gehen die öffentlichen Verkehrsmittel eindeutig als Sieger hervor, dennoch benutzen viele aus Gewohnheit das Auto.

1 Wie viele Kilometer werden in eurer Familie täglich zurückgelegt? Unterteile die Wege in Berufs- und Freizeitverkehr. Was stellst du fest?

2 Notiere alle Verkehrsmittel, die für deinen Schulweg möglich wären. Begründe die von dir gewählte Variante.

Der Container ...

... wurde 1956 vom Amerikaner Malcolm McLain erfunden. Der Lastwagenfahrer hatte die Idee beim Anblick einer Zigarettenschachtel.

... hat eine weltweit genormte Größe von 6,1 m x 2,4 m x 2,6 m.

... kann 14 Tonnen Ladegewicht aufnehmen.

... hat eine weltweit nur einmal vergebene Kennung, bestehend aus dem Eigentümernamen und einer siebenstelligen Nummer.

... kann mit Spezialschiffen, mit der Bahn und mit LKWs transportiert werden.

Es gibt derzeit etwa 37 Millionen Container weltweit. Güter aller Art werden zu 97% mit Containern transportiert.

Container überall

Nach welchen Kriterien man Verkehrssysteme auch vergleicht, das Ergebnis ist stets gleich: Das optimale Verkehrsmittel gibt es nicht. Man kann nur die Vor- und Nachteile der einzelnen Systeme auf Straße, Schiene und Wasser abwägen. Diese Aussage gilt für Güter ebenso wie für Personen. Im Güterverkehr kommt ein weiteres Problem hinzu: Die Güter sind hinsichtlich ihres Gewichtes, ihrer Abmessungen und ihrer Form so unterschiedlich, dass der Transport erschwert wird. Es gibt feste Güter, andere sind zerbrechlich und viele lassen sich nicht ohne weiteres stapeln.

Es musste eine genormte Einheit gefunden werden, die sowohl auf dem Wasser als auch auf Straße und Schiene gut zu transportieren ist. Das Ergebnis ist ein Großraumbehälter, besser bekannt unter dem Namen Container.

> Container sind bewegliche Großbehälter mit weltweit einheitlichen Abmessungen. Mit ihnen können unterschiedlichste Waren mit Schiffen, Güterzügen und Lastwagen transportiert werden.

Der Einsatz von Containern ermöglicht den Güterumschlag von einem Transportmittel zum anderen, ohne dass die einzelnen Waren umgeladen werden müssen. So wird viel Zeit gespart. Durch den Einsatz von Spezialkränen sind nur wenige Arbeitskräfte nötig, um große Warenmengen auf- und abzuladen. Für Flüssigkeiten existieren Spezialcontainer, jedoch mit genormten Abmessungen.

Außerdem können Waren in Containern gelagert werden, zusätzliche Lagerhallen in Häfen oder auf Bahnhöfen werden dadurch überflüssig.

Eine wichtige Rolle spielt die Logistik. Sie bestimmt, zu welcher Zeit welche Güter oder Personen mit welchem Transportmittel bewegt werden. Hier helfen Computer bei der Bewältigung der vielfältigen Aufgaben.

Dabei kommt es nicht nur darauf an, den optimalen Weg im Verhältnis zur benötigten Zeit herauszufinden. Ebenso wichtig ist die lückenlose Überwachung, wo sich eine Ware zu einer bestimmten Zeit befindet. Die termingerechte Ankunft bestimmter Güter in einem Betrieb entscheidet über den reibungslosen Ablauf der Produktion oder die Einhaltung der Zeit für eine bestimmte Dienstleistung.

Die lange Reise einer Jeans. Insgesamt legt eine Jeans oft mehr als 50 000 km weltweit zurück, bis sie beim Käufer im Schrank liegt.

Kasachstan:	Hier wächst die Baumwolle auf großen Plantagen. Sie wird von Hand oder mit der Maschine geerntet und anschließen in die Türkei versandt.
Türkei:	Hier wird die Baumwolle in Spinnereien zu Garn gesponnen.
Taiwan:	Aus diesem Bauwollgarn wird in den Webereien der Jeansstoff hergestellt.
Polen:	Hier wird die chemische Indigofarbe (blau) zum Einfärben des Jeansstoffes produziert.
Tunesien:	Hier wird das Garn aus der Türkei und der Jeansstoff aus Taiwan mit der Indigofarbe aus Polen eingefärbt.
Bulgarien:	Jetzt wird der fertige Jeansstoff veredelt, d. h. weich und knitterarm gemacht.
China:	Hier wird die Jeans zusammengenäht, mit Knöpfen und Nieten aus **Italien** und Futterstoff aus der **Schweiz**.
Frankreich:	Jetzt bekommt die Jeans den letzten Schliff. Sie wird gewaschen, z. B. mit Bimsstein aus **Griechenland**, wodurch sie den „Stone-washed-Effekt" erhält.
Deutschland:	Hier wird das Firmen-Label in die Jeans eingenäht und sie erhält den Aufdruck „Made in Germany"!

Waren gehen um die Welt

Der Container ermöglicht günstige Transportpreise, egal, ob eine Flasche Wein aus Südafrika oder von der Mosel nach Dresden transportiert wird. Das hat zur Folge, dass viele Produkte oft viele Kilometer zurücklegen, wenn mehrere Länder an der Herstellung beteiligt sind. Große Entfernungen sind kein Hindernis mehr. Das veranlasst viele Unternehmen, ihre Produkte oder Teile davon in fernen Ländern fertigen zu lassen. Geringe Lohnkosten, zum Beispiel in den Ländern Südostasiens, bewirken den oft tagelangen Transport von Gütern. Das Resultat ist ein gewaltiger Anstieg des weltweiten Personen- und Güterverkehrs.

Globalisierung erfordert weltweit vernetzte Transportsysteme. Immer mehr Güter und Personen werden in kürzerer Zeit über wachsende Entfernungen im weltweiten Verkehr zu sinkenden Kosten transportiert. Damit steigt die Umweltbelastung.

Betrachtet man den Weg einer Ware vom Hersteller zum Kunden genauer, stellt man fest, dass Transportwege und -mittel häufig wechseln. Es entstehen Transportketten, deren Verlauf lückenlos geplant und überwacht werden muss. Nur so kann garantiert werden, dass die Ware tatsächlich ihr Ziel erreicht.

Transportketten sind die Folge von miteinander verknüpften Verkehrssystemen, bei denen Güter von einem Ausgangspunkt zu einem Ziel transportiert werden.

1 Markiere alle Länder, die an der Jeansherstellung beteiligt sind, mit Pinnnadeln auf einer Weltkarte. Verbinde die Pinns mit Fäden.

2 Waren aus Südafrika erreichen Deutschland am Hamburger Hafen. Notiere eine Transportkette, um diese Güter in die Dresdner Innenstadt zu transportieren. Begründe deine Auswahl.

3 Erläutere die Vorteile von Containern für den Güterverkehr.

4 Welche Gemeinsamkeiten haben ein Brief und ein Container? Nenne mindestens drei Merkmale.

ⓦⓟ Ess-Störungen verstehen und bewältigen

Joana,
14 Jahre (1,70 m/48 kg),
lebt in der ständigen Angst, zu-zunehmen. Sie hat in kürzester Zeit extrem an Gewicht verloren und fühlt sich immer noch zu dick.

Eva,
16 Jahre (1,64 m/50 kg),
ist ehrgeizig und erfolgreich in der Schule. Sie zählt jede verspeiste Kalorie, um ihr Wunschgewicht zu erlangen. Essattacken gleicht sie durch die heimliche Einnahme von Abführmitteln wieder aus.

Maria,
15 Jahre (1,53 m/80 kg),
wird wegen ihres Übergewichts oft in der Schule gehänselt. Dies be-drückt sie so sehr, dass sie zu Hause in Essattacken verfällt. Dabei verliert sie die Kontrolle und isst, obwohl sie keinen Hunger verspürt.

Bemerken
Beobachte dein Umfeld wie Mit-schüler, Freunde, Bekannte.
Nimm Veränderungen in Verhalten, Aussehen, Gewohnheiten wahr.
Verschließe nicht die Augen vor den Problemen anderer.

Zuhören
Höre dem Gegenüber genau zu, vielleicht braucht er Hilfe.
Nimm offene Gespräche ernst.
Erweise dem Gesprächspartner Ver-trauen. Diskretion ist wesentlich.

Besprechen
Biete ein helfendes Gespräch an.
Schaffe ein vertrautes Gesprächs-klima.
Nenne das Problem beim Namen und sucht gemeinsam nach einer geeigneten Beratungsstelle.

Gefährdeten Personen helfen

Ess-Störung – eine Suchtkrankheit

Störungen im Essverhalten sind schon jahrhun-dertelang bekannt. In ganz Europa sind Ess-Störungen heute weit verbreitet. Als eine Ursa-che gilt die Verknüpfung von Schlankheitsideal und Selbstwertgefühl. Besonders gefährdet sind Personen mit gestörten Beziehungen zur Familie oder traumatisierenden Erlebnissen.

Ess-Störungen gehören zu den Suchtkrankhei-ten. Die Krankheitsmerkmale sind physischer, psychischer und psychosozialer Natur. Man un-terscheidet drei Formen:
- die Magersucht (Anorexia nervosa),
- die Ess-Brech-Sucht (Bulimie),
- die Ess-Sucht (Binge-Eating-Störung).

Von Ess-Störungen sind in erster Linie Frau-en zwischen 12 und 25 Jahren betroffen; selten erkranken Jungen. Der Körper kann durch ma-gersüchtiges oder bulimisches Verhalten schwer geschädigt werden. Gefährliche Faktoren sind:
- zu wenig und zu einseitige Nahrung,
- häufiges Erbrechen, das zu Verlusten von Was-ser und Mineralstoffen führt sowie zu
- Schäden durch die starke Magensäure,
- der Missbrauch von Abführmitteln und/oder exzessive Bewegung/Sport.

Für die Behandlung von Ess-Störungen gibt es verschiedene psychotherapeutische Verfahren.
Oftmals ist es aber sehr schwierig, Essgestörte zu dem Entschluss zu bringen, sich behandeln zu lassen. Eine möglichst frühzeitige Behandlung wäre jedoch wünschenswert.

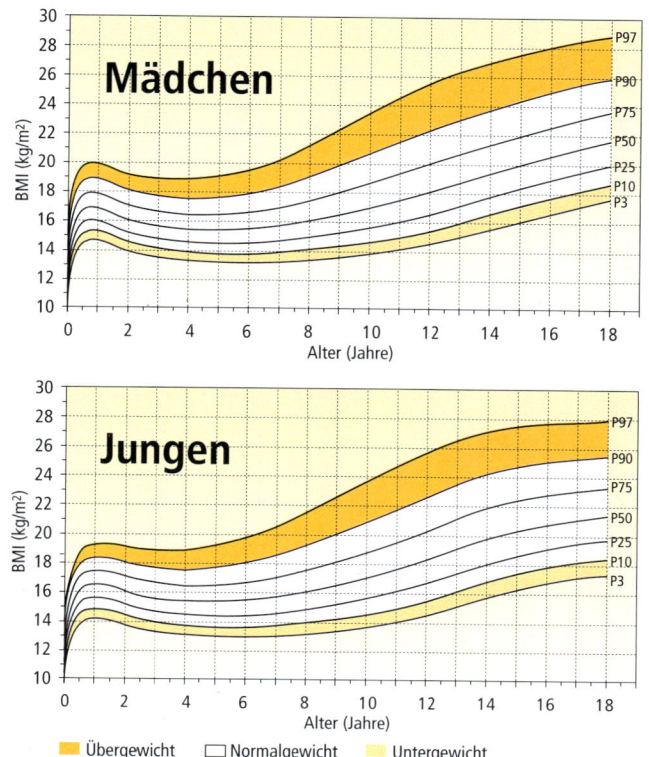

Übergewicht ☐ Normalgewicht ☐ Untergewicht

BMI-Perzentilkurven von Mädchen und Jungen

Das richtige Körpergewicht

Um beurteilen zu können, ob das Körpergewicht eines Menschen im Normalbereich liegt oder Übergewicht bzw. Untergewicht vorliegt, wird der BMI-Wert (Body Mass Index) verwendet. Der BMI ist eine Maßzahl, die das Körpergewicht eines Menschen im Verhältnis zu seiner Größe bewertet. Er wird so berechnet:

$$\frac{\text{Körpergewicht [kg]}}{\text{Körpergröße [m] x Körpergröße [m]}}$$

Bei normalgewichtigen Personen liegt der BMI in einem Bereich zwischen 18,5 und 25,5 – ab einem BMI von über 30 liegt behandlungsbedürftiges Übergewicht vor. Der BMI-Wert unterscheidet sich bei Männern und Frauen und ist abhängig vom Alter. Als Richtwert für das ideale Körpergewicht gilt ein BMI von 22 für Frauen und von 24 für Männer. Allerdings dürfen diese Werte nicht überbewertet werden. Ausschlaggebend ist das persönliche Wohlfühlgewicht, d.h. das Gewicht, bei dem man sich wohl fühlt und leistungsfähig ist. Absolute BMI-Werte gelten bei Kindern und Jugendlichen noch nicht. Um das Gewicht von Kindern beurteilen zu können, verwendet man spezielle Diagramme, die einen zulässigen BMI-Bereich angeben (siehe Abbildung oben). Ist das Gewicht im farblosen Bereich des Diagramms, so liegt Normalgewicht vor.

1 Ordne den Fällen von Joana, Maria und Eva (S. 146) die Art der Ess-Störung zu.

2 Recherchiere zu den Merkmalen und Folgen von Ess-Störungen im Internet. Strukturiere dein Ergebnis und erarbeite eine Mindmap.

3 Ladet eine Ernährungsberaterin in die Klasse ein, die Erfahrungen mit essgestörten Menschen hat. Erarbeitet für diesen Besuch einen Fragenkatalog.

Wir gestalten ein Lernspiel

„Spiele und Lerne" ist ein Spiel, das Spaß, Wissen und Glück verbindet. Ziel ist es, das mittlere gelbe Zielfeld zuerst zu erreichen. Das heißt: Im Verlauf des Spieles Wissen zu gewinnen, weiterzugeben oder mit etwas Glück richtig zu raten sowie gekonnt zu würfeln.

Zubehör

Spielplan, Würfel, Spielsteine, selbst gefertigte Frage- und Antwortkarten zum Thema „Produzenten und Konsumenten am Markt" mit den im Spiel vorhandenen Feldfarben. Auf der Vorderseite steht eine Frage, auf der verdeckten Rückseite die entsprechende Antwort.

Spieleranzahl

2–28, einzeln oder in Gruppen; optimale Spielerzahl 4–8

Spielvorbereitung

Die selbst hergestellten Frage- und Antwortkarten werden sortiert nach Wissensgebieten verdeckt abgelegt. Jeder Spieler wählt einen Spielstein und stellt ihn auf das Startfeld. Nun würfelt jeder Spieler einmal. Derjenige mit der höchsten Augenzahl beginnt im Uhrzeigersinn.

Das Spiel beginnt

Der erste Spieler geht die gewünschte Augenzahl im Uhrzeigersinn (Pfeilrichtung). Trifft er auf ein Wissensfeld, so zieht der links neben ihm sitzende Spieler die dazugehörige Wissenskarte (der Feldfarbe entsprechend) und stellt die dort angegebene Frage. Kann sie beantwortet werden, darf er stehen bleiben, wenn nicht, muss er die vorher gewürfelte Augenzahl zurücksetzen. Es dürfen mehrere Spieler auf einem Feld stehen. Trifft ein Spieler auf ein Jokerfeld, darf er noch einmal würfeln. Kommt ein Spieler direkt auf ein Sonnenfeld, darf er sich das Wissensgebiet aussuchen. Beantwortet er die Frage richtig, rückt er in die nächste Spielebene vor.

1 Vertragsrechtliche Grundlagen

 Tim (5 Jahre) möchte sich von seinem Geburtstagsgeld einen Roller kaufen.

Polina (13 Jahre) möchte mit ihrem Taschengeld einen Handy-Vertrag abschließen.

 Mark (16 Jahre) möchte im Fitnessstudio trainieren. Er verdient Geld als Zeitungsausträger.

 Anja (14 Jahre) möchte sich von ihrem Taschengeld eine Hose kaufen.

Der Taschengeldparagraf BGB § 110
„Ein von dem Minderjährigen ohne Zustimmung des gesetzlichen Vertreters geschlossener Vertrag gilt als von Anfang an wirksam, wenn der Minderjährige die vertragsmäßige Leistung mit Mitteln bewirkt, die ihm zu diesem Zwecke oder zu freier Verfügung von dem Vertreter oder mit dessen Zustimmung von einem Dritten überlassen worden sind."

Dürfen Minderjährige Rechtsgeschäfte abschließen?

Rechtsgeschäfte im Alltag

Rechtsfähigkeit – Geschäftsfähigkeit

Jördis, Noémi und Roy flachsen in der Pause über das Juristendeutsch. Jeder kann mit jedem Geschäfte machen, oder etwa nicht?
Im Unterricht wird die Diskussion grundsätzlich. Eine unabdingbare Voraussetzung für ein gültiges Rechtsgeschäft ist die Rechts- und Geschäftsfähigkeit der Beteiligten. Im Bürgerlichen Gesetzbuch (BGB) gibt es dazu genaue Aussagen.
Rechtsfähigkeit besitzen alle Menschen. Sie beginnt mit der Geburt und endet mit dem Tod.

> Rechtsfähigkeit bedeutet, Träger von Rechten und Pflichten zu sein, zum Beispiel Schulrecht und -pflicht.

Dagegen richtet sich die Geschäftsfähigkeit nach dem Lebensalter eines Menschen. Denn der Gesetzgeber hat zum Schutz von Jugendlichen die Geschäftsfähigkeit eingeschränkt. Er unterscheidet zwischen Geschäftsunfähigkeit, beschränkter Geschäftsfähigkeit und voller Geschäftsfähigkeit.

> Geschäftsfähigkeit bedeutet, gültige Rechtsgeschäfte abschließen zu können, zum Beispiel einen Kauf- oder Mietvertrag.

Jugendliche sind nach Vollendung des 7. Lebensjahres und vor Vollendung des 18. Lebensjahres beschränkt geschäftsfähig. So können 13- oder 14-Jährige durchaus ohne Zustimmung eines gesetzlichen Vertreters im Rahmen ihres Taschengeldes Rechtsgeschäfte abschließen. Der Taschengeldparagraf im BGB legt dies fest.
Wie ist es aber in folgendem Fall? Roy will mit seinem Taschengeld einen MP3-Player für 125 € kaufen und in vier Monatsraten abzahlen. Ist dieser Kaufvertrag gültig? Nein! Beschränkt Geschäftsfähige dürfen mit ihrem Taschengeld nur Bargeschäfte vornehmen. Für Abzahlungsgeschäfte benötigen sie die Zustimmung ihres gesetzlichen Vertreters. Hat Roy dennoch einen Kaufvertrag für einen MP3-Player abgeschlossen, so gibt es grundsätzlich zwei Möglichkeiten: (1) Die Eltern genehmigen den Kaufvertrag nachträglich, dann ist er gültig. (2) Die Eltern lehnen den Kaufvertrag ab, dann ist er unwirksam.

Einseitige Rechtsgeschäfte		Zwei- und mehrseitige Rechtsgeschäfte	
Nur eine Person gibt eine Willenserklärung ab.		Mindestens zwei Personen geben voll übereinstimmende Willenserklärungen ab (> Verträge).	
Empfangsbedürftig: Die Willenserklärung wird wirksam, wenn der Empfänger sie erhält.	**Nicht empfangsbedürftig:** Die Willenserklärung ist mit der Niederschrift gültig.	**Einseitig verpflichtend:** Der Vertrag verpflichtet nur die eine Seite.	**Mehrseitig verpflichtend:** Der Vertrag verpflichtet beide/alle Seiten.
Beispiele: Kündigung des Arbeitsverhältnisses, Mietvertrages, Zeitungsabos müssen den Empfänger erreichen (Einschreiben!).	**Beispiel:** Testament Es ist gültig, auch wenn es erst nach dem Tod des Verfassers den Erben bekannt wird.	**Beispiel:** Bürgschaft Eltern bürgen gegenüber dem Vermieter für die Mietzahlungen ihrer minderjährigen Tochter.	**Beispiel:** Kauf Der Verkäufer verpflichtet sich zur Lieferung der Ware, der Käufer zur Annahme und Bezahlung.

Verschiedene Arten von Rechtsgeschäften

Jugendliche zwischen 7 und 18 Jahren sind beschränkt geschäftsfähig.

Handschlag genügt?

Viele meinen, ein Vertrag müsse immer schriftlich abgeschlossen werden. Robert ist überzeugt, dass ein Handschlag genügt. Beides ist richtig. Rechtsgeschäfte kommen durch Willenserklärungen zustande. Willenserklärungen sind Äußerungen bzw. Handlungen einer oder mehrerer Personen, die mit der Absicht vorgenommen werden, eine rechtliche Wirkung herbeizuführen. Es gibt drei Arten, Willenserklärungen zu äußern:

1. Der Wille wird mündlich oder schriftlich geäußert, z.B. „Ich möchte das Buch kaufen".
2. Der Wille wird durch eine Handlung oder Geste zum Ausdruck gebracht, z.B. Heranwinken eines Taxis, Mausklick.
3. Ein Rechtsgeschäft kommt durch Schweigen zustande: Das 14-Tage-Probeabo wird verlängert, wenn der Kunde es nicht abbestellt.

Rechtsgeschäfte kommen durch Willenserklärungen zustande.

Nach dem Bürgerlichen Gesetzbuch (BGB) kann jeder frei entscheiden, in welcher Form er seine Rechtsgeschäfte abschließen will. Die Vertragsfreiheit schließt ein:

- Abschlussfreiheit: Jeder kann mit jedem nach Belieben Verträge abschließen.
- Formfreiheit: Verträge können in schriftlicher oder mündlicher Form oder durch Stillschweigen abgeschlossen werden.
- Gestaltungsfreiheit: Der Inhalt eines Vertrages kann von beiden Seiten frei bestimmt werden.

Es ist üblich, dass Kaufleute ihre Rechtsgeschäfte aus Beweisgründen schriftlich abwickeln. Darüber hinaus hat der Gesetzgeber bei nicht wenigen Rechtsgeschäften bestimmte Formen vorgeschrieben, die eingehalten werden müssen (z.B. Schriftlichkeit beim Ausbildungsvertrag).

1 Warum bezeichnet man Eltern auch als gesetzliche Vertreter?

2 Welche Willenserklärungen hast du in den letzten drei Tagen abgegeben? Welche davon hatten rechtliche Wirkung?

3 Nenne Beispiele
a) für Käufe, die du mit deinem Taschengeld tätigen darfst,
b) für Käufe, bei denen du die Genehmigung deiner Eltern benötigst.

4 Stell dir vor, jedes Rechtsgeschäft müsste schriftlich abgeschlossen werden. Nenne die sich daraus ergebenden Folgen.

Vertragsarten	Vertragspartner	Vertragsinhalt
Kaufvertrag	Käufer + Verkäufer	regelt die Lieferung bestimmter Güter
Mietvertrag	Mieter + Vermieter	berechtigt zur Benutzung einer Wohnung
Pachtvertrag	Pächter + Verpächter	regelt die Benutzung einer Sache z. B. eines Gartens
Berufsausbildungsvertrag	Auszubildender bzw. gesetzlicher Vertreter + Ausbilder	regelt das Ausbildungsverhältnis
Darlehensvertrag	Kreditnehmer + Kreditgeber	regelt die Bedingungen

Verträge und ihr Inhalt

Pflichten des Mieters	Pflichten des Vermieters
Mietzahlungspflicht – Termingerechtes Entrichten der vereinbarten Miete. Fürsorgepflicht – Meldepflicht bei entstandenen Mängeln. Duldungspflicht – Bei Bedarf (z. B. Mängelbeseitigung) muss dem Vermieter oder Handwerker der Zugang zur Wohnung gestattet werden.	Gebrauchsüberlassung – Der Vermieter muss dem Mieter den ungestörten Gebrauch der Mietsache überlassen und sie in vertragsgemäßem Zustand erhalten. Erhaltungspflicht – Mängel müssen beseitigt werden. Fürsorgepflicht – Information über eventuelle Gefahren oder Beeinträchtigung, z. B. Baumaßnahmen.

Der Mietvertrag

Verschiedene Arten von Verträgen

Es gibt viele Arten von Verträgen. Zu den häufigsten gehören der Kaufvertrag, der Mietvertrag, der Ausbildungs- und der Arbeitsvertrag (S. 210 ff.) der Ehevertrag sowie Finanzierungsverträge (S. 214 ff.). Hier wollen wir uns den Mietvertrag und den Kaufvertrag näher ansehen.

Der Mietvertrag

Ein Mietvertrag wird zwischen Vermieter und Mieter abgeschlossen und regelt die Überlassung einer Wohnung, einer Garage, eines Büros oder eines Fahrzeugs zur Nutzung durch den Mieter. Das Mietrecht ist in Deutschland durch das BGB geregelt. Beim Mietvertrag für Wohnräume gelten besondere gesetzliche Regelungen, um den Mieter zu schützen, z. B. bei Mieterhöhung oder Kündigung. Der Vermieter ist u. a. dazu verpflichtet, die Wohnung in einem vertragsgemäßen Zustand zu überlassen und zu erhalten. Kommt er dieser Hauptpflicht nicht nach, stehen dem Mieter nach dem Gesetz verschiedene Rechte zu. So kann er zum Beispiel die Beseitigung des Mangels verlangen und die Miete mindern.

Der Kaufvertrag

Der Kaufvertrag kommt als typisches zweiseitiges Rechtsgeschäft im privaten Bereich am häufigsten vor.

Beim Kaufvertrag müssen zwei übereinstimmende Willenserklärungen von Verkäufer und Käufer vorliegen, d. h. Verkäufer und Käufer müssen sich einig sein über den Kaufgegenstand und den Kaufpreis. Dennoch muss man in diesem Zusammenhang genau Bescheid wissen und zum Beispiel unterscheiden zwischen Angebot, Annahme oder Bestellung.

Der Abschluss des Kaufvertrages bewirkt zunächst, dass sich der Verkäufer verpflichtet, die verkaufte Sache ordnungsgemäß zu liefern und zu übereignen, und dass sich der Käufer verpflichtet, die gekaufte Sache abzunehmen und zu bezahlen.

Der Abschluss des Kaufvertrages ist ein Verpflichtungsgeschäft, dem ein Erfüllungsgeschäft folgen muss.

Art, Güte und Beschaffenheit der Ware	Menge der Ware	Preis der Ware	Lieferbedingungen	Zahlungsbedingungen	Allgemeine Geschäftsbedingungen
Handelsübliche Beziehung, 1. oder 2. Wahl Warenzeichen	Gesetzliche Maßeinheiten (kg, g, ml …) Handelsübliche Bezeichnung: Paar, Stück etc.	Nachlässe Verpackungskosten	Ab Fabrik Frachtfrei Frei Haus	Vorkasse Barkauf Abzahlung	

Inhalte von Kaufverträgen

Allgemeine Geschäftsbedingungen

Verträge müssen eingehalten werden. Ein Bestandteil eines Vertrages sind in der Regel die Allgemeinen Geschäftsbedingungen (AGB), das sind allgemeine Zusatzbestimmungen zum Vertragsinhalt, das „Kleingedruckte".

Der Gesetzgeber hat festgelegt, dass der Verbraucher durch solche Bestimmungen nicht unangemessen benachteiligt werden darf. Das setzt voraus, dass der Kunde ausdrücklich auf die Existenz der AGB hingewiesen wird. Er soll in zumutbarer Weise von ihrem Inhalt Kenntnis nehmen können. Das bedeutet, dass sie gut lesbar und verständlich abgefasst sein müssen und der Kunde sie ohne Zeitnot lesen kann.

> Allgemeine Geschäftsbedingungen (AGB) sind vorformulierte zusätzliche Vertragsbedingungen. Sie sind nur gültig, wenn der Kunde ausdrücklich darauf hingewiesen wurde.

Rabatt und Treuebonus

Die Geschwister Jula und Melvin verstanden es schon immer sehr gut, Preise herunterzuhandeln. Frank und andere Klassenkameraden haben dabei nicht so viel Glück. Frau König beendet den Erfahrungsaustausch mit der Feststellung, dass es genaue gesetzliche Regelungen zu Nachlässen bzw. Preisabzügen gibt.

Ein Rabatt ist ein sofort wirksamer Preisnachlass, den der Verkäufer vom Rechnungsbetrag abzieht. Er wird z. B. bei Abnahme größerer Mengen gewährt (Mengenrabatt). Der Preisnachlass bei Barzahlung heißt Skonto oder Barzahlungsrabatt.

Um Käufern einen Anreiz zu bieten, über lange Zeit immer wieder im gleichen Geschäft zu kaufen, wurden weitere Möglichkeiten des Preisnachlasses geschaffen. Ein Bonus ist ein nachträglich gewährter Rabatt, der nach dem (Jahres-)Umsatz des Kunden berechnet und zu einem bestimmten Zeitpunkt gutgeschrieben wird.

> Rabatt, Skonto und Bonus sind Formen des Preisnachlasses.

1 Für einen Ausbildungsvertrag ist die Schriftform zwingend vorgeschrieben. Nenne mögliche Gründe dafür.

2 Wie kommt ein Kaufvertrag zustande?

3 Warum ist ein Angebot rechtlich anders zu beurteilen als eine Bestellung? Nutzt dazu auch das Bürgerliche Gesetzbuch.

1 Vertragsrechtliche Grundlagen

Fall 1: Laut Hersteller soll das Sofa 10 Jahre halten. Nach 5 Jahren hat die Sitzfläche Druckstellen.	**Fall 2:** Der neue Computer besitzt statt eines DVD-Brenners nur einen DVD-Player.	**Fall 3:** Die vom Versandhandel gelieferte Bluse ist zu eng.	**Fall 4:** Der neue Laserdrucker liefert ein unscharfes Schriftbild.

Reklamation, Umtausch, Gewährleistung oder Garantie?

Reklamation Beschwerde – sie ist gerechtfertigt, wenn das Produkt oder die Dienstleistung, die reklamiert wird, fehlerhaft ist.	**Umtausch** Rückgabe einer Kaufsache. Ein Anspruch besteht nur, wenn ein Mangel der Ware vorliegt. Viele Händler bieten aus Kulanz eine Umtauschfrist an.	**Gewährleistung** Gesetzliche Haftung des Verkäufers für die Erfüllung des Kaufvertrages (z. B. für Art, Güte und Menge der gelieferten Ware).	**Garantie** Freiwillige Zusicherung von Eigenschaften eines Produktes bzw. einer Dienstleistung seitens des Herstellers oder Händlers gegenüber dem Kunden.

Reklamationen werden nicht anerkannt?

Was passiert, wenn Pflichten nicht erfüllt werden? Die Klasse erkundigt sich bei dem Experten einer Verbraucherzentrale. Hier folgt ein Auszug aus dem Gespräch:

Schülerin: Wann kann ein Kunde eine Ware reklamieren?

Experte: Ein Kunde kann eine Ware reklamieren, wenn er nach dem Kauf feststellt, dass sie mangelhaft ist.

Schülerin: Sind denn Umtausch und Reklamation dasselbe?

Experte: Nein, bei einem Umtausch kann die Ware frei von Mängeln sein, nur der Kunde ist mit seinem Kauf nicht mehr zufrieden. Ist die Ware mangelhaft, handelt es sich um eine Reklamation.

Schüler: Der Kunde hat bei einer berechtigten Reklamation das Recht auf Nacherfüllung. Was bedeutet Nacherfüllung?

Experte: Bei der Nacherfüllung werden die Nachbesserung (z. B. Reparatur eines Handys) und die Ersatzleistung (z. B. alte gegen neue Stereoanlage) unterschieden.

Schüler: Worauf hat der Kunde Anspruch, wenn eine Nacherfüllung nicht zustande kommt, da es sich bei der mangelhaften Ware z. B. um ein Einzelstück handelt?

Experte: Der Kunde hat Anspruch auf Rücktritt vom Kaufvertrag („Kaufpreis zurück") oder Minderung des Kaufpreises. Ergänzend kann er unter Umständen Schadensersatz geltend machen.

Schülerin: Was ist der Unterschied zwischen Gewährleistung und Garantie?

Experte: Gewährleistung ist eine gesetzliche Pflicht des Händlers. Garantie ist eine freiwillige Leistungszusage des Herstellers oder Händlers.

Schüler: Angenommen, ein Verkäufer teilt dir beim Neukauf eines MP3-Players mit, dass du das Gerät bei einem Mangel 24 Monate lang reklamieren kannst. Dieser Mangel muss allerdings bereits zum Zeitpunkt des Kaufes vorliegen. Handelt es sich bei der Zusage des Verkäufers um eine freiwillige Garantie oder um den gesetzlichen Gewährleistungsanspruch?

Experte: Es handelt sich um den gesetzlichen Gewährleistungsanspruch, also nicht um einen besonderen Service dieses Geschäftes.

Schülerin: Was verstehen Sie unter Kulanz?

Experte: Unter dem Begriff Kulanz versteht man die freiwillige Rücknahme einer Ware, z. B. wegen Nichtgefallens.

1 Ordne die Fachbegriffe den Fällen 1–4 oben zu und begründe deine Entscheidung.

2 Führt in der Klasse ein Rollenspiel zum Thema Reklamation/Umtausch durch.

Rollenkarte Käufer

Du hast vor drei Tagen ein Paar Inlineskates für deinen Bruder und dich gekauft. Leider kannst du die Schuhgröße nicht verstellen. So kann nur einer die Inlineskates zum Trainieren nutzen. Außerdem quietschen die Rollen und auch die Farbe gefällt dir nicht mehr. Du verlangst die Rücknahme der Inlineskates und willst dein Geld wiederhaben.

Rollenkarte Verkäufer

Du bist froh, dass du diese Inlineskates, die du lange im Angebot hattest, endlich verkaufen konntest. Und du weißt, dass du nur verpflichtet bist, Waren umzutauschen oder zurückzunehmen, wenn sie einen Mangel haben. Aber du möchtest natürlich verhindern, dass der Kunde aus Unzufriedenheit zur Konkurrenz geht.

Jury/Beobachter

Wie verhalten sich Käufer und Verkäufer?
Wie sprechen sie miteinander?
Kommen sie gleichermaßen zu Wort?
Sind ihre Aussagen/Argumente sachgerecht?
Gibt es persönliche Abwertungen?
Welche Gefühle äußern sie?
Welche Gefühle lösen sie bei den Beobachtern aus?
Finden sie eine gemeinsame Lösung?

Ⓜ Rollenspiel

Das Rollenspiel ist eine Methode, eigene Bedürfnisse, Vorstellungen und Meinungen wahrzunehmen und angemessen zu äußern.
Ein Käufer ist mit seinem Kauf nicht zufrieden. Simuliert diese Situation im Rollenspiel.

So geht ihr vor:

Vorbereitung

• Einen Konflikt benennen
• Rollenkarten erstellen und Beobachtungsaufträge festlegen (siehe Beispiel)
• Auswählen der Rollenspieler (zunächst freiwillige Schülerinnen und Schüler)
• Austeilen der Rollenkarten, fünf bis zehn Minuten Vorbereitungszeit
• Auswählen der Jury/Beobachter zur Bewertung

Durchführung

Die Rollenspieler suchen sich die notwendigen Requisiten zum Spiel. Sie spielen an einem Ort, wo alle sie gut beobachten können. Die Beobachter machen sich Notizen.

Auswertung

Die Spieler berichten, wie sie sich in ihrer Rolle gefühlt haben und wie sie das Gespräch einschätzen. Dann tragen die Beobachter ihre Eindrücke vor. Die Klasse spricht über die Beobachtungen und bewertet das Gespräch.

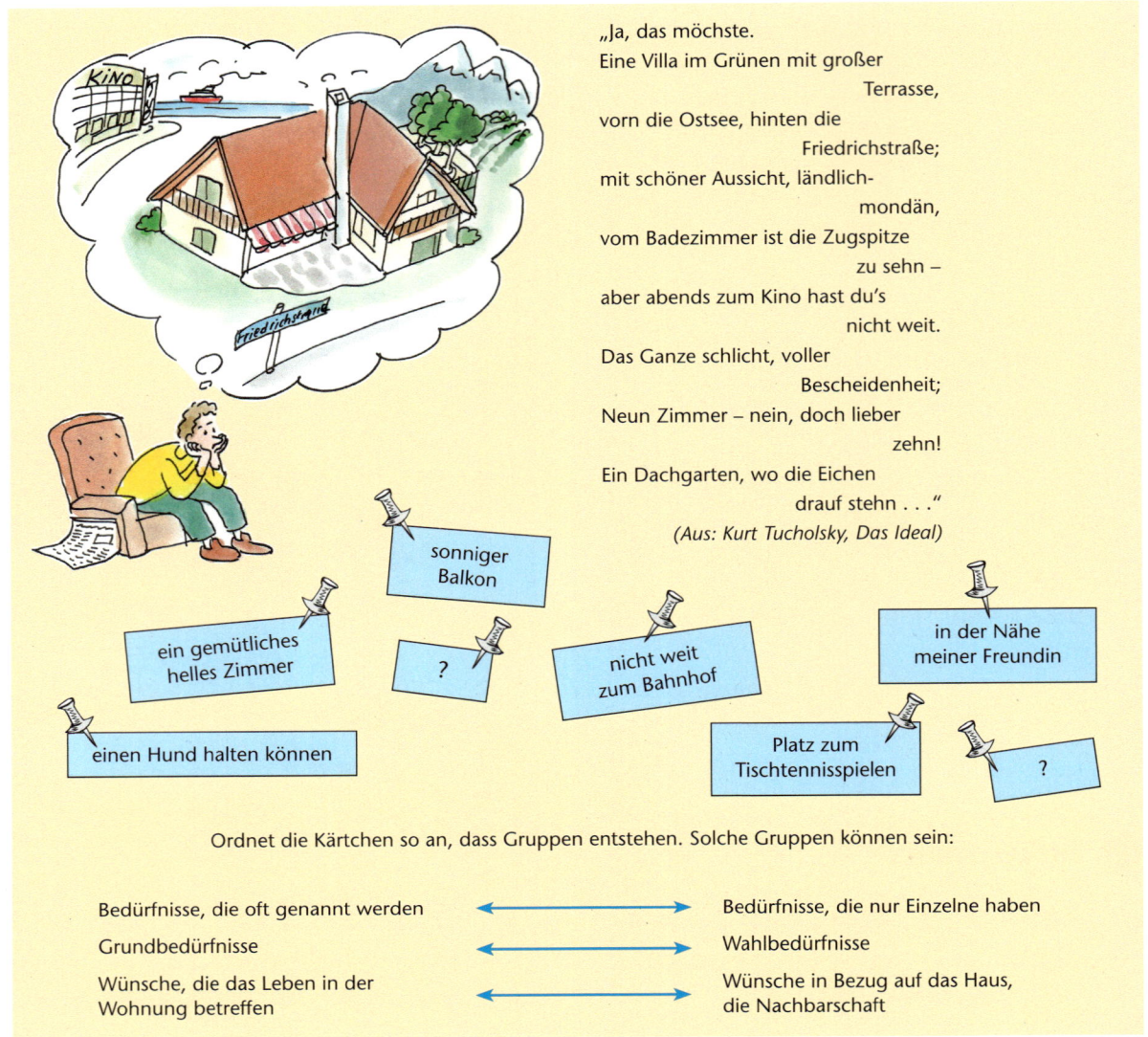

2 Wohnen und Wohnumfeld

„Ja, das möchste.
Eine Villa im Grünen mit großer
Terrasse,
vorn die Ostsee, hinten die
Friedrichstraße;
mit schöner Aussicht, ländlich-
mondän,
vom Badezimmer ist die Zugspitze
zu sehn –
aber abends zum Kino hast du's
nicht weit.
Das Ganze schlicht, voller
Bescheidenheit;
Neun Zimmer – nein, doch lieber
zehn!
Ein Dachgarten, wo die Eichen
drauf stehn . . ."
(Aus: Kurt Tucholsky, Das Ideal)

sonniger Balkon

ein gemütliches helles Zimmer

?

nicht weit zum Bahnhof

in der Nähe meiner Freundin

einen Hund halten können

Platz zum Tischtennisspielen

?

Ordnet die Kärtchen so an, dass Gruppen entstehen. Solche Gruppen können sein:

Bedürfnisse, die oft genannt werden	Bedürfnisse, die nur Einzelne haben
Grundbedürfnisse	Wahlbedürfnisse
Wünsche, die das Leben in der Wohnung betreffen	Wünsche in Bezug auf das Haus, die Nachbarschaft

Unsere Wohnung – ein Lebensraum

So möchte ich wohnen

Wir alle haben Vorstellungen, wie wir gerne wohnen möchten. Die Qualität des Wohnens wird von äußeren und inneren Bedingungen bestimmt: Das Wohnumfeld, die Verkehrsanbindung, Einkaufsmöglichkeiten und Kultureinrichtungen spielen genauso eine Rolle wie die Größe der Wohnung, die individuelle Einrichtung und

der bauliche Zustand der Wohnung. Wohnen ist eines der ältesten Grundbedürfnisse des Menschen. Unsere heutigen individuellen Wünsche an das Wohnen können allerdings sehr unterschiedlich sein und haben sich in der modernen Gesellschaft stark verändert.
Schreibt auf Kärtchen jeweils einen Wunsch und befestigt das Kärtchen an der Wand oder an der Tafel.
In der Vergangenheit war es üblich, dass mehrere Generationen einer Familie in einem Haus zusammen wohnten. Gegenseitige Verantwortung und

Gesucht: Eine Wohnung nach unseren Bedürfnissen
Wir planen einen Umzug

Fallbeispiel

Familie Weber muss umziehen, der Sohn des Hausbesitzers meldet Eigenbedarf an, weil er heiratet. Er will in die Wohnung, die Webers bisher gemietet haben, einziehen.

Das ist Familie Weber:

Michael Weber, 40 Jahre, Bäcker in einer Großbäckerei am Stadtrand	**Jenny Weber,** 39 Jahre, arbeitet von 16 bis 22 Uhr bei einer Gebäudereinigungsfirma, die in Schulhäusern tätig ist	**Jana Weber,** 17 Jahre, macht eine Lehre als Zahnarzthelferin in einer Praxis am Stadtrand	**Sebastian Weber,** 14 Jahre, Schüler der 8. Klasse, trainiert im Fußballclub und arbeitet gern am Computer

Bisherige Wohnung der Familie Weber:

Drei Zimmer, Bad und Küche im 2. Stock eines Wohn- und Geschäftshauses in der Innenstadt, 70 Quadratmeter groß. Einen Balkon gibt es nicht. Das 1928 gebaute Haus ist 1992 teilsaniert worden. Webers zahlen 370 Euro Kaltmiete.

Welche Bedürfnisse soll die neue Wohnung erfüllen?

Herr Weber:	**Frau Weber:**	**Jana:**	**Sebastian:**
Mehr als 450 Euro sollten wir nicht für Miete ausgeben, sonst müssen wir sehr sparen.	Zu weit vom Stadtzentrum entfernt darf die Wohnung nicht sein. Wie käme ich da nach 22 Uhr nach Hause?	In der Nähe unserer Zahnarztpraxis gibt es moderne Häuser mit sonnigen Balkonen und Hausgärten. Da könnte man abends draußen sitzen und eine Grillparty machen.	In der neuen Wohnung möchte ich ein eigenes Zimmer. Wie oft bringt Jana am Abend ihre Clique mit, wenn ich am Computer sitze oder mich nach dem Training ausruhen möchte.

Hilfe ermöglichten sozialen Zusammenhalt und Sicherheit aller Familienmitglieder, vor allem für ältere Menschen. Heute existieren diese Großfamilien nur noch vereinzelt, zunehmend mehr Menschen wohnen in Singlehaushalten. Besonders für Ältere und Hilfsbedürftige kann das ein Problem sein.

> Das Wohnen ist neben dem Ernähren und Kleiden ein Grundbedürfnis.

1 Bestimme Vor- und Nachteile deiner Wohngegend, was würdest du ändern?

2 Informiere dich über die Begriffe „Kaltmiete" und „Betriebskosten". Ermittle die verschiedenen Bestandteile der Betriebskosten eurer Wohnung.

3 Suche in örtlichen Tageszeitungen oder im Internet ein Wohnungsangebot für Familie Weber.

DD-Bunsenstr. 3, schöne 3-RWhg. im san. Altbau, mit Bad und Balkon, 81 m², für 414,- € kalt zzgl. NK zu vermieten. ☎ DD-8113486 o. 0163-3526451

Absolute Ruhe bietet diese 2-RWE in einer Villa, Südvorst. + UNI-Nähe, 45 m², mit Einbauk., Laminatb. € 322,- + NK, ☎ 0351/4717460

Seniorengerecht, Elbfähre, Bus 75, Neub., 2-R., 55 m², Lift, Fußb.Hzg., 3. OG, Panorama-Fenst. o. Balk., beste Einkaufsmöglichk., Miet. VHB,

Blasewitz: eleg. kleine Villa, 210 m², Wohnen+Arbeiten, EBK, Park., Garten, 1.588 € +NK. ☎ 0351/8993530, www.m2-servicezentrum.de

1-R.-W., TU- u. Zentrumsnähe, 28 m² Wfl., sep. EBK, Duschbad, KM 150 € zzgl. NK, Hauff Immob. GmbH, ☎ 0172-5988253

DD-Weißer Hirsch großz. 3-Zi.-Whg., Balk., 2 Bäder, Park., ca. 113 m², € 720,- + NK. Andere Stadtteile auf Anfrage, Immo!fair, ☎ DD-4818821

Eigenheimzulage!!! Schnell noch nutzen, z.B. 3-Raum-Maisonette in Bannewitz, 80 m², mit Blick auf Dresden, nur 158.000,00 € oder 2-Raum in Übigau, 2xBalkon, nur 55.000,00 €. SCHWARZ-Immobilien T: DD-

Klotzsche! 4-Zi., K.-Marx-Str., ZH, Kü.& Bad inkl. Fenster, 86 m², KM: 430,00 € + NK. Sächs. Wohnungsgen. DD, ☎ 0351-8502375 o. 0177-4435403

DD-Cossebaude - Super 3-R-WE!!! Nb, EG + 1. OG, Terr. o. Balk., ruh. Lage, Bad=Wanne, ca. 80 m², z.B. 1.OG=464,-kalt+NK+TG+Kt. Mietwohnzentrale DD, ☎ 478740

Drastische Preisreduzierung Striesen: 3-R-WE, ca. 71 m² WFL, Südbalkon, Erstbezug 12/02, nur 115.000,-- € mit TG-Stlp., weitere Wohnungen im Angebot, Besichtigung Sa./So. 14-17 Uhr, Mansfelder Str. 28, immoimpuls voy, ☎ 0351/2535613

Gemütliches Nest f. Familie o. WG, 3-Zi.-DG-Whg. in Löbtau, gr. Küche, gr. Flur., 345,- € + NK. ☎ 0351/5636303

Äuß. Neustadt, 4-RW im Neubau, 2 Balkone, Lift, Wfl. 109,49 m², KM 476,28 € zzgl. NK + Kaution, WBS erford., STESAD ☎ 0351-4947357, www.stesad.de

Neustadt Barockviertel, Königstr. Nä., tolle Studiowhg., 89 m², mit Galerie im san. Altbau, Bad, WoKü., ohne Balkon, 465 € zzgl. NK, ☎ 0351-

Blasewitz, 3-R.-Whg., ca. 73 m², DG in san. 6-Fam.-Haus, Balkon, Laminat, Keller u. Abstellraum, Bad u. Küche mit Fenster. 474,50 € zzgl. NK, Pkw-Carport möglich. PILZ-Im-

Cotta, 3,5 Raum, DG-Maisonette, 93 m², 635 € WM, Essküche, Bieger GmbH, ☎ 0351-4276989

Erklärung von Begriffen und Abkürzungen in Wohnungsanzeigen:

DG	=	Dachgeschoss	EBK	=	Einbauküche	TG	=	Tiefgarage
EG	=	Erdgeschoss	Gar	=	Garage	VS	=	Verhandlungssache
OG	=	Obergeschoss	KM	=	Kaltmiete	WBS	=	Wohnberechtigungsschein
DH	=	Doppelhaus	NK	=	Nebenkosten	Wfl	=	Wohnfläche
RH	=	Reihenhaus	NB	=	Neubau	ZH	=	Zentralheizung

Wohnungssuche

Findet Familie Weber ihre neue Wohnung über eine Zeitungsanzeige? In den örtlichen Tageszeitungen und Anzeigenblättern werden unter der Rubrik „Vermietungen" Wohnungen angeboten. Wohnungsangebote und vor allem Mietpreise sind je nach örtlicher Marktlage sehr verschieden. So lag im Jahr 2002 die Vergleichsmiete für eine 65 m² große Altbauwohnung des Baujahres 1925 in Chemnitz bei 4,60 Euro und in München bei 6,13 Euro. Deutliche Mietpreisunterschiede findest du auch im Vergleich zwischen Groß- und Kleinstädten bzw. Gemeinden. Den regionalen Mietspiegel kannst du bei den örtlichen Behörden erwerben oder im Internet einsehen.

> Der Mietspiegel gibt Auskunft über die Vergleichsmiete von Wohnungen mit vergleichbarer Ausstattung, Baujahr und Lage.

Wohnungsangebote

Immobilienmakler können Wohnungssuchenden ein Angebot vermitteln. Vermieter, die sich nicht selbst um die Auswahl des Mieters kümmern wollen, beauftragen dazu einen Immobilienmakler. Der Mieter muss dem Makler eine Provision zahlen, wenn der Mietvertrag zustande gekommen ist. Unter Provision versteht man eine besondere Vergütung, die bei der erfolgreichen Vermittlung eines Geschäfts gezahlt wird. Dieses Entgelt kann bis zu zwei Monatsmieten betragen. In größeren Wohngebieten übernimmt oft ein Wohnungsbauunternehmen oder eine Hausverwaltungsgesellschaft die Vermittlung und Vermietung der Wohnungen.

Nach Abschluss eines Mietvertrages muss der Mieter oft eine Mietkaution in Höhe von zwei Monatskaltmieten bei einer Bank hinterlegen. Eine Kaution ist ein hinterlegtes Pfand, das zur Absicherung eines Anspruches dient. Bei Beendigung des Mietverhältnisses wird die Kaution ein-

Wir erkunden das Wohnungsangebot vor Ort

Gruppen bilden und jeweils einen Modellhaushalt festlegen, für den eine Wohnung gesucht werden soll. Die Wohnbedürfnisse und finanziellen Möglichkeiten festlegen.	Wie viele Mitglieder hat die Familie? Welche Zimmer werden benötigt? Welche Wohnlage wird bevorzugt? Welcher Mietbetrag kann ausgegeben werden?
Einige Wochen lang in den Zeitungen nach Mietangeboten suchen, die für den Modellhaushalt infrage kommen.	Auswertung der Anzeigen: Wie groß ist das Angebot an Wohnungen für den Modellhaushalt; sind sie finanzierbar?
Mietinformationen einholen über Maklerbüros, Hausverwaltungen oder Wohnungsbauunternehmen.	Adressen aus Zeitungen, Branchenbüchern entnehmen. Bekannte nach Erfahrungen mit solchen Vermittlungsstellen fragen.
Einen Gesprächstermin bei einer Wohnungsvermittlung vereinbaren.	Interview gut vorbereiten: Wichtigste Fragen klar formulieren und aufschreiben, Gesprächsprotokoll führen.
Ergebnisse dokumentieren, die Erfolgsausichten für den Modellhaushalt bewerten. Lösungen für die Probleme suchen.	Beurteilung des Wohnungsangebotes (häufig angebotene Wohnungsgröße, welche Wohnungen sind rar, welche Bedürfnisse können nicht erfüllt werden, Kompromissvorschläge erarbeiten).

schließlich Zinsen an den Mieter zurückgezahlt, wenn die Wohnung in einem ordnungsgemäßen Zustand übergeben wurde.

In vielen Gemeinden gibt es einen Mieterverein, der Informationen und Auskünfte über Mietangebote erteilt.

Beim Wohnungsamt der Stadt oder der Gemeinde kann sich jeder Interessierte über Sozialwohnungen informieren. Diese Wohnungen sind zu einem Teil mit Steuergeldern finanziert worden und können zu einem günstigen Mietpreis an Haushalte mit niedrigem Einkommen vergeben werden. Wer eine solche Wohnung mieten will, benötigt einen Wohnberechtigungsschein.

1 Welche Mietangebote kommen für Familie Weber infrage?

2 Welche Anzeige stammt von einem Makler oder einer Wohnungsbaugesellschaft?

3 Wie sollten Webers vorgehen, wenn sie sich für eine der angebotenen Wohnungen interessieren?

4 Erstelle mithilfe der regionalen Mietspiegel eine Übersicht über die Vergleichsmiete für eine 65 m² große Wohnung in zwei verschiedenen Städten.

Mögliche Minderung der Miete			
Dach undicht	20 %	**Lärm** mangelhafte Isolierung der Wohnung, Störung durch Trittschall	10 –15 %
Elektrische Anlage, Versorgung fällt aus	100 %	**Schallisolierung** mangelhaft, bauliche Mindestanforderung nicht eingehalten	10 – 20 %
Fenster luftdurchlässig, schließen schlecht	5–10 %	**Schimmelpilzbefall** mit verminderter Stellmöglichkeit von Möbeln	20 %
Fenster aller Räume undicht und damit verbunden Feuchtigkeit in der Wohnung	50 %	Ungeziefer, starker Befall mit so genannten Silberfischchen	15 %
Feuchtigkeit in der Wohnung	20 %		
Heizung Temperatur an Winterabenden unter 20 Grad	20 %		

Wir mieten eine Wohnung

Wie jeder Vertrag entsteht auch der Mietvertrag durch zwei übereinstimmende Willenserklärungen. Dabei überlässt der Eigentümer bewegliche Sachen, wie z. B. Fahrzeuge, Baumaschinen, oder unbewegliche Sachen, wie z. B. Wohnungen oder Ferienwohnungen, dem Mieter zum Gebrauch gegen ein Entgelt. Der Vermieter ist verpflichtet, dem Mieter den Gebrauch der gemieteten Sache während der Mietzeit zu gewähren. Der Mieter ist verpflichtet, dem Vermieter termingemäß den vereinbarten Mietzins zu entrichten und die Sache nach Beendigung der Mietzeit in ordnungsgemäßem Zustand zurückzugeben.

Sind sich Mieter und Vermieter über die Vertragsbedingungen einig, wird der Mietvertrag geschlossen. Dabei ist die Schriftform nur bei Mietverträgen über einen Zeitraum von mehr als einem Jahr gesetzlich vorgeschrieben. Im Mietvertrag werden die Rechte und Pflichten beider Vertragspartner festgeschrieben. Der Vermieter ist verpflichtet, die Wohnung dem Mieter in ordnungsgemäßem Zustand zu überlassen. Schäden an der Wohnung, die nicht durch unsachgemäßen Gebrauch des Mieters entstanden sind, muss der Vermieter beheben. Kommt der Vermieter seinen Pflichten nicht nach und behebt Schäden an der Wohnung nicht in einem angemessenen Zeitraum, hat der Mieter das Recht der Mietpreisminderung. Mietpreisminderungen dürfen nicht willkürlich vorgenommen werden. Dem Vermieter müssen die Minderung und der Minderungsgrund angekündigt werden.

> Der Mietvertrag regelt die Rechte und Pflichten des Mieters und des Vermieters über die gemietete Sache sowie die Höhe des Mietzinses.

Der Inhalt des Mietvertrages

In einem Mietvertrag sollte enthalten sein:
- Angaben zu Mieter und Vermieter
- Mietzeit (entweder auf unbestimmte Dauer oder begrenzte Zeit)
- Aufzählung und Größe der Räume
- Angaben zu Nebenräumen wie Keller, Garage oder Stellplatz in der Tiefgarage
- Angabe des Mietpreises und der Nebenkosten
- Angaben zu Kautionszahlungen
- Regelungen zur Benutzung von Gemeinschaftsräumen
- Vereinbarung über die Instandhaltung der gemieteten Räume
- Bestimmungen zur Hausordnung (z.B. Schneeräumen, Tierhaltung)

Fast immer wird der Vermieter einen Vertragsentwurf vorbereitet haben. In jedem Falle solltest du den Mietvertrag genau lesen, ehe er von dir unterzeichnet wird. Regelungen, die gegen gesetzliche Grundlagen verstoßen, sind unwirksam. Im Zweifel helfen örtliche Mietervereine.

Kündigung des Mietvertrages durch den Mieter

Als Mieter kannst du nach Ablauf der vereinbarten Mietfrist kündigen. Ist keine Mietfrist vereinbart, muss die Kündigung spätestens am dritten Werktag eines Monats für den Ablauf des übernächsten Monats erfolgen (dreimonatige Kündigungsfrist).

Beispiel:
- Kündigungsschreiben am 12. 03. 2010
  Kündigung ab 01. 06. 2010 gültig
- Kündigungsschreiben am 02. 04. 2010
  Kündigung ab 01. 07. 2010 gültig

Kündigung des Mietvertrages durch den Vermieter

Für die Kündigung von Wohnungen durch den Vermieter gelten besondere Vorschriften zum Schutz des Mieters. Der Vermieter darf nur kündigen, wenn er einen gesetzlich anerkannten Kündigungsgrund hat. Eine fristlose Kündigung ist nur bei schweren Vertragsverstößen des Mieters zulässig, z.B. wenn die Miete in zwei aufeinanderfolgenden Monaten nicht gezahlt wurde. Eine Kündigung durch den Vermieter zur Durchsetzung einer Mieterhöhung ist nicht zulässig (Wohnraumkündigungsgesetz).

Der Mieter kann der Kündigung widersprechen, wenn sie für ihn eine unzumutbare Härte bedeutet (Krankheit, keine angemessene Ersatzwohnung; Sozialklausel. § 556a BGB).

Will der Vermieter modernisieren, muss der Mieter zwei Monate vor Beginn der Arbeiten schriftlich informiert werden. Dabei sind Dauer und Umfang der Arbeiten sowie die zu erwartende Mieterhöhung anzugeben. Diese darf nicht mehr als 11 % des zu erwartenden Modernisierungsaufwandes betragen. Dem Mieter steht dabei ein außerordentliches Kündigungsrecht zu. Die Mietervereine und Verbraucherzentralen geben Auskunft bei Fragen und Problemen. Die Adressen stehen im Branchentelefonbuch.

> Rechte und Pflichten des Mieters und des Vermieters sind im Mietrecht des BGB (Bürgerliches Gesetzbuch) verankert.

---

1 Welche Rechte und Pflichten ergeben sich aus dem Mietvertrag für Mieter und Vermieter?

2 Für die Kündigung von Wohnungen durch den Vermieter gelten besondere Vorschriften zum Schutz des Mieters. Erkundige dich.

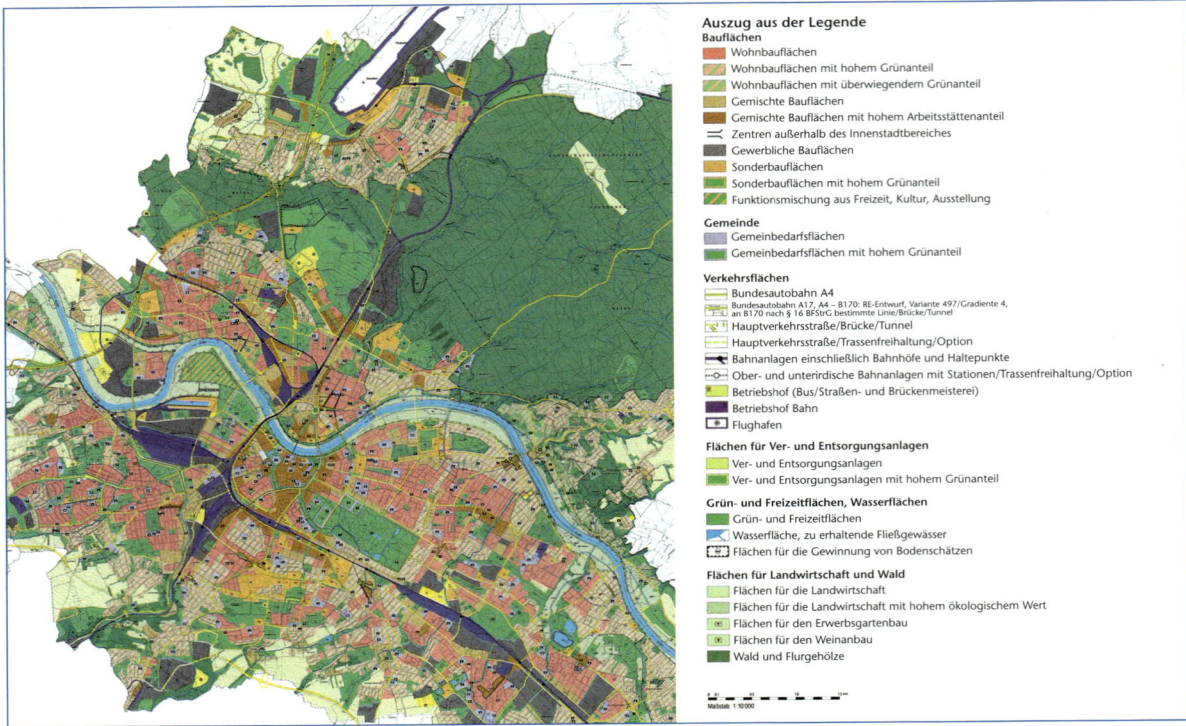

Das Wohnumfeld (Flächennutzungsplan)

Vom Flächennutzungsplan zur Bauzeichnung

Jede Gemeinde oder Stadt stellt für ihre Region einen Flächennutzungsplan auf. Aus ihm kannst du entnehmen, welche unterschiedlichen Bodennutzungen beabsichtigt sind. Bauflächen werden in Bezug auf ihre Nutzung eingeteilt in zum Beispiel:

- Wohnflächen
- Gemischte Bauflächen
- Gewerbliche Bauflächen
- Sonderbauflächen

Auf ausgewiesenen Wohnflächen sind nur Wohnungsbau und kleine Geschäfte oder Büros zulässig. Hier dürfen keine Betriebe oder große Einkaufszentren gebaut werden. Diese gehören an Standorte, die als gewerbliche oder gemischte Bauflächen ausgewiesen sind. So hält man unnötigen Lärm und Straßenverkehr von den Wohngebieten fern. Kleinbetriebe, Geschäfte und Dienstleistungseinrichtungen, wie Post, Bank oder Arztpraxen, werden auf gemischten Bauflächen angesiedelt.

Bevor der Stadt- oder Gemeinderat einen Flächennutzungsplan beschließt, muss er den Bürgern zur Einsicht ausgelegt werden. Jeder Bürger hat das Recht, mündlich oder schriftlich Einspruch zu erheben. Unter Berücksichtigung aller Einsprüche wird danach über den endgültigen Flächennutzungsplan entschieden. Bei diesem Entscheidungsprozess können nicht alle Interessen berücksichtigt werden, hier gilt der Grundsatz: Gemeinwohl steht vor Eigennutz.

In Einzelfällen haben vor allem wirtschaftliche Interessen der Kommunen dazu geführt, dass alte Überschwemmungsgebiete der Flussläufe als Baufläche ausgewiesen worden sind. Diese fehlerhaften Entscheidungen mussten viele Hausbesitzer und Gewerbetreibende bei dem „Jahrhunderthochwasser" im August 2002 in Sachsen durch Zerstörung ihrer Existenz erfahren.

> Der Flächennutzungsplan ist der erste Schritt für weitere, vom Gesetzgeber vorgeschriebene Baupläne.

Bebauungsplan

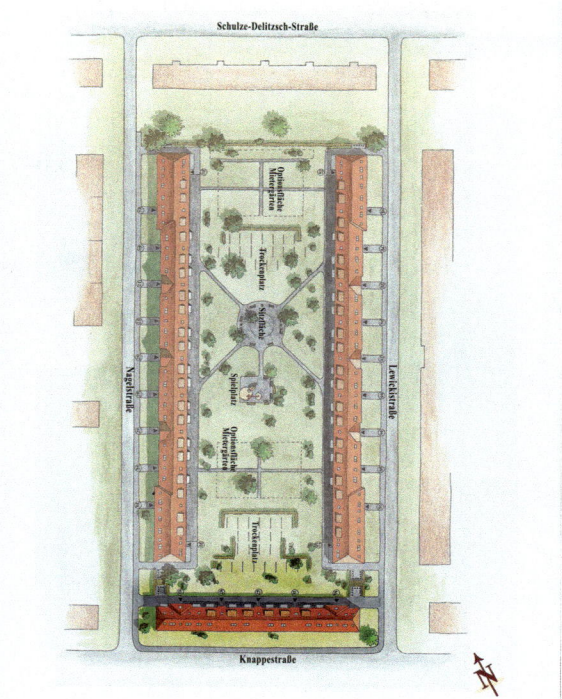

Lageplan

Der Bebauungsplan

Der Bebauungsplan umfasst immer einen Ausschnitt des Flächennutzungsplanes.

> Im Gegensatz zum Flächennutzungsplan, der eine Willenserklärung darstellt, ist der Bebauungsplan rechtsverbindlich.

Er wird ebenfalls von den Stadt- bzw. Gemeindeparlamenten beschlossen. Alle Gebäude, die auf dem Gebiet des gültigen Bebauungsplanes verändert, abgerissen und neu gebaut werden sollen, müssen den Festlegungen des Bebauungsplanes entsprechen oder sind genehmigungspflichtig.

In den Bebauungsplänen ist auch festgelegt, wie viele Stockwerke hoch ein Gebäude sein darf, welche Dachform zu verwenden ist und welcher prozentuale Anteil der Grundstücksfläche bebaut werden darf. Damit soll erreicht werden, dass sich alle Gebäude, vor allem aber Neubauten, einem harmonischen und oft historisch gewachsenen Gesamteindruck des Wohnumfeldes unterordnen.

Der Lageplan

Während der Bebauungsplan einen Teil des Flächennutzungsplanes darstellt, zeigt der Lageplan nun ein Teilgebiet des Bebauungsplanes.

Im Lageplan wird die genaue Lage des Gebäudes und des Grundstückes eingezeichnet. Die Grundfläche des Baukörpers sowie Abstände zu den Grundstücksgrenzen werden bemaßt. Der Lageplan mit dem eingezeichneten Gebäude ist ein wichtiger Bestandteil des Bauantrages.

> Flächennutzungsplan, Bebauungsplan und Lageplan sind wichtige Bauunterlagen, die eine längerfristige Entwicklung und Gestaltung von Wohn- und Gewerbegebieten in Städten und Gemeinden ermöglichen.

1 Welche Unterschiede bestehen zwischen Bebauungs- und Lageplan?

2 Skizziere einen Lageplan deines Wohnhauses.

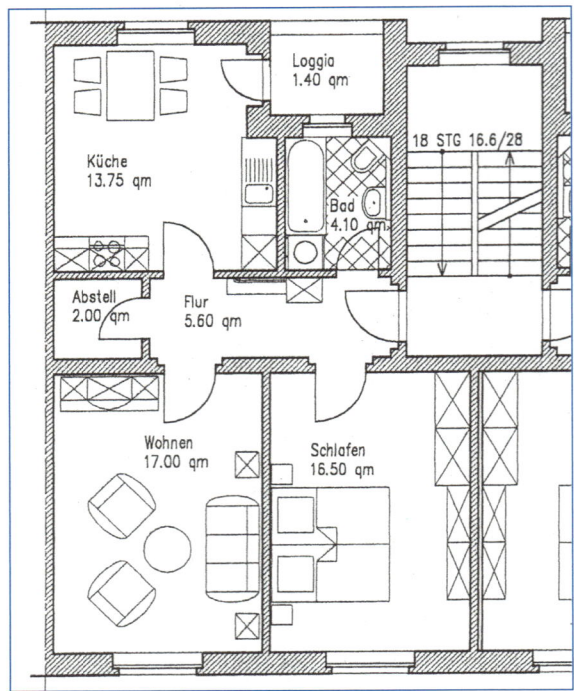

Grundriss einer Wohnung eines Mehrfamilienhauses

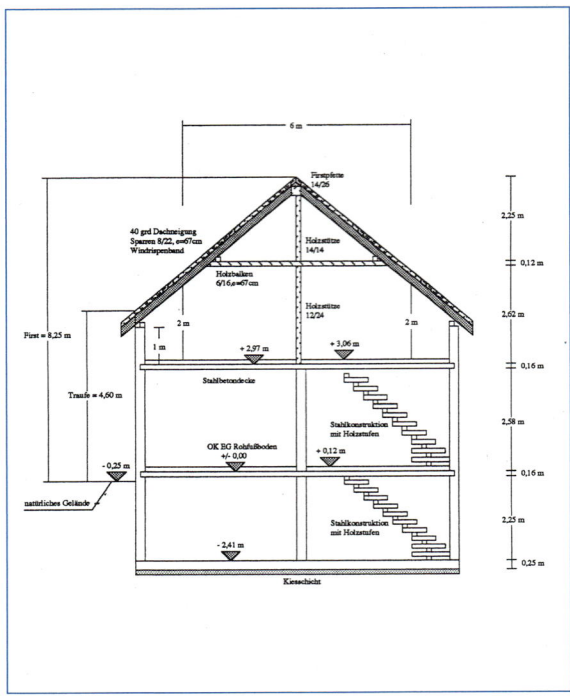

Vertikalschnitt eines Einfamilienhauses

Die Bauzeichnung

Wie alle technischen Zeichnungen enthalten Bauzeichnungen notwendige Informationen für alle am Bau Beschäftigten. Die Bauzeichnungen entstehen im Büro des Architekten. Man unterscheidet Zeichnungen des Rohbaues und Zeichnungen des Ausbaues.

Rohbauzeichnungen zeigen Ansichten und Schnitte von Bauwerken und Bauwerkdetails im Rohbau. Sie dienen der Errichtung des Bauwerkes ohne Beachtung des Innenausbaues. Maurer, Betonbauer, Zimmerer und Trockenbaumonteure nutzen Rohbauzeichnungen bei der Bauausführung.

Ausbauzeichnungen dokumentieren den für den Innenausbau zuständigen Baufacharbeitern (Fliesenleger, Elektriker, Klempner, Heizungsbauer, Fensterbauer, Maler, Fußbodenleger) die Lage von Türen, Fenstern, Heizungsanlagen, Wasser-, Elektro- und Gasversorgungsanlagen.

Eine häufig verwendete Form der Bauzeichnung ist der Grundriss. Er entsteht durch den horizontalen (waagerechten) Schnitt durch den Baukörper, etwa 1 m über dem Fußboden. Alle Räume einer Etage werden so für uns sichtbar.

Sollen Bauwerkshöhe, Raumhöhe, Verlauf der Treppen und Anzahl der Etagen dargestellt werden, verwendet man im Bauwesen den Vertikalschnitt. Der Schnittverlauf erfolgt senkrecht durch den Baukörper.

Schnittflächen werden gekennzeichnet durch
- breite Umrisslinien,
- Schraffur oder
- Schwärzen (bei sehr schmalen Schnittflächen).

Die Linien zur Kennzeichnung der Schnittflächen heißen Schraffurlinien. Sie werden als schmale Volllinie in einem Winkel von 45° zur Begrenzungslinie des Zeichenblattes eingetragen.

Bauzeichnungen werden in Architekturbüros zunehmend mit CAD-Programmen am Computer erstellt und über Plotter ausgedruckt.

> Rohbauzeichnungen und Ausbauzeichnungen sind wichtige Arbeitsunterlagen für am Bau beschäftigte Facharbeiter.
> Grundriss und Vertikalschnitt eines Gebäudes erlauben einen Blick in das Gebäude und informieren über wichtige Raummaße.

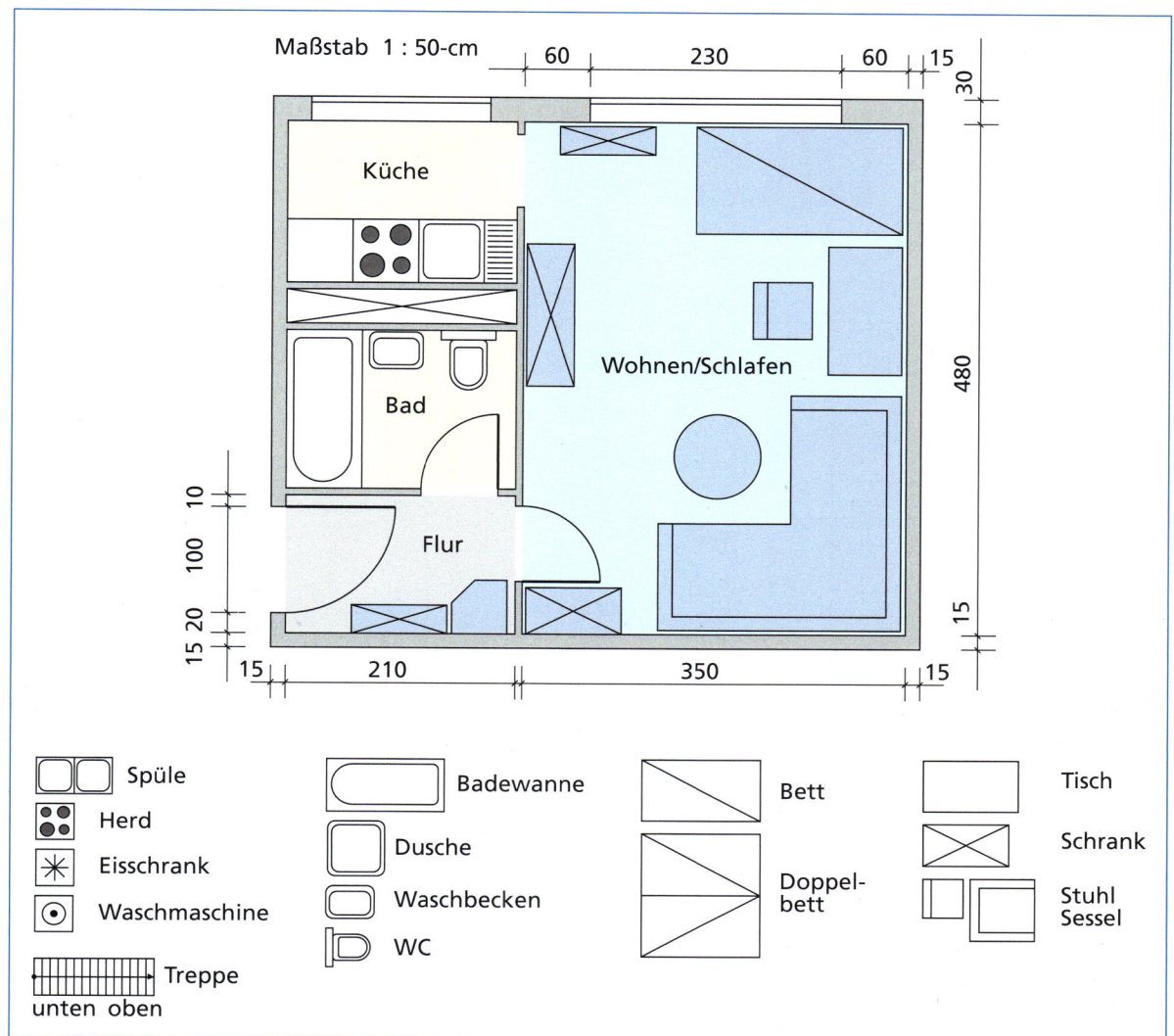

Maßstab 1 : 50-cm

Küche

Wohnen/Schlafen

Bad

Flur

Grundriss einer Wohnung mit Wohnungseinrichtung

Spüle

Herd

Eisschrank

Waschmaschine

Treppe
unten oben

Badewanne

Dusche

Waschbecken

WC

Bett

Doppel-
bett

Tisch

Schrank

Stuhl
Sessel

Räume planen und einrichten

Der maßstäbliche Grundriss einer Wohnung bietet die ideale Möglichkeit, die Einrichtung und Gestaltung von Zimmern zu planen. Vor der Einrichtung der Räume muss geprüft werden:

- Geplante Nutzungsart der jeweiligen Zimmer
- Öffnungsrichtung der Türen
- Lage von benötigten Wasser- und Abwasseranschlüssen, Steckdosen und Medienanschlüssen
- Abmessungen der Räume und der Fenster

Für die modellhafte Möblierung der Räume gibt es standardisierte Sinnbilder (Symbole). Wohnungsgrundriss und Symbole müssen im gleichen Verkleinerungsmaßstab abgebildet sein. Durch Verschieben der ausgeschnittenen Sinnbilder im Grundriss kannst du die verschiedenen Varianten der Wohnungseinrichtung ausprobieren. Wenn du dich für eine Möglichkeit entschieden hast, werden die Symbole auf dem Grundriss festgeklebt.

> **1** Messe einen Raum deiner Wohnung aus und stelle ihn mit Möblierung in einer Zeichnung im Maßstab 1: 50 dar. Verwende die entsprechenden Symbole.

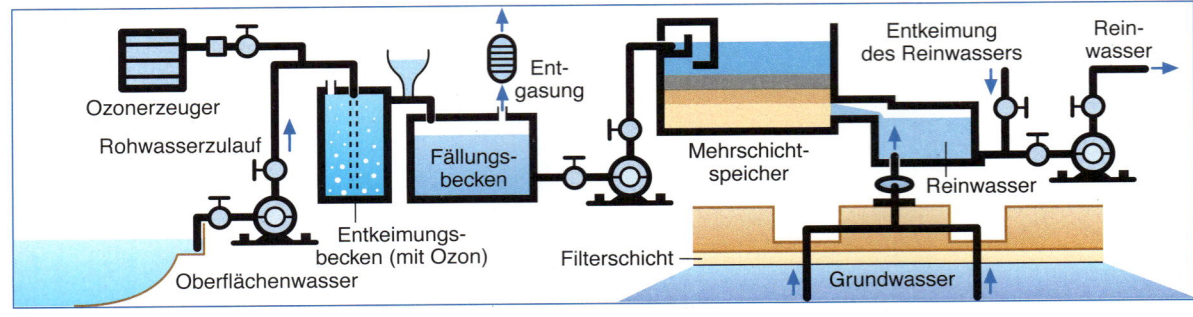

Schema der Trinkwasseraufbereitung

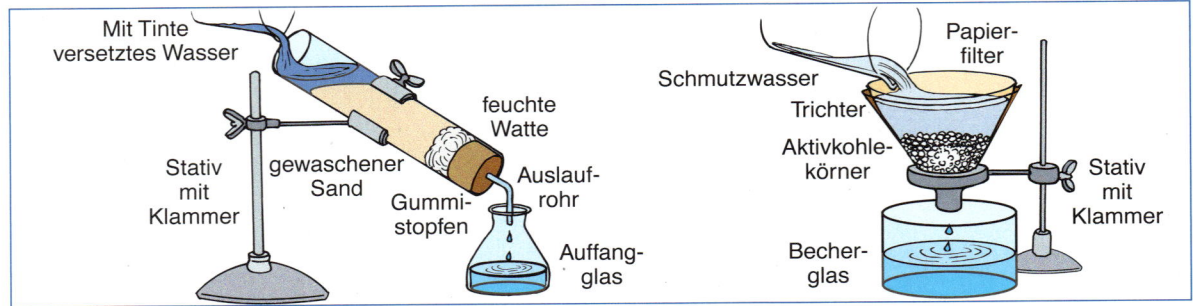

Wasserreinigung durch Sandfilter und Aktivkohle

Versorgung und Entsorgung im Haushalt

Wenn wir eine Wohnungseinrichtung geplant haben, sind wir davon ausgegangen, dass alle notwendigen Voraussetzungen vorhanden sind:

- Elektroenergieversorgung
- Heizung
- Kommunikationsanschlüsse
- Trinkwasserversorgung
- Abwasserentsorgung

Die Systeme der Ver- und Entsorgung unseres Haushaltes sind aufwändig und werden im Auftrag des Vermieters durch private oder kommunale Unternehmen sichergestellt. Die anfallenden Kosten müssen wir als Betriebskosten an den Vermieter bezahlen.

Wasserversorgung

Lebenswichtig ist in unserem Haushalt die Bereitstellung von sauberem Trinkwasser. Es muss frei von Krankheitserregern, keimfrei, appetitlich, kühl, geruchlos und geschmacklich einwandfrei sein. Wir benötigen zum Trinken etwa anderthalb Liter Wasser täglich, der Gesamtverbrauch jedes Sachsen liegt bei etwa 88 Liter Wasser pro Tag.

Gegenwärtig wird der Trinkwasserbedarf in Deutschland zu 78 % aus Grundwasser und Uferfiltraten und zu 12 % aus Quellwasser gedeckt. Etwa 9 % kommen aus Talsperren und Seen und 1 % direkt aus Flüssen. Viele Wasserquellen haben jedoch keine Trinkwasserqualität. Bevor es den Weg zum Verbraucher nimmt, muss das Wasser in Wasserwerken verschiedene Reinigungsstufen durchlaufen. Die Wasserreinigung erfolgt in mehreren Stufen durch verschiedene mechanische, chemische und biologische Prozesse.

> Trinkwasser wird in Wasserwerken aufbereitet.

Anschließend wird das aufbereitete Wasser in großen Behältern gespeichert, um den wechselnden Wasserbedarf auszugleichen. Über ein Rohrleitungsnetz gelangt das Wasser in unsere Haushalte. Das Wasser wird meist durch Pumpstationen weitergeleitet.

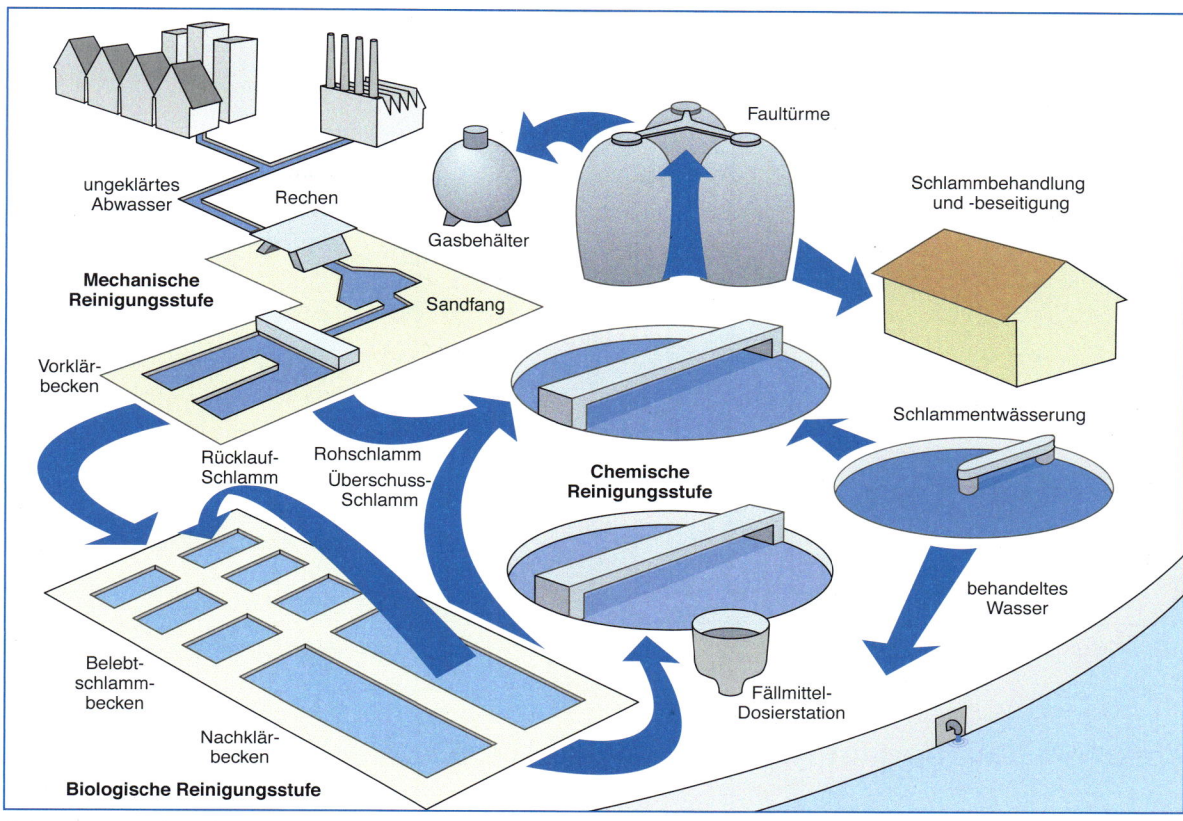

Schema einer Kläranlage

Abwasseraufbereitung

Aufgrund des hohen Wasserbedarfs in Haushalten, Industrie und Landwirtschaft liegt die Abwassermenge in Deutschland pro Einwohner und Tag bei etwa 120 Litern. Abwässer müssen zentralen Klärwerken zugeleitet werden, bevor sie in den Wasserkreislauf zurückgeführt werden können. Dabei durchlaufen sie verschiedene Reinigungsstufen:

In der ersten Reinigungsstufe passiert das Abwasser einen Rechen, der grobe Bestandteile zurückhält und mit einem Abstreifer entfernt. Im Sandfang verringert sich die Fließgeschwindigkeit des Abwassers, Sand und Kies setzen sich am Boden ab und können beseitigt werden. Im Vorklärbecken verbleibt das Abwasser mindestens zwei Stunden, so dass sich feine Schwebstoffe als Schlamm am Boden absetzen können. Dieser Rohschlamm gelangt später in den Faulturm.

In der zweiten Reinigungsstufe, der biologischen, werden durch Sauerstoffzufuhr günstige Lebensbedingungen für Bakterien geschaffen. Diese bauen organische Bestandteile des Abwassers ab. Anschließend wird das Wasserschlammgemisch zum Nachklärbecken geleitet, wo die Schlammpartikel absinken. Nach diesen beiden Reinigungsstufen ist das Abwasser zu 90 % gereinigt. In einer dritten Reinigungsstufe werden durch chemische Reaktionen, wie Oxidation und Fällung, Phosphate aus dem Abwasser entfernt.

Moderne Klärwerke haben mehrere Reinigungsstufen: die mechanische, biologische und chemische Reinigung.

1 Erkundet ein Wasserwerk in eurer Umgebung. Fertigt eine Präsentation zur Trinkwasseraufbereitung an.

2 Bereitet Fragen für ein Interview bei der Erkundung einer Kläranlage vor.

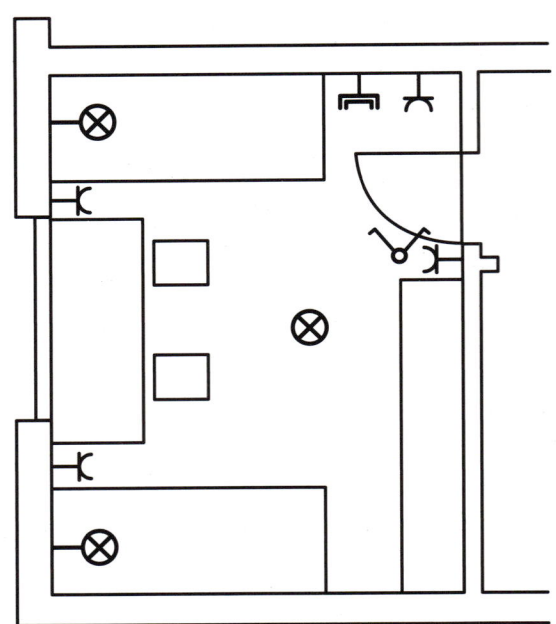

Installationsplan eines Kinderzimmers

⊥	Schutzkontaktsteckdose
⊥²	Doppelsteckdose
⌐○	Ausschalter
⌐○	Serienschalter
⌐○	Wechselschalter
◎	Tastschalter
⌐○	Dimmer
⊓	Antennensteckdose
⊥	Fernmeldesteckdose
⊗	Leuchte allgemein
⊢──⊣	Leuchstofflampe

Elektoinstallationspläne (DIN 40900)

Elektroinstallation im Haushalt

In den Grundriss der Bauzeichnung einer Wohnung wird eingezeichnet, wie die elektrische Installation durchgeführt werden soll und welche Elektrogeräte an welcher Stelle angeschlossen werden müssen. So entstehen aus Bauplänen unter Verwendung standardisierter Schaltzeichen Elektroinstallationspläne.

Installationspläne sind Anordnungspläne, in denen die elektrischen Betriebsmittel wie Lampen, Steckdosen, Schalter und Medienanschlüsse an der Stelle eingezeichnet werden, an der sie sich nach Bauausführung auch tatsächlich befinden sollen. Auf die Einzeichnung elektrischer Leitungen wird meist verzichtet.

Elektroinstallationspläne stellen die Arbeitsgrundlage für den Elektriker dar, der die entsprechenden Stromkreise und Anschlüsse nach Fertigstellung des Rohbaues installiert.

Beim Einrichten der Wohnung musst du die Lage der Elektroinstallation und der Medienanschlüsse beachten. Bei der Planung eines Einfamilienhauses oder der Vorbereitung einer Wohnungsmodernisierung kann der zukünftige Eigentümer oder Mieter die Art und Anzahl der elektrischen Betriebsmittel und ihre Anordnung oft nach eigenen Wünschen beeinflussen.

> Elektroinstallationspläne legen in vereinfachter, standardisierter Form die Lage elektrischer Betriebsmittel fest.

Die Elektroinstallation im Haushalt unterliegt strengen Sicherheitsstandards, um Unfälle mit elektrischem Strom zu vermeiden. Kurzschlüsse in elektrischen Geräten können bei unsachgemäßer Absicherung der Stromkreise zu Bränden führen, Körperschlüsse stellen eine unmittelbare Gefahr für den Menschen durch Berührung von unter Spannung stehenden Anlagenteilen dar. Sachgerechte Elektroarbeiten bei Neuinstallationen oder Reparaturen in Stromkreisen mit einer Spannung von 230 V oder sogar 400 V müssen von einer Fachkraft überprüft werden, sie sollten auch von ihr ausgeführt werden.

> Arbeiten an der Elektroinstallation im Haushalt müssen vom Fachmann abgenommen werden.

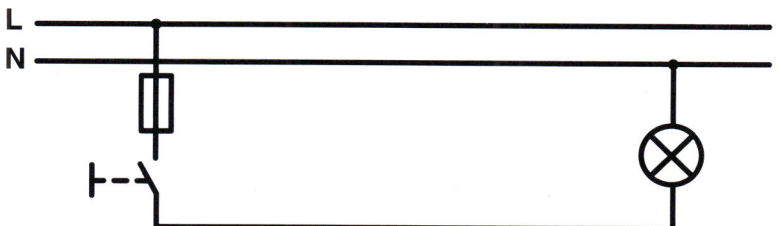

Ausschaltung
Das Betriebsmittel (Energiesparlampe) lässt sich von einer Stelle aus ein- oder ausschalten.

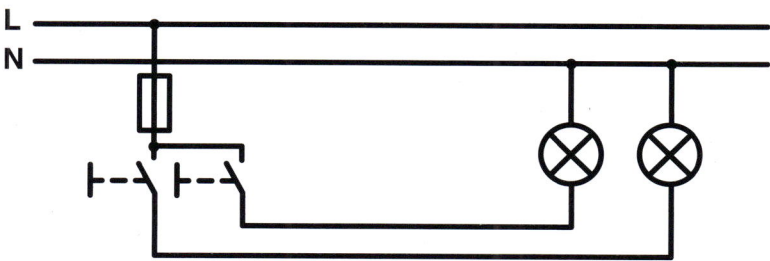

Serienschaltung
Zwei Betriebsmittel lassen sich von einer Stelle aus getrennt oder gemeinsam ein- oder ausschalten.

Wechselschaltung
Das Betriebsmittel lässt sich von zwei entfernt liegenden Stellen ein- oder ausschalten.

Grundschaltungen der Beleuchtungstechnik

Am häufigsten werden in unseren Wohnungen drei Grundschaltungen genutzt:

- Ausschaltung
- Serienschaltung
- Wechselschaltung

In Wirkschaltplänen und Stromlaufplänen verwenden wir zum Schaltungsaufbau im Schülerexperiment andere Schaltzeichen als der Elektriker in seinen Elektroinstallationsplänen. Beleuchtungsschaltungen werden in der Regel mit einer Wechselspannung von 230 V betrieben. Aus Sicherheitsgründen werden zunehmend Schutzkleinspannungen genutzt (Halogenbeleuchtung, Installationsfernschaltungen).

Beachte beim Aufbau der Beleuchtungsgrundschaltungen die Reihenfolge der Betriebsmittel: Spannungsquelle (L) – Sicherung – Schalter – Betriebsmittel (Lampe) – Spannungsquelle (N).

1 Zeichne den Grundriss deines Zimmers. Ergänze die vorhandene Elektroinstallation.

2 Finde heraus, wo in eurer Wohnung die drei Grundschaltungen installiert sind.

**TV-Techniker
nach Stromschlag getötet**

**Dackel unter Strom gesetzt –
Bewährung**

**TV-Techniker
nach Stromschlag getötet**

**Dackel unter Strom gesetzt –
Bewährung**

Drachen in Stromleitung – 13-Jähriger schwer verletzt

JUGENDLICHER STIRBT DURCH UNTERWASSERKABEL

Zeitungsmeldungen über Unfälle mit elektrischer Energie

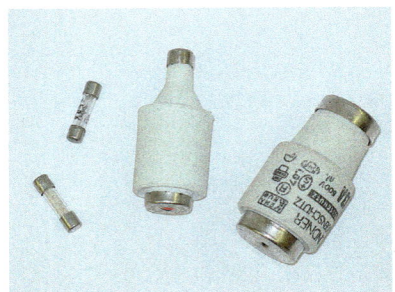
Schmelzsicherung

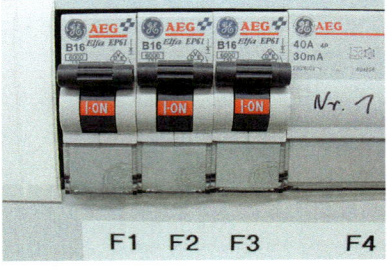
Leitungsschutzschalter

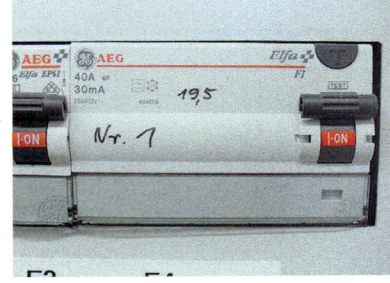
Fehlerstromschutzschalter

Sicherheit beim Umgang mit elektrischen Geräten

Trotz des hohen Sicherheitsstandes unserer technischen Geräte gibt es immer wieder Unfälle mit elektrischer Energie. Häufig sind unsachgemäßer Umgang und Nichtbeachtung von Sicherheitsbestimmungen die Ursache für diese Unfälle. Funktionierende elektrische Geräte können aber auch Defekte aufweisen, die wir im Gebrauch nicht sofort erkennen. Hierbei entstehen vor allem Gefahren durch Berührung von unter Spannung stehenden Geräteteilen aus Metall, beschädigte Kabel oder frei liegenden Kontakten. Außerdem können durch Gerätedefekte hohe Ströme fließen, die zu starker Erwärmung und Bränden führen.

Wird der menschliche Körper durch Berührung von unter Spannung stehenden Geräteteilen von einer hohen Stromstärke durchflossen, ist der Grad der Gefährdung von der Dauer und der Höhe des Stromflusses abhängig. Elektrischer Strom kann im Körper starke Reiz- und Wärmewirkung hervorrufen. Stromstärken ab 15 mA verursachen Muskelkrämpfe, die ein selbstständiges Loslassen des spannungsführenden Teiles nicht ermöglichen. Stärkere Ströme ab 25 mA

gelten als lebensgefährlich, da sie die Herztätigkeit gefährden. Außerdem verursachen hohe Ströme schwere innere und äußere Verbrennungen des menschlichen Körpers.

> Elektrische Energie kann für uns gefährlich werden. Arbeiten am elektrischen Leitungsnetz und die Reparatur elektrischer Geräte dürfen deshalb nur von Fachkräften ausgeführt werden.

Da bei einem defekten elektrischen Gerät oft ein hoher Strom fließt, bieten Sicherungen einen wirksamen Schutz. Es gibt Schmelzsicherungen und Leitungsschutzschalter. Sicherungen unterbrechen im Fehlerfall selbsttätig den betroffenen Stromkreis, so dass keine Berührungs- bzw. Brandgefahr mehr besteht. Nach Beseitigung der Störung muss die Schmelzsicherung ersetzt bzw. der Leitungsschutzschalter wieder in Betrieb genommen werden. Zusätzlich ist in Deutschland der Einsatz eines Fehlerstromschutzschalters (FI-Schutzschalter) in allen Steckdosenstromkreisen vorgeschrieben. Er bietet einen zusätzlichen Schutz vor Unfällen mit elektrischer Energie.

Schutzkontaktstecker mit Schutzleiter

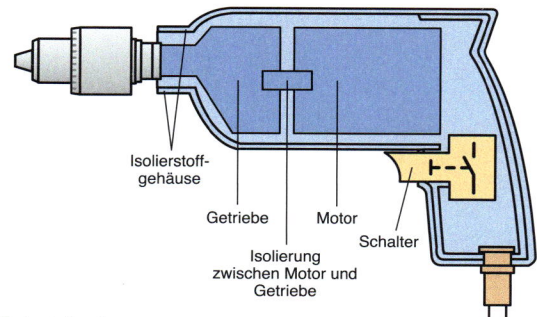

Isolierstoff-
gehäuse

Getriebe   Motor

Isolierung
zwischen Motor und
Getriebe

Schalter

Schutzisolierung

230 V

Schutzkleinspannung

Schutzklasse	Symbol	Schutzmaßnahme
I	⏚	Schutzleiteranschluss
II	▢	Schutzisolierung
III	◇	Schutzkleinspannung

Schutzklassen

Unfälle durch elektrischen Strom vermeiden

Zu den Schutzmaßnahmen zur Vermeidung von Unfällen mit elektrischer Energie gehören technische Maßnahmen an elektrischen Geräten, die durch folgende Schutzklassen realisiert werden.

Schutzklasse I
Verwendung von Schutzleiter und Schutzkontaktstecker zur Ableitung eines Fehlerstromes über den Schutzleiter.

Schutzklasse II
Schutzisolierung von elektrisch leitenden Geräteteilen mit elektrisch nicht leitenden Werkstoffen (Isolatoren).

Schutzklasse III
Nutzung von für Menschen ungefährlicher Schutzkleinspannung (Wechselspannung: max. 50 V).

Den Schutzklassen sind Symbole zugeordnet, die am Gehäuse des elektrischen Gerätes angebracht sind.

1 Ermittle folgende technische Daten und Merkmale an fünf elektrischen Haushaltsgeräten: Betriebsspannung, elektrische Leistung, Schutzklasse.

2 Nenne je drei weitere Beispiele für die in den Abbildungen oben dargestellten Schutzmaßnahmen.

3 Begründe, warum beim Ersatz einer defekten Schmelzsicherung mit einem aufgedruckten Wert I=1,5 A unbedingt eine gleiche Sicherung verwendet werden muss.

4 Welche Werkstoffe sind für Gehäuse elektrischer Geräte der Schutzklasse II geeignet? Begründe deine Entscheidung.

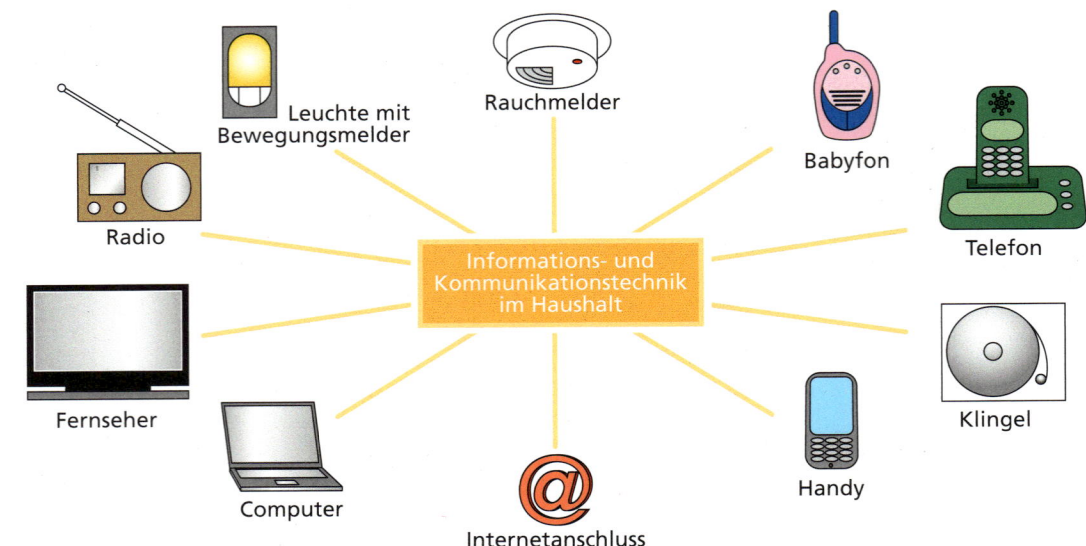

Informations- und Kommunikationstechnik im Haushalt

Leuchte mit Bewegungsmelder · Rauchmelder · Babyfon · Telefon · Radio · Fernseher · Computer · Internetanschluss · Handy · Klingel

Informations- und Kommunikationstechnik im Wohnbereich

Mit der Erfindung des Morsetelegraphen vor über 150 Jahren begann die elektrische Übertragung von Informationen über weite Entfernungen.

> Informationen sind Mitteilungen, Nachrichten, Daten und Messgrößen über Sachverhalte, Ereignisse oder Abläufe.

Mit großem Aufwand wurden Telegrafenstationen errichtet und mit Kabeln über große Entfernungen verbunden, um nach dem Morsealphabet vereinbarte Zeichen zu übertragen. Diese Zeichen wurden mit Hilfe von elektrischen Signalen zum Empfänger übertragen, wo sie in akustische Signale umgewandelt wurden. Auf Lochstreifen konnten die Morsesignale in Form von Strichen und Punkten gespeichert werden.

> Signale sind Träger von Informationen.

Akustische Signale bzw. Lochstreifen wurden mittels Morsecode in Informationen umgewandelt.

Mit der Erfindung des Telefons war es schließlich möglich, Töne mittels elektrischer Signale über große Entfernungen zu übertragen.

Ein eigenes Telefon war allerdings noch lange Zeit für die meisten Privathaushalte unerreichbar. Wer telefonieren wollte, nutzte ein Telefonhäuschen mit Münzfernsprecher. Bei eiligen Anlässen wurden Telegramme verschickt, die über weite Strecken elektrisch übertragen und vor Ort durch einen Eilboten in Schriftform dem Empfänger zugestellt wurden.

Erst in der zweiten Hälfte des letzten Jahrhunderts setzte sich das Telefon in Privathaushalten durch. Heute verfügen 90 % aller deutschen Haushalte über einen Festnetzanschluss, 86 % über ein mobiles Telefon. Der Telefonanschluss ist Basis für vielfältige Telekommunikationsdienste wie Telefax und Internet. Im Jahre 2008 verfügten 64 % aller deutschen Haushalte über einen Internetzugang.

> Kommunikation ist ein Prozess der Übertragung und des Empfangs von Signalen.

Mobiltelefone sind heute unsere täglichen Begleiter. Immer mehr Menschen haben ein Handy, das sie zum Kommunizieren nutzen. Sie sind fast jederzeit und überall erreichbar.

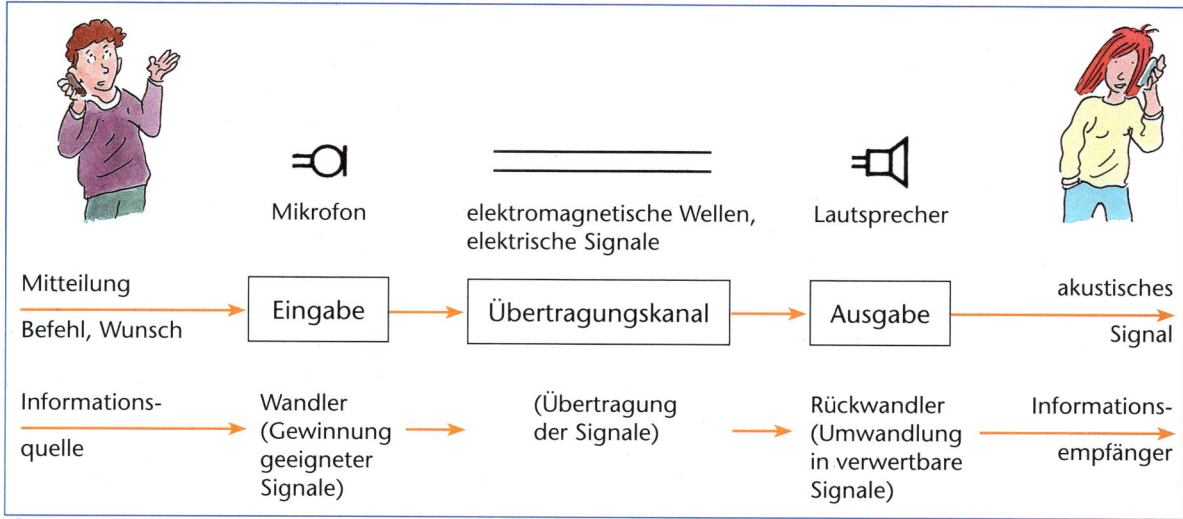

Signalfluss in der Informationskette

Die Informationsübertragung

Sylvios Handy klingelt, endlich meldet sich Maria wegen des geplanten Treffens am Wochenende. Schnell sind Informationen über eine große Entfernung ausgetauscht und alle Einzelheiten des Besuchs besprochen. Doch wodurch ist es möglich, so schnell und unkompliziert an fast jedem beliebigen Ort erreichbar zu sein?

Geeignete technische Systeme können unsere Informationen umwandeln, weiterleiten, verarbeiten und speichern. Im Fach Informatik hast du das EVA-Prinzip (Eingabe – Verarbeitung – Ausgabe) als Grundschema der elektronischen Datenverarbeitung kennengelernt. Nach dem gleichen Prinzip arbeiten alle Geräte der Kommunikationstechnik, also auch das Handy.

Unsere Stimme erzeugt beim Sprechen Schallwellen, die allerdings nur eine geringe Ausbreitungsweite haben. Die Aufgabe des in jedem Telefon eingebauten Mikrofons ist es, die Schallwellen in elektrische Spannungsänderungen, das Mikrofonsignal, umzuwandeln. Diese elektrischen Signale sind über große Entfernungen übertragbar. Bei der Nutzung des Handys werden die Signale zu einer nahe gelegenen Mobilfunkantenne drahtlos übertragen, der Großteil der Signalübertragung ist kabelgebunden. Für die drahtlose Signalübertragung eignen sich elektromagnetische Wellen, für die drahtgebundene Übertragung elektrische Signale bzw. optische Signale bei Glasfaserkabeln. Die Signale werden nach Übertragung und Verstärkung beim Empfänger wieder in Informationen zurückgewandelt. Dazu befindet sich in jedem Telefon ein kleiner Lautsprecher, der elektrische Impulse in Schallwellen umformt. Jetzt versteht Sylvio ganz genau, was Maria in großer Entfernung zeitgleich spricht. Aus Signalen sind wieder Informationen entstanden.

> Für die Informationsübertragung müssen Informationen in Signale gewandelt und rückgewandelt werden. Dies erfolgt über eine Informationskette: Informationsquelle, Wandler, Übertragungskanal, Rückwandler und Informationsempfänger.

1 Erläutere an einem Beispiel den Unterschied zwischen Signal und Information.

2 Wie können Informationen gespeichert werden?

3 Weise anhand geeigneter technischer Geräte nach, dass sie nach dem EVA-Prinzip arbeiten.

4 Beschreibe den Signalfluss für eine Wohnungsklingelanlage in einer Blockdarstellung.

Dämmerungsschalter: Schaltung

Dämmerungsschalter: Einsatz

Schaltplan lesen

⬇

Bauelemente bereitstellen

⬇

Größe der Schaltung festlegen

⬇

Bestückungsplann zeichnen

⬇

Reißnägel verzinnen

⬇

Schaltdrähte und Bauteile löten

⬇

Stromdurchgang prüfen

⬇

Funktionsprobe

*Vom Schaltplan
zur funktionstüchtigen Schaltung*

Herstellung einer elektronischen Schaltung für den Wohnbereich

Der Einsatz elektrischer und elektronischer Geräte im Haushalt ist vielfältig. Ohne sie ist das Leben im modernen Haushalt nicht mehr denkbar. Sie erleichtern uns die Arbeit, sparen Zeit, bieten Abwechslung und Freizeitbeschäftigung oder dienen einer schnellen Informationsbeschaffung und -weitergabe.

Zunehmend spielt Elektronik auch für Schutz- und Überwachungszwecke in unseren Wohnungen eine Rolle. Mit Feuer- und Rauchmeldern verhindern wir rechtzeitig Brände. Bewegungsmelder dienen im Außenbereich der Wohnungen unserer Sicherheit, auch gegen Einbrüche. Diese elektronischen Anlagen können im Fachgeschäft gekauft oder von spezialisierten Firmen in unserer Wohnung installiert werden. Einfache technische Lösungen können wir aber auch selbst bauen.

Wir stellen einen Dämmerungsschalter her

Sicher ist dir schon aufgefallen, dass sich die Straßenbeleuchtung oder eine Außenbeleuchtung an Gebäuden und Wegen mit einsetzender Dunkelheit automatisch einschaltet und bei zunehmender Helligkeit wieder ausschaltet. Diesen Zweck erfüllen Dämmerungsschalter, die lichtabhängig unsere Beleuchtungsanlagen steuern. Dämmerungsschalter dienen der Sicherheit und dem Schutz im Wohn- und Straßenbereich.

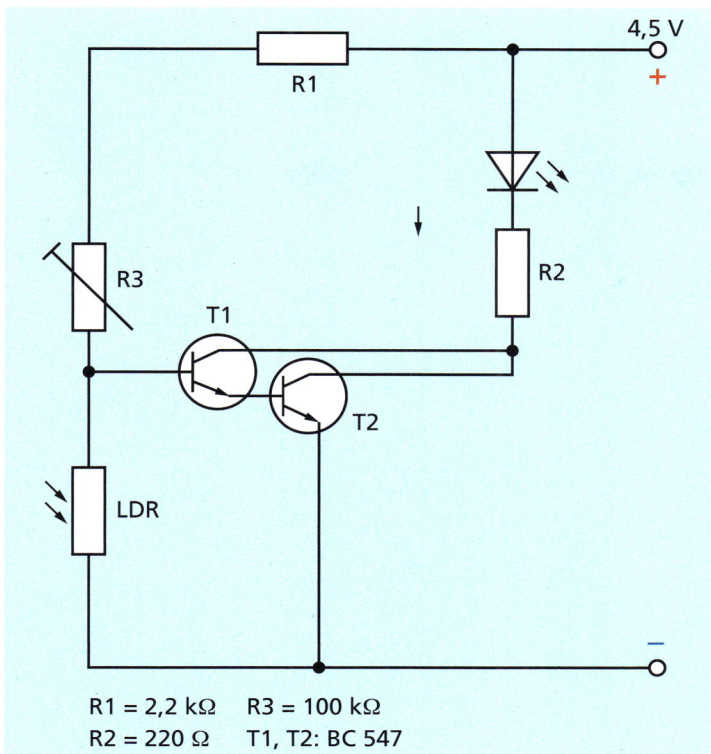

Schaltplan Dämmerungsschalter

R1 = 2,2 kΩ   R3 = 100 kΩ
R2 = 220 Ω   T1, T2: BC 547

Widerstand	
einstellbarer Widerstand	
npn-Transistor	
Fotowiderstand	
Leuchtdiode	
Kondensator	
Elektrolyt-kondensator	

Schaltzeichen

Eine solche Schaltung kannst du mit wenigen elektronischen Bauteilen selbst bauen. Als Grundlage dient ein Schaltplan. In ihm können wir lesen, welche elektronischen Bauelemente benötigt und wie sie miteinander verbunden werden. Der elektrische Widerstand, die Leuchtdiode und der Fotowidersta nd sind uns aus dem Physikunterricht bekannt. Den Transistor lernen wir neu kennen. Um die Funktionsweise der Schaltung erklären zu können, sind Kenntnisse über Aufgaben und Wirkungsweise der einzelnen elektronischen Bauelemente notwendig.

Wichtige Bauelemente der Elektronik

Widerstände begrenzen den Stromfluss in einer Schaltung und schützen als *Vorwiderstände* Bauelemente vor zu hohem Stromfluss. *Einstellbare Widerstände (Potenziometer)* dienen zur Einstellung des Widerstandes in einem festgelegten Bereich. *Leuchtdioden*, auch als LED (Licht-Emitter-Diode) bezeichnet, arbeiten wie Halbleiterdioden als „Stromventile". Der Stromfluss ist nur in ei-

ner Richtung, vom Plus-Anschluss (Anode) zum Minus-Anschluss (Katode) möglich. In umgekehrter Richtung sperren sie den Stromfluss. Leuchtdioden geben bei Stromfluss Licht ab und werden für Anzeige- und Beleuchtungszwecke verwendet.

Der *Fotowiderstand* ändert lichtabhängig seinen Widerstandswert. Lichtintensität und Widerstandswert verhalten sich indirekt proportional: Erhöht sich die auf den Fotowiderstand wirkende Lichtstärke, wird der Widerstandswert kleiner. Verringert sich die Lichtintensität (Dämmerung), vergrößert sich der Widerstandswert des Fotowiderstandes. Dadurch kann er als Lichtsensor verwendet werden.

1 Erarbeite einen Kurzvortrag zu einem elektronischen Bauteil (Schaltzeichen, Aufbau, Funktionsweise, Anwendung).

2 Beschreibe die Funktionsweise der Dämmerungsschaltung.

175

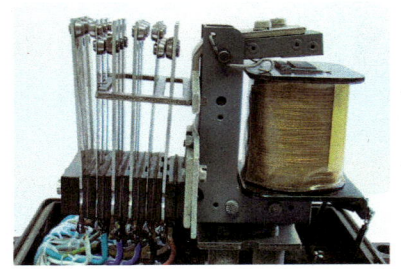
Relais

Elektronenröhre

Transistor

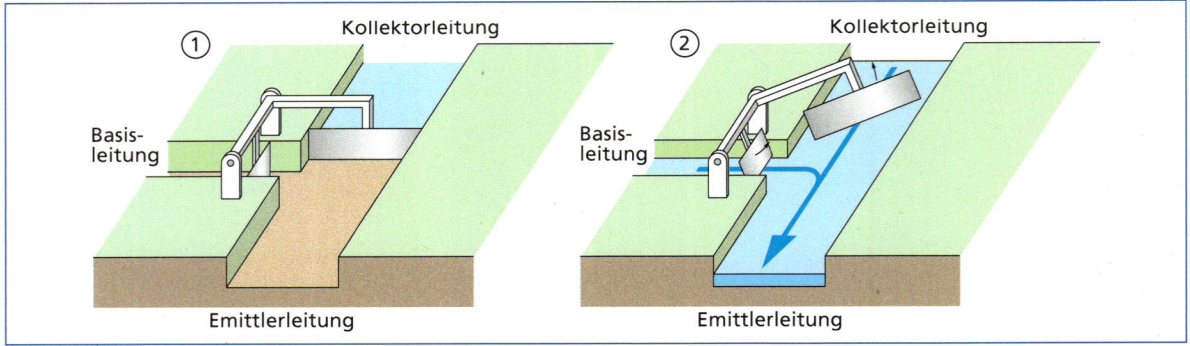

Prinzipdarstellung eines Transistors

Der Transistor – ein wichtiges Bauelement der Elektronik

In Geräten der Elektrotechnik müssen oft Signale schnell übertragen und verarbeitet werden. Ein elektromagnetischer Schalter (das Relais) konnte diese Anforderungen mit der Weiterentwicklung der Technik nicht mehr erfüllen. Zur Verstärkung von Signalen wurden in alten Radios und Fernsehern daher Elektronenröhren eingesetzt, die jedoch einen hohen Strom- und Platzbedarf hatten. Diese Nachteile führten dazu, dass in der zweiten Hälfte des letzten Jahrhunderts Relais und Elektronenröhren schrittweise von Transistoren abgelöst wurden.

> Transistoren besitzen ein relativ kleines Volumen und geringe Masse. Sie sind stromsparend.

Aufbau und Funktionsweise des Transistors

Transistoren sind Halbleiterbauelemente. Sie werden vorwiegend aus Silizium hergestellt.

Transistoren haben drei Anschlüsse: *Basis, Emitter, Kollektor*. Oft verwenden wir für unsere Schaltungen den npn-Transistor. Die n- und p-leitenden Schichten zeichnen sich wie bei der Halbleiterdiode durch Elektronenmangel bzw. Elektronenüberschuss aus. Fließt kein Basis-Emitter-Strom, kann auch kein Kollektor-Emitter-Strom fließen. Der Transistor sperrt den Stromfluss, dieser Schaltzustand wird als „offen" bezeichnet. Liegt an der Basis eine Spannung an, wird der Transistor leitend (Schaltzustand geschlossen). Es fließt jetzt ein Basis-Emitter-Strom und ein Kollektor-Emitter-Strom. Werden beide Ströme gemessen, so können wir feststellen, dass der Kollektor-Emitter-Strom um ein Vielfaches höher als der Basis-Emitter-Strom ist. Diesen Effekt bezeichnen wir als Stromverstärkung des Transistors. Diese Funktion erfüllt der Transistor in vielen Geräten im Haushalt.

> Transistoren werden als kontaktlose, elektronische Schalter und als Stromverstärker verwendet.

Layout der Schaltung übertragen

Reißnägel befestigen

Reißnägel werden verzinnt

Auflöten von Bauelementen

Herstellung einer elektronischen Schaltung

Nun kann die Arbeit an der elektronischen Schaltung beginnen.

Zuerst überträgst du den Schaltplan auf das Holzbrettchen. Dabei zeichnest du mit Bleistift dünn den Verlauf der Schaltdrähte und die Lage der Lötstellen für die Bauteile ein. So entsteht ein Bestückungsplan, auch Layout genannt. Die Schaltdrähte verlaufen möglichst immer senkrecht oder waagerecht. Jeder Bauteileanschluss bekommt eine Lötstelle. Anschließend kann der entstandene Bestückungsplan mit dem Schaltplan verglichen und noch korrigiert werden.

Im nächsten Arbeitsschritt werden alle Reißnägel auf dem Holzbrettchen befestigt und vollständig verzinnt. Dabei kannst du erste Fertigkeiten im Umgang mit Lötkolben und Lötzinn erwerben. Sind alle Lötstellen sauber verzinnt, werden zuerst alle Schaltdrähte aufgelötet. Mit einer Abisolierzange werden die Drahtenden abisoliert und auf die Reißnägel gelötet. Wichtigste Grundlage ist jetzt der Schaltplan, nach dem du dich genau richten musst.

Nun können die Bauteile folgen. Beachte, dass die Anschlüsse von Transistoren und Widerständen nicht vertauscht, sondern genau nach Vorschrift angelötet werden müssen. Sind alle Bauteile und Schaltdrähte aufgelötet, werden die Batterieanschlüsse ergänzt. Danach wird der Potenziometer entsprechend dem Umgebungslicht eingestellt und die Funktion der Schaltung kontrolliert.

Funktioniert die Schaltung nicht, musst du durch geeignete Prüf- oder Messverfahren die Fehlerursache eingrenzen und finden.

---

1 Beschreibe, wie die Verstärkerfunktion des Transistors experimentell nachgewiesen werden kann.

2 Welcher Arbeitsschutz ist beim Löten einzuhalten?

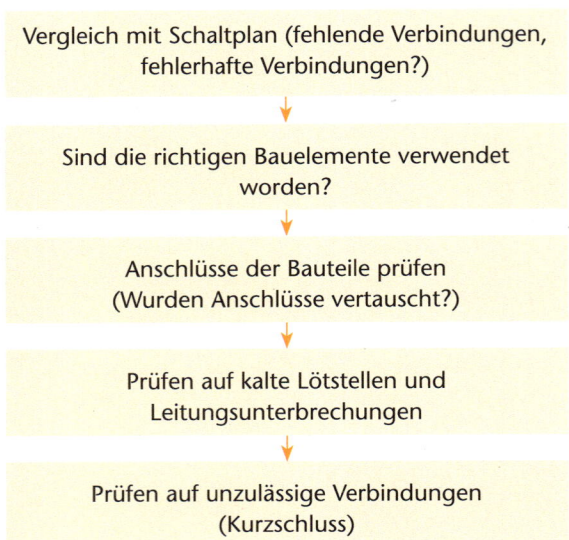

Vergleich mit Schaltplan (fehlende Verbindungen, fehlerhafte Verbindungen?)

↓

Sind die richtigen Bauelemente verwendet worden?

↓

Anschlüsse der Bauteile prüfen (Wurden Anschlüsse vertauscht?)

↓

Prüfen auf kalte Lötstellen und Leitungsunterbrechungen

↓

Prüfen auf unzulässige Verbindungen (Kurzschluss)

Schrittfolge bei der Fehlersuche

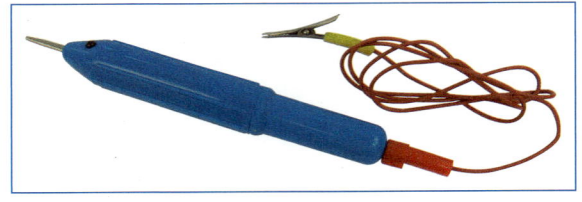

Durchgangsprüfer

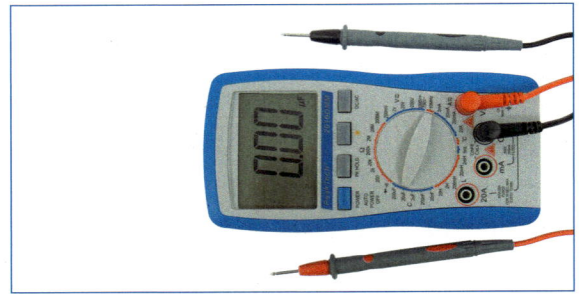

Digitalmessgerät

Ⓜ Fehlersuche durch Prüfen und Messen

In elektronischen Schaltungen, elektrischen Leitungen und Bauteilen können Fehler auftreten. Elektrische Prüf- und Messvorgänge sind geeignet, diese Defekte aufzuspüren.

> Beim elektrischen Prüfen wird der Istzustand einer physikalischen Größe mit ihrem Sollzustand verglichen.

Dabei kann das Prüfergebnis den Sollzustand bestätigen oder verneinen. Es wird eine Ja-Nein-Analyse durchgeführt. Es ist wichtig, dass die Fehlersuche systematisch erfolgt und schrittweise durch geeignete Prüfverfahren der Fehler eingegrenzt und schließlich gefunden wird.

Spezielle Prüfgeräte helfen uns bei dieser Arbeit. Der *Durchgangsprüfer* besteht aus einer optischen Anzeige, einer Spannungsquelle und einer Prüfspitze. Durchgangsprüfer sind geeignet, folgende Fehler festzustellen:

- Kalte Lötstellen und Leitungsunterbrechungen.
- Kurzschluss durch unzulässige Verbindungen zwischen zwei Leitern.

- Körperschluss durch eine unzulässige Verbindung zwischen einem Leiter und dem Metallgehäuse eines Gerätes.

Da Durchgangsprüfer eine eigene Spannungsquelle besitzen, dürfen sie nur verwendet werden, wenn am Prüfobjekt keine Spannung anliegt.

Es ist aber auch möglich, dass die für unsere Schaltung verwendete Batterie nicht mehr die vorgeschriebene elektrische Spannung erreicht. Mit einem Vielfachmessgerät können elektrische Spannung, elektrische Stromstärke und der elektrische Widerstand gemessen werden. Wird ein digitales statt eines analogen Messgerätes verwendet, kann der Messwert direkt auf dem Display abgelesen werden.

> Elektrisches Messen ist das genaue Ermitteln einer physikalischen Größe. Das Messergebnis besteht aus Messgröße und Maßeinheit.

Oft ist auch in einem Digitalmessgerät eine Durchgangsprüffunktion integriert. Damit kann dieses universell zum Prüfen und Messen eingesetzt werden. Ⓜ

Handlötarbeitsplatz in der Industrie

Industriell gefertigte Leiterplatte

Bewertungskriterium:	Punktzahl:
Sauberkeit/Entgratung Holzbrett	
Vollständig verzinnte Lötstellen	
Übersichtlichkeit der Schaltung/rechtwinklig verlegte Schaltdrähte	
Biegung der Bauteile	
Sauberkeit der Lötstellen	
Funktionskontrolle	
Gesamtpunktzahl/Note	

Alle Anforderungen voll erfüllt/keine Mängel:	3 P	Mehrere Mängel, Anforderungen nur zum Teil erfüllt:	1 P
Kleine Mängel, Anforderungen zum großen Teil erfüllt:	2 P	Große Mängel, Anforderungen nicht erfüllt:	0 P

Bewertungskriterien einer elektronischen Schaltung

Industrielle Fertigung elektronischer Schaltungen

In der industriellen Fertigung werden vorwiegend Leiterplatten mit gedruckten oder geätzten Leiterzügen und Lötaugen verwendet. Für die Fertigung von Einzelstücken, kleinen Stückzahlen sowie Reparaturen sind Handlötarbeitsplätze ausreichend.

Werden dagegen elektronische Baugruppen in hohen Stückzahlen und mit sehr kleinen Abmessungen verlangt, ist die automatische Fertigung sinnvoll. Solche Baugruppen werden zum Beispiel für Handys, Navigationsgeräte, Taschenrechner und Computer benötigt.

> Die industrielle Fertigung elektronischer Schaltungen erfolgt zunehmend durch computergesteuerte Automaten.

Bestückungsautomaten und Schwalllötautomaten ermöglichen eine hohe Produktionsstückzahl, größte Genauigkeit und Qualität sowie eine kostengünstige Produktion. Eine Berufsausbildung in Berufen der Elektrotechnik und Elektronik setzt Eigenschaften wie Konzentrationsfähigkeit, Geduld, Fingerfertigkeit und ein gutes naturwissenschaftliches Grundwissen voraus. Auch für Mädchen bietet diese Branche ein lohnendes und interessantes Betätigungsfeld.

1 Welche Unterschiede bestehen zwischen Prüfen und Messen?

2 Prüfe vor dem Funktionstest deine fertige Schaltung nach der Schrittfolge S. 178. Fertige ein Prüfprotokoll an.

3 Nenne fünf Berufe der Elektronik/Elektrotechnik. Beschreibe kurz die einzelnen Tätigkeitsmerkmale.

3 Leben im privaten Haushalt

Hauptziel
Die Funktionen des Haushalts
sollen erfüllt werden, beispielsweise
• ein harmonisches Zusammenleben ermöglichen,
• zur gesunden Lebenserhaltung beitragen,
• alle Personen des Haushalts sollen sich frei entfalten können.
Alle Haushaltsmitglieder sollen sich geborgen und wohl fühlen.

Ökonomische Aufgaben
• Einkommen beschaffen
• Finanzen planen
• Hausarbeit planen
• Familie versorgen
• Freizeit planen

Soziale Aufgaben
• Für Schutz und Geborgenheit sorgen
• Probleme gemeinsam lösen
• Ältere Haushaltsmitglieder, Kinder und Kranke versorgen
• Partnerschaftlich miteinander umgehen

Ökologische Aufgaben
• Luft, Wasser und Boden reinhalten
• Hausmüll vermeiden und sortieren
• Sparsam mit Wasser und Energie umgehen

Der Haushalt und seine Aufgaben

Der private Haushalt als kleinste Wirtschaftseinheit

Aufgaben im privaten Haushalt

Jeder Mensch lebt in einem Haushalt. Bei diesem Begriff denkt man zunächst nur an eine Wohnung oder an ein Haus. Aber auch Weltenbummler und Leute, die aus dem Rucksack leben, führen einen Haushalt. Die meisten von uns leben in einem Familienhaushalt. Die Familienhaushalte gehören zu der Gruppe der privaten Haushalte.

> Der private Haushalt ist eine wirtschaftliche und soziale Einheit.

Was bietet der Haushalt seinen Mitgliedern? In den Haushalten werden unsere Wünsche und Bedürfnisse, so weit es geht, befriedigt, z.B. die Grundbedürfnisse nach Nahrung, Kleidung und Wohnung. Es geht jedoch nicht nur um unsere materiellen Bedürfnisse, sondern auch um unsere sozialen Bedürfnisse. Dazu gehört, dass wir ein Zuhause haben, in dem wir uns wohl fühlen, Geborgenheit verspüren, unseren Alltagsstress abbauen, Gesprächspartner finden und uns individuell entfalten können. Neben den Grundbedürfnissen haben wir auch Wahlbedürfnisse wie Freizeitgestaltung, Kultur und Erholung. Deren Erfüllung ist allerdings von der wirtschaftlichen Lage im privaten Haushalt abhängig, denn ohne finanzielle Mittel können Güter zur Bedürfnisbefriedigung nicht eingekauft werden.

> Im privaten Haushalt werden Bedürfnisse befriedigt.

Die Bedürfnisse der Haushaltsmitglieder ändern sich im Laufe des Lebens. So unterscheiden wir Einpersonenhaushalte, Familienhaushalte und Mehrfamilienhaushalte. Neue Situationen im Haushalt ergeben sich z.B. durch die Geburt eines Kindes oder wenn ein Kind den Haushalt der Eltern verlässt, um einen eigenen zu gründen. Jeder Haushalt hat ökonomische, ökologische

Unter ökologischen Gesichtspunkten ist der Selbstversorgerhaushalt der umweltfreundlichste Haushaltstyp. Der Vergabehaushalt verbraucht die meisten Ressourcen. Der Dienstleistungshaushalt ist in modernen Gesellschaften der meistverbreitete Haushaltstyp.

Vergabehaushalt
Fast alle Hausarbeiten werden an Personen vergeben. Das kann die Pizza vom Pizzadienst, die Nachhilfe für die Kinder oder die Vergabe der Wäsche sein. Der Vergabehaushalt ist der jüngste Haushaltstyp.

Dienstleistungshaushalt
Viele Güter und Lebensmittel werden durch den Kauf erworben. Hausarbeit wird in hohem Maße selbst ausgeführt.
Der Anteil an Eigenarbeit beträgt ca. 50%.

Selbstversorgerhaushalt
Benötigte Güter werden zu einem großen Teil selbst erzeugt. Der Anteil an Eigenleistung ist sehr hoch, der Geldfluss gering.
Diesen Haushaltstyp findet man heute noch vorwiegend in Entwicklungsländern.

Haushaltstypen

und soziale Aufgaben zu erfüllen (siehe oben). Die umfassende Betreuung, Förderung und Erziehung von Kindern ist zum Beispiel eine wichtige soziale Aufgabe. In manchen Haushalten unterstützen ältere Menschen die junge Familie und werden später selbst liebevoll von der Familie umsorgt.

Aus den Haushaltsaufgaben ergeben sich die Haushaltsarbeiten je nach Haushaltsform. So müssen in einem Singlehaushalt alle Aufgaben zur Bedürfnisbefriedigung von einer Person erledigt werden, in einem Familienhaushalt verteilen sie sich auf verschiedene Personen. Um Haushaltsarbeiten sachgerecht durchzuführen, brauchen wir Kenntnisse, Fähigkeiten und Fertigkeiten. Am Beispiel der Wäschepflege wird dies besonders deutlich: Kenntnis der Pflegekennzeichen, Füllmenge der Waschmaschine, Wahl und Dosierung des Waschmittels, Wahl der Waschtemperatur, Schleuderdrehzahl, Aufhängen der Wäsche und Bügeln.

> Grundkenntnisse in allen Haushaltsarbeiten sollten alle Haushaltsmitglieder erwerben, damit partnerschaftliches Arbeiten im Haushalt möglich ist.

Haushaltstypen

Zur Befriedigung unserer Bedürfnisse benötigen wir Sachgüter und Dienstleistungen. Je nach Haushaltstyp werden im Haushalt Produkte selbst hergestellt (z.B. Marmelade) und Dienstleistungen selbst erbracht (z.B. Fenster putzen). Eine andere Familie lässt diese Aufgaben von Unternehmen (Dienstleistern) erfüllen. Alle Haushalte sind unterschiedlich strukturiert. Es gibt den Vergabehaushalt, den Dienstleistungshaushalt und den Selbstversorgerhaushalt (siehe oben).
Die meisten Haushalte lassen sich nicht eindeutig einem Typ zuordnen, es sind eher Mischtypen, weil sich die Situation in Familie, Gesellschaft und Wirtschaft laufend verändert.

> Kein Haushalt gleicht dem anderen.

1 Erörtere, wie sich dein Leben verändert, wenn du den Haushalt deiner Eltern verlässt.

2 Beschreibe den Tagesablauf einer Familie in einem Vergabehaushalt, einem Dienstleistungshaushalt und in einem Selbstversorgerhaushalt.

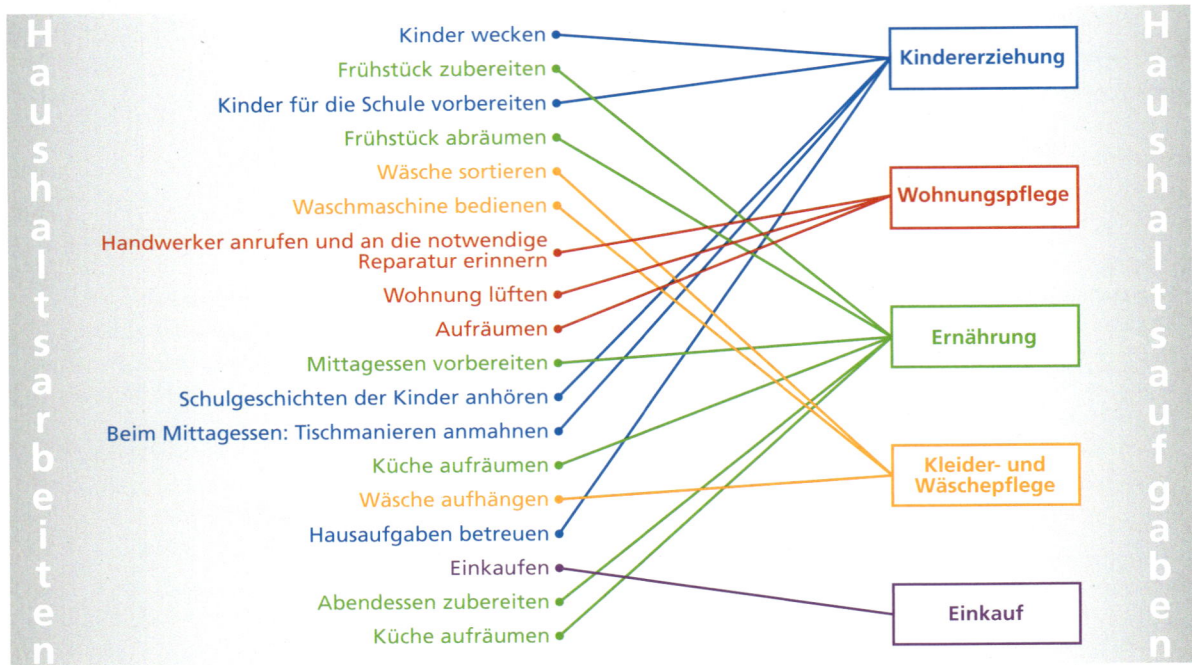

Haushaltsarbeiten

Kinder wecken
Frühstück zubereiten
Kinder für die Schule vorbereiten
Frühstück abräumen
Wäsche sortieren
Waschmaschine bedienen
Handwerker anrufen und an die notwendige Reparatur erinnern
Wohnung lüften
Aufräumen
Mittagessen vorbereiten
Schulgeschichten der Kinder anhören
Beim Mittagessen: Tischmanieren anmahnen
Küche aufräumen
Wäsche aufhängen
Hausaufgaben betreuen
Einkaufen
Abendessen zubereiten
Küche aufräumen

Haushaltsaufgaben

Kindererziehung
Wohnungspflege
Ernährung
Kleider- und Wäschepflege
Einkauf

Arbeitsplanung einer Familie

Betriebsmittel und ihr Einsatz im privaten Haushalt

Familienhaushalt – ein kleines Wirtschaftsunternehmen

Einen modernen Haushalt effizient und wirtschaftlich zu führen, erfordert ein hohes Maß an Können und Wissen. Wie ein Wirtschaftsunternehmen verfügt der private Haushalt über Betriebsmittel: Arbeitskraft, Geld und Sachgüter (Verbrauchsgüter und Gebrauchsgüter). Diese Betriebsmittel setzt er ein, um sein Unternehmensziel zu erreichen, das heißt, die Grund- und Wahlbedürfnisse seiner Mitglieder so gut wie möglich zu erfüllen (siehe S. 8)

> Die Betriebsmittel des privaten Haushalts sind Arbeitskraft, Geld und Sachgüter.

Das Unternehmen „Familienhaushalt" ist kein geschlossenes System. Sein Handeln hat Auswirkungen auf unsere Umwelt. Daher hat er wie jedes Wirtschaftsunternehmen auch ökologische Aufgaben zu erfüllen (siehe S. 180).

Arbeitsorganisation im privaten Haushalt

Soll das kleine Familienunternehmen in der heutigen Gesellschaft funktionieren, so muss der Alltag gut organisiert sein. Immer mehr Frauen sind erwerbstätig und die traditionelle Rollenverteilung und Arbeitsteilung im Haushalt muss neu überdacht und geregelt werden.

> In einem modernen Haushalt beteiligen sich alle Mitglieder gemäß ihrem Können und Wissen an der Bewältigung der haushälterischen Aufgaben.

Wie viele Arbeiten jedes Familienmitglied übernimmt, hängt ab von
- der Anzahl der Haushaltsmitglieder,
- ihrem Alter,
- ihrem Können und Wissen,
- ihrer freien Zeit,
- ihrem Bedarf an Freizeit und Erholung.

Um die Teamarbeit im Haushalt zu organisieren, erstellt die Familie eine Arbeitsplanung. Dabei müssen folgende Fragen geklärt werden:
- Welche Arbeiten fallen an?

Eine alleinstehende Berufstätige setzt wenig Arbeitskraft im Haushalt ein, hat verhältnismäßig viel Geld, kann sich genügend Sachgüter leisten.

Ein Ehepaar mit drei kleinen Kindern muss viel Arbeitskraft im Haushalt einsetzen, lebt von einem Gehalt, besitzt wenig Sachgüter.

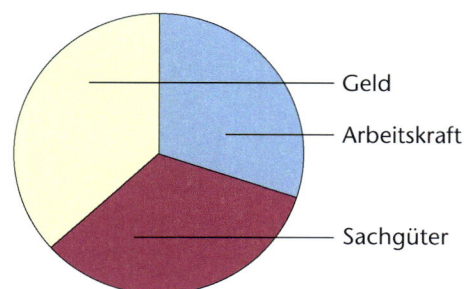

- Geld
- Arbeitskraft
- Sachgüter

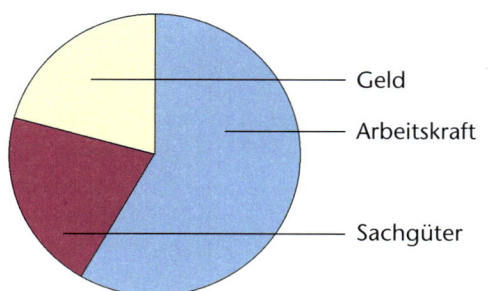

- Geld
- Arbeitskraft
- Sachgüter

Möglichkeiten zur Kombination der Betriebsmittel

- Wann sollen die Arbeiten erledigt werden?
- Wer übernimmt welche Arbeit?

Jedes Familienmitglied verschafft sich mithilfe eines persönlichen Tagesablaufplans einen Überblick über die freie Zeit, die ihm für Haushaltsarbeiten zur Verfügung steht. Dann verteilt die Familie die Arbeiten auf die einzelnen Familienmitglieder.

Kombination der Betriebsmittel

Zur Bewältigung der Aufgaben im Haushalt wirken die drei Betriebsmittel Arbeitskraft, Geld und Sachgüter zusammen. Nehmen wir als Beispiel die Nahrungszubereitung:

- *Geld* wird eingesetzt, um Lebensmittel für ein Mittagessen zu kaufen.
- *Arbeitskraft* wird eingesetzt, um aus den Lebensmitteln eine Mahlzeit zuzubereiten.
- *Sachgüter,* wie Töpfe, Herd, Energie, werden eingesetzt, um die Lebensmittel zu verarbeiten.

Die Betriebsmittel stehen uns nicht unbegrenzt zur Verfügung. Deshalb müssen wir überlegt damit umgehen. In welchem Umfang ein Betriebsmittel eingesetzt wird, hängt von der Struktur eines Haushalts und seiner Zielsetzung ab (siehe Haushaltstypen, S. 181).

Ein Betriebsmittel kann durch ein anderes ersetzt werden. Bei Verdienstausfall ist vom Betriebsmittel Geld weniger vorhanden. Dies kann zum Teil durch das Betriebsmittel Arbeitskraft ausgeglichen werden. Auch bei der Zubereitung

von Mahlzeiten können die Betriebsmittel unterschiedlich kombiniert werden. Die Verwendung von Fertigprodukten spart Arbeitskraft und Zeit. Sie sind aber im Vergleich zu selbst hergestellten Speisen meist teurer.

> Die Betriebsmittel sind so einzusetzen, dass gemeinsam, sinnvoll und umweltorientiert gewirtschaftet wird.

1 Erstelle eine Liste der Aufgaben und Tätigkeiten, die in eurem Haushalt anfallen. Wie können die Arbeiten verteilt werden?

2 Zeige die Kombinationsmöglichkeiten der Betriebsmittel am Beispiel der Zubereitung von Kartoffelpuffern:
a) selbst zubereitet,
b) zubereitet unter Verwendung eines Halbfertigprodukts und
c) fertige Puffer (Tiefkühlprodukt).

3 Mutter möchte wieder arbeiten gehen. Beschreibe, wie sich der Betriebsmitteleinsatz in diesem Haushalt verändert.

4 Zeichne einen Betriebsmittelkreis
a) für einen gut verdienenden Junggesellen (Single),
b) für eine Familie mit zwei kleinen Kindern und nur einem Einkommen.

Kindergeld

Lohn

Gage

Arbeitslosengeld

Gehalt

Honorar

Dividende

Einkommen als Lebensgrundlage

Leistungen im Haushalt

Für die Deckung der Bedürfnisse benötigt der Haushalt ein regelmäßiges Geldeinkommen. Von diesem Einkommen werden Sachgüter und Dienstleistungen gekauft oder in Anspruch genommen. Dem privaten Haushalt stehen verschiedene Arten von Einkommen zur Verfügung. Haushaltsmitglieder gehen arbeiten, das heißt, sie geben Arbeitskraft an ein Unternehmen oder an den Staat ab. Als Gegenwert für die geleistete Arbeit erhalten sie Geld in Form von Lohn oder Gehalt. Dieses Einkommen heißt auch Erwerbseinkommen.

Der Haushalt erhält außerdem Einkommen, indem Arbeitsleistungen für den Haushalt erbracht werden, z. B. Wäsche waschen, Essen kochen, Hausaufgaben betreuen. Diese Arbeitsleistungen werden nicht mit Geld bewertet.

Manche Haushalte bekommen auch Leistungen vom Staat, z. B. Kindergeld, BAföG oder Sozialhilfe. Diese Gelder werden nicht als Gegenleistung für erbrachte Arbeit gezahlt, deshalb nennt man sie Transfereinkommen.

Darüber hinaus gibt es Einkommen aus Vermögen, wie Zinsen für ein Sparguthaben, Gewinne bei Aktien (Dividende) oder Mieteinnahmen.

> Dem Haushalt stehen Arbeits-, Transfer- oder Vermögenseinkommen für notwendige Ausgaben zur Verfügung.

Lohn und Gehalt

Das Erwerbseinkommen ist in den meisten Haushalten das Haupteinkommen. Beim Abschluss des Arbeitsvertrages spielt deshalb die Höhe des Lohnes oder Gehalts eine wichtige Rolle. Arbeitnehmer versuchen einen möglichst hohen Lohn zu erhalten, um ihre Existenz zu sichern. Arbeitgeber hingegen versuchen die Löhne niedrig zu halten, um ihre Gewinne zu steigern. Die Lohnhöhe ist u. a. abhängig vom Lebensalter, von

Auszug aus einer Gehaltsabrechnung (Stand: Juli 2009)

Bruttolohn	Grundlohn plus Zulagen und Zuschläge	2.502,00 €
Steuern:		
Lohnsteuer (Steuerklasse 1)		385,41 €
Solidaritätszuschlag	5,50 % von der Lohnsteuer	21,19 €
Kirchensteuer	9,00 % von der Lohnsteuer	34,68 €
Sozialversicherungsbeiträge:	*Arbeitnehmer und Arbeitgeber zahlen je die Hälfte der Kosten:*	
Krankenversicherung	14,90 % (7,45 %) vom Bruttolohn	186,40 €
Rentenversicherung	19,90 % (9,95 %) vom Bruttolohn	248,95 €
Arbeitslosenversicherung	2,80 % (1,40 %) vom Bruttolohn	35,03 €
Pflegeversicherung	1,95 % (0,975 %) vom Bruttolohn	24,40 €
Abzüge insgesamt		936,06 €
Nettolohn		1.565,94 €

So wird der Lohn berechnet

der Ausbildung, Berufserfahrung, Tätigkeit und Position im Unternehmen, Unternehmensgröße, Ertragssituation und Branche.

Brutto und Netto

Der Vater von Lisa sagt: „Brutto ist das, was man bekommt, und netto ist das, was man hat."
Der Bruttolohn ist der im Arbeitsvertrag vereinbarte Lohn. Er setzt sich aus dem Grundlohn (für die normale Arbeitszeit), den Zulagen (z. B. Vermögenswirksame Leistungen, Weihnachtsgeld) und den Zuschlägen für Nachtarbeit, Überstunden, Sonn- und Feiertagsarbeit zusammen. Vom Bruttolohn bzw. Bruttogehalt werden die Steuern und Sozialbeiträge abgezogen.
Steuern sind Abgaben, die der Staat von Arbeitnehmern und Arbeitgebern erhebt. Damit finanziert er u. a. Schulen, Straßen, das Kindergeld und andere Ausgaben. Die Höhe der Steuern ist abhängig von der Höhe des Lohnes oder Gehalts, von der Steuerklasse (abhängig vom Familienstand) und der Anzahl der Kinder. Der Solidaritätszuschlag ist eine Sondersteuer zum Aufbau der neuen Bundesländer. Wer Mitglied einer Kirche ist, zahlt außerdem Kirchensteuer.
Neben den Steuern werden die gesetzlich festgelegten Sozialbeiträge vom Bruttolohn abgezogen. Das sind Beiträge zur Renten-, Kranken-, Arbeitslosen- und Pflegeversicherung.
Der Nettolohn ist die Differenz zwischen dem Bruttolohn und den gesetzlichen Abzügen.

Der Bruttolohn ist der vertraglich vereinbarte Lohn. Davon werden Steuern und Beiträge abgezogen. Übrig bleibt der verfügbare Nettolohn.

1 Schreibe auf, welche Einkommensarten es in deiner Familie gibt. Erkläre sie.

2 Erkundige dich im Betriebspraktikum oder bei Freunden, welche Abgaben Auszubildende bezahlen müssen. Notiere die Art und Höhe der Abgaben.

3 Nenne die einzelnen Beiträge zur Sozialversicherung. Erläutere ihre Leistungen.

4 Diskutiert, inwiefern Kinder Einkommen für den Haushalt erwerben können.

5 Herr Muster hat einen Bruttolohn von 1.500 € im Monat. Er zahlt 119,58 € Lohnsteuer. Berechne mithilfe der obigen Tabelle die Abzüge und seinen Nettolohn.

Vater Michael (46 J.)
voll berufstätig, Nettogehalt:
1.413,72 €

Mutter Marie (43 J.)
arbeitet im Büro für
950 € netto

Tochter Lena (16 J.)
Mittelschülerin
20 € Taschengeld

Sohn Tino, (13 J.)
Mittelschüler
10 € Taschengeld

Warmmiete:
780 €/Monat

Versicherungen, Strom,
Wasser, Monatskarte und
andere feste Ausgaben:
440 €/Monat

Lebensunterhalt:
150 €/Woche
(ohne kleine Extras wie Kino
oder Essengehen)

Keine größeren
Sparrücklagen

Fallbeispiel: Familie Muster

Familien planen ihre Ausgaben

Familie Muster ist unzufrieden, weil ihre Ausgaben im Vergleich zu den Einnahmen recht hoch sind. Die Familienmitglieder beraten, wie sie das Problem lösen können. Lena schlägt vor, ein Haushaltsbuch zu führen, um zu sehen, wo sie Geld einsparen können.

Das Haushaltsbuch

Gut wirtschaften heißt, die Übersicht über das zur Verfügung stehende Geldeinkommen und über die Ausgaben zu behalten.

> Das Haushaltsbuch hilft, einen Überblick über Einnahmen und Ausgaben zu behalten.

Ein Haushaltsbuch sollte übersichtlich angeordnet sein (siehe S. 187 oben). Es ist nur dann sinnvoll, wenn alle Einnahmen und Ausgaben regelmäßig eingetragen und verglichen werden. Familie Muster notiert sorgfältig alle Einnahmen und die festen und veränderlichen Ausgaben. Zu den festen Ausgaben gehören u. a. die Kosten für Miete, Versicherungen, Fahrtkosten, Kitabeiträge und Zeitungsabo sowie die Vorauszahlungen oder Abschlagszahlungen für Heizung, Strom, Gas und Wasser. Zu den festen Ausgaben zählen auch Beiträge, die nur in bestimmten Monaten bezahlt werden müssen, wie Kfz-Steuern, Rundfunk- und Fernsehgebühren.

> Feste Ausgaben sind vertraglich feste Kosten, die kurzfristig nicht verändert werden können und regelmäßig bezahlt werden müssen.

Zu den veränderlichen Ausgaben zählen u. a. die Aufwendungen für Lebensmittel, Bekleidung, Telefon, Internet, Kosmetik, Kino, Theater und andere Freizeitaktivitäten.

> Veränderliche Ausgaben sind die laufenden Kosten, bei denen man immer wieder neu planen und entscheiden kann.

Datum	Einnahmen	Ausgaben
30.05.	1.413,72 € Lohn …	
Zwischen- summe	…	
01.06. 02.06. …		780,00 € Miete 33,20 € Lebensmittel …
Zwischen- summe	…	…
End- summen	…	…

Auszug aus einem Haushaltbuch

Konsumausgaben
Von je 100 Euro wurden im Jahr 2007 ausgegeben für

- Wohnung, Heizung, Strom — 24,20
- Verkehr, Telekommunikation — 16,90
- Essen, Trinken, Tabakwaren — 14,40
- Freizeit, Unterhaltung, Kultur — 9,40
- Möbel, Hausrat — 6,90
- Gesundheit, Körperpflege — 6,70
- Hotels, Gaststätten — 5,60
- Bekleidung, Schuhe — 5,30
- Sonstiges — 10,60

Quelle: Statistisches Bundesamt, Deutsche Bundesbank

Wofür Haushalte ihr Geld ausgeben

Es gibt aber auch Ausgaben, die entweder den festen oder den veränderlichen Ausgaben zugeordnet werden können. Zum Beispiel: Die Familie beschließt, einen bestimmten Betrag im Monat zu sparen, dann ist dies eine feste Ausgabe. Wird das Monatsende abgewartet und hängt die Höhe des Sparbetrages von der Differenz zwischen Einnahmen und Ausgaben ab, handelt es sich um eine veränderliche Ausgabe.

In der Familie Muster hat jeder Wünsche und Bedürfnisse, die er erfüllt haben möchte. Die Mutter wünscht sich eine neue Küche und einen gemeinsamen Urlaub. Der Vater träumt von einem neuen Auto und die Kinder hätten gern mehr Taschengeld. Reicht das Geld, das am Ende des Monats übrig bleibt, für diese Anschaffungen?

Konsum und Sparen

Von seinem Einkommen verwendet jeder Haushalt einen mehr oder weniger hohen Anteil für den Konsum. Die Höhe des Konsums ist abhängig von der Höhe des Einkommens, der Einkommenserwartung, den Preisen und der konjunkturellen Situation. Dabei wird es heute den Konsumenten leicht gemacht, bestimmte Waren oder Dienstleistungen zu erwerben. Werbung mit Sätzen wie „Kaufe jetzt, zahle später" oder „Spontane Wunscherfüllung mit dem Dispo" sowie Angebote zur Ratenzahlung lassen das Sparen auf bestimmte Güter oder Dienstleistungen immer öfter in den Hintergrund treten.

> Sparen ist der Verzicht auf die Verwendung eines Teils des verfügbaren Einkommens.

Sparmotive sind vom Lebensstandard, vom Vertrauen in die Wirtschaft und von persönlichen Zielsetzungen abhängig. Dabei werden folgende Sparformen unterschieden:

- Zwecksparen – Sparen zur Erfüllung von Wünschen;
- Vorsorgesparen – Sparen für den Notfall, etwas auf die „hohe Kante" legen;
- Vermögensbildung – langfristige Geldanlagen, die hohe Zinsen bringen.

Familie Muster muss entscheiden, welche Wünsche in welcher Reihenfolge erfüllt und wie diese finanziert werden sollen.

> **1** Erstelle für Familie Muster ein Haushaltsbuch. Wie viel Geld können sie monatlich sparen?
>
> **2** Warum sollten sie sparen?
>
> **3** Betrachte die Grafik auf der Seite rechts oben. In welchen Bereichen siehst du Sparmöglichkeiten und wo nicht?

Dispokredit

Die Handy-Rechnung, die in der zweiten Monatshälfte vom Konto abgebucht wird, ist erschreckend hoch. Hier kann die kurzfristige „Überziehung" des Kontos helfen, um die Rechnung zu bezahlen. Die Zinsen für diese Kreditform sind allerdings sehr hoch.

Kleinkredit/Ratenkredit

Bei besonderen Anschaffungen kann ein Kleinkredit helfen. Das neue Auto kann sofort genutzt werden, der Kleinkredit wird in Monatsraten zurückbezahlt. Der Kreditvertrag weist den Kreditbetrag, Zinssatz und alle sonstigen Kosten (effektiver Jahreszins) aus.

Investition

Wenn man seine Wohnung renovieren oder seine Ausbildung bzw. Fortbildung finanzieren möchte, nennt man das eine Investition. Investitionen sparen Kosten und erhöhen das Einkommen. Meist lohnt es sich, dafür einen Kredit aufzunehmen.

Ein Kredit macht's möglich

Familie Muster hat sich auf eine neue Küche geeinigt. Durch neue Haushaltsgeräte kann sie außerdem Energie sparen. Ein Küchenstudio macht ein verlockendes Finanzierungsangebot: Ratenzahlung, 48 Monate Laufzeit, 1,9 % Zinsen. Bevor Familie Muster dieses Angebot annimmt, will sie jedoch noch andere Kreditangebote prüfen.

Dispositions- und Ratenkredit

Geldinstitute bieten die Möglichkeit, einen Kredit aufzunehmen, das heißt, Geld gegen Zahlung von Zinsen für eine begrenzte Zeit zu leihen.

> Ein Kredit ist die zeitlich begrenzte Überlassung von Geld gegen Zinsen.

Der Geldverleih ist für die Kreditinstitute ein wichtiges Geschäft, denn während man für Spareinlagen Zinsen bekommt, muss man für Kredite Zinsen bezahlen. Und die Kreditzinsen sind immer höher als die Sparzinsen.

Familie Muster hat verschiedene Finanzierungsmöglichkeiten für ihren Küchenkauf:
- Ratenkredit beim Küchenstudio
- Anschaffungskredit bei der Bank, aber Barzahler im Küchenstudio
- Erweiterung des Dispositionskredits

Am häufigsten werden der Dispositionskredit und der Ratenkredit, auch Kleinkredit genannt, in Anspruch genommen.

Beim Dispositionskredit – kurz „Dispokredit" – hat der Bankkunde die Möglichkeit, sein Girokonto bis zu einem vereinbarten Betrag zu überziehen. Dies geht ohne Rücksprache mit dem Geldinstitut. Die Zinsen für Dispokredite sind jedoch sehr hoch.

Beim Ratenkredit wird ein Kreditvertrag abgeschlossen. Darin sind die Kreditsumme, die Laufzeit des Kredits, die Ratenbeträge und die Zinsen festgelegt. Hier sind die Zinsen niedriger als beim Dispokredit, die Laufzeit ist aber meist länger und eine Bearbeitungsgebühr wird fällig. Die tatsächlichen jährlichen Kosten des Kredits (Zinsen + Gebühren) werden als Prozentsatz der Kreditsumme angegeben und „effektiver Jahres-

Augen auf beim Küchenkauf!

Was ist günstiger? Der Ratenkredit des Händlers oder Barzahlung mit einem Bankkredit?
Ein Vergleich lohnt sich!

Die Küche	Ratenkredit vom Händler	Barzahler mit Bankkredit
Küche kostet 3499,00 €		3.499,00 €
Rabatt bei Barzahlung: 12 %		– 419,88 €
Finanzierungsbedarf	3.499,00 €	3.079,12 €
effektiver Jahreszins	1,9 %	5,99 %
Laufzeit	48 Monate	48 Monate
monatliche Rate	75,73 €	71,98 €
Gesamtaufwand	**3.635,22 €**	**3.453,97 €**
Ersparnis		**181,25 €**

Zwei unterschiedliche Kreditangebote

zins" genannt. Diese Kreditform wird auch z.B. im Autohaus oder Elektromarkt angeboten.

Mithilfe eines Kredits kann sich Familie Muster ihren Wunsch sofort, ohne zu sparen, erfüllen und die Küche in kleinen Raten bezahlen. Zur Rückzahlung des Kredits muss sie allerdings mehrere Jahre lang auf andere Konsumgüter verzichten. Die Kreditzinsen machen die Küche teurer. Es besteht ein ständiges Risiko, den Zahlungsverpflichtungen nicht nachkommen zu können. Menschen, die viele Kreditverträge abschließen, können sich leicht überschulden.

> Wer einen Kredit aufnimmt, sollte genau wissen, wann und wie er das Geld zurückzahlen kann.

Wer bekommt einen Kredit?

Der Kreditnehmer muss volljährig und voll geschäftsfähig sein. Er muss über ein regelmäßiges Einkommen verfügen, aus dem er die monatlichen Raten bezahlen kann. Kredite verlangen nach Sicherheiten und die Bedingungen werden schriftlich vereinbart. Von Jugendlichen werden die ersten Kredite meist im Rahmen von 1.500 Euro bis

5.000 Euro nachgefragt, z.B. für den Führerschein oder die eigene Wohnungseinrichtung.

Bevor der Kreditvertrag unterschrieben wird, informiert sich der Kreditgeber bei der Schufa (Schutzgemeinschaft für allgemeine Kreditsicherung) über die finanziellen Verhältnisse des Kunden. Dazu muss der Kunde die sogenannte Schufaklausel unterschreiben. Bei der Schufa können Banken und Händler Daten über das Zahlungsverhalten ihrer Kunden abfragen und hinterlegen (z.B. laufende Kredit- und Leasingverträge, Eröffnung von Girokonten und Nutzung von Kreditkarten). Kann der Kunde den Kredit nicht termingerecht zurückzahlen, kann ein Teil seines Lohnes gepfändet werden.

1 Diskutiert die Vor- und Nachteile eines Dispokredits.

2 Informiere dich über die Aufgaben und die Arbeitsweise der Schufa im Internet.

3 Prüfe, welches Finanzierungsangebot (siehe oben) günstiger ist, und begründe.

4 Wie würden sich die Angebote verändern, wenn die Familie 1.000 € angespart hätte und anzahlen könnte?

7.500,– EUR
für nur
129,32 EUR*
monatlich

Kreditbetrag: 7.500,00 Euro
monatliche Rate: 129,32 Euro
Bevorzugte Laufzeit: 72 Monate

Kein Problem, wir verwirklichen Ihnen diesen Traum für nur 129,32 EUR* monatlich.
Und das ist nicht alles: Die 1. Ratenzahlung ist erst nach 59 Tagen fällig.

Kreditangebot

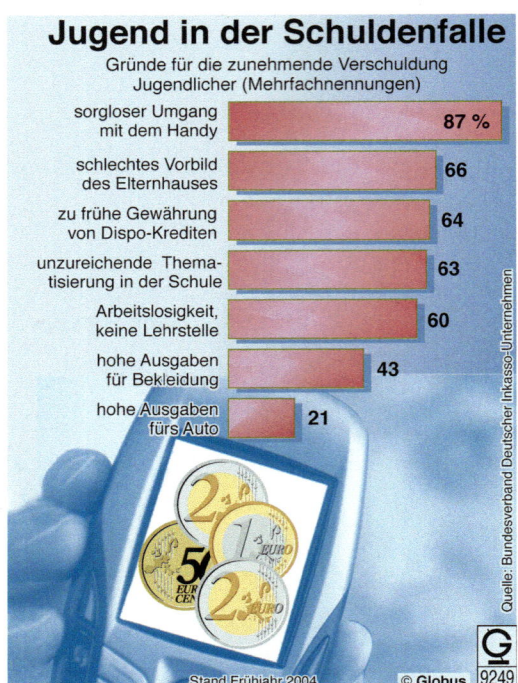

Jugend in der Schuldenfalle

Schulden vermeiden?

Was ist besser? Für die große Urlaubsreise das Konto zu überziehen oder zu Hause bleiben? Die neue Küche über mehrere Monate in Raten bezahlen oder so lange sparen, bis sie bar bezahlt werden kann?

Auf diese Fragen gibt es unterschiedliche Antworten, die von der persönlichen Lebenssituation abhängen. Allerdings kostet ein Kredit nicht nur Zinsen, er ist auch immer ein mehr oder weniger großes Risiko.

> Verschuldung liegt vor, wenn Geldforderungen bestehen, die man sofort oder in Raten begleichen muss.

Schulden lohnen sich nur für Investitionen, die zukünftige Kosten sparen oder Einkünfte bringen. Im Privatleben gibt es davon nur wenige, z. B. BAföG für die Ausbildung oder ein Auto für die Arbeitsaufnahme oder die eigene Wohnung. Ratenzahlungen für verschiedene Konsumgüter machen das Produkt nur unnötig teuer. So bil-

den viele Menschen Dauerschulden, die sie nur schwer abzahlen können. Die Bank verdient sich damit reich, doch die Familie lebt in der Gefahr der Überschuldung.

> Überschuldung liegt vor, wenn nach Abzug der festen Kosten zuzüglich Ernährung der Rest des verfügbaren monatlichen Einkommens für die Zahlungsverpflichtungen nicht ausreicht.

Ursachen von Überschuldung können übersteigerte Konsumansprüche sein, aber auch unvorhergesehene Ereignisse, wie Arbeitslosigkeit, Scheidung oder längere Krankheit oder die mangelnde Fähigkeit zum Umgang mit Geld und zur Haushaltsführung.

Die fünf häufigsten Schuldenfallen

1. Versandhauskäufe: Wer immer wieder bei Versandhäusern bestellt und diese Bestellungen nicht sofort, sondern mit Zahlpause oder in Raten von einem Kundenkonto bezahlt, kann schnell den Überblick verlieren.

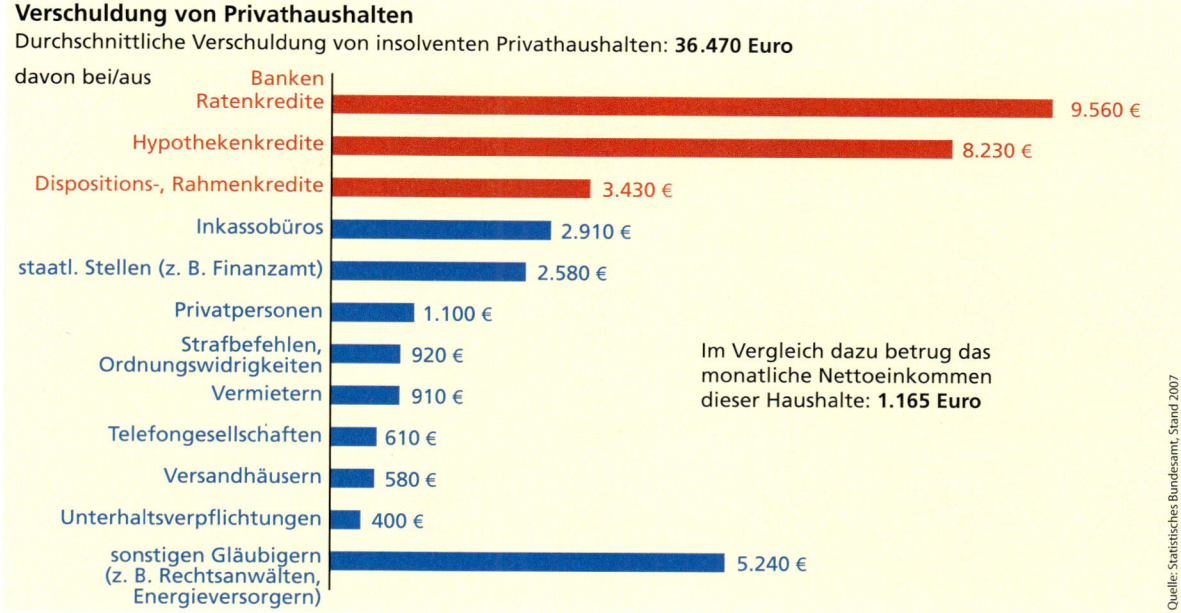

Verschuldung von Privathaushalten
Durchschnittliche Verschuldung von insolventen Privathaushalten: **36.470 Euro**

davon bei/aus

Banken Ratenkredite	9.560 €
Hypothekenkredite	8.230 €
Dispositions-, Rahmenkredite	3.430 €
Inkassobüros	2.910 €
staatl. Stellen (z. B. Finanzamt)	2.580 €
Privatpersonen	1.100 €
Strafbefehlen, Ordnungswidrigkeiten	920 €
Vermietern	910 €
Telefongesellschaften	610 €
Versandhäusern	580 €
Unterhaltsverpflichtungen	400 €
sonstigen Gläubigern (z. B. Rechtsanwälten, Energieversorgern)	5.240 €

Im Vergleich dazu betrug das monatliche Nettoeinkommen dieser Haushalte: **1.165 Euro**

Quelle: Statistisches Bundesamt, Stand 2007

Haushalte in der Schuldenklemme

2. Handygebühren: Gerade zu Beginn der Nutzung eines Handys laufen oft hohe Summen auf. Dies liegt einerseits an der verspäteten Abrechnung der Handyanbieter und andererseits daran, dass die Kunden keinen Überblick über die verschickten SMS und MMS sowie anfallende Gebühren haben. Verlockende Zusatzangebote wie Klingeltöne oder Musik werden bei vielen Anbietern teuer abgerechnet.

3. Dispositionskredit: Eine Kontoüberziehung ist nur ratsam für einen sehr kurzfristigen Zeitraum und eine einmalige Ausgabe. Den Lebensunterhalt mit dem Dispokredit zu finanzieren, das führt häufig in die finanzielle Katastrophe.

4. Kreditkarten: Bei Zahlungen mit Kreditkarten kann schnell die Übersicht über die eigenen finanziellen Möglichkeiten verloren gehen, da die Beträge erst nach einigen Tagen oder Wochen abgebucht werden.

5. Auto: Die Kosten für ein Auto werden häufig unterschätzt. Zu den laufenden Kosten für Benzin, Öl und Reparaturen kommen noch die Kreditraten. Beiträge zur Kfz-Versicherung, größere Reparaturen und die Kfz-Steuer müssen ebenfalls berücksichtigt werden.

Hilfsangebote für Schuldner

Den Verbrauchern helfen Schuldnerberatungsstellen. Man findet sie bei folgenden Institutionen:
- Verbraucherzentralen
- Wohlfahrtsverbänden
- städtischen Schuldnerberatungsstellen

Dort kann jeder kostenlos Beratung für eine Schuldenregulierung in Anspruch nehmen. Die Adressen findet man im Internet oder im örtlichen Telefonbuch. Vorsicht ist vor privaten Schuldnerberatern geboten. Sie lassen sich die Beratung meist teuer bezahlen.

1 Ladet einen Mitarbeiter einer Schuldnerberatung in die Klasse ein. Befragt ihn zum Thema „Jugendliche Schuldner".

2 Ermittle in deiner Umgebung die Adresse einer Schuldnerberatung.

3 Versandhäuser werben mit dem Slogan: „Kaufe jetzt, zahle später" oder „Zahlpause von 6 Monaten" u. Ä. Diskutiert Vor- und Nachteile solcher Angebote.

4 Untersuche das Kreditangebot „Segelboot". Was kostet der Kredit über 7.500 €?

Vater kocht

Mutter repariert den Wasserhahn

Zusammenleben in der Familie

Die Formen menschlichen Zusammenlebens sind das Ergebnis einer jahrhundertelangen Entwicklung in einer Gesellschaft. Sie sind deshalb in jeder Kultur anders und verändern sich ständig. Für die meisten Menschen gilt die Familie als Voraussetzung für ein glückliches Leben.

> Vorstellungen von Familie sind einem ständigen Wandel unterworfen.

Betreuung und Versorgung von Haushaltsmitgliedern

Die Familie sichert die materielle Existenz ihrer Mitglieder und lässt Raum für die persönliche Entfaltung. Sie schafft eine emotionale Heimat, d.h. sie ermöglicht dauerhafte Bindungen, Liebe, Geborgenheit, Vertrauen, gegenseitige Hilfe, Gespräche, Betreuung, Zeit für Kinder und vermittelt das Gefühl, „wir halten zusammen". Kinder machen in der Familie die ersten Erfahrungen im Umgang mit anderen und lernen dabei Normen und Wertvorstellungen ihrer Kultur kennen.

Durch das enge Zusammenleben entstehen auch Belastungen und Konflikte. Solche Probleme können sein: Rücksichtnahme auf andere, Streit, zu viel Arbeit im Haushalt oder im Betrieb, finanzielle Sorgen, Stress, Unruhe oder Abhängigkeit vom Partner, z.B. bei Arbeitslosigkeit. Damit das Zusammenleben nicht nachhaltig gestört wird, müssen Konflikte gelöst werden. Grundvoraussetzungen für die Lösung eines Konflikts sind die Bereitschaft, sich in die Sicht eines anderen Menschen hineinzuversetzen, Toleranz und Kompromisse.

Familie und Berufstätigkeit

Arbeit und Beruf sind vom Leben in der Familie nicht zu trennen, da das Familienleben den Beruf und der Beruf das Familienleben beeinflusst. Während sich berufliche Erfolge im Alltag positiv auf Beschäftigte, deren Familien und deren Umgebung auswirken, machen sich berufliche Sorgen und Misserfolge negativ bemerkbar. Wer hingegen im Privatleben glücklich und zufrieden ist, arbeitet auch erfolgreicher. Von solchen Wechselwirkungen sind alle Menschen betroffen.

Die Rolle von Mann und Frau

Früher hat sich die Frau allein um die Hausarbeit und um die Versorgung und Erziehung der Kinder gekümmert. Der Mann sorgte für das nötige Geld durch Erwerbsarbeit. Dieses Bild hat sich schon lange verändert. Heute fordert die Gesellschaft von Frauen eine qualifizierte Berufsausbildung, den erfolgreichen Einstieg ins Berufsleben und eine möglichst lange Berufstätigkeit.

Da immer mehr Frauen erwerbstätig sind, muss die traditionelle Rollenverteilung und die Arbeitsteilung im Haushalt neu überdacht und geregelt werden.

Haushalt Bauer

Heinz Bauer, 43 Jahre, Kraftfahrzeugmechaniker in einem Kundendienstbetrieb

Anni Bauer, 38 Jahre, Verkäuferin, Montag–Freitag 14–18 Uhr, Samstag 9–13 Uhr

Sabine Bauer, 14 Jahre, Schülerin

Markus Bauer, 12 Jahre, Schüler

Eigenes Reihenhaus mit kleinem Garten
Mittagsmahlzeit: daheim

- Heinz Bauer kommt pünktlich um 12 Uhr zum Mittagessen. Er hat bis 13 Uhr Mittagspause.
- Markus spielt in einer Jugendfußballmannschaft. Seine Sportkleidung muss oft gewaschen werden.

Haushalt von Familie Bauer

Küche

Müll entsorgen

einkaufen

bügeln

…

…

…

Rangliste der Hausarbeit		
	dringend notwendig	wünschenswert
täglich		
wöchentlich		
monatlich		
seltener/ bei Bedarf		

Rangliste der Hausarbeit

Im Familienhaushalt herrscht Arbeitsteilung. Die Mitglieder übernehmen Teilaufgaben und haben so die Möglichkeit, ihren Arbeits- und Lebensvorstellungen zu folgen.

Frau Bauer war bisher nur stundenweise als Verkäuferin in einem Supermarkt tätig. Die Marktleitung hat ihr eine Ganztagsstelle angeboten. Am Abend überlegen die Familienmitglieder, wie sie Hausarbeit und die Berufstätigkeit beider Eltern vereinbaren können. Sie wollen die Aufgaben neu verteilen. Folgende Aspekte werden diskutiert:

- Frau Bauer hat durch ihre ganztägige Arbeit weniger Zeit für die Hausarbeit, dafür steht der Familie aber mehr Einkommen zur Verfügung.
- Welche Arbeiten müssen im Haushalt täglich, wöchentlich oder nicht so häufig erledigt werden?
- Wer übernimmt welche Arbeit?
- Wann haben die Familienmitglieder Zeit für die Hausarbeiten?
- Wie viel Freizeit bleibt uns nach der Neuverteilung der Haushaltsarbeiten?

Wenn alle mithelfen, kommt es nicht zur Doppelbelastung von Frau Bauer und es bleibt noch Zeit für ein gemütliches Familienleben.

Zum Planen gehört: alle anfallenden Arbeiten zusammenstellen, die Arbeiten in eine Reihenfolge bringen und die Arbeiten auf die Haushaltsmitglieder verteilen.

1 Diskutiert die Vor- und Nachteile der Berufstätigkeit beider Elternteile.

2 Notiert die im Haushalt der Familie Bauer anfallenden Arbeiten auf Kärtchen und ordnet diese an der Tafel nach der Dringlichkeit an. Nutzt dazu die oben abgebildete Rangliste.

3 Schlagt eine Mittagsmahlzeit vor, die in kurzer Zeit zubereitet werden kann. Stellt für die Familie einen Arbeitsplan für die Nahrungszubereitung auf.

4 Welche Kenntnisse und Fertigkeiten müssen die Haushaltsmitglieder haben, z. B. beim Einkaufen, der Nahrungszubereitung, der Wäschepflege?

Kinderwunsch

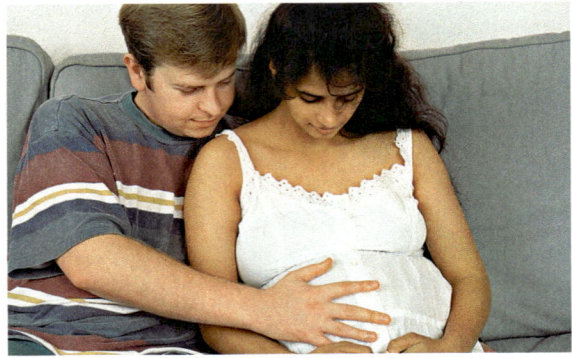

Mein Papa und meine Mama freuen sich auf mich

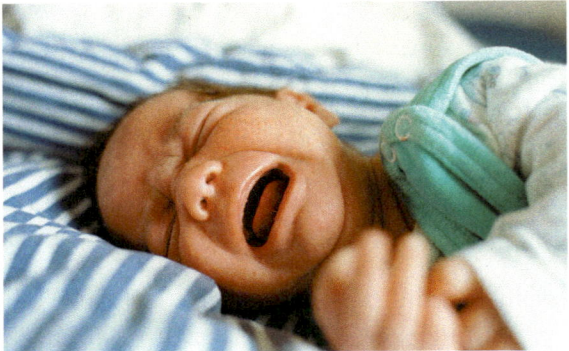

Ich habe häufiger am Tag Hunger als Erwachsene

Ich kann schon beinah alles?

Kinder verändern das Leben der Eltern

Ein Kind wird erwartet. Von dem Zeitpunkt an, an dem Eltern Gewissheit haben, dass sie ein Kind bekommen, übernehmen sie Verantwortung für ihr Kind. Ihr Leben verändert sich grundlegend, denn Eltern bleiben Eltern ihr ganzes Leben lang. Schon vor der Geburt des Kindes sollte vieles überlegt und bedacht werden.

> Eltern tragen Verantwortung für ihre Kinder.

Die werdende Mutter überlegt vor allem:
- Wann teile ich meinem Arbeitgeber die Schwangerschaft mit?
- Wie oft muss ich vor der Geburt zur Vorsorgeuntersuchung?
- Darf ich jetzt nicht mehr Sport treiben?
- Darf ich noch rauchen?
- Muss ich jetzt für zwei essen?

Werdende Eltern denken über Folgendes nach:

- Wie wird sich unser Tagesablauf verändern?
- Wie ernähren wir unser Kind richtig?
- Wie sollte sich unser Kind entwickeln?
- Welches Spielzeug ist für unser Kind geeignet?
- Wie erziehen wir unser Kind richtig?
- Wo soll unser Kind seinen Bereich in der Wohnung haben?
- Wie viel Kinderausstattung ist notwendig?
- Warum benötigen Kinder viele Impfungen?
- Wie sorgen wir für die Gesundheit des Kindes?

Erziehung des Kindes

Eine verantwortungsvolle Aufgabe ist die Erziehung der Kinder. Das Grundgesetz der Bundesrepublik Deutschland, Artikel 6, § 2 besagt:

> „Pflege und Erziehung der Kinder sind das natürliche Recht der Eltern und die zuvörderst ihnen obliegende Pflicht …"

Kinder werden im Kindergarten professionell betreut

Der Gesetzgeber überlässt den Erziehungsberechtigten die Erziehung. Sie dürfen und sollen ihre Kinder nach ihren Vorstellungen und Werten formen. Aber auch gesellschaftliche Einflüsse wirken erziehend auf das Kind. Die Erziehung im Elternhaus und in der Schule orientiert sich an Zielen und gesellschaftlichen Normen wie Selbstständigkeit und Hilfsbereitschaft, Ordnungssinn, Zuverlässigkeit und Zielstrebigkeit.

> Ziel der Erziehung ist es, die Persönlichkeitsentwicklung des Kindes zu fördern und eine Eingliederung des jungen Menschen in die Gesellschaft zu ermöglichen.

Verschiedene Erziehungsmaßnahmen können dabei hilfreich sein: Lob und Belohnung, Tadel und Strafe, Gewöhnung und Vorbild.

Betreuungsangebote für Kinder

Die Politik bemüht sich, allen Eltern eine Betreuung ihrer Kinder ab dem 3. Lebensjahr anzubieten. Kindertagesstätten mit Vorschulcharakter sollen Kindern einen optimalen Start ins Schulleben sichern. Es gibt folgende Einrichtungen:

- Kinderkrippen für Kinder bis drei Jahre mit unterschiedlichen Öffnungszeiten.
- Kindergärten für Kinder ab drei Jahre bis zum Schuleintritt mit unterschiedlichen Öffnungszeiten. Viele Kindergärten bieten Gesundheits- oder spezielle Bewegungsprogramme an. In Sachsen gibt es Ganztageskindergärten mit Mahlzeiten und Schlafmöglichkeiten.
- Horte betreuen die Grundschüler nach dem Unterricht. Hausaufgaben werden erledigt und die Freizeit gestaltet. Auch Ganztagsangebote zur individuellen Förderung gibt es.
- Tagesmütter betreuen Kinder zu flexiblen Zeiten und altersunabhängig.

1 Erkunde an deinem Ort die Betreuungsangebote für Kinder und die anfallenden Kosten.

2 Führt eine Expertenbefragung zum Thema „Kinder verändern das Leben der Eltern" durch.

3 Welche sozialen Einrichtungen beraten werdende Eltern bei Fragen und Problemen? Stelle eine Übersicht zusammen.

Hören eine Geschichte
von singenden Kindern

Lernen Kinderlieder aus
anderen Ländern

Schneiden Noten aus
und hängen sie auf

Stellen Rasseln aus
Flaschenkronen her

Singen Lieder

Tanzen nach Musik

Schlagen den Takt
mit Klangstäben

Gestalten einer
Kinderdisko

Basteln Trommeln

Malen Bilder
zur Musik

Bewegen sich
zur Musik

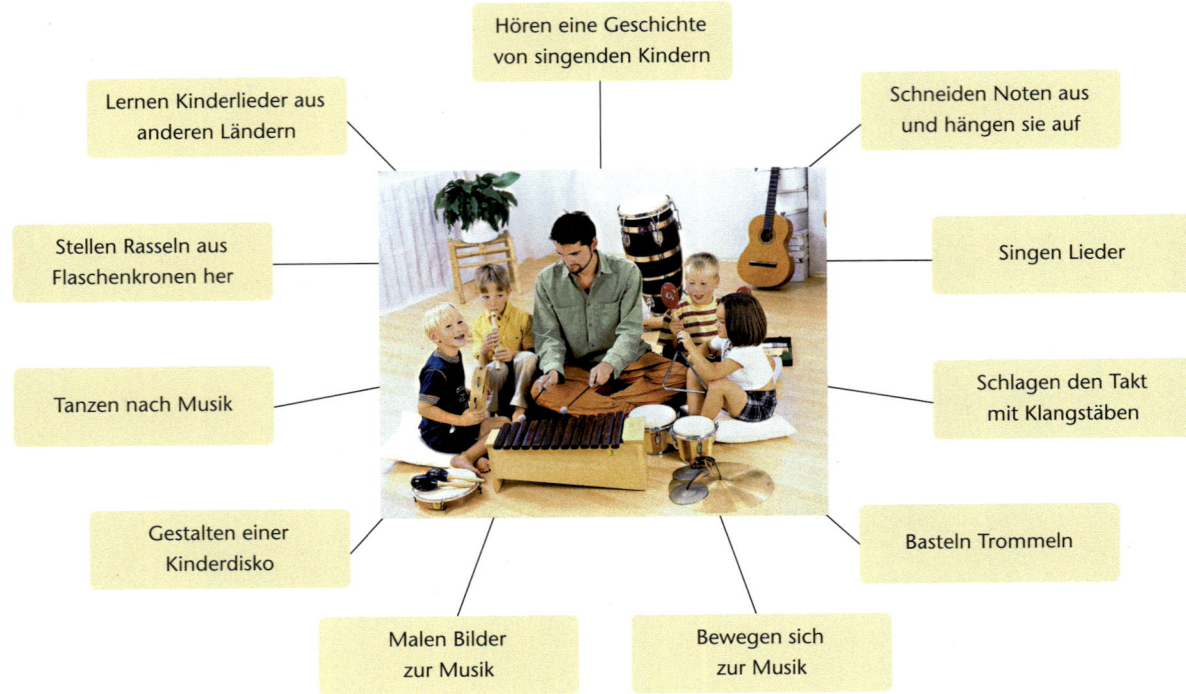

Kinderfest mit Musik muss sein

Kinder spielen = Kinderspiele?

Ein Kinderfest vorzubereiten bedeutet auch, dass man sich Gedanken macht, wie die Kinder beschäftigt werden können. Dazu eignen sich Spiele.

> Spielen ist eine aus Neugierde geborene, freiwillige, spontane und lustvolle Auseinandersetzung mit der Umwelt.

Damit Kinder intensiv spielen können, muss man ihnen genügend Zeit lassen zur Beschäftigung, Raum geben, in dem sie spielen können, und geeignete Spielmittel zur Verfügung stellen. Kinder spielen in jedem Alter. Je nach Entwicklungsstufe bevorzugen sie folgende Spielarten:

- Bewegungsspiel oder Funktionsspiel (Spielen mit den Händen)
- Konstruktionsspiel (mit Bauklötzern bauen)
- Rollenspiel (Vater-Mutter-Kind spielen)
- Regelspiel (Memory, Brettspiele)

Spiele für das Kinderfest

Spiele für ein Kinderfest müssen gut überlegt sein. Je nach Alter der Kinder kann man das Fest unter ein Thema stellen, z. B. Frühlingsfest, Käferfest, Luftballonfest oder Zauberfest.

Bei der Vorbereitung können die Kinder bereits mithelfen, sie basteln die Dekorationen, überlegen alte und neue Lieder bzw. Spiele für drinnen und draußen. Dabei sind Bewegungsspiele an der frischen Luft oder Spiele mit Musik immer willkommen. Kinder bringen auch gern etwas von der Feier mit nach Hause. Ideal sind kleine Basteleien oder auch Preise für gewonnene Regelspiele.

1 Stelle Spiele (für drinnen und draußen) für ein Kinderfest mit Vorschulkindern zusammen.

2 Erarbeitet eine Wandzeitung, die aufzeigt, wie Kinder durch die oben abgebildeten Aspekte gefördert werden können.

Ein Fest für Kinder

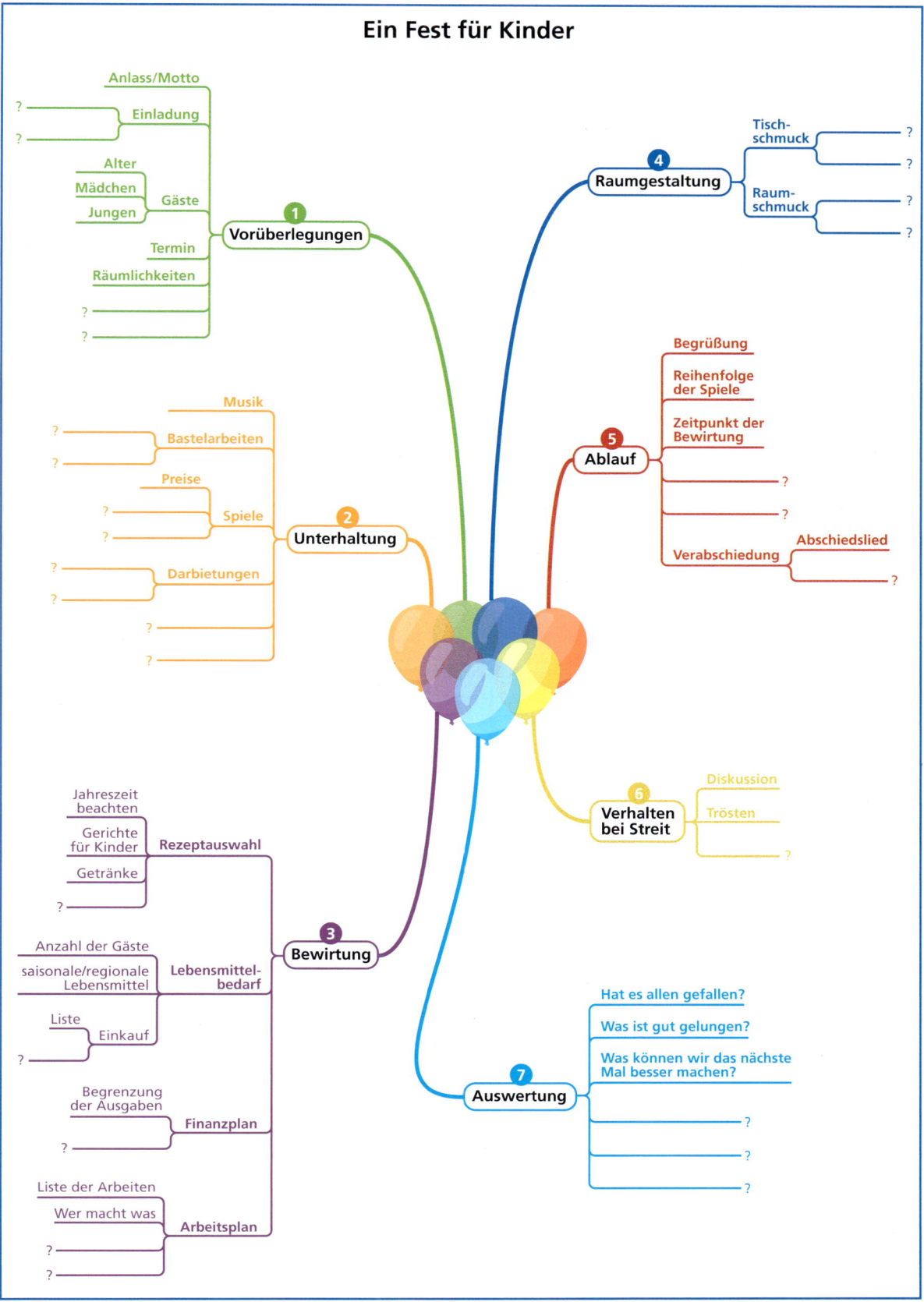

Vorüberlegungen ①
- Anlass/Motto
- Einladung
  - ?
  - ?
- Gäste
  - Alter
  - Mädchen
  - Jungen
- Termin
- Räumlichkeiten
  - ?
  - ?

Unterhaltung ②
- Musik
- Bastelarbeiten
  - ?
  - ?
- Spiele
  - Preise
  - ?
  - ?
- Darbietungen
  - ?
  - ?
  - ?
  - ?

Bewirtung ③
- Rezeptauswahl
  - Jahreszeit beachten
  - Gerichte für Kinder
  - Getränke
  - ?
- Lebensmittelbedarf
  - Anzahl der Gäste
  - saisonale/regionale Lebensmittel
- Einkauf
  - Liste
  - ?
- Finanzplan
  - Begrenzung der Ausgaben
  - ?
- Arbeitsplan
  - Liste der Arbeiten
  - Wer macht was
  - ?
  - ?

Raumgestaltung ④
- Tischschmuck
  - ?
  - ?
- Raumschmuck
  - ?
  - ?

Ablauf ⑤
- Begrüßung
- Reihenfolge der Spiele
- Zeitpunkt der Bewirtung
- ?
- ?
- Verabschiedung
  - Abschiedslied
  - ?

Verhalten bei Streit ⑥
- Diskussion
- Trösten
- ?

Auswertung ⑦
- Hat es allen gefallen?
- Was ist gut gelungen?
- Was können wir das nächste Mal besser machen?
- ?
- ?
- ?

Vorratshaltung hat auch heute noch einen wichtigen Stellenwert

Vorratshaltung hilft bei der Festvorbereitung

Vorrat ist Vorteil

Unvorhergesehene Situationen können durch einen gezielt angelegten Vorrat gemeistert werden. Wenn unerwartet Besuch kommt, extreme Wetterverhältnisse keinen Einkauf zulassen oder das Arbeitsende nach Ladenschluss liegt, ist es gut, eine kleine Reserve zu haben. Diese sollte regelmäßig auf ihre Haltbarkeit überprüft werden.

> Vorrat spart Geld, Arbeitskraft, Zeit und ermöglicht Abwechselung im Speiseplan.

Durch die Nutzung von Sonder- und Saisonangeboten sowie die Verwertung von Produkten aus dem eigenen Garten spart man Geld. Vorrat spart außerdem Arbeitskraft und Zeit, z. B. durch Großeinkauf oder die Zubereitung von größeren Mengen, die für mehrere Mahlzeiten portioniert und tiefgefroren werden. Vorrat fördert die individuelle Kreativität und den Spaß am Selbermachen, z. B. Ausprobieren neuer Rezepte. Vorrat ist nur dann sinnvoll, wenn er genutzt wird.

Lebensmittelverderb

Lebensmittel, die wir auf Vorrat kaufen, sollen zum Zeitpunkt des Verbrauchs noch unverändert im Aussehen, Geruch, Geschmack und im Nährstoffgehalt sein. Viele Lebensmittel können aber nur kurze Zeit gelagert werden. Sie verändern sich und werden dadurch ungenießbar. Lebensmittel verderben durch physikalische Vorgänge wie zu geringe oder zu hohe Luftfeuchtigkeit, Lichteinwirkung und ungünstige Temperaturen. Durch Enzyme, die in Lebensmitteln enthalten sind, zersetzt sich z. B. Fett und schmeckt „ranzig". Mikroorganismen (Kleinstlebewesen) verursachen Schimmel, Fäulnis oder auch Gärung von Lebensmitteln. Gerade in den Sommermonaten werden unsere Lebensmittel von Fliegen, Käfern und anderem Ungeziefer befallen, Mehlmotten verunreinigen das Mehl und Maden befallen den Käse; befallene Lebensmittel aber sind unappetitlich und gesundheitsschädigend.

> Sachgerechte Lagerung schützt vor Lebensmittelverderb.

Konservierung	haltbar durch	Art des Verfahrens	Beispiel
Tiefgefrieren	Wärmeentzug	physikalisch	Obst, Gemüse, Fleisch
Sterilisieren	Hitzeeinwirkung	physikalisch	Obst, Gemüse, Fleisch
Dampfentsaften	Hitzeeinwirkung	physikalisch	Obst, Gemüse
Marmelade bereiten	Wirkung von Zucker, Pektin und Hitze	chemisch und physikalisch	Obst
in Alkohol einlegen	Abtöten der Kleinlebewesen durch Alkohol	chemisch	Früchte im Rumtopf
in Essig einlegen	Hemmung der Mikroorganismen durch Säure	chemisch	Essiggurken
Sauerkrautbereitung	Milchsäurebakterien bilden im eingestampften, gesalzenen Weißkraut Milchsäure, die andere Mikroorganismen hemmt.	chemisch und biologisch	Sauerkraut
Räuchern	Hemmung der Mikroorganismen durch Bestandteile des Rauchs und Wasserentzug	chemisch und physikalisch	Fleisch, Wurst, Fisch
Trocknen	Wasserentzug	physikalisch	Dörrobst
Bestrahlen	Durch Bestrahlen können Mikroorganismen abgetötet werden.	physikalisch	Gewürze, Kräuter, Zwiebel

Übersicht über Konservierungsmöglichkeiten

Lagerung von Lebensmitteln

Die Lagerungsbedingungen richten sich nach der Art der Lebensmittel und nach ihrer Anfälligkeit gegenüber verschiedenen Arten des Verderbs. Man unterscheidet:

- Frischvorräte mit kurzer Haltbarkeit
- Frischvorräte mit längerer Haltbarkeit
- Trockenvorräte mit langer Haltbarkeit
- Konserven mit Mindesthaltbarkeitsdatum
- Tiefkühlkost mit Mindesthaltbarkeitsdatum

Lebensmittelverderb kann durch eine sorgfältige Pflege des Vorrats vermindert werden.

Haltbarmachung – Vorratswirtschaft

Durch das Haltbarmachen (Konservieren) von Lebensmitteln werden vor allem das Verderben durch mikrobiologische Vorgänge (Schimmel, Gärung und Fäulnis) und die negative Wirkung von Enzymen verhindert. Lebensmittel oder auch fertige Speisen können so länger aufbewahrt werden, ohne dass sie verderben. Für die Vorbereitung eines Festes ist dies von Vorteil, da bestimmte Speisen früher zubereitet und dann tiefgefroren werden können.

Es gibt verschiedene Konservierungsmethoden (siehe Tabelle). Besonders selbst Eingemachtes wird hoch geschätzt. Saisonale und regionale Angebote sowie Erzeugnisse aus dem eigenen Garten können dabei genutzt werden.

Selbst gemachte Marmeladen, Konfitüren und Gelees sind beliebte Möglichkeiten des Haltbarmachens von Früchten.

Tiefgefrieren bedeutet, Haltbarmachen durch Kälte. Dabei darf die Tiefkühlkette nicht unterbrochen werden.

Tiefgefrieren ist im modernen Haushalt die häufigste Methode zur Vorratshaltung.

Fallbeispiel: Bei einer Familienfeier werden nicht alle Speisen verzehrt. Kuchen, Brot, Suppe und Aufschnitt bleibt übrig. Wohin mit den Resten? Backwaren wie Brot und Kuchen sowie Aufschnitt lassen sich problemlos tiefgefrieren. Dabei sollte auf geeignete Verpackung und Beschriftung geachtet werden. Auch fertige Speisen, portioniert in passenden Gefäßen, werden tiefgefroren. Sie sollten nicht zu lange gelagert werden.

1 Stelle Vor- und Nachteile selbst hergestellter und gekaufter Marmeladen gegenüber.

2 Erarbeite Regeln zum Tiefgefrieren von Lebensmitteln.

4 Berufsorientierung II

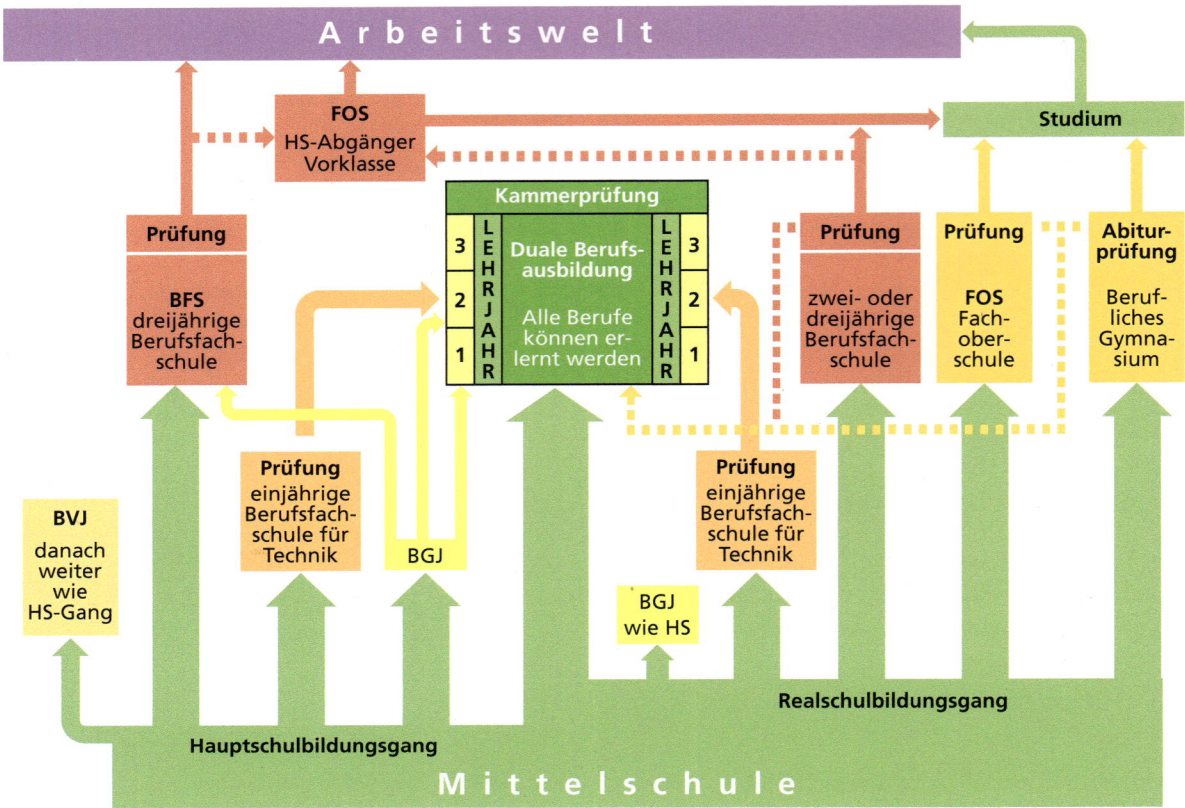

Bildungswege für Haupt- und Mittelschüler in Sachsen

Berufsausbildung in Betrieb und Schule

Die Mehrheit von euch wird nach der Klasse 9 getrennte und ganz unterschiedliche Wege gehen.

Berufsausbildung im dualen System

Bei dieser Art der Ausbildung schließen die Auszubildenden einen Ausbildungsvertrag mit einem Betrieb ab und erhalten eine Ausbildungsvergütung. Neben der Ausbildung im Betrieb besuchen sie eine Berufsschule. Robert erhält mit dieser Ausbildung die Qualifikation eines Facharbeiters für „Karosserie- und Fahrzeugbau". Im Betrieb erlernt er alle praktischen Elemente des Berufes, während der Unterricht an der Berufsschule den theoretischen Teil abdeckt. Der Unterricht kann an ein oder zwei Tagen in der Woche erfolgen

oder als Blockunterricht, z.B. eine Woche lang einmal im Monat, stattfinden. Die Berufsschule wird von Schülern besucht, die einen der mehr als 360 anerkannten Ausbildungsberufe erlernen. Sie hält auch Angebote für behinderte oder benachteiligte Jugendliche bereit. Die Ausbildung im dualen System dauert in der Regel drei Jahre.

> Die Ausbildung im dualen System (von lat. „duo" = „zwei") findet an zwei Orten statt: im Betrieb und in der Berufsschule.

Berufsausbildung in der Schule

Die Berufsausbildung kann auch vollständig an einer Schule erfolgen. Christian besucht die Berufsfachschule. Hier erwirbt er einen Berufsabschluss für den einfachen Justizdienst. Neben den

Vom Tellerwäscher zum Millionär: Eine Karriere ohne Berufsausbildung

allgemeinbildenden Fächern wird eine berufliche Grundbildung in einem ausgewählten Berufsfeld vermittelt. Betriebspraktika und andere Praxiseinheiten ergänzen den Unterricht.

> An Berufsfachschulen (BFS) werden über 40 Berufsabschlüsse angeboten.

Auch Sahra geht noch weiter zur Schule. Für die Ausbildung zur Bauzeichnerin ist der Besuch eines Berufsgrundbildungsjahres vorgeschrieben. Der Vorteil ist, dass sie dieses Schuljahr gleich als erstes Ausbildungsjahr anrechnen lassen kann.

> Im Berufsgrundbildungsjahr (BGJ) werden die beruflichen Grundlagen für die Berufe eines Berufsfeldes vermittelt.

Mike und Cora haben noch keine Berufsausbildung begonnen. Mike nutzt das Berufsvorbereitungsjahr an der Berufsfachschule, um seine Ausbildungschancen zu verbessern, Grundkenntnisse in verschiedenen Berufsfeldern zu erwerben und seine Berufswahlentscheidung vorzubereiten.

> Das Berufsvorbereitungsjahr (BVJ) ist ein Bildungsangebot für Jugendliche, die ihre Schulpflicht erfüllt, jedoch noch keinen Ausbildungsplatz bekommen haben.

Cora will Forstwirtin werden. Weil sie dafür keinen Ausbildungsplatz bekommen hat, macht sie

ein Freiwilliges Ökologisches Jahr. Von ihrer Lehrerin bekam sie den Tipp, dass es neben dem Freiwilligen Sozialen Jahr (FSJ) auch ein Freiwilliges Jahr im ökologischen Bereich gibt. Cora bewarb sich bei zwei Trägerorganisationen und erhielt schon nach dem ersten Vorstellungsgespräch ihre Wunschstelle als Helferin im Forstrevier Grünheide. Die Entlohnung beträgt 380 Euro.

> Ein Freiwilliges Ökologisches Jahr (FÖJ) ermöglicht Jugendlichen ab 16 Jahren, in ökologischen Projekten mitzuarbeiten.

Lernen in Europa

Inzwischen ist es auch möglich, einen Teil der Ausbildung in einem Mitgliedsland der Europäischen Union zu absolvieren. Uwe, der eine Ausbildung zum Speditionskaufmann macht, fand sein dreiwöchiges Praktikum in Ungarn sehr spannend.

Immer mehr Betriebe haben Handelspartner und Niederlassungen im Ausland. Solch ein Praktikum ist daher nicht nur in Berufen, in denen Fremdsprachenkenntnisse gefragt sind, für eine spätere Anstellung von Vorteil.

> **1** Diskutiert Vor- und Nachteile der dualen und vollschulischen Ausbildung.
>
> **2** Stelle mögliche Bildungswege zu deinem Wunschberuf in einer Grafik dar.
>
> **3** Was hältst du von der Möglichkeit, ein Praktikum im Ausland zu absolvieren?

Fragen einer Schülerin an den Berufsberater:

- Welche Anforderungen sind bei einer Kinderkrankenschwester, welche bei einer Mechatronikerin am wichtigsten?

- Passen meine Noten zu meinen Berufsplänen?

- In welchem der beiden Berufe besteht die größere Chance, eine Zeitlang im Ausland tätig zu sein?

- Habe ich als Mädchen schlechtere Chancen in einem Metallberuf?

- Stimmt es, dass sehr schlanke Jugendliche kaum Chancen auf einen Ausbildungsplatz haben?

- Nach welchen ähnlichen Berufen kann ich mich noch erkundigen?

Stichwortzettel zum Beratungsgespräch

Checkliste für das Beratungsgespräch:

- Hast du *BERUFE-Universum* gründlich durchgearbeitet?

- Hast du dein persönliches Profil mit den Anforderungen des Wunschberufs verglichen?

- Hast du dein Zeugnis genau angesehen und daran gedacht, wie die Zeugnisse anderer Bewerber aussehen?

- Ein Ausbilder erwartet körperliche Leistungsfähigkeit. Wie stärkst du sie? Nenne deine körperlichen Tätigkeiten einer Woche.

- Du willst einen Beruf in unserer Region erlernen. – Weißt du, wie viele Ausbildungsplätze es dafür in unserer Region gibt?

- Wie hast du dich über verwandte Berufe deines Wunschberufs informiert? Berichte.

Mögliche Fragen des Berufsberaters an die Schülerin

Sich sachkundig informieren

Informationen zu aktuellen Angeboten auf dem Ausbildungsmarkt hält nicht nur das Berufsinformationszentrum (BiZ) der Agentur für Arbeit bereit. Es lohnt sich auch, mit etwas Eigeninitiative die Tagespresse, das Internet oder Informationsveranstaltungen der Handwerkskammer bzw. der Industrie- und Handelskammer zu nutzen.

Berufsberatung

Der Aufgabenbereich der Beratungsexperten von der Agentur für Arbeit ist vielfältig. Sie halten Vorträge über die Ausbildungsmöglichkeiten in der Region, veranstalten Elternabende und besuchen die Schulen. Außerdem bieten sie eine persönliche Berufsberatung an und vermitteln Ausbildungsstellen. Nach der Schulbesprechung, bei der der Berufsberater bzw. die Berufsberaterin in eure Klasse kommen, könnt ihr einen Termin für ein erstes persönliches Beratungsgespräch vereinbaren. So müsst ihr eure Geheimnisse nicht vor der Klasse erzählen. Befürchtungen und Ängste bleiben im Vertrauen zwischen euch und eurem Berufsberater. Auf solch ein Gespräch müsst ihr euch gut vorbereiten.

Eure Erwartungen an das Gespräch mit dem Berufsberater dürfen aber nicht zu hoch sein. Ihr erhaltet Informationen und Tipps, die euch helfen, berufliche Chancen und Risiken richtig einzuschätzen. Die Berufsberatung kann euch die Berufsentscheidung aber nicht abnehmen. Diese müsst ihr gemeinsam mit euren Eltern treffen.

> Bei der Suche nach einem passenden Beruf helfen Berufsberaterinnen und Berufsberater. Sie arbeiten unparteilich, kostenlos, vertraulich und individuell.

Regionale Veranstaltungen und Messen

In der Regionalzeitung, in kostenlosen Werbeblättern, auf Plakaten und Flyern wird für verschiedene Veranstaltungen und Messen geworben. Bei vielen dieser Angebote gibt es auch berufskundliche Informationen. Erkundigt euch, wo und wann Ausbildungsmessen stattfinden. Beim Besuch einer solchen Veranstaltung ist ein allgemein gehaltener Berufserkundungsbogen hilfreich, den ihr am Computer erstellen und mehrmals ausdrucken könnt.

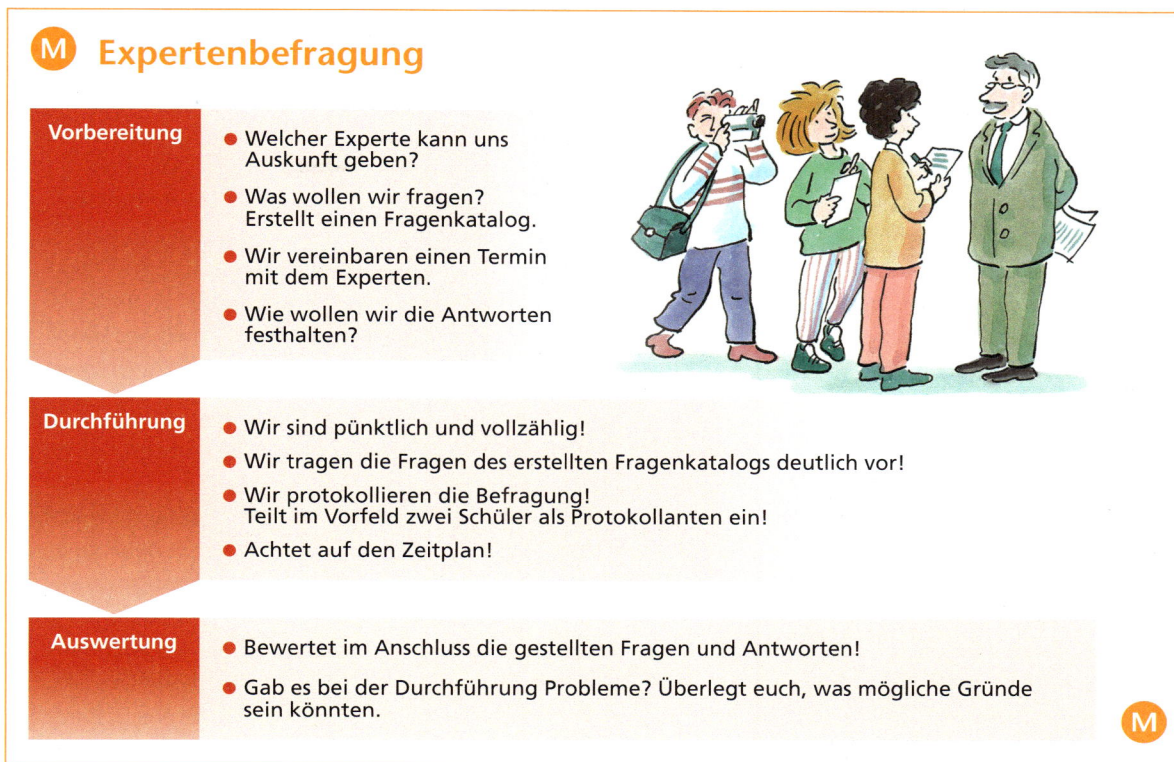

M Expertenbefragung

Vorbereitung

- Welcher Experte kann uns Auskunft geben?
- Was wollen wir fragen? Erstellt einen Fragenkatalog.
- Wir vereinbaren einen Termin mit dem Experten.
- Wie wollen wir die Antworten festhalten?

Durchführung

- Wir sind pünktlich und vollzählig!
- Wir tragen die Fragen des erstellten Fragenkatalogs deutlich vor!
- Wir protokollieren die Befragung! Teilt im Vorfeld zwei Schüler als Protokollanten ein!
- Achtet auf den Zeitplan!

Auswertung

- Bewertet im Anschluss die gestellten Fragen und Antworten!
- Gab es bei der Durchführung Probleme? Überlegt euch, was mögliche Gründe sein könnten.

Wir führen eine Expertenbefragung durch

Informationsveranstaltungen und Expertengespräche

Jedes Jahr bietet die Agentur für Arbeit beziehungsweise das BiZ verschiedene Informationsveranstaltungen an, bei denen Experten über ihren Beruf sprechen. Solche Veranstaltungen können sehr unterschiedlich ablaufen. Die vom BiZ eingeladenen Gäste halten einen Vortrag. Aus der Erfahrung mit Schülerreferaten wisst ihr, dass es nicht immer leicht ist, die ganze Zeit aufmerksam zuzuhören. Wenn man etwas nicht verstanden hat, ist es gut, wenn nach dem Vortrag Fragen gestellt werden können. Diese sollten zuvor auf einem Erkundungsbogen notiert werden.

Auch ein Gespräch mit deinen Verwandten über ihren Beruf ist eine Art Expertengespräch. Es findet eher zwanglos statt. Auch die Befragung von Mitarbeitern oder einem Ausbilder während einer Betriebserkundung, in der Schnupperwoche, beim Girls' Day oder dem Betriebspraktikum kann wertvolle Informationen liefern. Dabei ist es ratsam, ein Protokoll vorzubereiten, in dem ihr – wie ein Reporter in seinem Interviewleitfaden – wichtige Fragen notiert. So könnt ihr sicher sein, dass nichts vergessen wird.

> Informationsveranstaltungen und Expertengespräche sollten mit einem persönlichen Fragebogen vorbereitet werden.

1 Ermittle die aktuellen Angebote der Berufsberatung und des BiZ.

2 Ländliche Gegenden besucht das mobile Berufsinformationszentrum (BiZ-mobil). Wann macht es in deiner Region Station? Informiere dich im Internet.

3 Entwerft in kleinen Gruppen einen Fragebogen für ein Gespräch mit dem Berufsberater bzw. der Berufsberaterin.

4 Bereite ein Protokoll für ein Expertengespräch vor. Stelle das Protokoll in der Klasse vor und begründe die Gestaltung.

ⓜ Internetrecherche

Das ist wichtig:	**Arbeitsgruppe 2: Adressen ausprobieren**

Das ist wichtig:

- Genaue Adresse einer Quelle notieren.
- Autor, Herausgeber notieren.
- Datum der Veröffentlichung notieren.
- Namhafte Quellen bevorzugen, z. B. Universitäten, staatliche Institutionen, große Firmen.
- Zuverlässigkeit der Information durch andere Quellen überprüfen.

Arbeitsgruppe 2: Adressen ausprobieren

Sucht in Tageszeitungen und anderen Veröffentlichungen nach Internet-Adressen, die für das Thema Ausbildungsplatzsuche wichtig sein könnten. Auf jeden Fall hilft euch die Adresse www.arbeitsagentur.de. Weitere Adressen findet ihr in Stellenanzeigen von Unternehmen. Ihr könnt auch Firmennamen eingeben und ausprobieren, ob es diese Adresse gibt.

Arbeitsgruppe 1: Eingangsseiten nutzen

Auf den Eingangsseiten (Portale) verschiedener Anbieter findet ihr oft vielfältige Links zu thematisch verwandten Adressen. Diesen Service bieten z. B. die Startseiten des Providers, aber auch viele Zeitschriften oder Fernsehsender.
Sucht auf der Startseite eures Online-Dienstes nach Links zu den Themen Job, Karriere, Ausbildung, Bewerbung und Praktika.

Arbeitsgruppe 3: Suchdienste nutzen

Aufgrund der Informationsdichte im World Wide Web gehören Suchdienste zu den wichtigsten Angeboten. Sie erfassen und verwalten Millionen Einträge. Ihr könnt Suchdienste aber nur effektiv nutzen, wenn ihr die Suchbegriffe vorher genau durchdenkt. Fragt eure Lehrerin oder euren Lehrer, welche Suchdienste ihr nutzen könnt, und besprecht die gewählten Suchbegriffe. ⓜ

Gruppenarbeit zur Internetrecherche

Zielstrebig vorgehen

Recherche im Internet

Die beste Informationsquelle nützt euch nichts, wenn ihr nicht zu brauchbaren Ergebnissen gelangt. Damit sich eure Arbeit mit dem Internet nicht auf wahlloses Stöbern beschränkt, findet ihr auf dieser Seite einige Aufgaben, die euch bei der planvollen Nutzung dieser Informationsquelle helfen. Ziel soll es sein, mit geringem Zeitaufwand zu aussagekräftigen Informationen zu gelangen. Am besten arbeitet ihr in Gruppen. Legt Themenschwerpunkte fest.
Jeder kann Informationen über das Internet verbreiten. Deshalb ist es wichtig, die Qualität der gefundenen Dokumente zu prüfen und die Informationen zu beurteilen. Zur Auswertung solltet ihr eure Rechercheergebnisse dokumentieren (z. B. Faltblatt oder Wandzeitung) und anderen Schülerinnen und Schülern zugänglich machen, damit alle davon profitieren.

Die Berufswahl planen

Von der ersten Entscheidung für einen Ausbildungsberuf bis zum Ausbildungsvertrag ist es oft ein langer Weg. Dieser Weg muss gut geplant sein. Die Entscheidung darf weder vorschnell getroffen noch verzögert werden. Wichtige Stationen dieses Weges enthält der Berufswahlfahrplan.

> In den Berufswahlfahrplan werden die Maßnahmen der Berufswahlvorbereitung bis zum Abschluss des Ausbildungsvertrages zeitlich geordnet eingetragen.

Dabei gibt es Stationen, die inhaltlich und zeitlich feststehen (wie bestimmte Bewerbungsfristen, Ausbildungsmessen, Tage der Offenen Tür). Es gibt aber auch Maßnahmen, über die ihr relativ selbstständig entscheiden könnt (wie persönliche Berufsberatung, Besuch in einem Betrieb). Sammelt die feststehenden und eure persönlichen

ab Jahrgangsstufe 8		Letztes Schuljahr		
		September	Februar	August
	Bewerbungsbeginn bei Großbetrieben, auch bei manchen Banken und Versicherungen	Bewerbungsbeginn bei Betrieben und für schulische Ausbildungen	Anmeldung für weiterführende Schulen	Beginn der Ausbildung oder weiterführenden Schule

Informieren
- bei Eltern, Verwandten, Freunden
- Betriebserkundungen
- Betriebspraktika
- Expertenbefragungen
- Erkundung im BiZ
- Berufsberatung
- Selbsterkundung: Was kann ich, was will ich?

Entscheiden
- Bewerbungsunterlagen vorbereiten: verschiedene Bewerbungsschreiben entwickeln, Lebenslauf entwerfen
- Adressen von Ausbildungsbetrieben besorgen
- berufliche Alternativen prüfen
- auf Auswahltests und Vorstellungsgespräche vorbereiten
- Selbsterkundung: Was kann ich, was will ich?

Verwirklichen
- Auswahltests und Vorstellungsgespräche in der Realität bestehen
- Papiere besorgen: Lohnsteuerkarte, Krankenversicherung …
- Ausbildungsvertrag unterzeichnen oder weiteren Schulweg planen

Berufswahlfahrplan

Maßnahmen auf einem großen Plakat, damit ihr an alle wichtigen Punkte rechtzeitig denkt.

Wichtige persönliche Stationen des Berufswahlfahrplanes sind:
- die Berufs- und Lebensplanung,
- die individuelle Berufsberatung,
- Gespräche in Betrieben, Kammern, Verbänden,
- weitere Besuche im BiZ.

Neben dem fortlaufenden Sammeln von Informationen bildet die Bewältigung des Bewerbungsprozesses in diesem Schuljahr den Schwerpunkt.

Das Bewerbungsschreiben ist das erste, was der Ausbildungsbetrieb von dir sieht. Du solltest damit auf jeden Fall Interesse wecken. Nur dann werden deine anderen Unterlagen ebenfalls gelesen und nicht achtlos beiseitegelegt. Im Deutschunterricht hast du bereits gelernt, wie eine Bewerbung und ein Lebenslauf auszusehen haben. Bevor du jedoch deine schriftliche Bewerbung auf bestimmte Betriebe abstimmen kannst, solltest du mit ihnen in Kontakt treten. Durch ein Telefonat lassen sich wichtige Informationen in Erfahrung bringen, beispielsweise, ob der Betrieb in diesem Jahr ausbildet oder wann die Bewerbungsfrist endet. Bei der Bewerbung um eine Ausbildungsstelle gibt es meist mehrere Bewerber, die um den Platz konkurrieren. Die Betriebe treffen ihre Auswahl nicht nur auf Grund des Bewerbungsschreibens, sondern im Verlauf eines umfangreichen Bewerbungsprozess. Dieser beinhaltet neben der schriftlichen Bewerbung häufig Eignungstests sowie ein Vorstellungsgespräch und endet mit dem Vertragsabschluss.

> Zum Bewerbungsprozess gehört die Erarbeitung der Bewerbungsunterlagen, die Bewältigung von Auswahltests und Vorstellungsgesprächen sowie der Vertragsabschluss.

1 Sucht in Gruppen im Internet nach wichtigen Informationen zu Ausbildungsplätzen (s. Methode S. 204).

2 Entwickle ein Poster mit deinem persönlichen Berufswahlplan für das neue Schuljahr. Stelle den Plan der Klasse vor.

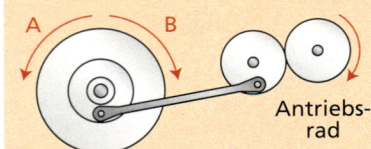

Kenntnistests

Bereich Allgemeinwissen

Was bedeutet „KG"?
a) Konsumgenossenschaft
b) Kapitalgesellschaft
c) Kommanditgesellschaft
d) Kommissionsgesellschaft

Bereich Mathematik?

Ein Firma gewährt einen Rabatt von 3 %. Wie viel muss ein Kunde bezahlen, der Waren im Wert von 780 Euro kauft?

Berufseignungstest

Antriebsrad

In welche Richtung dreht sich das Rad, wenn sich das Antriebsrad in Pfeilrichtung dreht?

a) in Richtung A
b) in Richtung B
c) überhaupt nicht?

Berufseignungstest

Antriebsrad

In welche Richtung bewegt sich die große Scheibe, wenn sich das Antriebsrad in Pfeilrichtung dreht?

a) in Richtung A
b) in Richtung B
c) Hin und her
d) Es bewegt sich gar nicht

Beispiele für Testaufgaben

Test – ein Mittel zur Auswahl

Test ist nicht gleich Test

Immer mehr Betriebe nutzen verschiedene Formen des Tests, um eine begründete Bewerberauswahl treffen zu können. Schließlich sind nicht immer jene Bewerberinnen und Bewerber mit den besten Abschlüssen und Schulnoten auch am besten geeignet für einen bestimmten Beruf. In den Tests warten zum Teil äußerst knifflige Fragen aus den Bereichen Allgemeinwissen, Deutsch und Mathematik auf euch. Außerdem sind Konzentrationsfähigkeit und logisches Denken gefordert. Damit ihr ohne Angst zu den Einstellungstests gehen könnt, solltet ihr euch auf solche Tests vorbereiten.

Die Tests setzten sich aus verschiedenen Teilen zusammen:

Intelligenz-Struktur-Tests: Gelegentlich liest man in der Literatur etwas über den berühmten IQ (Intelligenzquotienten) eines Menschen. Tests im Rahmen der Auswahlprüfung dienen nicht dazu, diesen IQ zu ermitteln. Von Interesse ist aber, welche Art von Intelligenz ein Mensch besitzt. Ist er mehr sprachlich begabt oder liegen seine Stärken im logischen Denken? Das heißt, in diesen Tests werden allgemeine Fähigkeiten wie logisches und mathematisches Denken, räumliches Vorstellungsvermögen, technisches Verständnis, Sprachgefühl und Abstraktionsvermögen überprüft.

Konzentrations- und Belastungstests: Bei dieser Art von Tests werden Aufgaben gestellt, die genaues, sorgfältiges Arbeiten erfordern und die ihr in kurzer Zeit lösen müsst. Dabei zeigt sich, ob ihr sorgfältig und schnell arbeiten könnt und wie anfällig ihr in Stresssituationen seid.

Kenntnistests: Hier geht es um die Überprüfung der allgemeinen Bildung. Getestet wird das Wissen, das ihr euch in verschiedenen Unterrichtsfächern angeeignet habt. Naturwissenschaftliche Kenntnisse werden besonders bei technischen Berufen abgefragt. Mathematik- und Rechtschreibkenntnisse sowie Ausdrucksfähigkeit sind bei kaufmännischen Berufen von Bedeutung.

Berufseignungstests: Sie sollen vor allem überprüfen, inwieweit ein Bewerber spezielle Anforderungen eines Berufes voraussichtlich erfüllen kann. Das betrifft beispielsweise handwerkliche Geschicklichkeit und technisches Denken bei Bewerbungen um handwerklich-technische Berufe.

Einstellungstests sind neben den Bewerbungsunterlagen eine wichtige Entscheidungshilfe für den Arbeitgeber bei der Bewerberauswahl.

Berufseignungstest

Drei Sprühflaschenkonstruktionen werden vorgestellt. Welche ist richtig konstruiert?

A B C D

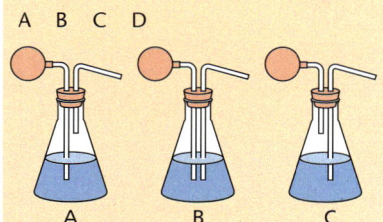

A   B   C

Intelligenz-Struktur-Test

Bilde Analogien:

Zeitlimit: 7 Minuten

Aufgabe 1

Obst : Apfel = Getreide : ?
a) Birne
b) Gemüse
c) Nahrung
d) Weizen
e) Halm

Intelligenz-Struktur-Test

Lassen sich neun Punkte mit vier geraden Linien in einem Zug (also ohne Stift abzusetzen) verbinden?

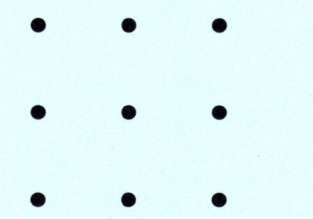

Konzentrations- und Belastungstest

Finde Gemeinsamkeiten:

Zeitlimit: 8 Minuten

Aufgabe 1

a) Strauch
b) Baum
c) Wald
d) Eiche
e) Laub
f) Tanne

Intelligenz-Struktur-Test

Erreiche, dass durch das Unterlegen eines 1-Euro-Geldstückes auf jeder Achse vier 1-Eurogeldstücke zu liegen kommen.

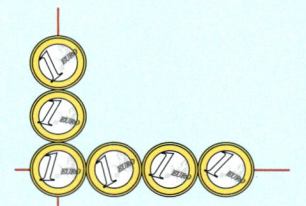

Intelligenz-Struktur-Test

Erkenne das Muster unten stehender vier Zeichenfolgen und füge das logisch nächstfolgende Zeichen an:

1	3	5	7	9	...
E	Z	D	V	F	...
O	T	T	F	F	...
Π	♋	꒐	Μ	♉	...

Tipps für Testsituationen

Bewerbungstests unterscheiden sich von einer Prüfungssituation in der Schule durch einige Besonderheiten. Deshalb solltet ihr euch im Vorfeld mit wichtigen Testtypen und Aufgabenstellungen vertraut machen und das Lösen von solchen Tests üben. Und denkt daran: Auch andere Bewerberinnen und Bewerber haben bei diesen Tests ihre Schwierigkeiten.

Darauf solltest du dich bei Tests einstellen:
- Selbstverständlich erscheinst du zu einem Test pünktlich und ausgeruht.
- Du liest dir die Aufgaben genau durch und fragst sofort nach, wenn dir etwas unklar ist.
- Lass dich nicht nervös machen, wenn du nicht gleich alle Aufgaben lösen kannst – die Zeit ist mit Absicht sehr kurz bemessen.
- Löse zunächst die Aufgaben, die dir leicht fallen. Bleibe nicht bei einer schwierigen Aufgabe „hängen".
- Spare dir eine Restzeit für die Kontrolle auf.

- Auch aus Fehlern kann man lernen; überlege, worin deine Fehler bestanden – was kannst du beim nächsten Mal besser machen?

Miriams wichtigster Ratschlag ist: „Handle nicht nur schematisch, denke auch an ungewöhnliche Lösungswege – überschreite Grenzen!" Bei der Aufgabe mit den neun Punkten kommt man nur zur Lösung, wenn man über die von den Punkten begrenzte Fläche hinausgeht.

1 Informiere dich im Internet, bei Krankenkassen, Betrieben, dem Berufsberater zu Einstellungstests. Sammle Testaufgaben.

2 Löst Testaufgaben in kleinen Gruppen unter reellen Testbedingungen. Diskutiert über mögliche Strategien.

3 Erläutere schriftlich, bei welcher Testart du besonders gut warst und in welchen Bereichen du noch an dir arbeiten musst. Schreibe drei Möglichkeiten auf, wie du dich verbessern möchtest.

Checkliste zum Vorstellungsgespräch

- Rechtzeitige Anreise planen.
- Äußere Erscheinung überprüfen:
  - angemessene, saubere, ordentliche Kleidung
  - Haarschnitt/Frisur
- Zum Gespräch mitnehmen:
  - Einladungsschreiben
  - Kopien der vollständigen Bewerbungsunterlagen, Originale der Zeugnisse
  - Schreibmappe und Kugelschreiber
- Kann ich über die Grundfragen, die beim Vorstellungsgespräch gestellt werden könnten, fließend und zusammenhängend sprechen? Bin ich hinreichend über die Ausbildungsstelle und das Unternehmen informiert? Kann ich meine Fragen zur Ausbildungsstelle verständlich formulieren?

- Unmittelbar vor dem Gespräch ruhig werden.
- Gesprächspartner freundlich begrüßen und die eigene Person vorstellen. Möglichst natürlich bleiben.
- Auf die Fragen der Gesprächspartner eingehen und sie im Gespräch anschauen. Bitten und Aufforderungen, die man nicht versteht, durch Rückfragen klären. Wenn notwendig, um Bedenkzeit bitten.
- Auf die eigene Körpersprache achten.
- Die eigenen Fragen nicht vergessen. Bei nicht eindeutigen Antworten ruhig nochmals nachfragen.
- Den weiteren Verlauf des Bewerbungsverfahrens erfragen.
- Freundlich verabschieden.

Vorbereitung auf ein Vorstellungsgespräch

Das Vorstellungsgespräch

„... laden wir Sie zum Vorstellungsgespräch ein" – mit dieser Formulierung erfährt ein Bewerber, dass er die zweite Hürde bei der Ausbildungsplatzsuche genommen hat, eine dritte aber unmittelbar bevorsteht. Wer zu einem Vorstellungsgespräch eingeladen wird, hat Chancen, die Ausbildungsstelle zu bekommen. Allerdings sollte man sich auch auf ein solches Gespräch gut vorbereiten.

> Der Eindruck, den du beim Vorstellungsgespräch hinterlässt, entscheidet zu einem großen Teil über die Chance, deinen Wunschberuf zu erlernen.

Kein Vorstellungsgespräch verläuft wie das andere. Dennoch gibt es gewisse Abläufe und Inhalte, die immer wieder auftauchen.

Das Vorstellungsgespräch kann bis zu einer Stunde dauern. Nach der Begrüßung und einigen allgemeinen Fragen, die den Kontakt zwischen den Vertretern des Unternehmens und dem Bewerber erleichtern sollen, folgen in der Regel Fragen zur unmittelbaren Berufswahlentscheidung. Auf diese Fragen solltest du gut vorbereitet sein. Au-

ßerdem solltest du zeigen, dass du dich über das Unternehmen informiert hast.

Du brauchst jedoch nur Fragen zu beantworten, die in direkter Beziehung zu der zukünftigen Stelle stehen. Die folgenden Fragen müssen im Vorstellungsgespräch nicht beantwortet werden:

- Welcher Religion gehörst du an?
- Welche Partei würdest du wählen?
- Wie sieht deine Familienplanung aus?

Auskünfte über Krankheiten, die die Arbeit des Bewerbers beeinträchtigen würden, sind jedoch zu erteilen.

Gelegentlich müssen die Bewerber eine Aufgabe in der Gruppe lösen. Damit testen die Ausbilder Kommunikationsfähigkeit und Teamgeist. Dabei kannst du offen deine Meinung sagen und Ideen einbringen. Du solltest es aber vermeiden, deinen Willen um jeden Preis durchsetzen zu wollen. In Gruppengesprächen zeigt sich, ob der Bewerber zuhören und sachlich diskutieren kann.

Ein gepflegtes Äußeres ist bei einem Vorstellungsgespräch ebenfalls sehr wichtig. Es sind nicht immer Anzug und Krawatte erforderlich, kleide dich aber dem Unternehmen angemessen. Außerdem solltest du ausgeschlafen und pünktlich zum Gesprächstermin erscheinen und gute Umgangsformen zeigen.

Körpersprache beim Vorstellungsgespräch

Die Körpersprache sagt etwas über die innere Haltung eines Menschen aus. Mit der richtigen Körpersprache kann die Bewerberin einen guten Eindruck machen. Vergleiche die Fotos miteinander:

Ⓐ **Falsch:** kein Blickkontakt → uninteressiert
  Richtig: Blickkontakt, Lächeln → freundlich

Ⓑ **Falsch:** verkrampft → fühlt sich unwohl
  Richtig: entspannt, konzentriert

Ⓒ **Falsch:** lässige Haltung
  Richtig: interessiert, aufmerksam

Körpersprache im Vorstellungsgespräch

Gut vorbereiten und trainieren

Auch auf ein Vorstellungsgespräch kannst du dich vorbereiten. Dabei ist es einerseits wichtig zu überlegen, welche Fragen der Gesprächspartner dir wohl stellen wird. Er will herausfinden, ob du die notwendigen Voraussetzungen mitbringst und ob du diese Ausbildung wirklich machen willst. Diese Fragen könnten im Vorstellungsgespräch gestellt werden:

- Wie beurteilst du deine Leistungen in der Schule?
- Welches sind deine Lieblingsfächer? Warum?
- Wie erklärst du dir die schwächeren Leistungen in einigen Fächern?
- Warum hältst du dich für den gewählten Beruf für besonders geeignet?
- Warum hast du dich gerade in unserem Unternehmen beworben?
- Hast du dich auch noch bei anderen Betrieben beworben?
- Was erwartest du von deiner Ausbildung?
- Was machst du in deiner Freizeit?

Aber ein Vorstellungsgespräch ist keine Einbahnstraße. Der Gesprächspartner erwartet auch, dass du selbst Fragen stellst. So kannst du dein Interesse am Betrieb und an der Ausbildungsstelle zeigen. Diese Fragen könntest du selbst stellen:

- Wie ist die Ausbildung aufgebaut?
- Gibt es neben der Berufsschule weitere Ausbildungsmaßnahmen?
- Gibt es Möglichkeiten der Spezialisierung?
- Könnte ich nach einer erfolgreichen Ausbildung hier weiterarbeiten?

Nach der inhaltliche Vorbereitung solltet ihr den Ablauf eines Vorstellungsgesprächs trainieren. Dafür eignet sich das Rollenspiel (siehe S. 155).

---

1 Notiere für deinen Wunschberuf Fragen,
  a) die dir in einem Bewerbungsgespräch gestellt werden könnten;
  b) die du selbst stellen könntest.

2 Trainiert Bewerbungsgespräche im Rollenspiel. Zeichnet sie mit der Kamera auf und wertet sie anschließend aus.

3 Befragt Auszubildende, welche Fragen ihnen bei Vorstellungsgesprächen gestellt wurden. Erstellt eine Liste.

Die Auszubildenden müssen …

- sich bemühen, das notwendige Wissen und Können zu erwerben, das den erfolgreichen Abschluss der Ausbildung gewährleistet;

- die aufgetragenen Aufgaben sorgfältig und gewissenhaft ausführen;

- ein vorgeschriebenes Berichtsheft ordnungsgemäß führen und auf Anforderung vorlegen;

- am Berufsschulunterricht und an Ausbildungsmaßnahmen außerhalb der Ausbildungsstätte sowie an Prüfungen teilnehmen;

- den Weisungen der Ausbilder im Rahmen der Ausbildung folgen und die Betriebsordnung beachten;

- Werkzeuge, Geräte, Maschinen und sonstige Einrichtungen pfleglich behandeln;

- sich vor Beginn der Ausbildung ärztlich untersuchen und nach Ablauf des ersten Ausbildungsjahres nachuntersuchen lassen;

- Betriebs- und Geschäftsgeheimnisse für sich behalten.

Die Ausbildenden müssen …

- die Auszubildenden selbst ausbilden oder eine befähigte Person (Ausbilder) ausdrücklich damit beauftragen;

- dafür sorgen, dass den Auszubildenden Wissen und Können vermittelt werden, die zur Erreichung des Ausbildungszieles nach der Ausbildungsordnung erforderlich sind;

- die Auszubildenden charakterlich fördern und verhindern, dass diese sittlich oder körperlich gefährdet werden;

- die Berufsausbildung planmäßig, zeitlich und sachlich gliedern und die Auszubildenden zum Besuch der Berufsschule sowie zu Ausbildungsmaßnahmen außerhalb der Ausbildungsstätte freistellen;

- den Auszubildenden Ausbildungsmittel, z. B. Werkzeuge, Geräte, Werkstoffe, Maschinen und Berichtshefte, für die Berufsausbildung kostenlos zur Verfügung stellen;

- den Auszubildenden bei Beendung des Berufsausbildungsverhältnisses ein Zeugnis ausstellen;

- den Auszubildenden eine angemessene Vergütung gewähren.

Regelungen im Berufsbildungsgesetz (Auswahl)

Der Berufsausbildungsvertrag

Sophie ist überglücklich. Sie hat ihren Berufsausbildungsvertrag in dem anerkannten Ausbildungsberuf „Stuckateurin" unterschrieben. Vor allem freut sie sich über die Ausbildungsvergütung, die sogar über der tariflichen Regelung liegt. Da Sophie noch minderjährig ist, haben ihre gesetzlichen Vertreter, ihre Eltern, den Vertrag mit unterschrieben. Vor dem Vertragsabschluss musste Sophie eine ärztliche Bescheinigung vorlegen, die nicht älter als 14 Monate sein durfte. Den Berechtigungsschein für die kostenlose Untersuchung bekam sie von der Schule.

Ein Ausbildungsvertrag wird zwischen dem Ausbildungsbetrieb und dem Auszubildenden abgeschlossen. Er legt die Rechte und Pflichten beider Vertragspartner fest.

Nach der Unterzeichnung überprüft die zuständige Kammer, ob der Vertrag dem Bundesausbildungsgesetz entspricht. Der Vertrag ist für beide Vertragspartner bindend. Sie gehen damit Verpflichtungen ein, die sie einhalten müssen.

Inhalte des Ausbildungsvertrages

Sophies Freude wurde bei der ersten Lohnauszahlung etwas getrübt. Durch den Abzug der Beiträge zur Sozialversicherung (siehe S. 185) hatte sie weniger Geld übrig als erwartet.
Doch der Ausbildungsvertrag enthält noch viele andere wichtige Angaben:
- Bezeichnung des Ausbildungsberufes,
- Beginn und Dauer der Ausbildung,
- Ort der Ausbildung,
- Dauer der wöchentlichen Ausbildungszeit,
- Probezeit und Kündigungsregelung,
- Höhe der Ausbildungsvergütung,
- Urlaubsanspruch.

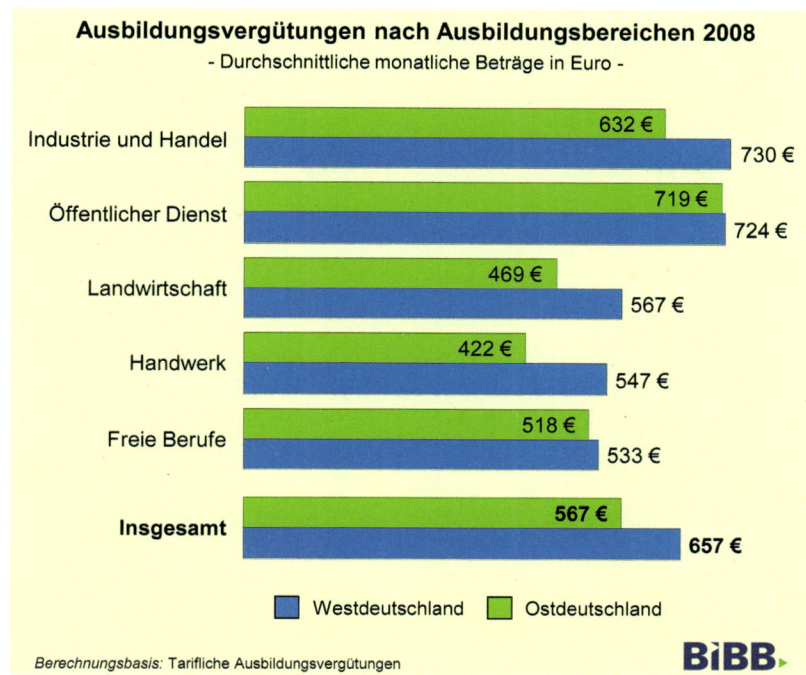

Ausbildungsvergütungen nach Ausbildungsbereichen 2008
- Durchschnittliche monatliche Beträge in Euro -

Bereich	Ostdeutschland	Westdeutschland
Industrie und Handel	632 €	730 €
Öffentlicher Dienst	719 €	724 €
Landwirtschaft	469 €	567 €
Handwerk	422 €	547 €
Freie Berufe	518 €	533 €
Insgesamt	567 €	657 €

■ Westdeutschland ■ Ostdeutschland

Berechnungsbasis: Tarifliche Ausbildungsvergütungen

BiBB ▶

Daran muss der Berufsstarter denken

Mit der Unterschrift unter den Ausbildungsvertrag ist noch nicht alles getan, was für den Start ins Berufsleben nötig ist. Vor Antritt deiner Ausbildung musst du noch an einiges denken. Die nachfolgenden Tipps geben dir einen Überblick:

Ärztliche Bescheinigung: Wer zu Beginn der Ausbildung noch nicht 18 Jahre alt ist, muss sich nach dem Jugendarbeitsschutzgesetz ärztlich durchchecken lassen.

Lohnsteuerkarte: Du erhältst sie bei der Stadt- oder Gemeindeverwaltung. Nimm den Personalausweis mit. Die Lohnsteuerkarte musst du deinem Arbeitgeber vorlegen, auch wenn von deiner Ausbildungsvergütung noch keine Lohnsteuer abgezogen wird.

Krankenversicherung: Du bist jetzt verpflichtet, eine eigene Krankenversicherung abzuschließen. Recherchiere, bei welchen Krankenkassen das möglich ist. Informiere dich über deren Beiträge und Leistungen.

Sozialversicherungsnachweis: Er wird von den Landesversicherungsanstalten oder der Bundesversicherungsanstalt für Angestellte ausgestellt, nachdem du dich bei der Krankenkasse gemeldet hast. Du erhältst eine Versicherungsnummer.

Girokonto: Falls du noch kein eigenes Konto besitzt, musst du eines eröffnen, damit deine Ausbildungsvergütung monatlich darauf überwiesen werden kann. Vergleiche die Kosten bei verschiedenen Geldinstituten.

---

1 Erläutere die Rechte und Pflichten des Ausbildenden und des Auszubildenden. Besorge dir dazu einen Berufsausbildungsvertrag (z. B. bei der Gewerkschaft).

2 Nicole ist bereits in der dritten Ausbildungswoche als Bäckerin. Nun kann sie doch noch eine Ausbildungsstelle in ihrem Wunschberuf als Augenoptikerin erhalten. Erläutere, welche Handlungsmöglichkeiten Nicole in dieser Situation hat.

3 Stephan wird den Beruf des Maurers in München lernen, denn dort verdient er fast 120 € mehr als Markus in Sachsen. Diskutiert diese Unterschiede der Ausbildungsvergütung. Suche Gründe dafür, warum Markus sich dennoch entschieden hat, in seiner Heimat zu bleiben.

Das Jugendarbeitsschutzgesetz regelt:

Ärztliche Untersuchung

Erstuntersuchung;
Bescheinigung über ärztliche
Untersuchung (nicht älter
als 14 Monate)

Wocharbeitszeit

5 Tage = 40 Stunden
grundsätzlich;
Ausnahme: Landwirtschaft
während der Erntezeit

Urlaub

Jünger als
16 Jahre 17 Jahre 18 Jahre
30 Tage 27 Tage 25 Tage

Ununterbrochene Freizeit

12 Stunden pro Tag
grundsätzlich;
Ausnahme: keine

Frühester Arbeitsanfang

6.00 Uhr grundsätzlich;
5.00 Uhr Landwirtschaft,
Bäckerei, Konditoreien;
Ausnahme: 4.00 Uhr
Jugendliche über 17 Jahren
in Bäckereien

Höchstschichtzeit

10 Stunden grundsätzlich;
Ausnahme:
8 Stunden: Bergbau
11 Stunden: Gaststätten,
Landwirtschaft, Tierhaltung,
Baustellen

Spätester Arbeitsschluss

20.00 Uhr grundsätzlich;
22.00 Uhr Gaststätten,
Schausteller;
21.00 Uhr Landwirtschaft;
23.00 Uhr Schichtbetriebe

Ruhepausen

sind eine Arbeitsunterbrechung
von mindestens 15 Minuten;
bei einer Arbeitszeit von 4 ½
bis 6 Stunden:
mindestens 30 Minuten;
bei einer Arbeitszeit von mehr
als 6 Stunden: 60 Minuten

Verboten

Akkordarbeit,
gefährliche Arbeit,
Samstagsarbeit,
Sonntagsarbeit
(Es gibt Ausnahmen.)

Die wichtigsten Punkte aus dem Jugendarbeitsschutzgesetz

Rechte und Pflichten in der Ausbildung

Was darf ich, was muss ich?

Hast du dir schon folgende Fragen gestellt:

- Wie viele Stunden darf die tägliche Arbeitszeit dauern?
- Gehören die Ruhepausen zur Arbeitszeit?
- Wie wird die wöchentliche Arbeitszeit berechnet, wenn ein Feiertag in die Woche fällt?
- Müssen die Auszubildenden an den Berufsschultagen auch noch im Betrieb arbeiten?
- Wird bei Blockunterricht auch Ausbildungsvergütung gezahlt? Wer trägt die anfallenden Fahrkosten?
- Dürfen die Azubis auch nachts oder am Wochenende arbeiten?

Fragen, die die Arbeit von Jugendlichen betreffen, regelt das Jugendarbeitsschutzgesetz (JArbSchG).

Das Jugendarbeitsschutzgesetz soll Jugendliche bei der Arbeit schützen.

Anne (18 Jahre) macht seit 19 Monaten eine Aus-bildung zur Raumausstatterin. Die Industrie- und Handelskammer teilt ihr mit, dass ihrem Betrieb auf Grund schlechter Arbeitsbedingungen die Ausbildungsberechtigung entzogen wurde. Andere Ausbildungsbetriebe können Anne in diesem Jahr nicht mehr einstellen. In fünf Monaten kann sie das 2. Ausbildungsjahr wiederholen.
(Vgl. §§ 6, 16, 20, 22, 24 BBiG)

Holger (15 Jahre) soll nach seiner Zwischenprüfung noch einmal in den Betrieb kommen. Sein Freund Max auf der Berufsschule stimmt ihm zu, dass dies nicht zulässig ist. „Schon schlimm genug, dass du nach sechs Stunden Berufsschule jede Woche noch einmal in den Betrieb gehen musst, aber an deinem Prüfungstag? Das ist nun wirklich zu viel!"
(Vgl. §§ 10, 9 JArbSchG)

Seit Beginn seiner Ausbildung zum KFZ-Mechaniker werden Matthias (18 Jahre) jeden Monat 50 Euro für Übungsmaterialien von seinem Lohn abgezogen. Sein Ausbilder begründet dieses Vorgehen mit den zusätzlichen Kosten, die nur durch die Ausbildung von Matthias entstehen. „Dieser Weg ist allgemein üblich!", meint er und weigert sich, von dieser Praxis abzurücken.
(Vgl. §§ 14, 20 , 21, 37 BBiG)

Fallbeispiele zum Jugendarbeitsschutzgesetz (JArbSCHG) und Berufsbildungsgesetz (BBiG)

Es gilt für Personen ab 14 bis unter 18 Jahren, die sich in der Berufsausbildung befinden oder er-werbstätig sind. Treten in deinem Ausbildungs-betrieb Verstöße gegen das Gesetz auf, dann wen-de dich zuerst an eine Person deines Vertrauens, an den Betriebsrat oder die Jugendvertretung. Die Einhaltung des Jugendarbeitsschutzgesetzes wird durch die Gewerbeaufsichtsämter über-wacht. Diese gehen Hinweisen auf Verstöße ge-gen das Gesetz nach. Solche Hinweise werden immer vertraulich behandelt.

Das Berufsbildungsgesetz

Das Berufsbildungsgesetz (BBiG) regelt den Rah-men der Ausbildung. Hier sind z. B. die Rechte und Pflichten der Ausbilder und Auszubilden-den festgelegt, ebenso wie die Bedingungen, unter denen ein Berufsausbildungsverhältnis beendet werden kann. Auch regelt dieses Gesetz die Berechtigung eines Betriebes zum Einstel-len und Ausbilden. Eine Ausbildungsstätte muss beispielsweise einen Pausenraum für die Mitar-beiter besitzen. Der Betrieb muss nach Art und Einrichtung für die Berufsausbildung geeignet

sein (§ 22). Ist dies nicht der Fall, darf ein Betrieb keine Auszubildenden einstellen.
Nicht jeder darf in Deutschland einen Lehrling ausbilden. Nur wer fachlich und persönlich ge-eignet ist, erhält die Berechtigung dazu (§ 20).

1 Besorge dir die Texte des Jugendarbeits-schutzgesetzes und Berufsbildungsge-setzes. (z.B. von der Internetseite des Justizministeriums: www.gesetze-im-internet.de).

2 Beantworte die Fragen auf Seite 212 mit Hilfe des Jugendarbeitsschutzgesetzes (§§ 4, 8, 9, 14, 15, 16, 17).

3 Sind die oben dargestellten Fälle erlaubt oder verboten? Begründe deine Mei-nung mithilfe der beiden Gesetze.

4 Notiere, welche Kernprobleme in den Fallbeispielen angesprochen werden. Diskutiert in der Klasse, wie ihr an Stelle der Betroffenen handeln würdet, und begründet eure Meinung.

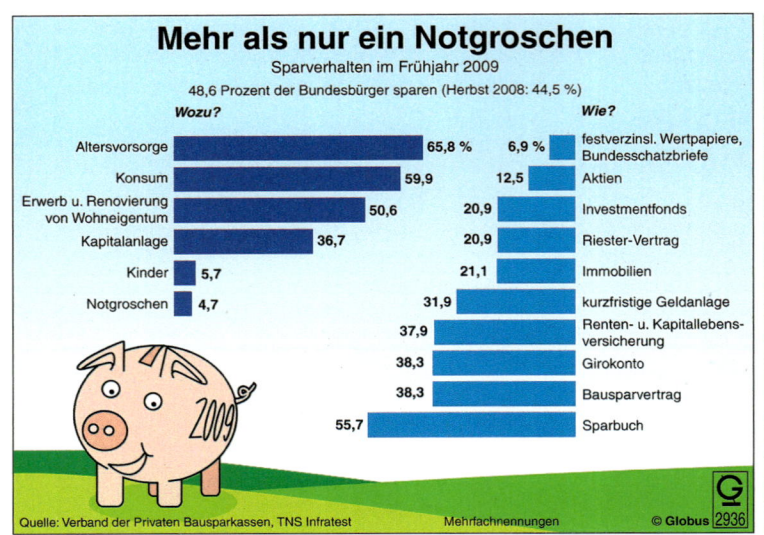

Wozu und wie die Menschen sparen

Die Zinsformel:

$z = k \times i \times p/100$

Zinsen = Kapital x Zeit x Zinssatz/100

Beispiel: Du legt 300 € auf deinem Sparbuch zum jährlichen Zinssatz von 2 % an. Am Ende des ersten Jahres erhältst du:

300 € x 1 x 2/100 = 6 €

Bei kürzerer Anlagezeit rechnet man nach Tagen (t), wobei der Monat 30 Tage zählt.

Beispiel: Du legst das Geld drei Monate an:

300 € x 90/360 x 2/100 = 1,50 €

So werden Zinsen berechnet

Sparen und Geld anlegen

Sparen bedeutet, einen Teil des verfügbaren Einkommens nicht zum Konsum zu verwenden. Man kann dieses Geld im Sparstrumpf oder im Sparschwein sammeln, es horten und verstecken, dann ist es nicht am Wirtschaftskreislauf beteiligt. Man kann das Geld aber auch bei einem Geldinstitut anlegen, sodass das Institut mit dem Spargeld „arbeiten", es z.B. als Kredit vergeben kann. Dann bringt das Geld Zinsen.

Wer früh anfängt, Geld anzulegen, hat zwei Verbündete: die Zeit und den Zins. Als Zins wird die Summe bezeichnet, den ein Kapitalgeber (Sparer) von einem Geldinstitut dafür bekommt, dass er diesem Geldinstitut einen Geldbetrag eine Zeitlang zur Nutzung überlässt. Die Höhe des Zinsertrages hängt davon ab, wie viel Geld wie lange und zu welchem Zinssatz angelegt wird.

> Wer spart oder Geld anlegt, möchte möglichst hohe Zinsen (Rendite) erzielen. Wer sich Geld leiht, möchte möglichst niedrige Zinsen bezahlen.

Sparmotive

Die Menschen haben sehr unterschiedliche Motive zum Sparen. Die drei wichtigsten Motive sind:

Vermögensbildungsmotiv: Sparen dient – seinem Charakter nach – immer der Ansammlung von Vermögen mit dem Zweck der Vermögensbildung. Der wichtigste Beweggrund zur Vermögensbildung ist wohl der Wunsch nach größerer finanzieller Sicherheit und Unabhängigkeit sowie nach der Erfüllung individueller Wünsche.

Zweckmotiv: Oft liegen die Zeitpunkte, zu denen wir Einnahmen haben und zu denen wir Ausgaben tätigen, weit auseinander. Jemand spart einen Teil seines Einkommens, um sich in absehbarer Zukunft eine teure Anschaffung leisten zu können, für die ein Monatsgehalt nicht ausreicht (z.B. ein Moped oder Möbel), oder um eine umfangreiche Dienstleistung in Anspruch zu nehmen (z. B. Renovierung der Wohnung, Reise).

Vorsorgemotiv: Viele Menschen sparen in der Zeit ihrer Erwerbstätigkeit regelmäßig einen Teil ihres Einkommens, weil sie im Alter eine niedrige Rente erwarten. Sie möchten nämlich nach der Berufstätigkeit ihren erreichten Lebensstandard und ihren Konsum nicht wesentlich einschränken müssen.

Sicherheitstyp	Ertragstyp	Wachstumstyp	Chancentyp
Möchte nachhaltigen Ertrag erzielen, aber kein Risiko.	Wünscht sich gute Ertragschancen.	Ihn reizen Anlagen, die überdurchschnittliche Wertsteigerungen erzielen können.	Ist auf eine hohe Wertsteigerung aus.
Wünscht sich hohe Sicherheit für sein angelegtes Vermögen.	Das Gesamtrisiko soll möglichst gering gehalten werden.	Er ist bereit, ein gewisses Risiko einzugehen. (Verluste kann er nur begrenzt verkraften.)	Erhöhtes Risiko wird einkalkuliert.

Verschiedene Sparertypen

Wie finde ich die richtige Anlageform?

Wer Geld anlegt, verfolgt meist drei Ziele, die sich nur schwer miteinander vereinbaren lassen:

1. Sicherheit: Der Anleger möchte, dass er nach einiger Zeit seinen angelegten Geldbetrag plus Zinsen in voller Höhe wieder ausgezahlt bekommt. Diese Sicherheit bieten z. B. alle Formen des Sparbuchs.

2. Rentabilität: Der Anleger möchte, dass seine Geldanlage hohe Zinsen (Rendite) bringt. Dies wird ihm z. B. beim Kauf von Wertpapieren (Aktien) versprochen.

3. Verfügbarkeit: Der Anleger möchte sein Geld schnell und ohne Verluste ausgezahlt bekommen, wenn er es dringend benötigt, z. B. wenn eine teure Autoreparatur ansteht. Hat er nun sein Geld zu einem höheren Zinssatz für mehrere Jahre fest angelegt (Festgeld), wird er bei vorzeitiger Auflösung des Vertrages Verluste machen.

> Die Hauptziele bei Geldanlagen sind Sicherheit, Rentabilität und Verfügbarkeit.

Es gibt keine Anlageform, die alle drei Ziele gleichwertig erfüllt. Sicherheit ist meist nicht vereinbar mit Rentabilität. Höhere Chancen sind immer auch mit höheren Risiken verbunden und umgekehrt. Auch hohe Rentabilität und ständige Verfügbarkeit gehen bei vielen Anlageformen nicht zusammen.

Daneben gibt es weitere Kriterien, die für die Auswahl einer Geldanlage nicht unwichtig sind: Was kostet die Geldanlage an Gebühren? Bringt sie vielleicht Steuervorteile? Ist ihre Verwaltung zeitaufwändig? Jeder Sparer muss sich also entscheiden, welche Ziele und Anforderungen er für sich als besonders wichtig ansieht.

Anlageprinzipien

Zu den wichtigsten Anlageprinzipien gehören:

Risikoverminderung durch Streuung: Die Mischung macht's! Wer sein gesamtes Vermögen in eine einzige Anlageform oder ein einziges Wertpapier investiert, geht ein hohes Risiko ein. Die Verteilung der Mittel auf verschiedene Anlageformen und Wertpapiere verringert das Risiko.

Risikoverminderung durch lange Anlagezeit: Insbesondere bei Wertpapieranlagen, deren Erträge im Zeitablauf sehr stark schwanken können, führt ein längerer Anlagezeitraum zu einem Ausgleich und damit zu einer Risikoverteilung.

> Die Verteilung des Sparbetrages auf verschiedene Anlageformen verringert Risiken und Nachteile.

1 Diskutiert in der Klasse, ob es sich lohnt zu sparen, und sammelt Sparmotive.

2 Diskutiert, was für ein Sparertyp ihr seid.

3 Erkundige dich bei verschiedenen Geldinstituten nach dem Zinssatz für ein Sparbuch. Berechne den jährlichen Zinsertrag für eine Summe von 500 Euro und vergleiche.

Geldanlage	Beschreibung	Ertrag/Zinsen	Vor- und Nachteile
Sparbuch	Einzahlungen und Abhebungen sind jederzeit zu Banköffnungszeiten möglich.	niedrige Zinsen	sichere Anlage, ständige Verfügbarkeit, wenig Ertrag
Prämiensparen	Sparen über einen längeren Zeitraum mit einem Sparvertrag	höhere Zinsen, zusätzlich Sparprämie	je länger der Vertrag läuft, desto höher wird die Sparprämie; Förderung durch den Staat mit Arbeitnehmersparzulage
Tagesgeld – Festgeld	Geldanlage meist mit einer bestimmten Mindestsumme (z. B. 5000 Euro); höhere Zinsen, je länger der Vertrag	höherer Zinssatz als beim Sparbuch	Geld ist teilweise fest gebunden; bei vorzeitiger Kündigung Zinsverlust
Bausparvertrag	regelmäßige Sparbeträge zum Kauf oder Renovierung einer Wohnung oder eines Hauses	niedrige Zinsen in der Ansparphase, dafür später günstiges Bauspardarlehen (= Kredit)	feste Zinsvereinbarung, günstiger Kredit, Förderung durch den Staat mit Arbeitnehmersparzulage
Lebensversicherung	Zielsparen auf eine vorher festgelegte Kapitalsumme mit einer regelmäßigen Geldeinzahlung	niedrige Zinsen, Gewinn aus Überschüssen	größere Kapitalsumme oder Rente am Ende der Laufzeit; Sicherheit für Angehörige; Verluste bei vorzeitiger Kündigung
Aktien	Kauf von Anteilen an einem Unternehmen, das heißt Beteiligung an Gewinnen und Verlusten des Unternehmens	Dividende – Gewinnauszahlung bei gutem Unternehmensgewinn	hohe Gewinne und hohe Verluste möglich – Kursrisiko (siehe S. 36/37)
Aktien- oder Investmentfonds	Paket unterschiedlicher Aktien und anderer Wertpapiere, das von einer Finanzgesellschaft verwaltet wird	höhere Zinsen; der Zinssatz liegt jedoch nicht fest (richtet sich nach Wirtschaftslage)	höhere Zinsen als bei Festgeld; meist geringerer Gewinn als bei Aktien; aber auch geringeres Verlustrisiko als bei Aktien

Spar- und Anlageformen im Überblick

Anlageformen

Anlageformen lassen sich in zwei Grundtypen einteilen. Da sind zum einen die kreditähnlichen Anlagetypen, bei denen der Anleger wie ein Kreditgeber sein Geld für eine bestimmte Frist „verleiht" und im Gegenzug dafür Zinsen erhält. Am Ende der Laufzeit bekommt er sein Geld zurück. Beispiele für diese Anlagetypen sind Termin- und Festgeld, das Sparbuch und Sparbriefe, festverzinsliche Wertpapiere und das Bausparen.

Die zweite Anlagegruppe umfasst die verschiedenen Formen des Erwerbs von Eigentum. Man kann Eigentumsanteile an Unternehmen erwerben (Aktien) oder Immobilien bzw. Anteile eines Immobilienfonds kaufen, ebenso Schmuck, Gold, Edelsteine, Oldtimer, Briefmarken etc.

Vom Sparbuch bis zur Lebensversicherung

Sparbuch: Als populärste Form der Geldanlage in der Bundesrepublik Deutschland gilt nach wie vor das Sparen auf einem Sparbuch.

Termingeld, Festgeld: Wer seine Ersparnisse kurzfristig nicht benötigt, kann sie der Bank für einen fest vereinbarten Zeitraum zur Verfügung stellen und erzielt dadurch höhere Zinsen.

Bausparen: Diese Form des Sparens setzt den Abschluss eines Bausparvertrags bei einer Bausparkasse voraus. Der Sparer zahlt über eine längere Zeit bestimmte Beträge auf den Bausparvertrag ein, die relativ niedrig verzinst werden. Nach Ablauf einer vereinbarten Frist und wenn mindestens 40 % der Bausparsumme angespart sind, erhält er das Recht auf einen zinsgünstigen Bausparkredit (Bauspardarlehen). Dieser ermöglicht den Kauf oder die Sanierung von Wohneigentum. Der Staat fördert das Bausparen mit Zuschüssen.

Hypothekendarlehen: Zur Finanzierung eines Bauvorhabens dient auch ein Hypothekendarlehen. Dies ist ein Kredit mit einer sehr langen Laufzeit, bei dem die Bank Miteigentümerin des Gebäudes ist, bis der Kredit abgezahlt ist. Kommt der Bankkunde in Zahlungsschwierigkeiten,

Ein Arbeitnehmer, ledig, zu versteuerndes Jahreseinkommen bis zu 17.900 €, schließt einen Bausparvertrag über eine Summe von 24.000 € ab und erhält dabei staatliche Fördergelder:

Ansparphase		Tilgungsphase	
Bausparsumme	24.200 €	Darlehen	14.520 €
Sparbeiträge (120 €/Monat, davon vermögenswirksame Leistungen: 40 €, private Ansparung: 80 €)	10.080 €	Darlehenszins nominal	3,9 %
+ Guthabenszinsen 1,4 %	488,30 €	Darlehenszins effektiv	4,15 %
– Kontogebühr	keine	Regelmäßige Abzahlungsrate (Zinsen + Tilgung)	198,96 €
– Darlehensgebühr	keine		
– Abschlussgebühr	242 €	Darlehenszinsen gesamt	2.192,64 €
+ Arbeitnehmersparzulage	297 €	Darlehensgebühren	keine
+ Bausparprämie	339,71 €	Kontogebühren	keine
Endguthaben	10.963,01 €	Gesamtaufwand	16.712,64 €
Darlehen (60 % der Bausparsumme)	14.520 €	Tilgungsdauer	7 Jahre
Auszahlung (Darlehen + Guthaben)	25.483,01 €		
Spardauer	7 Jahre		

Rechenbeispiel Bausparvertrag

kann die Bank das Gebäude zwangsversteigern lassen, um ihr Geld zurückzubekommen.
Lebensversicherung: Diese Sparform ist sehr beliebt. Jedoch nur die Kapitallebensversicherung dient sowohl der Geldanlage als auch der Risikoabsicherung. Denn der Versicherungsbeitrag wird auch im „Erlebensfall" des Versicherten ausgezahlt. Die Risikolebensversicherung hingegen sichert nur im Todesfall die Hinterbliebenen ab.

Der Staat fördert das Sparen

Der Staat fördert das Sparen seiner Bürger. Wer monatlich einen bestimmten Betrag spart, bekommt vom Arbeitgeber einen Zuschuss *(vermögenswirksame Leistungen)*. Wer spart und ein bestimmtes Jahreseinkommen nicht überschreitet, erhält vom Staat einen Zuschuss *(Arbeitnehmersparzulage)*. Auch der Bau von Wohnungen und Eigenheimen wird staatlich gefördert (z. B. *Wohnungsbauprämie, Bausparprämie*).
Vielfältig sind die staatlichen Vergünstigungen beim Aufbau einer privaten oder betrieblichen Altersversorgung. Die sogenannte Altersvorsorgewirksame Leistung (AVWL) ist eine Geldleistung des Arbeitgebers zum Aufbau einer zusätzlichen Altersversorgung für den Beschäftigten. Die folgenden Anlagearten werden vom Staat gefördert:
Private Altersvorsorge (Riester-Förderung): Der Arbeitgeber zahlt Beiträge in einen vom Arbeitnehmer privat abgeschlossenen Vertrag zur Riester-Rente ein (benannt nach ihrem Erfinder, dem ehemaligen Arbeitsminister Walter Riester).
Entgeltumwandlung: Teile des Lohnes werden für eine betriebliche Altersvorsorge verwendet und nicht ausbezahlt. Für diese Beiträge müssen keine Steuern und Sozialbeiträge bezahlt werden.
Betriebsrente: Der Arbeitgeber kann für den Arbeitnehmer freiwillige Beiträge in eine betriebliche Altersversorgung leisten. Diese Leistungen sind für den Arbeitnehmer steuer- und sozialversicherungsfrei. Der Arbeitgeber spart dabei Lohnnebenkosten.

1 Erläutere anhand des Beispiels oben, wie ein Bausparvertrag funktioniert.

2 Erkundige dich bei deinen Eltern, welche Art von Altersvorsorge sie betreiben.

3 Bereitet in Gruppen zum Thema Sparformen ein Experteninterview vor.

Die Familie macht eine Radtour

Freizeit der Jugend
So viel Prozent der 13- bis 19-Jährigen beschäftigen sich in ihrer Freizeit am liebsten mit:

Musik hören	87 %
Freunde treffen	86 %
Im Internet surfen	77 %
Ausgehen/Nachtleben	62 %
Faulenzen	58 %
Sport treiben	55 %
Lesen	51 %
DVD schauen	51 %
Fernsehen	51 %
Shoppen	47 %
Kino	43 %

Quelle: Youngcom, Jugendstudie 2010   Mehrfachnennungen

Wie Mädchen und Jungen ihre Freizeit verbringen

Freizeit und Lebensgestaltung

Den meisten Menschen ist es nur in der Freizeit möglich, nach eigenem Willen Entscheidungen zu treffen und frei zu wählen, was sie tun oder lassen möchten. Leider gibt es auch Menschen, die mit ihrer Freizeit nicht viel anzufangen wissen. Diese Menschen setzen die Hektik aus dem Arbeitsalltag sowie die Normen Leistungsdruck, Ehrgeiz und Konsumzwang in der Freizeit unverändert fort.

Gut genutzte Freizeit muss nicht Faulenzen bedeuten, denn es geht nicht um das „Nichtstun", sondern vielmehr um das „Anderstun". Freizeitverhalten ermöglicht Selbstverwirklichung. Die Gestaltung der Freizeit hängt von verschiedenen Voraussetzungen ab. Dies sind u. a. Berufstätigkeit, Kenntnisse und persönliche Hobbys, Ideenreichtum, Selbstständigkeit im Denken und Tun, Gesundheit und Vitalität. Für Freizeitaktivitäten wird zunehmend mehr Geld benötigt.

> Freizeit ist Zeit außerhalb der Arbeitszeit. Sie dient der Erholung und Entspannung, der persönlichen Entfaltung und der Pflege sozialer Kontakte.

Freizeit nutzen – aber wie?

Die freie Zeit ist nicht nur für Erholung und Entspannung da, sondern auch für Interessen wie:
- sportliche Betätigung im Verein,
- soziales Engagement und Beteiligung am gesellschaftlichen Leben, wie z. B. Ehrenämter,
- Freunde treffen und miteinander Spaß haben,
- Selbstfindung und Selbstverwirklichung.

Die Medien prägen das Freizeitverhalten gerade von Kindern und Jugendlichen stark. Fernsehen und Computerspiele sind in vielen Familien beliebt. Sportliche und kulturelle Aktivitäten sowie Freizeitgestaltung mit der Familie oder im Freundeskreis sollten aber im Vordergrund stehen.

Schulen mit Ganztagsangeboten versuchen, den Jugendlichen Lust auf sinnvolle Freizeitbeschäftigungen zu vermitteln. So werden z. B. künstlerische und musische Begabungen und Interessen gefördert. Die Angebote zur Freizeitgestaltung in den Regionen sind unterschiedlich. Mit der Zunahme der freien Zeit steigt das Angebot der Freizeitindustrie. Menschen werden zum passiven Konsumieren verlockt, statt selbst schöpferisch tätig zu werden. Auch Werbung und Mode beeinflussen das Freizeitverhalten. Von der eigentlichen Freiheit des Tuns bleibt wenig übrig.

Freizeitverhalten von Jugendlichen

Das Freizeitverhalten von Jugendlichen hängt ab von Geschlecht, Alter, Zeit, Eltern/Familie, der sozialen Schicht und dem Verhältnis zu Gleichaltrigen. Jugendliche verfügen heute über mehr Geld und Konsumgüter als in früheren Zeiten. Handys, Musik hören, Computer und Shoppen spielen in ihrer Freizeit eine wichtige Rolle. Im Mittelpunkt stehen bei Jungen und Mädchen jedoch die Pflege von Freundschaften außerhalb der Familie. Es gibt aber auch typisch weibliche und männliche Freizeitbeschäftigungen, wie ihr mit einer Umfrage in der Klasse feststellen könnt.

Freizeitverhalten wird im Elternhaus vorgelebt. Kinder orientieren sich an ihren Eltern. Mit zunehmendem Alter wollen Jugendliche ihre Freizeit jedoch mit Gleichaltrigen verbringen.

Was kostet Freizeit?

In den letzten Jahren hat die Freizeitwirtschaft stark zugenommen und neue Berufe sind in dieser Branche entstanden, um den Menschen etwas zu bieten. Dafür müssen sie allerdings teuer bezahlen. Wer regelmäßig in seiner Freizeit im Fitnessstudio trainiert, zahlt monatlich hohe Gebühren. Kinos, Museen, Freizeitparks oder Erlebnisbäder verlangen Eintrittsgelder.

Die Ansprüche der Menschen an organisierte Freizeit wachsen ständig. Es werden immer neue Angebote und Attraktionen erwartet, die natürlich Geld kosten. Will eine Familie ihre Freizeit gemeinsam genießen und etwas Besonderes unternehmen, müssen die finanziellen Möglichkeiten berücksichtigt werden.

1 Welche Freizeitangebote gibt es an deinem Wohnort? Erstelle einen Freizeitführer nach Altersgruppen und Kosten.

2 Führe eine Befragung zum Freizeitverhalten in deiner Klasse durch. Vergleiche die Ergebnisse mit der Grafik S. 218.

3 Plane einen Familienausflug in die nähere Umgebung. Beachte dabei das ökonomische Prinzip. Mache Vorschläge für ein Picknick: Speisen? Getränke?

4 Elena ist 15 Jahre alt. Sie möchte mit ihren Freundinnen an den nahe gelegenen See zelten fahren. Diskutiert Vor- und Nachteile dieses Urlaubs.

Primärenergie: Braunkohletagebau in Nochten

Nutzenergie

Woher kommt die elektrische Energie?

Energie steht meistens in der Natur nicht in der für unseren Gebrauchszweck sinnvollen Form, wie Wärmestrahlung, Lichtstrahlung oder Bewegungsenergie zur Verfügung. Deshalb muss das technisch nutzbare Energieangebot der Natur in die gewünschte Energieform umgewandelt werden. Kraftwerke sind technische Anlagen, in denen durch Energieumwandlung elektrische Energie erzeugt wird. Die Umwandlung erfolgt in mehreren Stufen.

Am Anfang des Umwandlungsprozesses steht die *Primärenergie*. Sie kommt in der Natur vor als

- sich verbrauchende Energien in Form fossiler Brennstoffe wie Braunkohle, Steinkohle, Erdöl und Erdgas,
- sich ständig erneuernde Energien wie Wasserkraft, Windkraft und Biomasse.

> Primärenergie ist die in der Natur vorhandene, nicht aufbereitete Energieform.

Holz als nachwachsenden Rohstoff kann man beim Nutzer direkt für Heizzwecke einsetzen. Der überwiegende Teil der Primärenergieträger muss jedoch zunächst in *Sekundärenergie* umgewandelt werden. Sekundärenergiearten sind: Elektroenergie, Kraftstoffe, Kohlebriketts, Biogas.

> Wird Primärenergie in eine für Transport, Speicherung und Nutzung geeignete Energieform gewandelt, sprechen wir von Sekundärenergie.

Nach der Art der genutzten Primärenergie werden die Kraftwerke unterschiedlich bezeichnet. Es gibt Kohlekraftwerke, in denen fossile Brennstoffe verbrannt werden, Wasserkraft-, Pumpspeicher- und Kernkraftwerke. Zunehmend an Bedeutung gewinnt die Erzeugung von Elektroenergie in Windkraft- und Photovoltaikanlagen. Im Haushalt wandeln wir Elektroenergie durch geeignete Geräte in Nutzenergie um. *Nutzenergie* ist z. B. die vom Kühlschrank erzeugte Kälte, die mechanische Energie des Staubsaugermotors oder das Licht der Glühlampe.

> Nutzenergie ist die Energie, die nach der letzten Umwandlung dem Nutzer zur Verfügung steht.

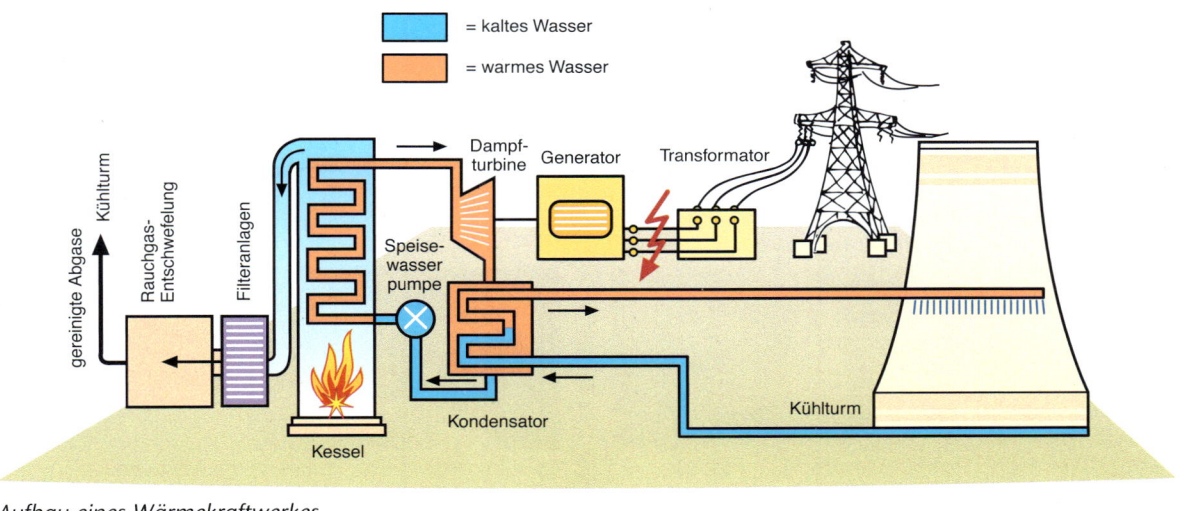

= kaltes Wasser
= warmes Wasser

Aufbau eines Wärmekraftwerkes

Aufbau eines Wärmekraftwerkes

Wärme-kraftwerk	→	Wärme-energie	→	Bewegungsenergie des Dampfes	→	Rotations-energie	→	elektrische Energie
Wasser-kraftwerk			→	Bewegungsenergie des Wassers	→	Rotations-energie	→	elektrische Energie

Energieumwandlung in Kraftwerken

Umwandlung und Verteilung von Energie

Im Wärmekraftwerk wird die chemische Energie in Form von Kohle oder Erdgas durch Verbrennung in Wärmeenergie umgewandelt. Diese Wärmeenergie sorgt dafür, dass aus Wasser Dampf entsteht. Der Wasserdampf treibt eine Turbine an. Die Bewegungsenergie der Turbine wird auf einen Generator übertragen. Im Generator geschieht die Umwandlung in Elektroenergie.

Moderne Kraftwerke arbeiten nach dem Prinzip der Kraft-Wärme-Kopplung. Die entstehende Abwärme wird zum Beheizen von Gebäuden genutzt. In Sachsen wird ein großer Teil der benötigten Elektro- und Wärmeenergie durch die Verbrennung heimischer Braunkohle erzeugt. Durch die Verbrennung der Kohle entstehen schädliche Reaktionsprodukte wie Schwefeldioxid und Kohlenstoffmonoxid sowie Asche. Sie können zum überwiegenden Teil durch moderne Rauchgasentschwefelungsanlagen und Filteranlagen aus den Abgasen entfernt werden. Zu den Verbrauchern gelangt die Elektroenergie über ein Energieverbundnetz. Wir unterscheiden Hoch-, Mittel- und Niederspannungsleitungen. Über Hochspannungsleitungen kann Elektroenergie verlustarm über große Entfernungen vom Kraftwerk zu den Ortsnetzen übertragen werden.

In Mittelspannungsleitungen erfolgt die Verteilung zu den Verbrauchern in Stadtteilen, Gemeinden und Unternehmen. Über Niederspannungsleitungen erreicht die Elektroenergie unseren Haushalt.

> Elektroenergie wird im Kraftwerk erzeugt, über das Energieverbundnetz übertragen und steht uns dann als Sekundärenergie im Haushalt zur Verfügung.

1 Welches Unternehmen versorgt euren Haushalt mit Elektroenergie? Welche Berufe bildet es aus?

2 Erstelle ein Blockbild eines Kohlekraftwerkes. Trage den Energie- bzw. Stofffluss ein.

Grundlastwerk: Braunkohlekraftwerk Boxberg in der Lausitz

Mittellastkraftwerk: Steinkohlekraftwerk in Rostock

Spitzenlastkraftwerk: Pumpspeicherkraftwerk in Wendenfurth

Nutzung elektrischer Energie

Belastungsarten

Ähnlich wie im Straßenverkehr gibt es auch bei der Nutzung elektrischer Energie Stoßzeiten und Flauten. Morgens, mittags und abends erreicht der Stromverbrauch Spitzenwerte. In der zweiten Nachthälfte ist er dagegen besonders niedrig. Im Wochenverlauf dominieren die Werktage, denn an den Wochenenden wird weniger elektrische Energie verbraucht. Auch über das Jahr gesehen gibt es erhebliche Verbrauchsschwankungen. Im Winter ist es nicht nur kälter, auch die langen und dunklen Nächte sorgen für eine höhere Nachfrage nach elektrischer Energie. Betrachten wir die Netzbelastungskurve eines Tages, wird schnell deutlich, dass unterhalb des Minimalwertes der Netzbelastung eine bestimmte Leistung dauernd, also rund um die Uhr, nachgefragt wird.

> Die elektrische Leistung (Last), die dauerhaft benötigt wird, bezeichnen wir als Grundlast. Grundlastkraftwerke sind Kohle-, Kern- und Laufwasserkraftwerke.

Die *Grundlastkraftwerke* müssen ständig in Betrieb sein. Sie erzeugen fast ununterbrochen eine annähernd konstante Energiemenge. Stillstandzeiten sind durch Reparatur- oder geplante Wartungsarbeiten bedingt.

Um den in der Netzbelastungskurve deutlich zu erkennenden Schwankungen des Energiebedarfs im Bereich der Mittellast gerecht zu werden, kommen *Mittellastkraftwerke* zum Einsatz.

> Mittellastkraftwerke, meist Steinkohlekraftwerke, können durch ihre gute Regelbarkeit dem aktuellen Energiebedarf angepasst werden.

In der Mittagszeit oder am frühen Abend, besonders an kalten Tagen im Winter, gibt es einen erhöhten Energiebedarf. Diese als Spitzenlast bezeichnete Phase, die nur über wenige Stunden am Tag vorherrscht, wird mit *Spitzenlastkraftwerken* abgedeckt.

> Pumpspeicherkraftwerke und Gasturbinenkraftwerke sind Spitzenlastkraftwerke. Sie sind schnell regelbar und können Schwankungen im Energiebedarf in kurzer Zeit ausgleichen.

Pumpspeicherkraftwerke dienen auch als Energiespeicher für die in Grundlastkraftwerken erzeugte nicht benötigte elektrische Energie. Mit ihr wird nachts Wasser in das Oberbecken gepumpt und steht in Zeiten der Spitzenlast als gespeicherte potentielle Energie zur Stromerzeugung zur Verfügung.

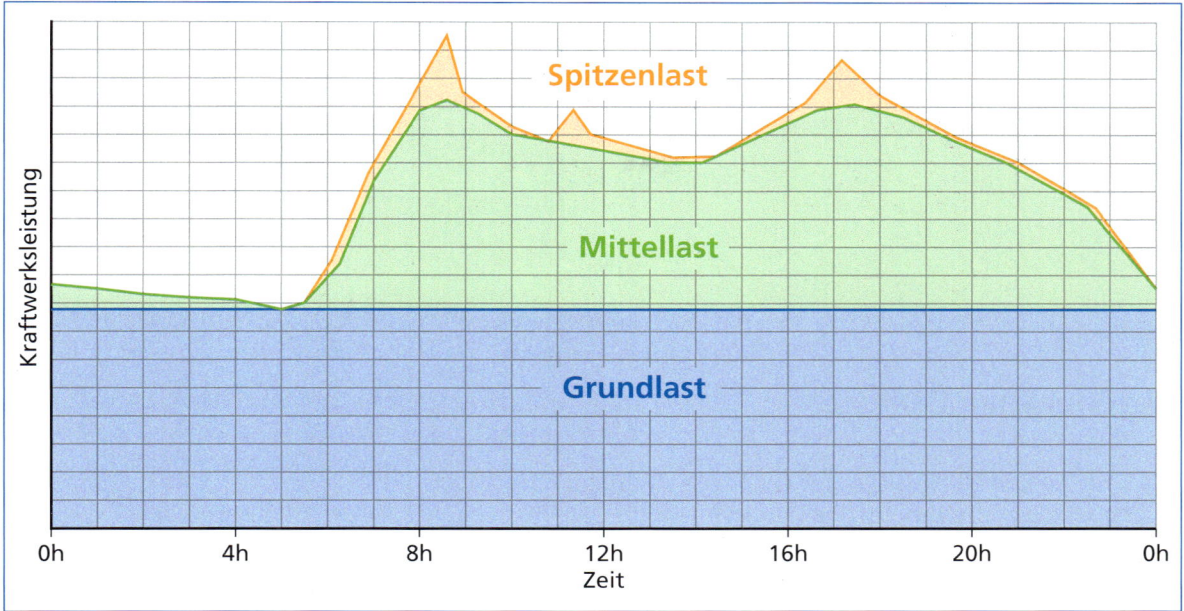

Tageslastkurve einer Stadt

Stromverbund und Liberalisierung

Für eine gesicherte Energieversorgung muss die Gesamtkapazität aller Kraftwerke ausreichen, um die voraussichtliche Jahreshöchstlast abzudecken. Um die Folgen einer möglichen Havarie in einem Kraftwerk und somit den Zusammenbruch der Energieversorgung regional so gering wie möglich zu halten, wurde ein Stromverbund gebildet.

> Elektroenergieunternehmen im Stromverbund bieten sich gegenseitig Hilfe bei Störfällen und tauschen Elektroenergie aus, um den vorhandenen Kraftwerkspark so wirtschaftlich und umweltschonend wie möglich zu nutzen.

Durch die Verpflichtung der EU-Mitgliedsstaaten, ihre nationalen Strommärkte für den Wettbewerb zu öffnen, kann der Kunde zwischen verschiedenen Anbietern wählen. Der internationale Konkurrenzdruck wird auch eine Angleichung der Energiepreise innerhalb der Europäischen Union bringen. Die Liberalisierung des Energiemarktes verfolgt zwei Ziele:

- Verbraucher sollen unabhängig von ihrem Wohnort EU-weit ihren Energielieferanten wählen können und nicht mehr auf die ehemaligen nationalen Monopolisten festgelegt sein.
- Energieversorger bzw. Strombörsen sollen ihr Produkt elektrische Energie in der gesamten EU anbieten können.

> Durch die Liberalisierung des Strommarktes wurde ein Wandel hin zu mehr Wettbewerb vollzogen.

Für den Einzelnen von uns ist es allerdings schwierig zu prüfen, ob wir Atomstrom oder Strom aus regenerativen Energiequellen – wie von der Werbung versprochen – beziehen.

1 Was verstehst du unter dem Begriff Energie- bzw. Strommix?

2 Informiere dich im Internet über aktuelle Anbieter auf dem Elektroenergiemarkt. Vergleiche dabei die einzelnen Versorgungsmodelle.

Solarthermie

Fotovoltaik

Regenerative Energien

Die Nutzung regenerativer Energien hat sich in den letzten Jahren deutlich weiterentwickelt. Sonnenenergie, Windenergie und Energiegewinnung aus Biomasse sind alltäglich geworden.

> Regenerative Energien sind sich selbst erneuernde Energiearten, die sich nicht wie fossile Energieträger verbrauchen.

Durch staatliche Förderungen der regenerativen Energienutzung, vor allem der gesetzlich festgelegten Abnahme von regenerativ erzeugter Elektroenergie zu einem Mindestpreis, soll sich der Anteil regenerativer Energieerzeugung an der Gesamtenergieerzeugung nach der *Erneuerbare-Energie-Richtlinie vom 23.04.2009* der EU bis 2020 auf 20 % erhöhen.

Sonnenenergie

Die Strahlung der Sonne ist ursächlich für alle nutzbaren regenerativen Energien. Ohne Sonne gäbe es keinen Kreislauf des Wassers und damit keine Wasserkraft. Ohne Licht ist Leben und Pflanzenwachstum unmöglich, damit gäbe es keine Bioenergie.

Die Sonnenstrahlung kann direkt zur Erzeugung von Wärmeenergie und Elektroenergie genutzt werden. Die einfachste Nutzung der Sonnenenergie zur Wärmeerzeugung ist der Absorber. Die Sonne trifft auf einen Kollektor, dessen Fläche schwarz ist. Die so aufgenommenen (absorbierten) Sonnenstrahlen werden in Wärme umgewandelt. In einem

Röhrensystem zirkuliert eine Flüssigkeit, welche die aufgenommene Wärme zu einem Wärmetauscher transportiert und anschließend für Heizzwecke oder zur Warmwasserbereitung dem Haushalt zur Verfügung stellt. Diese Nutzung von Sonnenenergie nennen wir *Solarthermie*.

> Als Solarthermie bezeichnen wir die energetische Nutzung von Sonnenstrahlung durch Absorption und Umwandlung in Wärmeenergie.

Eine andere Möglichkeit der Nutzung von Sonnenenergie ist die *Solarzelle*. Solarzellen bestehen aus Halbleiterwerkstoffen, die bei auftreffendem Sonnenlicht an den Grenzschichten zwischen den verschiedenen Halbleitern Ladungsträger ablösen, sodass eine elektrische Spannung erzeugt wird. Das nennen wir Fotovoltaik.

> Fotovoltaik bedeutet, dass die Energie des Sonnenlichtes mittels Solarzellen direkt in elektrische Energie umgewandelt wird.

In jeder Solarzelle steckt damit eine Energiequelle, die allerdings nur eine geringe elektrische Leistung abgeben kann. Für eine nennenswerte Energiemenge müssen daher viele Solarzellen auf großen Flächen zu Modulen zusammengefasst werden. Da der Wirkungsgrad dieser Solarzellen durch den technischen Fortschritt immer größer wird, ist der Einsatz der Fotovoltaik auch in unseren relativ sonnenarmen Regionen zunehmend sinnvoll.

Windkraftanlage in Mecklenburg-Vorpommern

Biogasanlage in Wernigerode

Windenergie

Die Nutzung der kostenlosen Energie des Windes ist schon seit Jahrhunderten in Form von Windmühlen bekannt. Sie erzeugten mechanische Energie zum Antrieb von Getreidemühlen, Sägewerken und Wasserpumpen. So sind diese historischen Mühlen Vorbild der modernen Windkraftanlagen, mit denen heute elektrische Energie erzeugt wird. Eine Windkraftanlage arbeitet nach folgendem Prinzip: Die kinetische Energie des Windes wird durch die Rotorblätter in mechanische Energie umgewandelt. Der angeschlossene Generator erzeugt daraus elektrische Energie, die ins Verbundnetz eingespeist wird.

> Windkraftanlagen wandeln die kinetische Energie des Windes in elektrische Energie um.

Elektrische Energie kann allerdings nur dann erzeugt werden, wenn der Wind weht. Nicht alle Standorte sind für Windkraftanlagen geeignet, vor allem die Küstenregionen und die Mittelgebirge eignen sich wegen der günstigen Windbedingungen gut. Die Windenergie ist die wichtigste regenerative Energie in Deutschland. Ende 2008 existierten insgesamt 20 301 Windkraftanlagen, die eine Jahresleistung von 23 903 MW erzeugten. Das entspricht 7 % des Stromverbrauches in Deutschland.

Bioenergie

Biologische Stoffe, die zur Energiegewinnung genutzt werden können, nennen wir Biomasse. Dazu gehören pflanzliche Stoffe wie Holz, Stroh, Algen, Pflanzenöl, Biogas, aber auch Hausabfälle und Klärschlämme.

> Biomasse ist in chemischer Form gespeicherte Sonnenenergie, sie hat ihren Ursprung in pflanzlicher Substanz.

Eine Möglichkeit der Nutzung ist die Verbrennung von Biomasse. Vor allem Holzabfälle aus der Forstwirtschaft und der holzverarbeitenden Industrie werden zur Erzeugung von Wärme und Elektroenergie genutzt. In landwirtschaftlichen Betrieben wird aus pflanzlichen und tierischen Rückständen durch Vergärung Biogas erzeugt. Biogas kann zur Stromerzeugung verwendet werden oder zu Biokraftstoffen weiterverarbeitet werden.

> **1** Nenne und erläutere an je einem Beispiel den Einsatz von Solarthermie und Fotovoltaik.
>
> **2** Erkundet in eurer Region die Nutzung regenerativer Energiequellen.

Wir planen eine Klassenfahrt

Wir sammeln Ideen

- Gemeinsame Vorüberlegungen:
- Wann wollen wir fahren?
- Wie lange wollen wir fahren?
- Wohin wollen wir fahren?
- Was darf es maximal kosten?
- Wie können wir unsere Klassenkasse auffüllen?
- Welche Art der Verpflegung wünschen wir?

Wir informieren uns

- Angebote verschiedener Anbieter zu Pauschalreisen einholen.
- Kosten und Möglichkeiten einer individuell geplanten Fahrt recherchieren:
  - An- und Abreise
  - Transportmöglichkeiten vor Ort
  - Übernachtungsmöglichkeiten
  - Verpflegungsmöglichkeiten

Wir entscheiden uns

- Vorschläge und Angebote gemeinsam beurteilen.
- Eine Entscheidung treffen unter Berücksichtigung
  - der Wünsche,
  - der Kosten und
  - des Aufwandes für die Organisation

Wir planen eine individuelle Klassenfahrt – Planung in Teams

Finanzplanung
Zusammenstellung der Kosten für An- und Abreise, Übernachtung, Verpflegung, Aktivitäten vor Ort

Finanzbeschaffung
- einen Kuchenbasar oder ein Frühstücksbuffet organisieren
- einen Trödelmarkt veranstalten

Verpflegung
- Was wollen wir essen?
- Wie viele Mahlzeiten müssen wir planen?
- Welche Gerichte können wir zubereiten?
- Wer bringt welche Zutaten mit?
- Was kaufen wir vor Ort?

Ablaufplan
- Welche Aktivitäten wollen wir durchführen?
- Was wollen wir besichtigen?
- Wo wollen wir hinfahren?
- Wie kommen wir dahin?
- Wie gestalten wir die Abende?
- Welche Möglichkeiten gibt es im Objekt?

Verträge
- Wer schließt die Verträge ab? (Vertragsrecht)
- Wer reserviert Plätze? Wann? Wo? Wie viele?
- Wer bestellt einen Bus bzw. Fahrkarten (Rabatte bzw. Angebote? Was? Wann?)
- Welche Anzahlungen müssen wann geleistet werden?

Wir führen unsere Klassenfahrt durch

Wir blicken zurück

Hat das geplante Geld gereicht?
War unser Ablaufplan durchführbar?
Was hat uns besonders gefallen?
Was hätten wir anders machen sollen?
Was können wir bei unserer nächsten Fahrt verbessern?

Glossar

Allgemeine Geschäftsbedingungen (AGB) (S. 153): sind vorformulierte Vertragsbedingungen für viele Verträge. Der Kunde muss ausdrücklich auf die AGB hingewiesen werden.

Anbieter, Angebot (S. 114, 116): Die zum Verkauf bereitgestellten Produkte und Dienstleistungen sind das Angebot. Die Verkäufer der Güter sind die Anbieter.

Antriebselement (S. 75): Antriebselemente stellen die Antriebsenergie zur Ausführung des Arbeitsvorganges bereit. Zu den gebräuchlichen Antriebselementen gehören Muskelkraft von Mensch und Tier, Wind- und Wasserräder, Elektro- und Verbrennungsmotoren.

Arbeitselement (S. 75): Die Arbeitselemente bewirken die Veränderungen am Arbeitsgegenstand. Zu ihnen gehören Werkzeuge, wie z. B. Bohrer und Sägeblatt, sowie die Vorrichtungen zum Festhalten der Werkzeuge, etwa Bohrfutter und Spannbacken. Bei Arbeitsmaschinen verändern sie das Werkstück. Bei Transportmaschinen dienen oft Räder als Arbeitselement.

Arbeitsplatzanalyse (S. 56): Um einen Arbeitsplatz besser kennenzulernen, bietet sich eine Arbeitsplatzanalyse an. In dieser werden folgende Aspekte genauer untersucht: Arbeitsperson, Arbeitsaufgabe, Arbeitsablauf, Betriebsmittel, Eingabe (Inputs), Ausgabe (Outputs), Arbeitsort und Arbeitsumgebung.

Arbeitsschutz (S. 138): Dazu gehören alle Maßnahmen, die den Arbeitnehmer an seinem Arbeitsplatz vor Krankheiten oder Unfällen schützen.

Arbeitsteilung (S. 82): Arbeitsteilung bedeutet, die für die Herstellung eines Produktes oder bei Dienstleistungen notwendigen Tätigkeiten auf mehrere Personen bzw. Berufe aufzuteilen. So arbeiten z. B. in einem Transportunternehmen Kraftfahrer, Kraftfahrzeugschlosser, Fachkräfte für Lagerwirtschaft, Speditionskauffrauen und -kaufmänner zusammen.

Ausbildungsvertrag (S. 210, 211): wird zwischen dem Ausbildungsbetrieb und dem Auszubildenden bzw. dessen gesetzlichen Vertretern schriftlich abgeschlossen. Er legt die Rechte und Pflichten beider Vertragsparteien fest.

Ausrüstung (S. 44): auch als Textilveredlung bezeichnet. Darunter versteht man alle Maßnahmen, die textilen Flächen die gewünschten Eigenschaften verleihen.

Automatisierung (S. 76): Automatisierung bedeutet die Übertragung der Arbeit von Menschen auf Automaten (griechisch autos: selbst) mithilfe von Maschinen.

Bebauungsplan (S. 163): Ein Bebauungsplan ist ein aus dem Flächennutzungsplan entwickelter rechtsverbindlicher Bauleitplan. Er setzt Bauland fest sowie die Art und das Ausmaß von dessen baulicher Nutzung. Der Bebauungsplan teilt das betreffende Gebiet in Bauland, Verkehrs- und Freiflächen u. a. ein. Die Bebauungspläne sind eine Rechtsgrundlage für die Erschließung von Grundstücken.

Bedarf (S. 9): ist ein mit Kaufkraft ausgestattetes Bedürfnis.

Bedürfnisse (S. 8 ff.): sind ein Mangelempfinden, das wir beheben wollen. Es gibt Grundbedürfnisse (Nahrung, Kleidung, Wohnung) und Wahlbedürfnisse. Zu den Wahlbedürfnissen zählen Kulturbedürfnisse (Bücher, Kino) und Luxusbedürfnisse (Schmuck, Reisen).

Bekleidungsphysiologische Eigenschaften (S. 45): betreffen die Körperverträglichkeit von Kleidung. Dazu gehören Wärmehaltevermögen, Feuchteaufnahme und -transport, Hautfreundlichkeit und Passform.

Berufsbildungsgesetz (BBiG) (S. 210, 213): regelt u. a. den Rahmen der Ausbildung. In diesem sind u. a. die Rechte und Pflichten der Ausbilder und Auszubildenden festgelegt.

Berufsfelder (S. 135): fassen Ausbildungsberufe mit ähnlichen Zielen und Inhalten zusammen (z. B. Wirtschaft und Verwaltung, Metalltechnik).

Beschaffung (S. 70): Beschaffung ist eine betriebliche Grundfunktion und umfasst die Bereitstellung der für die Produktion notwendigen Produktionsfaktoren, also sämtliche Betriebsmittel (Gebäude, Maschinen), Material, Werkstoffe, Geld und Arbeitskräfte (siehe Produktionsfaktoren).

Betriebsmittel (S. 56, 182): werden im Haushalt oder in Unternehmen benötigt, um die jeweiligen Arbeitsaufgaben erfüllen zu können. Zu den Betriebsmitteln zählen Werkzeuge, Maschinen oder Informationen. Dabei sollten sie so eingesetzt werden, dass bei relativer Knappheit der Mittel ein optimaler Nutzen entsteht.

Betriebsrat (S. 130, 131): vertritt die Interessen der Arbeitnehmer im Betrieb. Die Zusammensetzung, Wahl, Amtszeit und Aufgaben regelt das Betriebsverfassungsgesetz (BVG).

Betriebsverfassungsgesetz (BVG) (S. 130): regelt unter anderem die Rechte und Pflichten der Arbeitgeber und Arbeitnehmer sowie die Mitwirkung und Mitbestimmung der Arbeitnehmer im Betrieb.

BGB (S. 161): Abkürzung für „Bürgerliches Gesetzbuch". Das BGB regelt die wichtigsten Rechtsbeziehungen zwischen Privatpersonen in Deutschland. Es bildet mit seinen Nebengesetzen (z. B. Wohnungseigentumsgesetz, Versicherungsvertragsgesetz) das allgemeine Privatrecht.

Bindung (S. 42): Die Verkreuzung von Kettfäden und Schussfäden in Webwaren bezeichnet man als Bindung. Es gibt drei Grundbindungsarten: Leinwandbindung, Köperbindung und Atlasbindung.

Bruttoeinkommen/Bruttolohn (S. 185): Das Gesamteinkommen bzw. der Gesamtlohn vor Abzug der Steuern und Sozialversicherungsbeiträge.

CAD (S.73, 164): CAD (computer aided design) ist ein zeichnerisch/grafischer Entwurfsprozess am PC zur Entwicklung und Konstruktion von Produkten.

Container (S. 144): Container sind Großbehälter mit meist standardisierten Abmessungen. Sie erleichtern den Transport großer Warenmengen.

Darlehen (S. 216): ist die Hingabe von Geld oder anderer vertretbarer Sachen mit der Verpflichtung des Darlehensnehmers, zu einem späteren Zeitpunkt Geld beziehungsweise Sachen gleicher Art, Güte und Menge zurückzugeben (§ 607 BGB).

Dekupiersäge (S. 34): Elektrische Ausführung einer Laubsäge zum Sägen von Holz, Kunststoffen und metallischen Werkstoffen.

Denaturierung (S. 95): ist die Gerinnung von Eiweißstoffen. Ein gekochtes Ei ist z. B. ein denaturiertes frisches Ei.

Dienstleistungen (S. 12): sind immaterielle Güter und dienen der Befriedigung menschlicher Bedürfnisse. Sie werden wie Produkte mit einem Preis auf dem Markt angeboten. Wenn wir eine Dienstleistung kaufen, bekommen wir eine Leistung, z. B. Steuerberatung, Pflegedienst, Taxifahrten, Bewirtung, Kosmetikbehandlung.

Duales System (S. 200): Die Berufsausbildung im dualen System findet in einem Betrieb und in einer Berufsschule statt.

Einkommen (S. 184): Zum Einkommen eines Haushalts zählen Geldeinkommen, z. B. aus Arbeit, aus Transferleistungen des Staates oder aus Vermögen sowie erweiterte Einkommensquellen (Naturalien). Vom Einkommen werden Produkte und Dienstleistungen gekauft oder in Anspruch genommen. Die Höhe des Einkommens bestimmt die Kaufkraft des Haushalts.

Einzelfertigung (S. 80): Die Einzelfertigung ist eine Produktionsart, bei der ein einzelnes Produkt oder eine Dienstleistung in einem bestimmten Zeitabschnitt hergestellt wird. Sie ist sehr teuer und wird z. B. bei maßgefertigter Kleidung, beim Hausbau oder bei der Herstellung von Schiffen eingesetzt.

Ergonomie (S. 139): ist die Wissenschaft von der körpergerechten Gestaltung des Arbeitsplatzes.

Erwerbsarbeit (S. 124): ist bezahlte, also entlohnte Arbeit, im Gegensatz zur ehrenamtlichen Arbeit oder der Hausarbeit.

Fähigkeiten (S. 132): sind das, was wir gut können. Es gibt körperliche (z.B. Hand- und Fingergeschick), geistige (z.B. räumliches Vorstellungsvermögen) und soziale (z.B. Kontaktsicherheit) Fähigkeiten.

Fasern (S. 39): sind der Grundbestandteil der Textilien. Im Verhältnis zu ihrer Länge sind sie sehr dünn. Sie werden in Natur- und Chemiefasern unterteilt.

Fertigungsorganisation (S. 83): Fertigungsorganisation ist die räumliche und zeitliche Anordnung von Maschinen und Anlagen. Ziel ist, möglichst effizient zu produzieren.

Fertigungsverfahren (S. 33): Fertigungsverfahren dienen der Herstellung eines bestimmten Gegenstandes in einer bestimmten Reihenfolge. Zu den Fertigungsverfahren gehören Urformen, Umformen, Trennen, Fügen, Stoffeigenschaft ändern und Beschichten.

FI-Schutzschalter (S. 170): Ein FI-Schutzschalter ist eine Fehlerstromschutzeinrichtung und dient dem Schutz von Personen, Nutztieren und Sachwerten bei auftretenden Isolationsfehlern. Er schaltet schon bei geringen Fehlerströmen den Stromkreis ab. Sinnvoll ist die Verwendung von FI-Schutzschaltern besonders in Badezimmern, auf Baustellen, in feuergefährdeten Bereichen und in feuchter und schmutziger Umgebung.

Flächennutzungsplan (S. 162): Ein Flächennutzungsplan ist ein von einer Gemeinde erstellter Bauleitplan, der für ein Gemeindegebiet die beabsichtigte Art der Flächennutzung in Form von Wohn- und Gewerbegebiete, Grünanlagen, Verkehrsflächen, gemeinschaftliche wie auch land- und forstwirtschaftliche Nutzflächen darstellt.

Fotovoltaik (S. 224): In Fotovoltaikanlagen wird die Lichtenergie der Sonne direkt in Elektroenergie umgewandelt. Das zentrale Bauteil einer Fotovoltaikanlage ist die Solarzelle.

Garantie (S. 154): ist die freiwillige Zusicherung von Eigenschaften eines Produktes bzw. einer Dienstleistung seitens des Herstellers oder Händlers gegenüber dem Kunden.

Garn (S. 42): ist aus mehreren Fasern versponnen.

Gebrauchseigenschaften (S. 45): sind die Merkmale, die das Aussehen, den Komfort, die Pflege und die Haltbarkeit von Textilien bestimmen.

Gesamtenergiebedarf (S. 101): setzt sich aus dem Grundumsatz und dem Leistungsumsatz zusammen. Aus den Nährstoffen Kohlenhydrate, Fett und Eiweiß wird die notwendige Energie dafür gewonnen.

Geschäftsfähigkeit (S. 150): bedeutet, gültige Rechtsgeschäfte abschließen zu können, zum Beispiel einen Kauf- oder Mietvertrag.

Gewährleistung (S. 154): ist die gesetzliche Haftung des Verkäufers für die Erfüllung des Kaufvertrages (z.B. für Art, Güte und Menge der gelieferten Ware).

Glasfaserkabel (S. 173): Glasfaserkabel sind Lichtwellenleiter aus Glasfasern zur Übertragung von optischen Signalen mithilfe von Licht im sichtbaren sowie ultravioletten oder infraroten Bereich.

Gleichgewichtspreis (S. 116): ist der Preis, bei dem die angebotene Menge eines Produktes oder einer Dienstleistung der nachgefragten Menge entspricht.

Grundgesetz (S.125): ist die Verfassung der Bundesrepublik Deutschland.

Güter (S. 12 f.): sind Mittel, die der Bedürfnisbefriedigung dienen. Sie werden auf dem Markt gehandelt. Es gibt verschiedene Einteilungsmöglichkeiten. Siehe auch Produkte und Dienstleistungen.

Hausarbeit (S. 124): ist die notwendige, meist unbezahlte Arbeit im Haushalt. Sie dient vorrangig zur Lebenserhaltung. Bei der Hausarbeit wird produziert (z.B. genäht) und Dienstleistungen werden erbracht (z.B. Kinder betreuen).

Haushalte (S. 180): sind Personengemeinschaften, die miteinander leben und wirtschaften. Man unterscheidet drei Haushaltstypen: den Dienstleistungshaushalt, den Selbstversorgerhaushalt und den Vergabehaushalt.

Hochspannungsleitungen (S. 221): Das Hochspannungsnetz sorgt für die Verteilung von elektrischer Energie vom Kraftwerk zum Verbraucher. Leitungen führen in verschiedene Regionen, Ballungszentren oder Industriegebiete. Abgedeckt wird ein Leistungsbedarf von 10 bis 100 MW.

Hunger (S. 88): ist ein unspezifisches Verlangen nach Nahrung.

Hygiene in der Küche (S. 107): vermindert die Übertragung von Krankheiten durch Lebensmittel auf den Menschen.

Immobilien (S. 158): Immobilien sind im Gegensatz zu beweglichen Sachen (Mobilien) Liegenschaften, unbewegliche Sachen, im juristischen Sinn Grundstücke und grundstücksgleiche Rechte (z.B. Erbbaurecht). Bei der Übertragung oder Belastung von Immobilien ist ein Eintrag ins Grundbuch notwendig.

Information (S. 173): Informationen sind Mitteilungen, die von einem Sender mittels eines Informationsüberträgers zu einem Empfänger transportiert werden. Bei der Übertragung von Informationen müssen Sender und Empfänger über den gleichen Zeichensatz verfügen, um die Information verstehen zu können.

Installationsfernschaltung (S.169): Relaisschaltungen für Beleuchtungsgrundschaltungen unter Einsatz eines Stromstoßrelais. Im Steuerstromkreis (Schalter) wird Schutzkleinspannung verwendet, damit erhöhte Sicherheit.

Kalkulation (S. 31): Unter Kalkulation versteht man im Rechnungswesen die Berechnung von Stückkosten einer Ware, Produktionskosten von Waren in einem Herstellungszeitraum bzw. die Ermittlung des Verkaufspreises eines Produktes.

Kapitalgesellschaft (S. 87): Bei dieser Unternehmensform bringen meistens mehrere Menschen (Anteilseigner) eine große Menge Geld (Kapital) auf. Jeder Anteilseigner haftet nur mit seinem Anteil. Der Gewinn wird entsprechend der Anteile ausgezahlt.

Kaufkraft (S. 117): Die Kaufkraft des Geldes gibt an, wie viele und welche Produkte und Dienstleistungen wir für eine bestimmt Summe Geld kaufen können.

Konsument (S. 115): Die privaten Haushalte werden Konsumenten oder Verbraucher genannt, da sie Produkte und Dienstleistungen konsumieren bzw. verbrauchen.

Kredit (S. 188): ist eine Geldsumme , die ein Kreditgeber einem Kreditnehmer zeitlich befristet überlässt. Nach Ablauf der Frist muss der Kreditnehmer diese Summe mit Zinsen zurückzahlen.

Kurzschluss (S. 168): Unzulässige Verbindung zweier Leiter, zwischen denen im Betriebszustand eine Spannung anliegt.

Lageplan (S. 163): Im Lageplan wird die genaue Lage des Gebäudes und des Grundstückes eingezeichnet. Er ist ein wichtiger Bestandteil des Bauantrags.

Lebensmittelqualität (S. 100): ist die Summe sämtlicher Eigenschaften eines Lebensmittels.

Lebensmittelrecht (S. 102): umfasst Gesetze und Verordnungen zum Schutz des Verbrauchers vor gesundheitlichem und wirtschaftlichem Schaden.

Leuchtdiode (S. 175): Leuchtdioden sind in der Lage, Licht auszusenden. Sie werden auch als LED (engl.: light emitting diode = Licht aussendende Diode) bezeichnet. Leuchtdioden werden immer in Durchlassrichtung betrieben.

Mahlzeit (S. 95): ist ein regelmäßiges, zu bestimmten Zeiten des Tages eingenommenes Essen, das aus verschiedenen kalten und warmen Gerichten zusammengestellt ist und vollwertig sein sollte.

Marketing (S. 120): Darunter verstehen wir alle Maßnahmen eines Betriebes, die den Verkauf eines Produktes oder einer Dienstleistung fördern. Dazu gehören die Preisgestaltung und die Produktgestaltung. Auch die Verpackung, die Dekoration der Waren und die Werbung sind Teil des Marketing.

Markt (S. 114–119): Auf einem Markt werden Güter gehandelt. Die Anbieter bieten Produkte und Dienstleistungen an, die die Nachfrager kaufen. Angebot und Nachfrage bestimmen den Preis.

Maschenware (S. 43): besteht aus einem fortlaufenden Faden, aus dem Maschen gebildet werden, die miteinander verschlungen werden.

Maßbezugslinie (MBL) (S. 27): Äußere Werkstückkante, auf die sich mehrere Längenmaße des Werkstückes beziehen. Bei symmetrischen Werkstücken wird oft die Mittellinie als Maßbezugslinie genutzt.

Massenfertigung (S. 81): Die Massenfertigung ist eine Produktionsart, bei der größere Mengen gleicher oder gleichartiger Produkte hergestellt werden (wie beispielsweise Glühlampen).

Miete (S. 160, 162): Durch einen Vertrag verpflichtet sich der Vermieter, dem Mieter eine Sache gegen einen vereinbarten Mietzins zum Gebrauch zu überlassen. Der Vertrag wird nach Ablauf der vereinbarten Mietzeit oder nach Kündigung mit gesetzlicher Frist beendet.

Mietkaution (S. 158): Die Mietkaution ist ein zur Absicherung hinterlegtes Pfand in Form von Geld. Das Hinterlegen einer Kaution kann entweder vertraglich vereinbart sein (z. B. Mietkaution) oder durch Gesetz oder richterliche Verfügung erforderlich werden.

Mikrofasern (S. 41): sind Endlosgarne (Filamente), die etwa zehnmal feiner sind als Seide.

Mittelspannungsleitungen (S. 221): Im Umspannwerk auf regionaler Ebene wird die Hochspannung auf eine Mittelspannung von 11 kV bis 35 kV heruntertransformiert.

Morsetelegraf (S.172): Als Schreibtelegraf oder Morseapparat bezeichnet man eine Erfindung von Samuel Morse aus dem Jahr 1835 zur drahtgebundenen Nachrichtenübertragung.

Nachfrager, Nachfrage (S. 114, 116): Nachfrager sind Käufer, die Produkte und Dienstleistungen auf dem Markt kaufen, um mit diesen Gütern ihre Bedürfnisse zu befriedigen.

Nahrung (S. 88): umfasst alle Stoffe, die als Bau- und Betriebsstoffe zur Erhaltung des Lebens, zum Wachstum sowie zur Fortpflanzung notwendig sind.

Nettoeinkommen/Nettolohn (S. 85): Das Einkommen bzw. die Lohnsumme, die nach Abzug der Steuern und Sozialversicherungsbeiträge dem Arbeitnehmer auf das Girokonto überwiesen wird.

Niederspannungsleitungen (S. 221): Niederspannungen werden dem Endverbraucher in 230 V oder 400 V über örtliche Energieverbundnetze zur Verfügung gestellt.

Nutzenergie (S. 220): Mithilfe geeigneter Geräte und Maschinen wird beim Nutzer die Sekundärenergie in Nutzenergie umgewandelt. Nutzenergieformen sind alle Energieformen, die Bedürfnisse befriedigen. Nutzenergieformen sind Licht, Schall zum Musikhören, Heizungswärme und Bewegungsenergie.

Ökobilanz (S. 86): In einer Ökobilanz werden die Auswirkungen von Produkten, Dienstleistungen oder Produktionsverfahren auf die Umwelt erfasst. Ziel der Ökobilanz ist es, umweltverträglicher zu werden.

Ökonomische Prinzipien (S. 14): Handeln nach ökonomischen Prinzipien bedeutet, eine höchstmögliche Bedürfnisbefriedigung aller am Wirtschaftsprozess Beteiligten zu erreichen.

Personengesellschaft (S. 87): Personengesellschaften bestehen aus mindestens zwei Personen (Gesellschafter), die mit ihrem gesamten Geschäfts- und Privatvermögen für den Betrieb haften.

Preis (S. 116): Der Preis eines Gutes ist sein Tauschwert. Er wird am Markt durch Angebot und Nachfrage bestimmt. Siehe auch Gleichgewichtspreis.

Preisstabilität (S. 117): Die Preise einzelner Produkte und Dienstleistungen verändern sich in einer Marktwirtschaft. Wichtig ist: Wenn bei einzelnen Gütern die Preise steigen, sollten sie bei anderen sinken, damit das allgemeine Preisniveau (der Durchschnitt aller Preise) gleich bleibt.

Primärenergie (S. 220): Die Primärenergie wird von Primärenergieträgern gespeichert, die in der Natur vorkommen. Dazu zählen Kohle, Erdöl, Torf, Uran, Erdgas und Erdwärme, aber auch die Sonnenstrahlung, der Wind und fließendes Wasser. Benzin oder Kokereigas sind keine Primärenergieträger, sondern Sekundärenergieträger, da sie aus einem Umwandlungsprozess gewonnen werden.

Produkte (S. 12, 20, 72, 128): sind materielle Güter.

Produktion (S. 70, 78, 79): Die Produktion ist eine der betrieblichen Grundfunktionen und bedeutet die Herstellung bzw. Bereitstellung von Produkten und Dienstleistungen.

Produktionsfaktoren (S. 78, 79): Die betrieblichen Produktionsfaktoren sind Arbeit (Arbeitskraft), Betriebsmittel und Werkstoffe, die zur Herstellung von Produkten und bei Dienstleistungen eingesetzt werden.

Produzent (S. 115): Die Unternehmen nennt man Produzenten oder Erzeuger, da sie Produkte herstellen und Dienstleistungen erbringen.

Rechtsfähigkeit (S. 150): bedeutet, Träger von Rechten und Pflichten zu sein, zum Beispiel Schulrecht und -pflicht.

Reklamation (S. 154): ist eine Beschwerde. Sie ist gerechtfertigt, wenn das Produkt oder die Dienstleistung, die reklamiert wird, fehlerhaft ist.

Ritzbrechen (S. 34): Verfahren zum spanlosen Trennen von Kunststoffen, vor allem Acrylglas (Plexiglas). Die Oberflächen des Werkstoffes werden am Anriss beidseitig angeritzt und anschließend über eine Tischkante oder in einer Biegevorrichtung gebrochen.

Sättigung (S. 88): ist das Gefühl, das sich nach der Beendigung einer Mahlzeit einstellt.

Schraffur (S. 164): Kennzeichnung von Schnittflächen im Maschinenbau und im Bauzeichnen. Die Schraffurlinien werden im Winkel von 45° zur Blattbegrenzung als schmale Volllinie ausgeführt.

Schulden (S. 214 f.): entstehen, wenn das Geld nicht reicht und ein Kredit bei Banken, Sparkassen oder privaten Personen aufgenommen wird.

Sekundärenergie (S. 220): Die Sekundär- oder auch Gebrauchsenergie ist in Energieträgern gespeichert, die bereits aus einem Energieumwandlungprozess von Primärenergieträgern gewonnen wurden. Es sind solche Energieformen wie Dampf, veredelte Brennstoffe (Koks, Benzin) oder die Elektroenergie aus Kraftwerken.

Sicherung (S. 170): Sicherungen sind elektrische Schaltgeräte, die einen elektrischen Stromkreis bei Kurzschluss oder längerem Überstrom selbsttätig unterbrechen.

Signal (S. 173): Signale sind Zeichen, die durch optische (z. B. Licht), akustische (z. B. Pfeife) oder andere physikalische oder technische Mittel (Signalmittel) gegeben werden. Sie dienen zur Übermittlung von Meldungen, Nachrichten oder Daten.

Sozialversicherungsbeiträge (S. 185): Dazu zählen die Beiträge zur gesetzlichen Krankenversicherung, Rentenversicherung, Arbeitslosenversicherung und zur Pflegeversicherung. Die Beiträge berechnen sich aus dem Einkommen der Versicherten und werden zur Hälfte vom Versicherten und von seinem Arbeitgeber getragen.

Sparen (S. 187, 214): ist der Verzicht auf die Verwendung eines Teils des verfügbaren Einkommens.

Stapelfasern (S. 41): sind Fasern mit einer begrenzten Länge wie die Naturfasern. Chemische Fasern können zu Stapelfasern geschnitten werden.

Steuerelement (S. 75): Mit den Steuerelementen wird die Arbeit der Maschinen zielgerichtet beeinflusst. Durch Hebel, Schalter, Sensoren und ähnliche Bauelemente wird der Stoff-, Energie- und Informationsfluss an der Maschine so eingestellt, dass sie ihre Aufgabe erfüllt.

Steuern (S. 185): sind vom Staat auferlegte Zwangsabgaben vom Bruttoeinkommen. Sie sind von Arbeitnehmern und Arbeitgebern zu zahlen.

Tarifautonomie (S. 131): bedeutet, dass sich in die Verhandlungen von Arbeitgebern und Arbeitnehmern über Tarifverträge kein Dritter (auch nicht der Staat) einmischen darf.

Tarifvertrag (S. 131): ist ein zwischen Gewerkschaften und Arbeitgeberverbänden abgeschlossener Vertrag, in dem alle Rechte und Pflichten von Arbeitnehmern und Arbeitgebern enthalten sind.

Telefax, Fax (S. 172): Das Wort Fax ist eine Verkürzung von Telefax, also eine Fernbildabschrift, daher auch die deutsche Bezeichnung Fernkopie.

Textile Kette (S. 52 f.): beschreibt den Weg unserer Kleidung von der Faserproduktion bis zur Entsorgung.

Textilien (S. 38): sind aus Fasern hergestellte Materialien. Daher zählen alle anderen flächigen Produkte wie Folien nicht zu den Textilien.

Textilkennzeichnung (S. 44): Laut Textilkennzeichnungsgesetz (TKG) muss bei Textilien nur der Rohstoffgehalt angegeben werden. Alle weiteren Kennzeichnungen sind freiwillig und nicht gesetzlich geregelt.

Trägerelement (S. 75): Durch Trägerelemente werden die Bauteile einer Maschine in ihrer Lage festgehalten, gelagert und geführt. Zu den Trägerelementen gehören u. a. Säulen, Achsen, Führungen, Gestelle, Rahmen, Gehäuse. Trägerelemente nehmen Kräfte und Stöße auf und schützen den Benutzer vor unzulässiger Berührung der bewegten Teile.

Transformator (S. 221): Der Transformator, kurz Trafo, oder Umspanner ist eine elektrische Maschine zur Erhöhung oder Herabsetzung der elektrischen Spannung von Wechselströmen. Das Übersetzungsverhältnis (Ü) von einer Spannungsebene zu einer anderen ist von den Windungszahlen der mit einem Eisenkern geschlossenen Spulen abhängig.

Transistor (S. 176): Transistoren sind Halbleiterbauelemente, die elektrische Ströme und Spannungen verstärken und als Steuer- und Schaltelemente genutzt werden. Sie bestehen grundsätzlich aus der Basis (B), dem Emitter E (Aussender) und dem Kollektor C (Einsammler).

TÜV (S. 22, S. 34): TÜV – Technischer Überwachungs-Verein: Es handelt sich um technische Vereine, die Sicherheitskontrollen, insbesondere auch solche, die durch staatliche Gesetze oder Anordnungen vorgeschrieben sind, auf privatwirtschaftlicher Basis durchführen.

Überschuldung (S. 190, 214 f.): Überschuldet ist ein Haushalt dann, wenn er die Raten für Schulden nicht mehr, nicht mehr regelmäßig oder nicht in der festgelegten Höhe zurückzahlen kann.

Übertragungselement (S. 75): Mit den Übertragungselementen wird Energie weitergeleitet. Die Bewegungen werden an die Erfordernisse des Arbeitsvorganges angepasst. Die Übertragung erfolgt über Schaltgetriebe, Wellen, Gelenke und Schalthebel.

Verbraucher (S. 115): siehe Konsument.

Verbundstoffe (S. 43): werden unter Umgehung der Garnbildung aus Einzelfasern gebildet. Man unterscheidet Filze und Vliesstoffe.

Vergleichsmiete (S. 158): Die Vergleichsmiete ist der für eine Gemeinde oder eine Stadt bzw.

einen Stadtteil geltende ortsübliche Mietzins. Er stellt einen Mittelwert dar und ist von der Wohnqualität (z. B. Alter des Wohnraumes, seine Ausstattung und Lage) abhängig.

Vermögenswirksame Leistungen (VL) (S. 216): sind Geldleistungen, die der Arbeitgeber für den Arbeitnehmer in vollem Umfang (bis max. 40 Euro monatlich) oder auch anteilig zusätzlich zu dem Arbeitsentgelt bezahlt.

Verschleißfestigkeit (S. 62): Widerstandsfähigkeit eines festen Körpers gegen Abnutzung. Zur Verbesserung wird häufig bei Metallen die Körperoberfläche gehärtet oder beschichtet. Keramische Werkstoffe gelten als besonders verschleißfest.

Vertrag (S. 151): ist ein Rechtsgeschäft zwischen zwei oder mehreren Partnern. Rechtsgeschäfte kommen durch Willenserklärungen zustande. Der Wille kann mündlich oder schriftlich, durch eine Handlung oder Geste oder durch Schweigen zum Ausdruck gebracht werden.

Vollwertige Nahrung (S. 88): ist eine Nahrung, die täglich alle Nährstoffe in ausgewogenem Verhältnis enthält.

Weben (S. 42): Dabei werden zwei Fadensysteme miteinander rechtwinklig verkreuzt – die Kettfäden und die Schussfäden.

Werbung (S. 64 ff., 122 f.): Dadurch erhalten wir Informationen über Produkte und Dienstleistungen. Mithilfe der Werbung wollen Anbieter mehr Güter verkaufen. Deshalb sollen mit der Werbung Kundenwünsche geweckt werden.

Wettbewerb (S. 117): Selbstständige und voneinander unabhängige Unternehmen streben danach, ihre Mitbewerber durch die bessere Leistung (z. B. bessere Qualität, günstigere Preise) zu übertreffen.

Wirtschaftlichkeit (S. 79): bedeutet, dass die Produktionsfaktoren so eingesetzt werden, dass möglichst geringe Kosten entstehen und auch keine Verluste erzielt werden.

Wirtschaftskreislauf (S. 18, 115): Zur Lebenserhaltung benötigen wir Produkte und Dienstleitungen. Durch den Verkauf menschlicher Arbeitskraft an ein Unternehmen gegen Lohn bzw. Gehalt sind wir in der Lage, Produkte und Dienstleistungen zu beschaffen. Somit entsteht ein Kreislauf, der die Geld- und Güterströme zwischen privaten Haushalten und Unternehmen darstellt.

Wirtschaftssektoren (S. 127): Der Wirtschaft wird in drei Bereiche eingeteilt: den primären Sektor (Urproduktion), den sekundären Sektor (Produktion) und den tertiären Sektor (Dienstleistungen und Information).

Zahlungsverkehr (S. 19): Darunter versteht man alle Zahlungsvorgänge, die zwischen den privaten Haushalten, Unternehmen, dem Staat, den Banken und dem Ausland stattfinden.

Zellulose (S. 41): ist das Zellwandmaterial von Pflanzen. Aus Holz gewonnene Zellulose wird zur Herstellung von Chemiefasern (z. B. Viskose) verwendet.

Zinsen (S. 214): sind einerseits der Preis, den man für geliehenes Geld bezahlen muss. Andrerseits sind Zinsen die Vergütung, die man für Spareinlagen von einem Geldinstitut erhält. Kreditzinsen sind immer höher als Sparzinsen.

Zusatzstoffe (S. 81): sind u. a. Farbstoffe, Konservierungsstoffe, Süßstoffe. Sie werden Lebensmitteln zugegeben, um bestimmte Eigenschaften oder Wirkungen zu erzielen, die der Verbraucher von dem Lebensmittel erwartet.

Zwirn (S. 42): Werden zwei oder mehr Garne miteinander versponnen, spricht man von Zwirn.

Obst- und Gemüsekalender

Obst- und Gemüsesorten	Jan.	Febr.	März	April	Mai	Juni	Juli	Aug.	Sept.	Okt.	Nov.	Dez.
Äpfel	●	●	●	●	○	○	○	○	●	●	●	●
Aprikosen					○	●	●	●	○			
Bananen	○	●	●	●	●	●	●	●	●	●	●	●
Birnen	○	○	○	○	○	○	○	●	●	●	●	●
Erdbeeren			○	○	●	●	●	○			○	○
Himbeeren						○	●	●	○			
Johannisbeeren						○	●	●				
Kirschen					○	●	●	○				
Kiwi	●	●	●	○	○	●	●	●	●	●	●	●
Orangen, Grapefruits	●	●	●	●	●	●	○	○	○	○	●	●
Pfirsiche				○	○	●	●	●	○	○		
Pflaumen, Zwetschgen						○	●	●	●	○		
Stachelbeeren						○	●	●				
Weintrauben	○	○	○	○	○	○	●	●	●	●	○	○
Zitronen	●	●	●	●	●	●	○	○	○	●	●	●
Ackersalat (Feldsalat)	○	○	○							●	●	●
Auberginen	○	○	○	○	●	●	●	●	○	○		
Blumenkohl	○	○	●	●	○	○	●	●	●	●	○	○
Bohnen grün					○	○	●	●	●	○	○	
Broccoli		○	○	○				●	●	●		
Chicorée	●	●	●	○						●	●	●
Endivien	●	●	●	○				●	●	●	●	●
Erbsen, grün				○	○	●	●	●				
Gurken	○	○	○	○	○	●	●	●	●	●	●	○
Kohlrabi		○	○	○	○	●	●	○	○	○		
Kopfsalat	○	○	●	●	●	●	●	●	●	○	○	○
Lauch (Porree)	○	○	○	○	○	○	○	●	●	●	●	●
Melonen						○	●	●	●	○	○	○
Möhren (gelbe Rüben)	●	●	●	○	○	○	○	●	●	●	●	●
Paprikaschoten	○	○	○	○	○	○	○	●	●	●	○	○
Rettiche	○	○	○	○	●	●	●	●	●	○	○	○
Rhabarber		○	○	●	●	○	○					
Rosenkohl	●	●	○	○						○	●	●
Rotkohl, Weißkohl	●	●	●	○	○	○	●	●	●	●	●	●
Sellerieknollen	●	●	●	○				○	●	●	●	●
Spargel		○	○	●	●	●						
Spinat		○	●	●	●	○	○	○	●	●	○	
Tomaten	○	○	○	○	○	○	●	●	●	○	○	○
Zucchini (Zucchetti)	○	○	○	○	●	●	○	○	○	○	○	○
Zwiebeln	●	●	●	●	●	○	○	●	●	●	●	●

● = großes Angebot   ○ = geringeres Angebot, auch aus Gewächshausanbau   ■ = aus heimischem Anbau

1 Suche für einen Obstsalat im Monat September die marktfrischen Obstsorten aus.

2 Teresa isst gerne Spargel. Welche Monate sollte sie sich für ihr Lieblingsgemüse merken?

235

Nährwerttabelle

Lebensmittel 100 g essbarer Anteil	Eiweiß g	Fett g	Kohlen- hydrate g	Ballast- stoffe g	Energie kJ	Energie kcal	Mineralstoffe Eisen mg	 Calcium mg	Vitamine A µg	 B_1 mg	 B_2 mg	 C mg
Rindfleisch												
Rinderfilet	19	4	+	0	490	116	2,1	3	–	0,1	0,1	1
Keule (Schlegel)	21	7	+	0	630	150	2,6	1,3	10	0,1	0,2	1
Brust	16	21	+	0	1100	261	2,5	2				
Rinderleber	20	3	6	0	560	133	7,1	7	8340	0,3	2,9	30
Hackfleisch	23	13	+	0	880	209	2,2	12	0	+	0,2	1
Schweinefleisch												
Schweinelende	19	10	+	0	710	169	–	2	–	–	–	0
Schweineschnitzel	21	8	+	0	680	161	2,3	2	–	0,7	0,2	0
Schweinekotelett	16	25	+	0	1250	297	1,8	11	–	0,8	0,2	0
Schweineschinken	17	23	+	0	1190	283	2,0	9	–	0,8	0,2	0
Schweinebauch	12	42	+	0	1840	438	–	1	–	0,4	0,1	0
Schweineleber	20	6	1	0	5380	138	22,1	10	3540	0,3	3,2	23
Geflügel												
Brathuhn	15	4	0	0	448	106	1,8	12	10	0,1	0,2	3
Ente	18	17	0	0	960	228	2,1	11	–	0,3	0,2	–
Truthahn	15	11	+	0	703	167	4,2	27	+	0,1	0,1	0
Fleisch- und Wurstwaren												
Geflügelwurst	16	5	0	0	460	109	–	–	–	–	–	–
Gelbwurst	12	33	+	–	1500	357	–	–	–	–	0,1	–
Leberwurst	12	41	0	0	1840	438	5,3	41	1460	–	0,9	0
Mettwurst	12	52	0	0	2225	529	1,6	13	0	+	–	–
Salami	18	50	0	0	2180	519	2,4	13	–	0,1	0,1	0
Fleischkäse (Leberkäse)	13	23	0	0	1120	266	–	4	–	+	0,2	0
Wiener Würstchen	15	21	0	0	1080	257	2,4	18	–	0,1	0,1	0
Schinken, gekocht	19	20	0	0	1150	273	2,4	10	+	0,5	0,3	0
Seefische												
Kabeljau (Dorsch)	17	+	0	0	300	71	0,5	11	+	+	+	2
Rotbarsch (Goldbarsch)	18	4	0	0	470	111	0,7	22	12	0,1	0,1	+
Süßwasserfische												
Forelle	20	3	0	0	450	107	1,0	18	45	+	+	+
Karpfen	18	5	0	0	500	119	1,1	29	56	+	+	1
Fischdauerwaren												
Bismarckhering	17	16	0	0	920	219	–	38	36	+	0,2	0
Thunfisch in Öl	24	21	0	0	1230	292	1,2	7	370	+	+	0
Fischstäbchen, tiefgefr., roh	16	7	20	–	850	202	–	–	–	–	–	0
Obst												
Ananas, roh	+	+	14	1,0	240	57	0,4	16	10	0,1	+	20
Apfel	+	+	14	2,0	245	58	0,4	7	9	+	+	11
Apfelsine	1	+	11	1,6	210	50	0,4	30	15	0,1	+	50
Aprikose, roh	1	+	13	1,5	240	57	0,6	15	298	+	+	10
Banane	1	+	23	1,8	415	98	0,4	7	38	+	+	8
Birne	+	+	13	3,3	230	54	0,3	16	6	+	+	5
Erdbeere, roh	1	+	7	1,6	140	33	0,9	25	13	+	+	62
Himbeere	1	+	8	4,7	160	38	1,0	40	7	+	0,1	25
Johannisbeere, schwarz	1	+	12	6,8	225	53	1,2	53	23	0,1	0,1	180
Kirsche, süß	1	+	16	1,3	290	69	0,4	14	13	0,1	0,1	15
Pfirsich	1	+	10	1,9	180	42	1,2	5	73	+	+	10
Pampelmuse/Grapefruit	1	+	10	1,6	180	42	0,3	20	3	+	+	41
Pflaume	1	+	16	1,6	285	67	0,5	16	35	0,1	+	5
Weintraube	1	+	16	1,5	300	71	0,5	21	5	+	+	4
Gemüse												
Blumenkohl	2	+	4	2,9	105	25	0,6	20	21	0,1	0,1	70
Bohnen, grün	2	+	6	1,9	140	33	0,8	56	60	0,1	0,1	19
Chicorée	1	+	2	1,3	67	15	0,7	26	216	+	+	10
Chinakohl	1	+	2	1,9	67	15	0,6	40	13	+	+	36
Endivien	2	+	2	1,2	70	16	1,6	54	333	0,1	0,1	10
Erbsen, grün	5	+	10	4,3	260	61	1,8	23	53	0,3	0,1	9
Gurke	+	+	2	0,5	35	8	0,4	11	28	+	+	1
Kohlrabi	2	+	5	1,4	120	28	0,9	75	2	0,1	+	66
Kopfsalat	1	+	2	1,4	60	14	0,7	23	150	0,1	0,1	10
Möhren, Karotten	1	+	6	3,6	120	28	0,6	29	1120	0,1	+	7
Paprikaschoten	1	+	4	3,6	90	21	0,6	9	230	0,1	0,1	107
Porree/Lauch	2	+	6	2,3	140	33	1,0	87	333	0,1	0,1	30
Rhabarber	1	+	3	3,2	70	16	0,5	52	12	+	+	10
Rosenkohl	4	+	6	4,4	180	42	0,9	24	65	0,1	0,2	84
Rotkohl/Blaukraut	2	+	5	2,5	120	28	0,5	35	5	0,1	+	50
Spargel	2	+	3	1,3	90	21	1,0	21	50	0,1	0,1	21
Spinat, roh	2	+	2	2,6	75	17	5,2	83	816	0,1	0,2	51

Lebensmittel 100 g essbarer Anteil	Eiweiß g	Fett g	Kohlen- hydrate g	Ballast- stoffe g	Energie kJ	Energie kcal	Mineralstoffe Eisen mg	Calcium mg	A µg	Vitamine B₁ mg	B₂ mg	C mg
Tomate	1	+	3	1,0	70	16	0,5	14	133	0,1	+	24
Weißkohl/Weißkraut	1	+	4	3,0	105	25	0,5	46	10	+	+	46
Zwiebeln	1	+	9	1,8	176	41	0,5	29	33	+	+	8
Hülsenfrüchte												
Bohnen, weiß	21	2	57	23,2	1400	333	6,0	105	65	0,5	0,2	3
Erbsen, geschält	22	1	59	16,6	1450	345	5,0	44	20	0,7	0,2	1
Linsen	24	1	56	17,0	1420	338	6,9	74	20	0,5	0,3	+
Kräuter												
Kresse	2	+	3	3,5	90	21	0,7	26	216	+	+	10
Petersilie	3	+	6	4,3	150	35	4,8	147	730	0,1	0,2	166
Schnittlauch	4	+	8	6,0	220	52	13,0	167	50	0,1	0,2	47
Pilze												
Champignons, frisch	3	+	3	2,0	105	25	1,1	10	+	0,1	0,5	4
Champignons, Dose	2	+	3	–	100	23	0,7	9	+	+	0,4	2
Kartoffeln,-erzeugnisse												
Kartoffeln, roh, ohne Schale	2	+	19	–	350	83	1,0	13	3	0,08	+	15
Kartoffelpüree, trocken	8	1	79	6,1	1530	364	2,2	30	+	0,25	0,15	26
Nüsse												
Erdnüsse, geröstet	26	49	18	11,4	2660	633	2,3	65	110	0,3	0,1	0
Haselnüsse	14	61	14	8,2	2855	679	3,8	226	4	0,4	0,2	3
Getreideerzeugnisse												
Weizenmehl, Type 1600	12	2	69	1,4	1449	345	3,3	38	60	0,45	0,17	0
Weizenmehl, Type 405	11	1	74	4,0	1460	347	0,7	15	+	0,06	0,03	0
Weizenkeime	27	9	46	17,7	1570	373	8,1	69	160	2,01	0,72	0
Roggenmehl, Type 1800	11	2	70	13,9	1415	336	4,0	23	45	0,30	0,14	0
Reis, ganzes Korn, unpoliert	7	2	75	2,2	1470	350	2,6	23	0	0,41	0,09	0
Reis, ganzes Korn, poliert	7	1	79	1,4	1480	352	0,6	6	0	0,06	0,03	0
Haferflocken	14	7	66	10,0	1680	400	4,6	54	0	0,59	0,15	0
Eierteigwaren, Nudeln	13	3	72	3,4	1580	376	2,1	20	60	0,20	0,10	–
Cornflakes	8	1	83	4,0	1600	380	2,0	13	0	–	0,05	0
Hefegebäck, einfach	5	7	33	–	930	221	–	–	–	–	–	–
Milch/Milchprodukte												
Vollmilch, 3,5 % Fett	3,5	3,5	5	0	275	65	0,1	118	22	+	0,2	2
Milch, entrahmt	4	+	5	0	145	34	0,1	125	+	+	0,2	2
Buttermilch	4	+	4	0	145	34	0,1	109	8	+	0,2	+
Joghurt, Vollmilch	5	4	5	0	310	73	0,2	150	28	+	0,3	2
Joghurt, aus entrahmter Milch	5	+	5	0	165	39	–	–	–	+	0,2	–
Schlagsahne	2	30	3	0	1260	300	+	75	240	+	0,2	1
Saure Sahne	3	10	4	0	480	114	–	–	–	–	–	–
Kondensmilch (7,5 % Fett)	7	8	10	0	570	135	0,1	240	65	+	0,4	2
Speisequark (40 % i. Tr.)	12	11	4	0	695	165	0,3	70	110	+	0,2	–
Speisequark, mager (10 % i. Tr.)	17	1	2	0	370	88	0,5	70	13	+	0,3	1
Doppelrahmfrischkäse	15	28	2	0	1480	352	–	34	320	+	0,3	0
Emmentalerkäse	18	26	2	0	1370	326	0,5	382	480	+	0,4	+
Hühnerei												
Hühnerei (Gesamtinhalt)	13	11	1	0	670	159	1,8	50	265	0,1	0,3	+
Hühnereidotter	16	32	+	0	1580	376	7,2	140	1490	0,3	0,4	+
Hühnerklar	11	+	1	0	230	54	0,2	11	+	+	0,3	+
Obstsäfte												
Apfelsaft	+	0	12	–	190	45	0,3	7	15	0,1	+	1
Apfelsinensaft, ungesüßt	1	0	11	0,4	200	47	0,3	15	12	0,1	+	42
Cola-Getränk	0	0	11	0	185	44	–	4	0	0	0	0
Getränke/Gemüsesäfte												
Karottensaft	+	+	6	–	110	26	–	27	–	–	–	4
Tomatensaft	2	+	4	0,1	100	23	0,8	12	117	+	+	15
Zucker, Zuckerwaren												
Honig	+	0	80	0	1380	328	1,3	5	0	+	+	2
Marmelade i. D.	+	0	66	–	1135	270	+	10	0	+	+	8
Schokolade, Vollmilch	9	32	55	0,0	2340	557	3,1	214	18	0,10	0,35	+
Zucker	0	0	100	0	1720	409	0,5	1	0	0	0	0
Fett/Öle												
Butter	1	83	1	0	3240	771	0,1	13	590	+	+	+
Margarine	1	80	1	0	3180	757	0,1	10	590	+	+	+
Halbfettmargarine	6	40	+	0	1620	385	–	–	–	–	–	–
Sonnenblumenöl	0	100	0	0	3880	923	0	0	4	0	0	0
Mayonnaise, 80 % Fett	2	80	3	0	3060	728	1,0	23	3	+	+	6
Mayonnaise, 50 % Fett	1	52	5	0	2130	507	–	–	–	–	–	–

Zeichenerklärung: + = in Spuren: – = kann nicht bestimmt werden, da keine genaue Analyse vorliegt.

Stichwortverzeichnis

Bildquellenverzeichnis

S. 12.1 dpa/picture alliance; S. 12.2 Felbert & Eickenberg/Stock4B; S. 12.3 Hechtenberg/Caro; S. 12.4 Kurt Fuchs/Photopool; S. 15.1 Achim Pohl/Das Fotoarchiv; S. 15.2 Raupach/argus; S. 15.3 Eye Ubiquitous; S. 15.4 bildagentur-online.com; S. 17.1 ullstein-bild/Schöning; S. 17.2 Münzkabinett/Staatl. Kunstsammlung Dresden/Roger Paul; S. 24.1 -3 Michael Lenk; S. 27.1-3 Matthias Lenk, Dresden; S. 30.1-4 Elisabeth Mitterwallner, München; S. 30.5 Dietmar Schell, München; S. 30.6-7 Elisabeth Mitterwallner, München; S. 33.1 Hubert Link/picture alliance/dpa; S. 33.2-3 Michael Lenk; S.33.4 Roth/picbyte; S. 34.1-2 Michael Lenk; S. 35.1-2 Michael Lenk; S. 37.1-2 Michael Lenk; S. 38.1 Jan Bertrem/iStockphoto; S. 38.2 earth2015/iStockphoto; S. 38.3 Daimler AG; S. 39.1 mauritius images; S. 39.2 J. Mallwitz/Wildlife; S. 39.3+5 MEV, Augsburg; S. 39.4 F. Poelking/blickwinkel; S. 39.6 jccommerce/iStockphoto; S. 40.1 Wildlife; S. 42.1 evemilla/iStockphoto; S. 42.2 Jörg Lantelme; S. 43.1-3 Dietmar Schell, München; S. 45.1 3M Deutschland GmbH; S. 45.2 Sanforized Company/GTB Holding Corp.; S. 47.3 www.global-standard.org; S. 48.1 Johann Jilka, Altenstadt; S. 50.1 Erol Gurian/Joker; S. 50.2 Dachverband FairWertung e.V., Essen; S. 50.3 Elisabeth Mitterwallner, München; S. 51.1+2 Werner Bachmeier, Ebersberg; S. 52.1 Altmann/maritius images; S. 52.2 Werner Bachmeier, Ebersberg; S. 52.3 Getty Images; S. 52.4 Clopert/REA/laif; S. 53.1 M. Nascimento/REA/laif; S. 53.2 E. Fink; S. 53.3 Schreiber-Braun/Photopool; S. 53.4 MEV, Augsburg; S. 54.1+2 BMW AG; S. 56 V. Klose, Greßthal; S. 57.1-4 Bernd Meier; S. 58.1 Prisma/F1 online; S. 58.2+3 Michael Lenk; S. 58.4 maritius images; S. 62.1 Porsche AG; S. 62.2 supertramp/iStockphoto; S. 64.1 Peter Schatz/Fotoagentur Magics; S. 64.2 avenue images; S. 64.3 Matthias Lüdecke; S. 64.4 Hans-Georg Gaul/R.E.M.; S. 65 Erich Haefele/JOKER; S. 66.1 ecopix Fotoagentur; S. 66.2 allesalltag; S. 66.3 mediacolors; S. 66.4 Hartwig Lohmeyer/JOKER; S. 67.1 picture alliance; S. 67.2 Jens Schicke; S. 67.3 SUNPOINT; S. 71 Kraus WaMa/Public Domain; S. 72.1 ullstein bild; S. 72.2 akg-images; S. 73 Kurt Fuchs Presse Foto Design; S. 74 Miele & Cie. KG; S. 76 Jochen Zick/Keystone; S. 77 Miele & Cie. KG; S. 78 A1Pix/D; S. 80.1 Meyer Werft GmbH; S. 80.2 A1Pix/D; S. 81.1 Stefan Pucher/dpa/picture alliance; S. 81.2 Klaus Ohlschlaeger/Fotex; S. 81.3 Stefan Kiefer/Intro; S. 81.4 Jochen Zick/Keystone; S. 83 Werner Bachmeier, Ebersberg; S. 85 BSH Bosch und Siemens Hausgeräte GmbH; S. 87 Erich Schmidt Verlag GmbH & Co; S. 89 Deutsche Gesellschaft für Ernährung e.V., Bonn; S. 90 Margarete Schmid, Schwäbisch-Gmünd; S. 92 Margarete Schmid, Schwäbisch-Gmünd; S. 93 Margarete Schmid/Bernhard Ordner, Schwäbisch-Gmünd; S. 94 Margarete Schmid, Schwäbisch-Gmünd; S. 96 Fotostudio Teubner, Füssen; S. 97 Johann Jilka, Altenstadt; S. 98 MEV, Augsburg; S. 104.1-4 Elisabeth Mitterwallner, München; S. 107.1-4 Margarete Schmid/Bernhard Ordner, Schwäbisch-Gmünd; S. 109.1-3 Margarete Schmid, Schwäbisch-Gmünd; S. 110.1-5 Silit Werke, Riedlingen; S. 111.1-5 Margarete Schmid, Schwäbisch-Gmünd; S. 112.1 Fotostudio Teubner, Füssen; S. 112.2-3 Margarete Schmid, Schwäbisch-Gmünd; S. 113.1-2 Margarete Schmid, Schwäbisch-Gmünd; S. 113.3 Fotostudio Eising, München; S. 114.1 ecopix Fotoagentur; S. 114.2 vario images; S. 118.1 Michael Nitzschke/mauritius images; S. 118.2 picture-alliance/Bildagentur Huber; S. 118.3 Bildagentur-online; S. 118.4 Volkmar Schulz/Keystone; S. 120.1 Bildmaschine.de/BilderBox.com; S. 120.2 Jaime Panoff/DLS/Peter Arnold; S. 120.3 Bildmaschine.de/Erwin Wodicka; S. 120.4 BilderBox.com; S. 122.1 Bad Pyrmonter GmbH & Co. OHG; S. 112.2 Fürst Bismarck Quelle; S. 122.3 imago/Conrast; S. 124.1 dpa/picture alliance; S. 124.2 blickwinkel/McPhoto; S. 124.3 Oberhaeuser/Caro; S. 124.4 photopool.de; S. 126.1 Nestor Bachmann/lbn/Picture Alliance; S. 126.2 Garry Wade/Getty Images; S. 126.3 endopack/iStockphoto; S. 127 Bernd Meier; S. 128 Bundesagentur für Arbeit; S. 129 Laurence Mouton/Photo Alto; S. 135.1-3 Bundesagentur für Arbeit; S. 137 Bundesarbeitsgemeinschaft Berufswahlpass/bsb.Hamburg.de; S. 138 Michael Lenk; S. 140.2 bmcent1/iStockphoto; S. 140.3 kozmoat98/iStockphoto; S. 142.1-2 infas.de; S. 143 Deutsche Bahn AG; S. 144 pixelprof/iStockphoto; S. 145.1 M.Rutkiewicz/blickwinkel; S. 145.2 Sapsiwai/iStockphoto; S. 145.3 ra photos/iStockphoto; S. 145.4 Stefan Kiefer/intro; S. 162 Michael Lenk; S. 163.1-2 Michael Lenk; S. 164.1-2 Michael Lenk; S. 170.1-3 Michael Lenk; S. 171.1 Sascha Meier, Beelitz; S. 174.1 Michael Lenk; S. 174.2 Steinel GmbH; S. 176.1-3 Michael Lenk; S. 177.1-4 Michael Lenk; S. 178.1-2 Michael Lenk; S. 179.1 Sven Doering/Visum; S. 179.2 Achim Krug/Visum; S. 189 Mike Schröder/argus; S. 190.1 emo-pictures; S. 190.2 Globus Infografik/picture alliance; S. 192.1 Grabowsky/photothek.net; S. 192.2 Tom Stewart/Corbis; S. 194.1 aldomurillo/iStockphoto; S. 194.2 J. Woodcock/Corbis; S. 194.3 Kuzia/images.de; S. 194.4 Mitch Diamond/Index Stock/Avenue Images; S. 195 Oberhaeuser/Caro; S. 196 Fichtl/maritius images; S. 198 Karin Vogel-Berensmann/Jahreszeitenverlag; S. 209.1-6 Peter Wirtz; S. 211 www.bibb.de; S. 214 Globus Infografik/picture alliance; S. 218.1 Marc Gilsdorf/mauritius images; S. 218.2 Globus Infografik/picture alliance; S. 219.1 mbrowe/iStockphoto; S. 219.2 shironosov/iStockphoto; S. 219.3 Songbird839/iStockphoto; S. 219.4 asiseeit/iStockphoto; S. 220 Michael Lenk; S. 222.1 Michael Lenk; S. 222.2 KNG Rostock; S. 222.3 Vera Findeis/dpa/picture alliance; S. 224.1 Oberhaeuser/Caro; S. 224.2 Michael Lenk; S. 225.1 N.Lipka/blickwinkel; S. 225.2 artvertise
Titelumschlag: fotolia (3)

Die im Buch angegebenen Internetadressen wurden überprüft. Es kann aber nicht ausgeschlossen werden, dass sich die Adressen bzw. die Inhalte ändern.